Anthony Stevens

Das Phänomen C. G. Jung
Biographische Wurzeln einer Lehre

W

Anthony Stevens

Das Phänomen C. G. Jung

Biographische Wurzeln einer Lehre

Walter-Verlag
Solothurn und Düsseldorf

Originaltitel: Anthony Stevens, ON JUNG

Erstmals publiziert bei Routledge, London 1990

Deutsch von Eva Maria Hirsch

Die Deutsche Bibliothek – CIP-Einheitsaufnahme

Stevens, Anthony:
Das Phänomen C. G. Jung : biographische Wurzeln einer Lehre /
Anthony Stevens. [Dt. von Eva Maria Hirsch]. – Solothurn ; Düsseldorf : Walter, 1993
Einheitssacht.: On Jung <dt.>
ISBN 3-530-85101-9

Satz: Jung Satzcentrum GmbH, Lahnau
Druck und Einband: Clausen & Bosse, Leck
Printed in Germany
ISBN 3-530-85101-9

Inhalt

3. Teil: Von der Mitte des Lebens bis zum Tod

1. Teil

Jungs Psychologie

1. Die persönliche Gleichung

Immer wieder geschieht es in der Geschichte der Ideen, daß ein Individuum einen Beitrag von so hervorragender Bedeutung leistet, daß eine ganze geistige Lehre mit seinem Namen in Verbindung gebracht wird. Das gilt von der Jungschen Analytischen Psychologie ebenso wie von der Freudschen Psychoanalyse, von der darwinistischen Biologie genauso wie von der kopernikanischen Astronomie oder der Newtonschen Physik. Jedes dieser Systeme trägt den Stempel der Persönlichkeit seines Schöpfers. Während aber in den Naturwissenschaften der Abdruck der Persönlichkeit im Laufe der Zeit um so schwächer wird, je mehr die Disziplin über die Vision ihres Schöpfers hinauswächst, bleibt in der Tiefenpsychologie der Abdruck als unauslöschlicher Eindruck bestehen.

Die Ideen, die den Kern der psychotherapeutischen Systeme ausmachen, die von dem eindrucksvollen Triumvirat von Analytikern, nämlich Sigmund Freud, Alfred Adler und Carl Gustav Jung, entworfen wurden, stammen direkt aus dem persönlichen Leben der drei Männer. Und keiner von ihnen war sich dessen mehr bewußt als Jung. Als am Vorabend des Ausbruches des Ersten Weltkrieges diese großen Drei sich nach Jahren fruchtbarer Zusammenarbeit trennten, erkannte Jung, daß der Bruch mehr mit persönlichen als mit geistigen Differenzen zwischen ihnen zu tun hatte. Jeder von ihnen hatte eine andere Persönlichkeit, die ihn mit individuellen Voraussetzungen ausstattete, welche ihrerseits wieder seine Wahrnehmung der Realität beeinflußten. Jungs Theorie der psychologischen Typen entstand aus dieser Erkenntnis, wie auch die Einsicht, daß jedes psychologische System, sein eigenes miteingeschlossen, den Charakter eines subjektiven Bekenntnisses hat. «... aber ich werde dem Bedürfnis von mir selbst, in der Umhüllung angeblichen Erfahrungsmaterials zu sprechen, folgen» (Gesammelte Werke – im folgenden GW genannt – 4, § 774). Im hohen Alter fügte er hinzu: «Meine Werke... sind Ausdruck meiner inneren Entwicklung... Mein Leben ist mein Tun, meine geistige Arbeit. Das eine ist vom anderen nicht zu trennen» (Erinnerungen, Träume, Gedanken – im folgenden kurz ETG genannt –, S. 225).

Wenn Jung darauf bestand, daß alle, die Analytiker werden wollten, selbst analysiert sein müßten, wußte er, daß Analytiker, wenn sie in ihrer Arbeit irgend einen Grad von Objektivität erreichen wollten, sich zuvor ihrer persönlichen Voraussetzungen bewußt werden müßten. Diese Voraussetzungen machten das aus, was er die «persönliche Gleichung» nannte.

Die Tatsache, daß die Psychiatrie ein enormes persönliches Engagement von Seiten des Arztes erfordert, zog Jung von allem Anfang zu diesem Beruf hin. Nicht weniger anziehend war die Erkenntnis, daß Psychiatrie der einzige Zweig der Medizin ist, der die beiden leidenschaftlichen Interessen seines Lebens vereinte: die Natur und das Leben des Geistes. In seinen außergewöhnlichen Memoiren «Erinnerungen, Träume, Gedanken» berichtet er von der Erregung, die von ihm Besitz ergriff, als er als Medizinstudent Krafft-Ebings «Lehrbuch der Psychiatrie» aufschlug.

Beginnend mit der Vorrede las er: «Es ist wohl in der Eigenart des Wissensgebietes und der Unvollkommenheit seines Ausbaus begründet, daß psychiatrische Lehrbücher ein mehr oder weniger subjektives Gepräge an sich tragen.» Einige Zeilen weiter unten nannte der Autor Psychosen «Krankheiten der Person», und das war es, was Jungs Interesse weckte.

«Da befiel mich plötzlich ein heftiges Herzklopfen. Ich mußte aufstehen und Atem schöpfen. Ich fühlte mich in stärkster Erregung, denn es war mir wie durch eine blitzartige Erleuchtung klar geworden, daß es für mich kein anderes Ziel geben konnte als Psychiatrie. Hier allein konnten die beiden Ströme meines Interesses zusammenfließen und durch ein vereintes Gefälle sich ihr Bett graben. Hier war das gemeinsame Feld der Erfahrung von biologischen und geistigen Tatsachen, welches ich überall gesucht und nicht gefunden hatte. Hier war endlich der Ort, wo der Zusammenstoß von Natur und Geist zum Ereignis wurde.

Meine heftige Reaktion setzte ein, als ich bei Krafft-Ebing vom ‹subjektiven Gepräge› des psychiatrischen Lehrbuches las. Also, dachte ich, ist das Lehrbuch zum Teil auch das subjektive Bekenntnis des Autors, der mit seinem Präjudiz, mit der Ganzheit seines So-Seins, hinter der Objektivität seiner Erfahrungen steht und auf die ‹Krankheit der Person› mit der Ganzheit seiner eigenen Persönlichkeit antwortet.»

Das, sagt Jung, warf ein so verklärendes Licht auf die Psychiatrie, daß sie ihn unwiderruflich in ihren Bann zog (ETG, S. 115 f.).

Von Jungs Psychologie zu sprechen, ist daher gleichbedeutend mit der unschuldigen Verwendung einer Zweideutigkeit, denn die Analytische Psychologie, wie sie von Jung entwickelt wurde, entstand in allen Aspekten aus seiner eigenen Psychologie. Dieses gegenseitige Durchdringen von Leben und Werk spiegelt sich auch in der Struktur dieses Buches, das bemüht ist, die grundlegenden Prinzipien der Jungschen Psychologie darzulegen, und zwar im Kontext des Lebens, durch das sie entstanden sind. Ich hoffe, daß so der Leser die Bedeutung der Qualität der Jungschen Psychologie besser erfährt als durch eine Schilderung, die sich bemüht hätte – meiner Meinung nach künstlich bemüht hätte –, die psychologische Lehre von der persönlichen Geschichte ihres Urhebers zu trennen.

Indem ich diesen Ansatz anwende, will ich aber keinesfalls den Verdacht aufkommen lassen, daß es sich bei der Analytischen Psychologie nur um ein Hilfsmittel handelt, Jungs Biographie besser zu verstehen. Die wichtigste Tatsache im Zusammenhang mit Jung ist, daß er ein introspektives Genie war. Durch eine rigorose Selbstprüfung und durch etwas, das man nur als *religiöse* Verpflichtung seinem inneren Leben gegenüber beschreiben kann, war er imstande, das unzugängliche Hinterland des menschlichen Geistes, von wo aller Sinn herkommt, zu betreten und zu erleuchten. Indem er sich nach innen wandte, war er als einzelner Mensch imstande, den universalen Menschen, der in den dunklen Abgründen seiner eigenen Seele verborgen ist, zu entdecken. Aus diesem Grund verdienen er und seine Psychologie die gleiche Aufmerksamkeit.

Das Leben

Carl Gustav Jung wurde 1875 in Keßwil (Kanton Thurgau) auf der Schweizer Seite des Bodensees geboren. Er war der einzige Sohn des Pastors Johann Paul Achilles Jung, eines freundlichen aber unbedeutenden Landpfarrers, und seiner Frau Emilie, der jüngsten Tochter von Samuel Preiswerk (1799–1871), des Professors, der Paul Jungs Lehrer in Hebräisch war, als dieser Theologie studierte.

Viel später im Leben sollte Jung behaupten, daß die Großeltern einen ebenso großen Eindruck auf das Schicksal eines Individuums ausüben können wie die Eltern. In seinem Fall war das wahrscheinlich auch richtig. Es ist sicher, daß seine beiden Großväter ungewöhnliche Männer waren. Samuel Preiswerk, ein bedeutender Theologe und Hebraist, war der Vorsteher der Basler Geistlichkeit und gilt als Vorläufer des Zionismus. Der Grund, warum er sein Leben dem Studium des Hebräischen widmete, war anscheinend seine Überzeugung, daß es die Sprache sei, die im Himmel gesprochen werde. Er war überzeugter Spiritist und hielt nach dem Tode seiner ersten Frau regelmäßig Zwiesprache mit ihr. Wenn er seine Predigten verfaßte, bestand er darauf, daß Emilie hinter ihm sitzen müsse, um die bösen Geister abzuhalten. Jungs Großmutter, Samuel Preiswerks zweite Frau, soll hellseherisch veranlagt gewesen sein, was auch von anderen Familienmitgliedern erzählt wird. Die meisten von ihnen scheinen in Häusern gelebt zu haben, wo ständig die Gegenstände in der

Nacht Klopfgeräusche von sich gaben. Phänomene dieser Art verloren nie ihre Faszination für Jung, wie auch religiöse Fragen ihn bis ans Ende seines Lebens beschäftigten.

Jungs väterlicher Großvater, der ebenfalls Carl Gustav hieß, übte einen noch größeren Einfluß auf ihn aus. Diese mächtige Persönlichkeit war eine Art Legende in Basel, wo er bis zu seinem Tod im Jahr 1864 im Alter von siebzig Jahren als Arzt praktizierte. Er war Rektor der Universität Basel und Großmeister der Schweizerischen Freimaurerloge sowie der Autor zahlreicher Theaterstücke und wissenschaftlicher Werke. Er war zweimal verheiratet und Vater von 14 Kindern. Er selbst soll Gerüchten zufolge ein unehelicher Sohn Goethes gewesen sein, mit dem er eine physische Ähnlichkeit aufwies. Sein Interesse galt auch der Behandlung von Geisteskrankheiten, und er bemühte sich, wenn auch vergeblich, um die Errichtung eines Lehrstuhls für Psychiatrie in Basel. Er gründete ein Heim für schwachsinnige Kinder, die er mit viel Sorgfalt und Hingabe betreute.

Jung war fasziniert von dem Gedanken, daß Goethe sein Urgroßvater gewesen sein könnte, und auch wenn er davon als von «dieser ärgerlichen Legende» sprach, so tat er wenig, um ihre Unglaubwürdigkeit zu betonen. Im großen und ganzen dürfte er nicht an eine direkte Verbindung mit Goethe geglaubt haben, aber es kann kein Zweifel darüber bestehen, daß das Bild seines Großvaters Jung eine starke Anziehungskraft auf ihn besaß, und es mag wohl der Grund für sein Medizinstudium und seine Wahl des Faches Psychiatrie gewesen sein.

Die eigentlichen Begebenheiten von Jungs Leben sind schnell erzählt. Als er sechs Monate alt war, zog seine Familie nach Laufen bei Schaffhausen, wo sie blieb, bis er vier Jahre alt war. 1879 zogen sie nach Klein-Hüningen, einem Ort ganz in der Nähe von Basel (heute ein Vorort), wo sie in einer hübschen alten Pfarrei wohnten. Zusätzlich zu seiner Anstellung im Pfarramt wurde Paul Jung auch Geistlicher in der Basler Irrenanstalt Friedmatt. Carl besuchte die Dorfschule und kam von dort 1884 in das Gymnasium nach Basel, im selben Jahr, als seine Schwester Gertrud geboren wurde. 1895 immatrikulierte er als Student an der Universität Basel und studierte Naturwissenschaften und Medizin. 1900 schloß er sein Studium ab und wurde, nachdem er sich für das Fach Psychiatrie entschlossen hatte, Assistent Eugen Bleulers, einem der hervorragendsten Psychiater seiner Zeit. Bleuler war in der Heilanstalt Burghölzli tätig, die einen internationalen Ruf als psychiatrische Klinik der Universität Zürich erworben hatte.

1903 heiratete Jung Emma Rauschenbach (1882–1955), die Tochter eines reichen Schaffhauser Industriellen. Zwischen 1904 und 1914 hatten sie fünf Kinder, vier Töchter und einen Sohn. 1905 wurde er Dozent in Psychiatrie an der Universität Zürich und versah gleichzeitig die Stelle eines Oberarztes im Burghölzli. Er bekam allmählich einen Ruf in der Welt der Psychologie aufgrund seiner Forschungen mit Galtons Wortassoziationsexperiment. Als seine Arbeit 1906 publiziert wurde, kam er in Kontakt mit Sigmund Freud und fuhr im März 1907 nach Wien, um ihn zu besuchen. Bei dieser Gelegenheit sprachen sie dreizehn Stunden ohne Unterbrechung miteinander und waren offensichtlich voneinander sehr beeindruckt. Es folgte eine Periode der Zusammenarbeit, großteils in Briefform.

1909 wurden beide Männer in die USA an die Clark University in Worcester, Massachusetts, eingeladen. Freud hielt Vorlesungen über die Psychoanalyse, Jung über das Assoziationsexperiment. Sie reisten gemeinsam in die Vereinigten Staaten, führten während der Reise lange Gespräche miteinander und analysierten wechselseitig ihre Träume. Das nächste Jahr 1910 sah die Gründung der Internationalen Psychoanalytischen Vereinigung, Jung war ihr erster Präsident bis zu seinem Rücktritt 1914, als es letztendlich zum Bruch mit Freud kam. Er trat 1913 nach achtjähriger Tätigkeit als Privatdozent an der Universität Zürich zurück, und nachdem er auch am Burghölzli nicht mehr angestellt war, zog er sich in sein Haus in Küsnacht am Zürichsee zurück, um sich auf seine Privatpraxis und seine eigenen Forschungen zu konzentrieren.

1914–1918 erlebte er eine längere Episode einer psychischen Störung, die verschiedentlich als Midlife-crisis, als Zusammenbruch, als Psychose, als kreative Krankheit und hierophantische Erkenntnis beschrieben wurde. Was immer es war, das ihn befiel, er nutzte die Erfahrung, um sein psychologisches Verstehen zu vertiefen, und machte peinlich genaue Aufzeichnungen von dem ausgiebigen Material, das aus seinem Unbewußten während dieser längeren Krankheit hervorbrach. Im Jahr nach dem Waffenstillstand von 1918 erholte er sich und leistete als Kommandant in einem Lager für britische Kriegsinternierte in Château d'Œx Militärdienst.

Den Rest seines Lebens verbrachte er mit der Erforschung der Bedeutung der Dinge, die ihm während seines «Experiments mit dem Unbewußten», wie er es nannte, zugestoßen waren. Diese Forschungen führten ihn zu einem ausführlichen Studium der Gnostik, der vergleichenden Religionswissenschaften, der Mythologie und Alchemie. 1924–1925 machte er eine anthropologische Expedition zu den Pueblo Indianern in New Mexico, 1925–1926 zu den Elgonyi in Kenia.

Während der zweiten Hälfte seines Lebens, bis ins hohe Alter, schrieb er viel und publizierte die meisten der Bücher, Artikel und gelehrten Schriften, die die achtzehn Bände seiner *Gesammelten Werke* ausmachen. Er fuhr bis hoch in den Siebzigern fort, Patienten zu betreuen, und unterhielt bis ans Ende seines Lebens eine ausgedehnte Korrespondenz mit Leuten in der ganzen Welt. Am 6. Juni 1961 starb er in seinem Haus in Küsnacht im Alter von 85 Jahren. Seine Frau war sechs Jahre vor ihm gestorben.

Im großen und ganzen war es ein ziemlich ereignisloses Leben. Wer *Erinnerungen, Träume, Gedanken* liest, in der Hoffnung, die wenigen Daten, die oben angeführt sind, mit intimen Details von Jungs persönlichen Beziehungen auszuschmücken oder von seinen Begegnungen mit den vielen bedeutenden Leuten zu erfahren, die kamen, um ihn kennenzulernen, wird enttäuscht sein. Obwohl er den Kontakt mit anderen Menschen sehr genoß, war ihm «das Werk» wichtiger als alles andere. Darunter verstand er das Aufzeichnen und Verstehen der Bilder und Symbole, die aus dem Unbewußten auftauchen. Bis zum heutigen Tag sprechen Jungianer selten davon, daß sie Leute *analysieren:* sie *arbeiten* mit ihnen.

Das Werk

Im Laufe seines Lebens arbeitete Jung als Psychologe und als Psychiater und wurde gleichzeitig einer der brillantesten Analytiker der Welt. Nachdem sich die Leute über die Unterschiede zwischen diesen Disziplinen nicht immer ganz sicher sind, ist es vielleicht gut, mit einigen Definitionen zu beginnen. Ein *Psychiater* ist ein Arzt, der sich auf die Behandlung von Geisteskrankheiten aller Art spezialisiert hat, ein *Analytiker* ist ein Therapeut (der Arzt sein kann oder auch nicht), der sich auf die Behandlung einer Gruppe von seelischen Störungen konzentriert – nämlich auf die Neurosen – und sie durch eine lange und sorgfältige Untersuchung von hauptsächlich unbewußten Prozessen behandelt. Ein *Psychologe* ist ein reiner Wissenschaftler, der alle Geisteszustände und alle Arten von Verhalten studiert, ungeachtet dessen, ob sie normal oder abnormal sind, die Menschen betreffen oder die Tiere.

In der Zeit, als Jung als Psychiater im Burghölzli in Zürich tätig war (1900–1909), war er, wie ich bereits erwähnt habe, für einen wesentlichen Abschnitt psychologischer Forschung verantwortlich, bei der das Wortassoziationsexperiment Verwendung fand. Dieser Test demonstrierte die Existenz und Funktionsweise unbewußter Komplexe. Seine Arbeit als Analytiker nahm in der Zusammenarbeit mit Sigmund Freud ihren Anfang. In dieser Periode trug er dazu bei, die Psychoanalyse als internationale Bewegung zu etablieren. Diese Phase erreichte ihren Höhepunkt nach seiner Midlife-crisis, als er sein eigenes therapeutisches System entwickelte, das er zuerst «Komplexe Psychologie» und später «Analytische Psychologie» nannte, um es von der Freudschen «Psychoanalyse» zu unterscheiden.

Analytiker beider Schulen werden manchmal «Tiefenpsychologen» genannt, wobei sich «Tiefe» auf das bezieht, was ihre Hauptbeschäftigung ist – die Arbeit mit dem Unbewußten. Im großen und ganzen haben Jung und seine Schüler stets den Ausdrücken «Psyche» und «psychisch» den Vorzug über «Geist» und «geistig» gegeben, denn *Psyche* bezieht sich auf den gesamten geistigen Anteil des Menschen, bewußt oder unbewußt, während *geistig* im allgemeinen Sprachgebrauch meist den Aspekt der geistigen Tätigkeit bezeichnet, der gänzlich bewußt ist.

Andere analytische Schulen haben sich aus den ursprünglichen Disziplinen, wie sie von Freud, Adler und Jung begründet worden waren, entwickelt, aber alle stimmen darin überein, das Bewußtsein als die Spitze des psychischen Eisbergs zu betrachten. Sie alle gehen von der Voraussetzung aus, daß jegliches menschliche Verhalten von Teilen der Psyche motiviert ist, großteils sogar bestimmt wird, die dem Bewußtsein nicht zugänglich sind. Diese unzugänglichen Teile werden mit dem Allgemeinbegriff «das Unbewußte» bezeichnet.

In vielerlei Hinsicht ist das ein unglücklich gewählter Begriff, denn er impliziert, daß das Unbewußte ein Ding ist wie die Epiphyse oder ein Ort wie Paris oder das Kaspische Meer. Aber es ist weder ein Ding noch ein Ort: es ist ein Prozeß, der eine eigene Dynamik besitzt, auf der das bewußte Ich wie ein Jockey reitet. «Das Unbewußte» ist daher eine Hypothese. Es kann nicht endgültig bewiesen werden, man kann nur aufgrund seiner Manifestation in Symbolen, Symptomen und Verhalten auf seine Existenz schließen. Es hat sich jedenfalls als brauchbare Hypothese erwiesen, und kein Analytiker kann ohne es auskommen.

Nach Jung hängt geistige Gesundheit (oder Krankheit) von der funktionierenden Beziehung zwischen bewußten und unbewußten Prozessen ab, die im Laufe der individuellen Entwicklung erreicht wird. Fortschritte in der therapeutischen Anwendung der Tiefenpsychologie waren das Ergebnis des Studiums dieser Beziehung sowie die Entwicklung von Techniken, mit denen man eine Wiederanpassung dieser Beziehung erreichen konnte, wenn es Anzeichen gab, daß sie im Begriff war, schiefzugehen. Schließlich ist die Interaktion von Bewußtem und Unbewußtem nicht nur für das Aufrechterhalten der geistigen Gesundheit wichtig, sondern auch für jegliche schöpferische Tätigkeit, sei sie künstlerisch, literarisch oder wissenschaftlich. Von ihr hängt das ab, was Jung mit der Zeit als die höchste menschliche Errungenschaft zu betrachten begann, nämlich die Entwicklung der Persönlichkeit, wodurch ein Individuum ein so vollständiger Mensch wird, wie es für sie oder für ihn möglich ist. Er nannte das «Individuation», und von seiner eigenen Erfahrung nach seinem Bruch mit Freud ausgehend, behauptete er, daß dieses Ziel erreicht werden könne, indem man sich selbst der tiefen Erfahrung seiner eigenen unbewußten Prozesse öffne. Er faßte das im ersten Satz seiner Autobiographie zusammen, die er im Alter von 82 Jahren begonnen hatte: «Mein Leben», schrieb er, «ist die Geschichte einer Selbstverwirklichung des Unbewußten» (ETG, S. 10).

Weil das Unbewußte für unser Thema so grundlegend ist, ist es essentiell, daß wir die Anfänge der Geschichte seiner Entwicklung als Konzept nachvollziehen, denn erst dann werden wir imstande sein, die wahre Bedeutung von Jungs Leben und Werk beurteilen zu können. Es steht außer Zweifel, daß Jung einer der großen Pioniere in der Erforschung des Unbewußten war, aber es wäre unrichtig anzunehmen, daß er einer der ersten war. Alle individuellen Beiträge, groß oder klein, sind Teil eines Stromes, der im Nebel der Geschichte seinen Anfang nimmt, und wenn wir Jungs Beitrag im Kontext seines Lebens verstehen wollen, ist es ebenso wichtig, sein Leben im Kontext seiner Kultur zu begreifen. Das allein könnte viele Bücher füllen. Hier zwingt uns Platzmangel zu einer kurzen Untersuchung, wann das Unbewußte als Idee auftauchte. Wenn wir festgestellt haben, was Jung übernahm, wird es uns leichterfallen, die Bedeutung seines persönlichen Beitrages abzuschätzen sowie den Wert dessen, was er uns hinterlassen hat.

Literaturvorschläge:

(Ein umfassendes Literaturverzeichnis mit den genauen bibliographischen Angaben findet sich am Ende des Buches.)

Aniela Jaffé: *C. G. Jung. Bild und Wort*
C. G. Jung: *Erinnerungen, Träume, Gedanken*
Marie-Louise von Franz: *C. G. Jung. Sein Mythos in unserer Zeit*
Gerhard Wehr: *C. G. Jung*

2. Das Unbewußte

Das Unbewußte wurde nicht von Freud «entdeckt», wie manche Leute, die ihn populär gemacht haben, uns glauben machen wollen. Wie die Forschungen von Henri Ellenberger (1970) und Lancelot Whyte (1979) klargestellt haben, war es lange schon anerkannt, daß es Teile der Psyche gibt, die sich dem Zugriff des Bewußtseins entziehen. Die Erkenntnis, daß es verschiedene Grade von Bewußtsein gibt, findet man bereits bei den alten Ägyptern, Juden, Hindus und mittelalterlichen Christen, und es ist offensichtlich, daß die Aspekte des Lebens, die unseren Augen verborgen sind, originelle Denker seit dem Anbeginn der Zivilisation fasziniert haben. Der hl. Augustinus (354–430), dieser frühe christliche Theologe, formulierte das Argument für die Existenz eines Unbewußten mit seiner gewohnten Präzision: «Ich kann nicht alles begreifen, was ich bin.» Daß er Erfahrungen machte, die sich seiner Kontrolle entzogen, beunruhigte ihn sehr, denn er überlegte sich unter anderem, wieweit er für seine Träume moralisch zur Verantwortung gezogen werden könne.

Bei der Entwicklung einer Idee, wie das «Unbewußte» es ist, kann man drei Stadien unterscheiden: erstens muß jemand auf die Idee kommen, sie muß *vorstellbar* sein; dann, wenn die Idee vorgeschlagen wurde – und vorausgesetzt, sie kommt an, wird sie zu einer *Aktualität;* schließlich, wenn sie den Test der Zeit besteht, erlangt sie *Gültigkeit.* Wenn wir diese Stadien auf die Idee des Unbewußten anwenden, sieht man, daß man es sich um 1700 vorzustellen begann, daß es um 1800 zu einer Aktualität wurde und um 1900 Gültigkeit erlangte (Whyte, 1979). Das heißt, daß zwischen 1700 und 1900 die *Existenz* des Unbewußten etabliert wurde. Untersuchungen seiner *Struktur und Funktion* begannen aber erst in den neunziger Jahren des vorigen Jahrhunderts mit Sigmund Freud – und das sagt etwas über die Größe seines Genies aus.

Nachdem die Anzahl derer, die zu unserem Wissen vom Unbewußten beigetragen haben, in die Hunderte geht, ist es sinnvoll, sie unter vier Überschriften zusammenzufassen: Philosophen, Hypnotiseure, Psychologen und Analytiker. Wir wollen mit den Philosophen beginnen, denn sie haben mehr als alle anderen dazu beigetragen, die Idee herauszudestillieren und zu klären.

Die Philosophen

Der erste moderne Denker, der den Ruhm für eine klare Formulierung der Idee des Unbewußten für sich in Anspruch nehmen kann, war Gottfried von Leibniz (1646–1716). Volle Anerkennung des Unbewußten als eines dynamischen Prinzips, welches dem Bewußtsein zugrunde liegt, wurde jedoch nicht vor dem 19. Jahrhundert erreicht, als es zu einer zentralen Frage für die deutschen Philosophen Schelling, Hegel, Schopenhauer und Nietzsche wurde. Jeder dieser Denker beeinflußte Jung, und viele Grundsätze der Analytischen Psychologie sind in ihren Werken bereits vorweggenommen.

Ein Markstein war 1868 die Publikation von *Die Philosophie des Unbewußten* von Eduard von Hartmann (1842–1906). Dieses riesige Werk war eine Zusammenfassung all dessen, was bis zu diesem Zeitpunkt über das Unbewußte geschrieben worden war. Es wurde aus dem Deutschen ins Französische und Englische übersetzt und erlebte in allen drei Sprachen mehrere Auflagen. Man kann den Einfluß dieses Buches auf die europäische Kultur gar nicht hoch genug einschätzen. Von Hartmanns Werk und die große Popularität, die von Schopenhauer und Nietzsche erreicht wurde, bewirkten, daß gegen Ende des 19. Jahrhunderts die Idee des Unbewußten bekannt und akzeptiert und der philosophische Boden gut vorbereitet war, um das fruchtbare Genie eines Sigmund Freud aufzunehmen und zu nähren.

Die Hypnotiseure

Während die Philosophen dafür verantwortlich waren, daß die Idee des Unbewußten Gestalt annahm, waren es diejenigen, die sich mit der Behandlung von Geisteskrankheiten beschäftigten, die für die Idee den empirischen Beweis erbrachten, der nötig war, um der Hypothese ein gewisses Maß an wissenschaftlichem Ansehen zu verschaffen. Man kann sagen, daß die moderne dynamische Psychiatrie mit der Einführung einer umstrittenen Methode begann, die von dem Wiener Arzt Anton Mesmer (1734–1815) entwickelt wurde. Mesmer wurde berühmt und berüchtigt durch den Erfolg, den er bei der Behandlung einer Reihe nervöser Leiden hatte, die er mit dem, was wir heute Hypnose nennen, kurierte. Mesmer nannte das damals «animalischen Magnetismus». Die von Mesmer entwickelte Methode wurde von anderen übernommen, von ihren mystischen Begleiterscheinungen befreit und sowohl in England als auch in Frankreich erfolgreich angewendet.

Der berühmteste Vertreter der Hypnose war der berühmte französische Neurologe Jean-Marie Charcot (1825–1893), der sie für die Untersuchung und Behandlung der Hysterie verwendete. Es gelang ihm, den psychologischen Ursprung der hysterischen Lähmung zu beweisen, indem er dieselbe Form der Lähmung bei gesunden Probanden durch hypnotische Suggestion hervorrief. Außerdem zeigte er, daß die Probanden auf Befehl blind oder taub wurden, Halluzinationen hatten, spastisch oder kataleptisch wurden oder auch das merkwürdige Phänomen der «multiplen Persönlichkeit» aufwiesen, wobei sich zwei oder mehr anscheinend getrennte Persönlichkeiten in ein und derselben Person zeigen.

Das Interesse an multiplen Persönlichkeiten ist sehr alt und geht auf die Idee des «Besessenseins» von fremden Geistern zurück. Bis in unsere Tage wurde es als die Domäne der Exorzisten betrachtet. Als der Zustand im 19. Jahrhundert zum Gegenstand wissenschaftlicher Forschung wurde, dachte man zunächst, daß die multiplen Persönlichkeiten nur «zweifach» waren, aber später erkannte man, daß sich das Unbewußte wie ein Nährboden verhält, aus dem ganze Serien von Unterpersönlichkeiten hervorgehen können. Charcot war der Ansicht, daß abgetrennte Fragmente der Gesamtpersönlichkeit eine eigene unbewußte Entwicklung durchmachen können und daß sie dann unter Hypnose zum Vorschein kommen oder sich spontan in einer klinischen Störung manifestieren können.

Diese wichtige Idee wurde von Charcots Schüler Pierre Janet (1859–1947) aufgegriffen, der diese «gleichzeitigen psychologischen Existenzen» mit «unbewußten fixen Ideen», wie er es nannte, in Verbindung brachte. «Die Idee», schrieb Janet, «entwickelt sich wie ein Virus in einer Ecke der Persönlichkeit, die dem Subjekt unzugänglich ist, wirkt unterbewußt und führt zu allen Störungen der Hysterie und Geisteskrankheit.» Als Jung später den Begriff Komplex definierte und in die Psychologie einführte, setzte er ihn mit Janets *idée fixe subconsciente* gleich. Jung vertrat außerdem die Ansicht, daß die persönliche Psyche aus einer Anzahl von Teilpersönlichkeiten besteht, die in Träumen und Phantasien Gestalt annehmen.

Das Werk von Charcot und Janet war unentbehrlich für die Begründung der Tiefenpsychologie. Freud hatte 1885 bei Charcot und Jung im Wintersemester 1902/03 bei Janet studiert. Charcots Einfluß auf Freud führte dazu, daß dieser aufhörte, klinischer Neurologe zu sein, ein dynamischer Psychologe wurde und begann, in Wien mit Josef Breuer (1842–1925) zusammenzuarbeiten.

Breuer hatte bereits eine Zeitlang mit Erfolg die Hypnose in der Behandlung von Hysterie angewendet und behauptete, daß seine Methode des *Abreagierens* sehr erfolgreich sei. Darunter war zu verstehen, daß der hypnotisierte Patient ermutigt wurde, die traumatischen Erfahrungen, die für seine Krankheit verantwortlich sind, erneut zu durchleben und die gewaltigen Emotionen, die damit verbunden sind, zu entladen (ein Prozeß, der zur «Katharsis» führte). Freud war von Breuers Ergebnissen sehr beeindruckt und datierte seinerseits den Beginn der Psychoanalyse mit Breuers Behandlung einer Patientin, die Anna O. hieß und deren «zahlreiche hysterischen Symptome eines nach dem anderen verschwanden, als Breuer imstande war, sie die genauen Umstände, die zu ihrem Entstehen geführt hatten, hervorrufen zu lassen». So verschwanden zum Beispiel ihre Schwierigkeiten beim Schlucken, als sie sich an ihr Gefühl des Abscheus erinnerte (und Breuer gegenüber «abreagierte»), als ein Hund Wasser aus ihrem Glas geleckt hatte.

Wie wir noch sehen werden, gab Freud bald die Hypnose zugunsten seines eigenen Verfahrens der *freien Assoziation* auf, bei dem die Patienten in der Lage waren, vergessene oder verdrängte Erinnerungen bei vollem Bewußtsein zu erinnern. Nichtsdestoweniger ist es richtig zu sagen, daß die Hypnose und das Studium ihrer Auswirkungen eine grundlegende und wichtige Rolle in der Entdeckung der Gewalt der unbewußten Kräfte gespielt hat und dazu beitrug, therapeutische Methoden zu entwickeln, die diese unbewußten Komponenten dem Bewußtsein zugänglich machen. Obwohl Jung von der Hypnose wenig Gebrauch machte, wäre er nicht in der Lage gewesen, seine Theorien zu formulieren, hätten nicht andere vor ihm die Hypnose benützt.

Die Psychologen

Die Psychologie trat spät auf der Bühne der Wissenschaften auf und wurde erst in der zweiten Hälfte des 19. Jahrhunderts zu einer unabhängigen Disziplin. Der Praktiker dieser neuen Wissenschaft, der am meisten zur experimentellen Erforschung des Unbewußten beitrug, war der englische Arzt, Chemiker und Mathematiker Francis Galton (1822–1911). Es war Galton, der das

Wortassoziationsexperiment entwickelte, das Jung später gut für sein Studium der Komplexe gebrauchen konnte und das sich in der Folge als der Anlaß seiner Verbindung mit Freud erweisen sollte. In diesem Test wird der Testperson eine Anzahl von Wörtern vorgelesen, und sie soll auf jedes Reizwort mit dem ersten Wort, das ihr in den Sinn kommt, antworten. Galton fand heraus, daß die Antworten nicht wahllos erfolgten, auch nicht durch eine bewußte Einflußnahme des Willens, sondern sie waren der automatische Ausdruck der Gedanken, Gefühle und Erinnerungen, die die Testperson mit dem Reizwort verband. Wie schon erwähnt, verdanken wir Jung die Einsicht, daß sich diese Gedanken, Gefühle und Erinnerungen in dynamischen Haufen gruppieren («Komplexe»), die wie Teilpersönlichkeiten funktionieren oder wie Janets «fixe Ideen».

Vom Standpunkt der Jungschen Psychologie als Ganzes war jedoch die bedeutendste psychologische Studie jene von Théodore Flournoy (1854–1920), der fünf Jahre der peinlich genauen Erforschung einer Frau gewidmet hatte, die ein spiritistisches Medium war und Catherine Muller hieß (besser bekannt unter ihrem Pseudonym Helen Smith). Helen Smith gab in Trance eine detaillierte Beschreibung ihrer früheren Leben als Königin Simandini im Indien des 15. Jahrhunderts, als Königin Marie-Antoinette und als Bewohnerin des Planeten Mars, deren Sprache sie fließend sprach. Viele hielten sie für echt, andere meinten, es handle sich um einen Betrug. Flournoy kam zu dem Schluß, daß keines von beidem zutraf. Er behauptete, daß ihre Äußerungen «Phantasieerzählungen von unterschwelligen Vorstellungen» seien und daß sie die den Beweis für die mythenschaffenden Fähigkeiten des Unbewußten darstellten. Er verzeichnete und analysierte alles, was Helen sagte, und demonstrierte, daß der Inhalt ihrer Trance-Vorstellungen auf vergessene Erinnerungen zurückgeführt werden konnte (z. B. auf Bücher, die sie in der Kindheit gelesen hatte etc.) – ein Phänomen, für das Flournoy den Begriff «Kryptomnesie» (wörtlich «verborgenes Gedächtnis») prägte. Als man ihre «marsischen Äußerungen» einer philologischen Untersuchung unterzog, fand man heraus, daß sie aus verstümmelten ungarischen Worten bestanden (Helens Vater war Ungar), die auf französischen grammatikalischen Konstruktionen basierten (Französisch war ihre Muttersprache).

Andere Psychologen untersuchten parallele Phänomene wie Tischrücken, Hydromantie und den Gebrauch der Alphabet-Tafel (Ouija-Tafel) und kamen zu dem Schluß, daß diese Phänomene nicht durch Geister verursacht waren, sondern durch unbewußte Gedanken, die bei den Teilnehmern unbewußte Bewegungen hervorriefen. Eine Methode, die bei den Spiritisten sehr beliebt ist, das automatische Schreiben, wurde von den Psychologen als nützliches Mittel für die Erforschung des Unbewußten übernommen.

Jung, der ein Leben lang am Paranormalen interessiert war, war offensichtlich von all diesen Studien fasziniert und stand stark unter dem Einfluß von Flournoys Untersuchung von Helen Smith, als er das Thema seiner Dissertation wählte. Sie erschien 1902 unter dem Titel «Zur Psychologie und Pathologie sogenannter okkulter Phänomene». Freud hingegen hatte an solchen Dingen kein Interesse. Er fühlte sich von ihnen höchstens abgestoßen. So lieferten zumindest die Psychologen den Analytikern den empirischen Beweis für die Existenz dynamischer Komponenten im Unbewußten.

Die Analytiker

Bis zum Ende des 19. Jahrhunderts gab es einige Ergebnisse, was die Natur und Funktion des Unbewußten betraf. Diese Ergebnisse kann man wie folgt zusammenfassen:

1. Viele unserer Wahrnehmungs- und Ideenbildungsprozesse finden unterhalb der Schwelle des Bewußtseins statt. Diese Idee wurde mit Begriffen wie «unbewußte Schlüsse» (Helmholtz) und «unbewußtes Denken» (W. B. Carpenter) zusammengefaßt.

2. Im Unbewußten sind zahlreiche Erinnerungen und Wahr-

nehmungen gespeichert, von denen das bewußte Individuum nichts weiß. Diese können durch Hypnose wieder zugänglich gemacht werden, was zu dem erstaunlichen Phänomen der hypnotischen Hypermnesie führt, bei welcher sich der Proband außergewöhnlich genau an alle Details erinnern kann.

3. Fertigkeiten, die durch bewußtes Bemühen erworben werden – wie zum Beispiel Radfahren oder das Sprechen einer Fremdsprache –, werden automatisiert und laufen dann unbewußt ab.

4. Das Unbewußte besitzt eine schöpferische, mythenschaffende Funktion, die in grenzenloser Folge Träume, Mythen, Geschichten, Bilder, Symbole und Ideen entstehen läßt und im psychopathologischen Zustand Wahnvorstellungen, Halluzinationen und die verschiedenen Manifestationen der Hysterie hervorrufen kann.

5. Das Unbewußte wirkt wie eine dynamische Instanz, wobei Mesmers ursprüngliches Konzept eines «magnetischen Fluidums» vom Konzept einer psychischen Energie ersetzt wird. Diese Energie kann gehemmt sein, sublimiert werden und von einem psychischen Teil auf einen anderen übertragen werden.

6. Unter der Schwelle des Bewußtseins gibt es Teilpersönlichkeiten, die entweder spontan entstehen oder Teile der bewußten Persönlichkeit sind, die «abgespalten», vom Bewußtsein abgetrennt wurden. Diese Teilpersönlichkeiten können in Träumen und Phantasien auftreten, sie zeigen sich in hypnotischen oder spiritistischen Trancezuständen oder bei Zuständen von multipler Persönlichkeit.

Als Freud 1886 in Wien seine Praxis eröffnete, galt daher die klinische Bedeutung des Unbewußten bereits als weitgehend anerkannt. Wir haben schon Charcots und Breuers wesentlichen Einfluß auf Freuds frühes Denken festgestellt. Freud ging in folgenden Überlegungen über die Denkweise dieser Pioniere hinaus: er erkannte, daß die Neurose ein viel komplizierterer Zustand ist, als die beiden offenbar annahmen, und daß die Hypnose keine Methode ist, mit der man eine dauerhafte Heilung erzielen kann. Freud war vor allem von zwei Tatsachen beeindruckt, die bei neurotischen Patienten immer wieder vorkamen: erstens von der Häufigkeit, mit der wirkliche oder eingebildete sexuelle Träume in der früheren Kindheit des Patienten als Grund der Krankheit gefunden wurden, und zweitens von der Widerwilligkeit der Patienten, wenn es darum ging, die wahre Natur des Traumas anzuerkennen. Offensichtlich war die traumatische Erinnerung so schmerzhaft, daß sich der Patient oder die Patientin durch eine *Verdrängung* ins Unbewußte davor schützen mußte. Freud war der Ansicht, daß diese *Abwehr* leichter beseitigt und die Erinnerung dauerhafter zurückgewonnen werden könne, wenn der Patient ganz wach war und nicht hypnotisiert. Außerdem *erlebte* der Patient im wachen Zustand die Auflöung der damit verbundenen Emotionen.

In der Folge hörte Freud auf, die Hypnose zu verwenden und ersetzte sie durch seine eigene Methode der *freien Assoziation*, die für ihn zum Schlüssel wurde, der das Unbewußte öffnet. Diese Methode setzte sich als «Grundprinzip» der therapeutischen Arbeitsweise durch und wurde als Psychoanalyse bekannt. Der Patient lag entspannt auf einer Couch und wurde angewiesen, frei zu assoziieren – d. h. frei und offen alles zu sagen, was ihm in den Sinn kam, wie absurd, peinlich oder obszön es auch immer sein mochte. Es ist kaum überraschend, daß Patienten des öfteren Hemmungen verspürten, das zu tun, und diese Hemmungen nannte Freud *Widerstand.* Wenn Widerstand auftrat, *interpretierte* ihn Freud seinen Patienten gegenüber, damit der Grund des Widerstandes verstanden und dadurch überwunden werden konnte. Mit dem Fortschreiten der Sitzungen entdeckte Freud, daß die Patienten begannen, irrationale Gefühle der Liebe oder der Feindseligkeit ihm gegenüber zu empfinden. Wenn man diese analysierte, stellte sich heraus, daß es sich um Wiederholungen ähnlicher Gefühle handelte, die wichtigen Figuren, meist Elternfiguren gegenüber in der Vergangenheit empfunden wurden. Diese Gefühle nannte Freud *Übertragungen,* denn sie wurden von den Eltern auf ihn übertragen. Auch diese Gefühle interpretierte er den Patienten. Zusammen bildeten diese ursprünglichen Methoden die Grundlage der psychoanalytischen Behandlung.

Obwohl Freud viele Ideen, die vor ihm entwickelt worden waren, übernahm und adaptierte, war er dennoch ein brillanter Neuerer. Er erzielte nicht nur eine Synthese früherer Ideen, sondern er erfand eine gänzlich neue Art des Umgangs mit dem Unbewußten (und der Behandlung neurotischer Krankheiten) – nämlich die analytische Situation, die grundsätzlichen Regeln der freien Assoziation und die Analyse des Widerstandes und der Übertragung.

Freud machte auch von der freien Assoziation Gebrauch, als es darum ging, das Geheimnis der Träume zu enträtseln. Er war sicher, daß die gleiche psychische Energie, die dazu führte, daß Patienten sich dem Ausdruck obszöner Gedanken auf der Couch widersetzten, auch ähnliche Gedanken in Träumen *zensurierte*. Was wir als den *manifesten* Inhalt eines Traumes erinnern, ist, wie Freud meinte, eine verschleierte Version des *latenten* Trauminhalts, der stets ein sexueller oder inzestuöser Wunsch ist. Er schloß daraus, daß Träume eine Ersatzbefriedigung unterdrückter sexueller Wünsche darstellen. Ihr manifester Inhalt ist ein entstellter Ausdruck dieser Wünsche, die vom Zensor derartig verändert werden, daß sie für den Träumer «annehmbar» erscheinen. Statt daß der Träumer davon träumt, mit seiner Mutter Geschlechtsverkehr zu haben, kann er einen Zug sehen, der ihn nach Hause bringt und dabei in eine Serie von Tunnels hinein- und herausfährt. Freie Assoziation rund um diese Bilder herum überlistet den Zensor und läßt die wahre Bedeutung des Traumes offenbar werden.

Daraus ergibt sich, daß in Freuds Denken zwei wichtige Annahmen über die Natur des Unbewußten klar ersichtlich sind: erstens, daß es aus Erinnerungen besteht, die nur dieses Individuum betreffen, und zweitens, daß sie, wenn sie unterdrückt werden, stets sexueller Natur sind. Freud fügte zu diesen beiden eine weitere Annahme hinzu: Die Energie, welche den gesamten psychischen Apparat antreibt und für seine Entwicklung in der

Kindheit verantwortlich ist, ist sexuellen Ursprungs. Diese sexuelle Energie nannte er *Libido*. Es ist wichtig, diese Annahmen klar zu betonen, denn sie sollten zur Quelle des Streites zwischen Freud und den brillantesten seiner Mitarbeiter werden, Adler und Jung.

Im letzten Jahrzehnt des vorigen Jahrhunderts litt Freud selbst an neurotischen Symptomen, mit denen er auf zweierlei Arten fertigzuwerden versuchte: Er bat einen Hals-Nasen-Ohren-Facharzt um Rat. Dieser Arzt war Wilhelm Fließ, dem es bestimmt war, ein enger Freund und Vertrauter Freuds zu werden. Und zwischen 1894–1899 führte er eine ausgedehnte Selbstanalyse durch, bei der er seine eigenen Methoden der Traumanalyse und der freien Assoziation zur Anwendung brachte. Fließ war in dieser Zeit für ihn eine große Unterstützung. Freud ging aus dieser Episode von Symptomen befreit hervor und war überzeugt, daß er die grundlegenden Prinzipien der psychischen Tätigkeit, die Ätiologie der neurotischen Erkrankung und die notwendige Therapie für ihre Heilung, gefunden hatte.

Alle wesentlichen Charakteristika der psychoanalytischen Theorie wurden in dieser Zeit ausgearbeitet, die infantile Sexualität, die Stadien der libidinösen Entwicklung in der Kindheit, der Ödipuskomplex und der Kastrationskomplex, Prinzipien, welche die Fixierung und Transformation der Libido steuern, die Traumtheorie, Fehlleistungen und Deckerinnerungen, die Vorstellung, daß frühe Phantasien ebenso wie frühe sexuelle Erlebnisse eine wesentliche Rolle für die spätere Entwicklung spielen, das Verstehen von Symptomen als die ersatzweise Verwirklichung unterdrückter sexueller Wünsche und so fort.

Diese Periode von sechs Jahren, in der Freud von einer Neurose befallen wurde und sich selbst heilte, scheint für ihn eine «kreative Krankheit» gewesen zu sein, ganz ähnlich wie der «Zusammenbruch» zwischen 1913–1918 für Jung. Interessanterweise waren beide Männer während dieser Episode von Krankheit und Selbstheilung ungefähr gleich alt. Freuds Krankheit ereignete sich zwischen achtunddreißig und vierundvierzig, Jungs zwischen achtunddreißig und dreiundvierzig, eine Zeit im Leben, die Jung als «Krise um die Lebensmitte» bezeichnen sollte. Beide gingen aus dieser Periode mit der Überzeugung hervor, wesentliche Entdeckungen gemacht zu haben, die sie mit der Menschheit teilen müßten. In beiden Fällen scheint ihr Leiden und das Ergebnis davon die Wahrheit des Ausspruchs des hl. Augustinus zu bestätigen: «Zuerst gehe von dem, was außen ist, zurück zu dir selbst, denn im inneren Menschen wohnt die Wahrheit.» Nachdem sie sich erholt hatten, publizierten beide Männer grundsätzlich neue Werke: Freud *Die Traumdeutung,* welche 1900 erschien, und Jung im Jahr 1921 *Psychologische Typen.*

Einer der ersten Schüler, der sich von Freud angezogen fühlte, war Alfred Adler (1870–1937), ein Wiener Arzt, der bis 1911 ein aktives Mitglied von Freuds psychoanalytischem Kreis war. Wie Jung erreichte auch Adler den Punkt, an dem er zu Freuds ausschließlicher Betonung der sexuellen Entwicklung als Ursache der Neurose im Widerspruch stand. Er war mehr und mehr davon überzeugt, daß soziale Instinkte und kompensatorisches Machtstreben grundlegendere Motivationen darstellen als Sexualität. Adler trennte sich von Freud, als die theoretischen Unterschiede zwischen ihnen so groß wurden, daß sie nicht mehr überbrückbar waren.

Wie wir gesehen haben, schloß sich Jung der psychoanalytischen Bewegung an, nachdem 1906 seine *Diagnostischen Assoziationsstudien* publiziert worden waren und er Freud in Wien im Jahr 1907 kennengelernt hatte. Für beide war dieses Zusammentreffen eines der wichtigsten ihres Lebens. Die stark persönliche Qualität ihrer Beziehung war von Beginn an offensichtlich. «Wir trafen uns um ein Uhr mittags», erinnerte sich Jung, «und dreizehn Stunden lang sprachen wir sozusagen pausenlos. Freud war der erste wirklich bedeutende Mann, dem ich begegnete. Kein anderer Mensch in meiner damaligen Erfahrung konnte sich mit ihm messen. In seiner Einstellung gab es nichts Triviales. Ich fand ihn außerordentlich intelligent, scharfsinnig und in jeder Beziehung bemerkenswert» (ETG, S. 153 f.).

Aber selbst in diesem Stadium der aufsprießenden Freundschaft hatte Jung Zweifel über den grundsätzlichen Platz, den Freud der Sexualität einräumte. Es fiel ihm auf, daß Freud in geradezu fanatischer Weise an seiner Sexualtheorie hing. «Wenn er davon sprach, wurde sein Ton dringlich», stellte Jung fest. «Ein seltsam bewegter Ausdruck... belebte dabei sein Gesicht» (ETG, S. 154). Es war, als ob der Gegenstand eine *religiöse* Bedeutung für Freud angenommen hätte. Freud als Atheist hatte Gott zurückgewiesen und die Sexualität an seinen Platz gestellt.

Als ihre Freundschaft sich weiter entwickelte, gestand Jung seine Vorbehalte bezüglich Freuds Sexualtheorie, aber Freud ging darüber hinweg mit dem Hinweis, daß sie mit Jungs mangelnder Erfahrung zu tun hätten. Jung beschloß, seine Zweifel lieber für sich zu behalten, als eine Beziehung zu gefährden, die für beide Männer von größter emotionaler und professioneller Bedeutung war.

Während ihrer gemeinsamen Reise nach Amerika im Jahr 1909 begannen jedoch neue Schwierigkeiten zwischen ihnen aufzutauchen. Sie hatten mit ihrer unterschiedlichen Auffassung von der Natur des Unbewußten zu tun und stellten Freuds Autorität als Führer der psychoanalytischen Bewegung in Frage.

Neun Jahre lang hatte Jung eine sorgfältige Studie der schizophrenen Wahnideen und Halluzinationen seiner Patienten in der Heilanstalt Burghölzli in Zürich durchgeführt. Diese Arbeit hatte ihn überzeugt, daß es eine kollektive oder universale Grundlage der menschlichen Psyche geben müsse. Nicht nur ähnelten die seltsamen Ideen, Halluzinationen und visuellen Bilder, von denen die individuellen Schizophrenen berichteten, einander, sie wiesen auch eine überraschende Ähnlichkeit zu mythologischen Motiven und religiösen Bildern auf, wie sie von Leuten auf der ganzen Welt berichtet werden, die sich mit Kulturgeschichte befassen. Jung sammelte reichlich Beweise für seine Auffassung, daß diese universelle Symbolik weniger mit individueller Erfahrung oder kultureller Verbreitung zu tun hat, als mit der Struktur des menschlichen Gehirns und mit einer grundlegenden Komponente der unbewußten Psyche, die allen Menschen gemeinsam ist.

Jung unterließ es, diese ungeheuerliche Idee an Freud weiterzugeben, aus demselben Grund, aus dem er den älteren Mann vor seiner Kritik der Sexualtheorie bewahrte. Aber während ihrer Reise hatte Jung einen Traum, der für ihn die Angelegenheit zur Entscheidung brachte, obwohl Freud seine Bedeutung nicht erkannte. Das ist der Traum:

«Ich war in einem mir unbekannten Hause, das zwei Stockwerke hatte. Es war ‹mein Haus›. Ich befand mich im oberen Stock. Dort war eine Art Wohnzimmer, in welchem schöne alte Möbel im Rokokostil standen. An den Wänden hingen kostbare alte Bilder. Ich wunderte mich, daß dies mein Haus sein sollte und dachte: nicht übel! Aber da fiel mir ein, daß ich noch gar nicht wisse, wie es im unteren Stock aussähe. Ich ging die Treppe hinunter und gelangte in das Erdgeschoß. Dort war alles viel älter, und ich sah, daß dieser Teil des Hauses etwa aus dem 15. oder 16. Jahrhundert stammte. Die Einrichtung war mittelalterlich, und die Fußböden bestanden aus rotem Backstein. Alles war etwas dunkel. Ich ging von einem Raum in den anderen und dachte: Jetzt muß ich das Haus doch ganz explorieren! Ich kam an eine schwere Tür, die ich öffnete. Dahinter entdeckte ich eine steinerne Treppe, die in den Keller führte. Ich stieg hinunter und befand mich in einem schön gewölbten, sehr altertümlichen Raum. Ich untersuchte die Wände und entdeckte, daß sich zwischen den gewöhnlichen Mauersteinen Lagen von Backsteinen befanden; der Mörtel enthielt Backsteinsplitter. Daran erkannte ich, daß die Mauern aus römischer Zeit stammten. Mein Interesse war nun aufs höchste gestiegen. Ich untersuchte auch den Fußboden, der aus Steinplatten bestand. In einer von ihnen entdeckte ich einen Ring. Als ich daran zog, hob sich die Steinplatte, und wiederum fand sich dort eine Treppe. Es waren schmale Steinstufen, die in die Tiefe führten. Ich stieg hinunter und kam in eine niedrige Felshöhle. Dicker Staub lag am Boden, und darin lagen Knochen und zerbrochene Gefäße wie Überreste einer primitiven Kultur. Ich entdeckte zwei offenbar sehr alte und halb zerfallene Menschenschädel. – Dann erwachte ich» (ETG, S. 163).

Er erzählte den Traum Freud, der sein Augenmerk vor allem auf die beiden Totenschädel richtete und Jung um Assoziationen dazu bestürmte, um den seiner Meinung nach unbewußten Todeswunsch gegen zwei Leute in Jungs Leben zu identifizieren. Diese Interpretation schien Jung sehr weit daneben getroffen, aber um des lieben Friedens willen nannte er zwei Leute, um Freud zufriedenzustellen. Jedenfalls dachte er für sich allein über den Traum nach, und seine Bedeutung wurde ihm ganz klar:

> «Es war mir deutlich, daß das Haus eine Art Bild der Psyche darstellte, d. h. meiner damaligen Bewußtseinslage mit bis dahin unbewußten Ergänzungen. Das Bewußtsein war durch den Wohnraum charakterisiert. Er hatte eine bewohnte Atmosphäre, trotz des altertümlichen Stils.
>
> Im Erdgeschoß begann bereits das Unbewußte. Je tiefer ich kam, desto fremder und dunkler wurde es. In der Höhle entdeckte ich Überreste einer primitiven Kultur, d. h. die Welt des primitiven Menschen in mir, welche vom Bewußtsein kaum mehr erreicht oder erhellt werden kann. Die primitive Seele des Menschen grenzt an das Leben der Tierseele, wie auch die Höhlen der Urzeit meist von Tieren bewohnt wurden, bevor die Menschen sie für sich in Anspruch nahmen» (ETG, S. 164).

Dieser Traum und seine Interpretation stellten einen Wendepunkt in Jungs Beziehung zu Freud dar. Der Traum verstärkte Jungs Interesse an Archäologie, Mythologie und vergleichenden Religionswissenschaften, und er verbrachte den Großteil des Jahres 1910 mit dem Sammeln von Material für ein Buch, das 1911 und 1912 in zwei Teilen herauskam. Dieses Buch, *Wandlungen und Symbole der Libido. Beiträge zur Entwicklungsgeschichte des Denkens,* sollte seinen Abschied von der psychoanalytischen Bewegung einleiten. (Es erschien in dem von Eugen Bleuler und Sigmund Freud herausgegebenen Jahrbuch für psychoanalytische und psychopathologische Forschungen III und IV. 1950 entstand eine Neufassung unter dem Titel: *Symbole der Wandlung. Analyse des Vorspiels zu einer Schizophrenie.* Diese

Schrift steht als Band 5 der Gesammelten Werke zur Verfügung.) Die Arbeit besteht aus Jungs Reflexionen über eine Anzahl von Phantasien, die von einer Amerikanerin, Pseudonym Miss Miller, aufgezeichnet wurden. Im Zuge dieses Werkes verkündete Jung nicht nur seine Hypothese von einem kollektiven Unbewußten, indem er viele mythologische Parallelen zu Miss Millers Phantasien beifügte, sondern er wies auch entschieden Freuds Ansicht zurück, daß die Libido ausschließlich sexuell sei. Jung stellte die Hypothese auf, daß die Libido eine unspezifische psychische Energie sei, verwandt mit Henri Bergsons (1859–1941) *élan vital,* und er argumentierte, daß die Sexualität nur eine Form sei, in welche diese Energie geleitet werden könne. Er lehnte noch eine weitere Grunddoktrin der psychoanalytischen Theorie ab, nämlich daß es sich beim Ödipus- oder Elektrakomplex um ein Entwicklungsstadium handle, welches alle Buben und Mädchen durchlaufen. Während Jung anerkannte, daß Buben sich sehr stark zu ihren Müttern hingezogen fühlen und dadurch in einen Eifersuchtskonflikt mit dem Vater geraten können, so verneinte er, daß Anziehung oder Konflikt unabdingbar sexuell sein müßten. Im Gegenteil, er betrachtete die Mutter eher als schützende, nährende Figur denn als das Objekt inzestuöser Begierde. Für Jung war das Verlangen des Sohnes nach der Mutter spirituell und nicht sexuell, und der Wunsch eines Buben, in die Gebärmutter zurückzukehren, war im Grunde für ihn die Notwendigkeit, «wiedergeboren» zu werden in einem erneuten Akt der Selbstverwirklichung. Mit anderen Worten, Jung betrachtete psychologischen Inzest nicht als Suche nach einem physischen Ziel, sondern als Mittel zur geistigen Entwicklung.

Jung erkannte, daß diese Ansichten grundsätzlich unvereinbar mit denen Freuds waren, und so zögerte er einige Monate, bevor er das Buch fertigstellte und es publizierte, denn er fürchtete, das Erscheinen des Buches würde ihn Freuds Freundschaft kosten. Schließlich entschloß er sich, die Publikation voranzutreiben. Seine Befürchtungen haben sich als begründet erwiesen.

Dieses und die folgenden Kapitel zeigen klar, daß die Gründe für den Abbruch der Beziehung zwischen den führenden Psychoanalytikern wirklich eher persönlicher denn intellektueller Art waren, ein Schluß, zu dem auch Jung später kam. Aber es war nun einmal so, daß weder Freud noch Jung Männer waren, mit denen man besonders leicht auskam. Bei Freud war stets eine Tendenz vorhanden, auf Freundschaft Feindschaft folgen zu lassen, nicht nur im Fall Jungs oder Adlers, sondern auch bei anderen Kollegen, wie Meynert, Breuer, Fließ und Stekel. Ebensowenig war Jung mit der Stärke seiner Reaktion auf Freuds Zurückweisung allein: Victor Tausk beging 1919 unter ähnlichen Umständen Selbstmord. Herbert Silberer fiel in eine tiefe Depression und erhängte sich 1923. Wilhelm Reich erlitt ähnlich wie Jung einen Nervenzusammenbruch, von dem er sich zwar in der Folge erholte, aber bei Reich war die Erholung nur vorübergehend.

Jung für seinen Teil hatte überhaupt beträchtliche Schwierigkeiten in seinem Verhältnis zu Männern und hatte nur wenige männliche Freunde außer dem Kindheitsfreund Albert Oeri, dem Sinologen Richard Wilhelm und in reiferem Alter dem britischen Analytiker E. A. Bennet und dem Schriftsteller Laurens van der Post. Jung fühlte sich stets mehr zu Hause in der Gesellschaft von Frauen, die sich ihrerseits mächtig zu ihm hingezogen fühlten, sich um ihn scharten und eine nicht gerade kleine Clique um ihn bildeten, welche bei Zürcher Eingeweihten unter dem Spitznamen *Jungfrauen* bekannt war.

Im Falle Freuds bestand ein Teil des Problems in seiner Widerborstigkeit in Fragen der Autorität. Je mehr Zeit verging, mit um so mehr Ungeduld reagierte Jung auf alles, was er als Freuds dogmatischen Autoritätsanspruch betrachtete, und selbst im Alter konnte er sich noch lebhaft daran erinnern, wie Freud zu ihm gesagt hatte: «Mein lieber Jung, versprechen Sie mir, nie die Sexualtheorie aufzugeben. Das ist das Allerwesentlichste. Sehen Sie, wir müssen daraus ein Dogma machen, ein unerschütterliches Bollwerk.» Das war mit großer Leidenschaft gesagt worden und in einem Ton, so erschien es Jung, als bitte ein Vater seinen Sohn, immer am Sonntag zur Kirche zu gehen. Etwas erstaunt fragte ihn Jung: «Ein Bollwerk wogegen?» und Freud antwortete: «Gegen die schwarze Schlammflut – des Okkultismus.»

Jung wußte, er würde eine solche Einstellung nie akzeptieren können. Unter «Okkultismus» schien Freud alles zu verstehen, was Philosophie und Religion einschließlich der in seinen Tagen aufgekommenen Parapsychologie über die Seele auszusagen wußten. Jung erschien Freuds Sexualtheorie mindestens genauso «okkult» (ETG, S. 155).

Auf ihrer gemeinsamen Amerikareise ergab es sich, daß Jung sich bemühte, einen von Freuds Träumen zu deuten, und er fragte Freud um Assoziationen, einen bestimmten Teil des Traumes betreffend. Freud weigerte sich, der Bitte nachzukommen. «Ich kann doch meine Autorität nicht riskieren!» sagte er. Jung war entsetzt über die Antwort. «In diesem Augenblick», bemerkte er, «hatte er sie [seine Autorität] verloren. Dieser Satz hat sich mir ins Gedächtnis gegraben. In ihm lag für mich das Ende unserer Beziehung bereits beschlossen.» Diese Feststellung klingt wohl kaum nach wissenschaftlicher Objektivität (ETG, S. 162).

Jungs Annahme, daß seine Differenzen mit Freud in seiner eigenen introvertierten Einstellung der Realität gegenüber im Gegensatz zu Freuds extravertierter Orientierung zu tun hatten, besitzt in einem gewissen Rahmen Gültigkeit, aber er legt zu wenig Gewicht auf ihre unterschiedliche Herkunft. Während Freud aus städtisch-jüdischen Verhältnissen kam und eine Erziehung genoß, die ihn zur empirischen Wissenschaft führte, entstammte Jung ländlichen protestantischen Verhältnissen, sein junger Geist war geprägt vom Romantischen Idealismus der Naturphilosophie Friedrich von Schellings (1775–1854). Freuds Mutter war eine schöne junge Frau gewesen, die ihn mit Liebe und Aufmerksamkeit überhäufte, Jungs Mutter war mehr ein Hausmütterchen mit Phasen von Depressionen, die während der frühen Kindheit ihres Sohnes zumindest einen längeren Spitalaufenthalt notwendig machten. Freuds Konzept des Ödipuskomplexes und seiner zentralen Rolle in der menschlichen Entwicklung entstand direkt aus der Analyse seiner eigenen Kindheitserfahrungen. Weder Jung noch Adler akzeptierten den Ödipuskomplex als allgemeine Erscheinung, und das hatte mit ihrer jeweiligen Kindheit zu tun, die sich von der Freuds grundlegend unterschied. Gewisse Ereignisse in Adlers früher Geschichte bewirkten, daß er der Geburtsreihenfolge bei Geschwistern eine große Bedeutung für die Entwicklung beimaß, ebenso wie dem Bedürfnis des Individuums, frühere Minderwertigkeitsgefühle zu kompensieren. Jungs Gefühl, seine Mutter entbehrt zu haben, und eine religiöse Krise, die er während der Pubertät seinem Vater gegenüber erlebte, veranlaßten ihn, sich nach innen zu wenden und geistige Sicherheit in sich selbst zu suchen. Die Umstände ihrer Kindheit führten bei beiden, bei Freud und bei Jung, zu einer Veranlagung für einen Zusammenbruch in der Lebensmitte. Diese Ereignisse sowie die Methoden und Erkenntnisse, von denen beide annahmen, daß sie zu ihrer Gesundung geführt hätten, wurden zum festen Bestandteil der therapeutischen Systeme, die ihre Namen tragen.

Wenn man über diese Tatsachen nachdenkt, beginnt man den Wahrheitsgehalt von Jungs Worten zu schätzen, auf die ich mich am Beginn des ersten Kapitels bezogen habe. In einem Artikel, der seine Differenzen mit Freud beschreibt und der 1929 publiziert wurde, als Jung vierundfünfzig Jahre alt war, schreibt er: «Auf alle Fälle hat mir die philosophische Kritik geholfen, den subjektiven Bekenntnischarakter jeder Psychologie einzusehen – auch der meinigen» (GW 4, § 774).

Obwohl beide Männer therapeutische Systeme von großer Originalität entwickelten, muß dieser subjektive Bekenntnischarakter – die persönliche Gleichung – bei der Beurteilung eines jeden Teiles ihrer Schöpfung berücksichtigt werden.

Nachdem wir einige Aspekte des Freudschen Systems untersucht haben, müssen wir uns nun Jungs System genauer zuwenden.

Literaturvorschläge

Alfred Adler: *Praxis und Theorie der Individualpsychologie*
Henri F. Ellenberger: *Die Entdeckung des Unbewußten*
Sigmund Freud: *Die Traumdeutung*
–: *Zur Geschichte der psychoanalytischen Bewegung*
Liliane Frey-Rohn: *Von Freud zu Jung*
–: *Die Anfänge der Tiefenpsychologie von Mesmer bis Freud (1780–1900)*
Ernest Jones: *Das Leben und Werk von Sigmund Freud*
C. G. Jung: *Freud und die Psychoanalyse* (GW 4)
William McGuire und Wolfgang Sauerländer (ed.): *Sigmund Freud / C. G. Jung Briefwechsel*
Bertrand Russell: *Philosophie des Abendlandes*
Ernst G. Wehner (ed.): *Geschichte der Psychologie*

3. Metapsychologie: Jungs Modell der Psyche

«Metapsychologie» heißt der Ausdruck, den Freud gebrauchte, um seine Theorien von Struktur und Funktion der Psyche zu beschreiben. Wenn man eine Analogie zur Medizin finden will, dann ist Metapsychologie die «Anatomie und Physiologie» des Geistes. Aber es ist wichtig, diese Analogie nicht wörtlich zu nehmen, das würde sie zunichte machen.

Ein altes Bild für die Psyche ist der Schmetterling. Das ist ein wunderschönes Symbol, denn die Psyche ist ebenso wie der Schmetterling eine lebendige Manifestation des Prinzips der Metamorphose. Wir müssen achtgeben, wenn wir uns dem Symbol wissenschaftlich nähern, daß wir es nicht umbringen wie ein besessener Insektenforscher, der seine Schmetterlinge auf ein Brett spießt, um sie in einem Museum aufzubewahren.

Außerdem besteht die Metapsychologie aus Abstraktionen, nicht aus Gegebenheiten, die direkt beobachtet werden können. Freud war gerne bereit zuzugeben, daß Metapsychologie eine «Fiktion» ist: Wir erfinden ein Vokabular, das es uns ermöglicht, über die Psyche zu sprechen, *als ob* sie eine Struktur besäße, damit wir ein Arbeitsmodell schaffen können, das uns zum besseren Verständnis dient. Aber dieses Bild stellt keine konkrete Realität dar. Es ist eine Metapher. Die einzige Art, die Psyche zu *kennen* ist, sie zu *leben*. Alles andere sind Schlußfolgerungen.

Zweifellos werden kommende Generationen von Psychologen Jungs Modell der Psyche als außerordentlich grob betrachten, so grob wie zum Beispiel das Weltmodell eines frühen Astronomen oder die Weltkarte eines frühen Kartographen. Aber grobe Modelle sind wenigstens ein Anfang, und Unwissenheit soll uns nicht davon abhalten, sie zu entwerfen, immer unter der Voraussetzung, daß wir von ihnen nicht so verzaubert sind, daß wir sie mit der Realität verwechseln. Wir dürfen nie vergessen, daß der Teufel in der Psychologie über die Verdinglichung Eingang erhält, über den Prozeß, der uns verleitet, ein Konzept zu behandeln, als ob es ein reales Ding wäre.

Die Absicht, die diesem Kapitel zugrunde liegt, besteht darin, einen Führer in die Jungsche «Fiktion» zur Verfügung zu stellen, damit der Leser zur «phantasievollen Verschwörung», der alle Jungianer untereinander und zusammen mit ihren Patienten angehören, Zutritt erhält. Das wird es uns erlauben, eine gemeinsame Sprache zu sprechen und eine Anzahl von Annahmen zu teilen, mit deren Hilfe wir uns in den folgenden Kapiteln verständigen können.

Wir können Jungs Modell der Psyche als Schema darstellen (siehe Abb. 1). Man sieht das *Ich,* das in einem konzentrischen Streifen des Bewußtseins um einen zentralen Kern kreist, um das *Selbst.* Die beiden sind durch die Ich-Selbst-Achse verbunden. Der innere und der mittlere konzentrische Streifen stehen für das *kollektive* beziehungsweise für das *persönliche Unbewußte.* Die funktionellen Einheiten, welche das persönliche Unbewußte ausmachen, sind die Komplexe, diejenigen, aus denen das kollektive Unbewußte zusammengesetzt ist, sind die Archetypen. Diese funktionellen «Komponenten» darf man sich nicht fest oder statisch vorstellen, es sind dynamische Systeme, die sich in einem fortwährenden Prozeß der Interaktion und des Wechsels befinden. Sie alle stehen unter dem koordinierenden Einfluß des Selbst.

Wie wir festgestellt haben, ist ein Komplex eine Gruppe von miteinander verbundenen Ideen, die durch eine gemeinsame emotionelle Ladung zusammengehalten wird; er hat einen dynamischen Effekt auf die bewußte Wahrnehmung und das Verhalten. Im Gegensatz dazu ist ein Archetyp ein angeborenes «Zentrum» oder eine «Dominante», welche sowohl dem Gehirn als auch der Psyche gemeinsam ist. Ein Archetyp hat die Fähigkeit, bestimmte verhaltensmäßige Eigenschaften und typische Erfahrungen von allen Menschen auszulösen, zu beeinflussen oder zu vermitteln, und diese sind unabhängig von Rasse, Kultur, der historischen Epoche oder dem geographischen Ort. Zwischen Komplexen und Archetypen besteht eine enge funktionelle Beziehung, indem Komplexe «Personifizierungen» von Archetypen darstellen: Archetypen manifestieren sich in der persönlichen Psyche mittels Komplexen.

Das Modell läßt sich in drei konzentrische Sphären teilen, wie eine dreischichtige Zwiebel, falls es ein so unkompliziertes Gemüse geben sollte. Die äußere Schicht repräsentiert das Bewußtsein mit dem Ich als Brennpunkt, die mittlere Schicht das persönliche Unbewußte mit seinen Komplexen und der zentrale Bereich das kollektive Unbewußte mit seinen Archetypen und im Mittelpunkt sehen wir den koordinierenden Kern des gesamten Systems, das Selbst. Zusammen bilden diese Komponenten die «Anatomie» der Psyche; wir werden jede einzelne von ihnen gesondert betrachten.

Das Ich-Bewußtsein und der psychologische Typ

Das Phänomen des menschlichen Bewußtseins war eine stetige Quelle des Erstaunens für Jung. Er betrachtete es als die bemerkenswerteste Leistung des Kosmos und entdeckte außerdem ein Element des Sinnes in seiner Evolution. Es war, als ob der Kosmos den Wunsch verspürt hätte, seiner selbst bewußt zu werden, und zur Erreichung dieses Ziels das Bewußtsein erschaffen hätte. «Wenn man darüber nachdenkt, was das Bewußtsein eigentlich sei, so ist man tief beeindruckt von der höchst wunderbaren Tatsache, daß von einer Begebenheit, die im Kosmos stattfindet, zugleich innerlich ein Bild erzeugt wird, daß sie sozusagen innerlich ebenfalls stattfindet, das heißt eben: bewußt wird» (ETG, S. 411, Glossar).

Das Ich ist der Brennpunkt des Bewußtseins. Es ist dasjenige, worauf wir uns beziehen, wenn wir das Wort «ich» gebrauchen.

K = Komplex
A = Archetyp

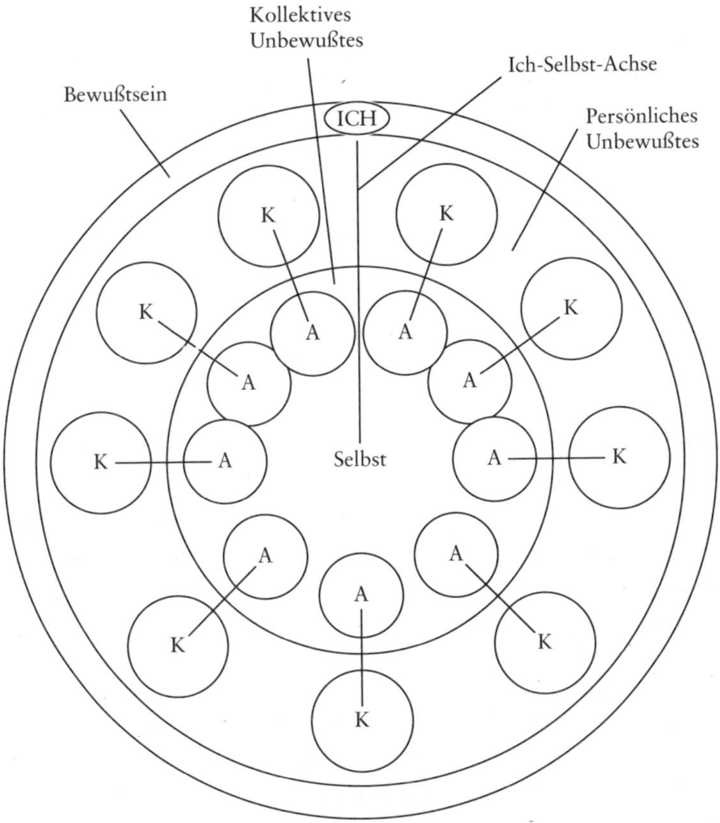

Abbildung 1: Schematische Darstellung von Jungs Modell der Psyche.

Das Ich ist der Träger der Bewußtheit unserer Existenz sowie des beständigen Gefühls einer persönlichen Identität. Es ist der bewußte Organisator unserer Gedanken und Intuitionen, unserer Gefühle und Empfindungen, und es hat Zugang zu jenen Erinnerungen, die nicht unterdrückt und gut verfügbar sind.

Das Ich ist auch der Träger der Persönlichkeit. Aufgrund seines Platzes in den äußern Schichten der Psyche vermittelt das Ich zwischen den subjektiven und objektiven Bereichen unserer Erfahrung. Es steht an der Kreuzung zwischen innerer und äußerer Welt. Die Menschen unterscheiden sich darin, welches dieser beiden Reiche wichtiger für sie ist, und das bestimmt ihren *Einstellungstypus:* für *Extravertierte* hat die äußere Welt größere Bedeutung, während *Introvertierte* sich bevorzugt an ihren inneren Erfahrungen orientieren.

Außerdem stellte Jung fest, daß die Menschen sich darin unterscheiden, welchen bewußten Gebrauch sie von jeder der vier folgenden *Grundfunktionen* machen: Denken, Fühlen, Intuieren und Empfinden. In jedem Individuum wird eine dieser Funktionen zur *Hauptfunktion,* was bedeutet, daß sie höher entwickelt ist als die anderen, denn von ihr wird mehr Gebrauch gemacht. Das bestimmt den *funktionellen* Aspekt des *psychologischen Typus.*

Jung ist also der Ansicht, daß der *psychologische* Typus eines Individuums davon bestimmt wird, welche der beiden bewußten Einstellungen und welche der vier bewußten Funktionen das Ich üblicherweise anwendet. Es gibt daher $2 \times 4 = 8$ theoretische Möglichkeiten für jede Person, und wir werden uns mit ihnen in Kapitel neun beschäftigen.

Wie wir sehen werden, entsteht das Ich aus dem Selbst im Laufe der frühen Entwicklung, ähnlich wie sich der Mond von der Erde in der Frühgeschichte unseres Planeten abgespalten hat. Aber im Unterschied zum Mond besitzt das Ich eine ausübende Funktion: Es ist der Mittler zwischen Selbst und Welt und zwischen Welt und Selbst. Das Ich hat noch andere wesentliche Aufgaben: Es nimmt die Bedeutung wahr und bestimmt den Wert der Dinge, Aktivitäten, die nicht nur dem Überleben dienen, sondern auch das Leben lebenswert machen. Man muß es sich jedoch als dem Selbst untergeordnet vorstellen. Das Ich umkreist das Selbst wie der Mond die Erde oder wie die Erde die Sonne. Aber gleichzeitig ist es ein Ausdruck des Selbst. Jung schrieb über das Selbst: «Das Selbst ist nicht nur der Mittelpunkt, sondern auch jener Umfang, der Bewußtsein und Unbewußtes einschließt; es ist das Zentrum dieser Totalität, wie das Ich das Bewußtseinszentrum ist» (GW 12, § 44).

Die Komplexe und das persönliche Unbewußte

Das persönliche Unbewußte ist das Produkt der Interaktion zwischen dem kollektiven Unbewußten und der Umgebung, in der das Individuum aufwächst. «... alles, was ich weiß, an das ich aber momentan nicht denke; alles, was mir einmal bewußt war, jetzt aber vergessen ist; alles, was von meinen Sinnen wahrgenommen, aber von meinem Bewußtsein nicht beachtet wird; alles, was ich absichts- und aufmerksamkeitslos, das heißt unbewußt fühle, denke, erinnere, will und tue; alles Zukünftige, das sich in mir vorbereitet und später erst zum Bewußtsein kommen wird; all das ist Inhalt des Unbewußten» (GW 8, § 382). «Zu diesen Inhalten kommen auch alle mehr oder weniger absichtlichen Verdrängungen peinlicher Vorstellungen und Eindrücke. Die Summe aller dieser Inhalte bezeichne ich als das *persönliche Unbewußte*» (GW 8, § 270).

Die funktionellen Einheiten, aus denen sich das persönlich Unbewußte zusammensetzt, sind die Komplexe, und das gilt für gesunde Leute genauso wie für Leute, die neurotisch oder psychotisch sind. Während für Freud Komplexe etwas waren, das nur bei Krankheiten eine Rolle spielt, betrachtete Jung sie als wesentliche Bestandteile des gesunden Geistes.

Was Jung an den Komplexen am meisten beeindruckte, war ihre Autonomie (griechisch: autos = selbst, eigen, nomos = Gesetz), also ihre Eigengesetzlichkeit. Komplexe scheinen einen eigenen Willen, eigenes Leben und eine eigene Persönlichkeit zu besitzen. «Komplexe verhalten sich wie unabhängige Lebewesen», schrieb Jung, «eine Tatsache, die bei abnormalen Geisteszuständen besonders offensichtlich ist» – er meinte damit ihren

Ausdruck in solchen Phänomenen wie die halluzinatorischen Stimmen, die von Schizophrenen «gehört» werden, die «Geister», welche Medien im Trancezustand «beherrschen», die multiplen Persönlichkeiten, die bei Hysterikern beobachtet werden etc.

Seine Arbeit mit dem Wortassoziationstest überzeugte Jung, daß es im Inneren eines Komplexes einen «Kern» gibt, dessen Verhalten jenseits der Reichweite des bewußten Willens liegt. Um diesen Kern sammeln sich die emotionell aufgeladenen Ideen. Woraus bildet sich ein solcher Kern? Im Falle der größeren Komplexe, zum Beispiel des Mutter- oder Vaterkomplexes und dessen, was Jung später als Persona, Schatten, Animus und Anima identifizierte, kam er zu dem Schluß, daß der Kern Bestandteil des kollektiven Unbewußten war. Von 1912 an nannte er diese Elemente «Urbilder» und nach 1919 «Archetypen».

Wie wird ein Archetyp des kollektiven Unbewußten zu einem Komplex in der persönlichen Psyche? Das ist der springende Punkt, denn die Antwort darauf sagt etwas darüber aus, wie in jedem von uns unser persönliches Leben auf die kollektive Geschichte der Art «aufgepfropft» wird.

Die *Gesetze der Assoziation,* die von den akademischen Psychologen am Ende des 19. Jahrhunderts herausgearbeitet wurden, geben wenigstens eine teilweise Antwort. Von diesen Gesetzen gibt es mindestens zwei: das Gesetz der Ähnlichkeit und das Gesetz der Kontiguität. In Anwendung dieser Gesetze kann man die Hypothese aufstellen, daß ein Archetyp in der Psyche aktiviert wird, wenn ein Individuum in die Nähe (Kontiguität) einer Situation oder Person kommt, deren Charakteristika eine Ähnlichkeit mit dem jeweiligen Archetyp zeigen. Wenn ein Archetyp erfolgreich aktiviert ist, fließen ihm Ideen, Wahrnehmungen und emotionelle Erlebnisse zu, die mit der Situation oder Person, die für die Aktivierung verantwortlich war, verbunden sind. Diese bilden dann einen Komplex, der im persönlichen Unbewußten wirksam wird.

Nehmen wir als Beispiel die Entwicklung des Mutterkomplexes in der heranreifenden Psyche des Kindes. Das Kind lebt in enger *Kontiguität* mit einer Frau (normalerweise der Mutter), deren Verhalten der dem Kind innewohnenden Erwartung von Mütterlichkeit (dem Mutterarchetyp) *ähnlich* ist. Als Folge bildet sich der Komplex und wird auch aktiviert. In Abwesenheit der persönlichen Mutter kann der Archetyp von jeder anderen weiblichen Person aktiviert werden, die ständig anstelle dieses Elternteiles steht, einer Tante etwa, einer Großmutter, einer Kinderfrau oder älteren Schwester. Später im Leben kann derselbe Komplex auf andere ältere Frauen projiziert werden oder auch auf Institutionen oder öffentliche Persönlichkeiten, denen eine mütterliche Rolle zukommt, wie die Kirche, die Königin, die Universität oder sogar die Armee. Die Zahl der religiösen Manifestationen des Archetyps sind Legion – zum Beispiel die Erdgottheiten des mediterranen Raumes, die in der Heiligen Jungfrau, der Mutter Gottes ihren Höhepunkt gefunden haben. Sie alle sind in der Lage, den Mutterkomplex zu aktivieren und mächtige Gefühle der Hingabe in den Gläubigen auszulösen. Ähnlich hängt bei den Erwachsenen die Erregung des Systems des sexuellen Archetyps davon ab, ob entweder tatsächlich oder in der Phantasie ein Partner gegenwärtig ist, dessen Eigenschaften und Verhalten für das Individuum von erotischem Interesse sind.

Die Aktivierung eines archetypischen Systems bedarf daher der Nähe zu Figuren oder Situationen, die zur Funktion des Archetyps gehören. Obendrein ist es notwendig, daß diese Figuren oder Situationen sich in einer Weise verhalten, wie es archetypisch zu erwarten wäre.

Im Laufe der Entwicklung werden Komplexe in verschiedenem Ausmaß bewußt. So tritt im Verlauf der frühen Kindheit der wichtigste aller Komplexe, der Ich-Komplex als Träger der Bewußtheit und der persönlichen Identität in Funktion. Manche Komplexe bleiben jedoch zutiefst unbewußt, und je weniger bewußt ein Komplex ist, desto vollkommener ist seine Autonomie. Dann kann er großen Einfluß über uns bekommen, ohne daß wir es wissen. 1921, nach seinem «Experiment mit dem Unbewußten», erklärte Jung, daß jedermann wisse, daß Leute Komplexe haben, was nur wenige wissen, sei, daß die Komplexe uns haben können. Schließlich können uns Komplexe in Situationen hineinmanipulieren, die nachteilig oder sogar katastrophal für unser Wohlergehen sind. Sicherlich können sich Komplexe sehr hemmend auf unsere Fähigkeit auswirken, so frei zu leben, wie wir es gerne möchten.

Nehmen wir zum Beispiel den Fall einer Frau, deren Kindheit von einem tyrannischen Vater dominiert worden war, der stets darauf bestand, daß alles nach seinem Kopf ging und jedesmal schreckliche Szenen machte, wenn seine Pläne vereitelt wurden. Im Unbewußten dieses Mädchens wurde der Vaterarchetyp von diesem Ungeheuer aktiviert, aber nur *teilweise:* nur die gesetzgebenden, autoritären, befehlenden Aspekte des Vaterarchetyps wurden in ihren Vaterkomplex in ihrem persönlichen Unbewußten eingebaut. Die liebevollen und schützenden Aspekte blieben im kollektiven Unbewußten als nicht aktiviertes Potential. Als Ergebnis schien diese Frau ihr ganzes Leben dazu verurteilt zu sein, ständig in den Einflußbereich tyrannischer, rechthaberischer Männer zu gelangen, denen gegenüber sie das Gefühl hatte, es gäbe keine andere Möglichkeit, als sie versöhnlich zu stimmen, sie zu beschwichtigen und ihnen zu gehorchen. Gleichzeitig blieb in ihr eine unerfüllte Sehnsucht nach einem Mann bestehen, der ihr nichts von all dem antun, sondern ihr im Gegenteil Liebe, Schutz und Unterstützung gewähren würde. Aber unglücklicherweise schien sie nie imstande zu sein, diesen Mann zu finden, denn sie konnte nie Verbindung zu einem solchen Mann aufnehmen; er war für sie zu fremd, im Wesen für sie zu unbekannt, und sie besaß nicht das emotionale Vokabular, das sie gebraucht hätte, um eine solche Liebe zu teilen.

Als sie bei einem männlichen Analytiker eine Analyse begann, geriet ihr Vaterkomplex zwangsläufig in die Übertragung: Unbewußt projizierte sie das Bild ihres tyrannischen Vaters auf den Analytiker, was klar wurde, als sie die Worte und Gesten des Analytikers fälschlicherweise dahingehend interpretierte, daß er über sie wütend wurde, weil sie keine bessere Patientin sei. Zu einem anderen Zeitpunkt enthüllten ihre Träume, ihre Phantasien und ihr Verhalten, wie sehr sie ersehnte, daß der Analytiker das positive Vaterpotential, welches ungelebt in ihrem Unbewußten lag, in ihr aktivieren möge.

Im Verlauf der Analyse war die Frau imstande, sich des destruktiven Einflusses des Vaterkomplexes bewußtzuwerden, und sie wurde stark genug, den Männern, welche sie tyrannisierten und ausnützten, Widerstand zu leisten, sich von ihnen zu distanzieren und einen Teil der Autorität dieser Männer in ihre eigene Persönlichkeit zu integrieren. Allmählich entwickelte sich eine warme und vertrauensvolle Beziehung, frei von negativen Projektionen, zwischen ihr und ihrem Analytiker, und diese führte zur Aktivierung von genug positivem Vaterpotential, um einen viel gesünderen und unterstützenden Vaterkomplex in ihrer Psyche entstehen zu lassen. In der Folge begann sich auch ihre Fähigkeit zu verbessern, mit anständigen Männern, die ihr gegenüber freundlich eingestellt waren, in eine Beziehung zu treten.

Diese Fallgeschichte zeigt: Je unbewußter ein Komplex und je stärker er vom Ich abgetrennt ist, um so eher wird er auf Figuren *projiziert,* die man in der Umwelt antrifft und die in einer bestimmten Art den essentiellen Eigenschaften des Komplexes entsprechen. So projizierte die Frau, die soeben beschrieben wurde, ihren Komplex auf Männer, die Eigenschaften besaßen, welche an ihren Vater erinnerten, und wurde dann zum Opfer ihrer sadistischen Gewalt.

Andererseits kann es zur *Identifikation* mit einem Komplex kommen, was bei einer anderen Frau der Fall war, die ihre Mutter in der Kindheit verlor. Sie wurde von einem guten und fürsorglichen Vater, der sie innig liebte, aufgezogen, und sie bildete einen starken positiven Vaterkomplex aus, mit dem sie komplett identifiziert war, als sie in Analyse kam. Am Anfang war es geradezu unmöglich, mit ihr als einer selbständigen Frau zu sprechen. Sie war so sehr mit ihrem Vater identifiziert, daß sie seine

Meinungen, Einstellungen und Werte in absoluter Überzeugung wiedergab, als ob es ihre eigenen wären. Sie konnte keine Meinungsverschiedenheiten mit ihrem Analytiker ertragen, denn wenn er über irgend etwas mit ihr nicht einer Meinung war, dann hatte er einfach «nicht recht».

Wir mögen glauben, wir beherrschen unsere Komplexe, aber es passiert nur allzuleicht, daß wir zu ihren Sklaven werden. Wenn wir uns von ihrem Einfluß befreien wollen, gibt es nur einen Weg: sie bewußtzumachen und uns mit ihnen zu konfrontieren. Aber das ist kein leichtes Unterfangen. Komplexe geben ihre Geheimnisse und Macht nicht leicht her, und sie können im analytischen Prozeß hartnäckig *Widerstand* leisten, besonders bei Leuten, die tiefe Unsicherheitsgefühle haben. Diese Leute können eine solche Angst davor haben, sich ihren Komplexen zu stellen, daß sie bereit sind, alles zu tun, um sie zu leugnen, zu projizieren und wegzurationalisieren, bevor sie sie in ihr Bewußtsein aufnehmen. Den Mut aufzubringen, eine bewußte Gegenüberstellung zu versuchen, kann großes Vertrauen in den Analytiker erfordern und von ihm immensen Takt und großes Geschick verlangen. Der Erfolg kann großen Lohn mit sich bringen. Das Ich entwickelt eine größere Bewußtheit und einen weiteren Aktionsradius, der Archetyp im Kern des Komplexes wird von seinen pathologischen Beifügungen befreit. Der Patient kann sich von den Beschränkungen, die ihm der Komplex auferlegt hat, befreien und sehen, daß das Problem, in das er oder sie verstrickt war, immer schon Bedeutung für die Menschheit hatte. In der Folge kann das Problem einer kreativeren Lösung zugeführt werden, als es zuvor möglich war.

Auf diese Art und Weise kann eine Analyse dazu beitragen, ein Hauptproblem von der persönlichen auf die transpersonale Ebene zu heben. Dem jungen Mann, der in einen verzweifelten Machtkampf mit seinem Vater verstrickt ist, hin- und hergerissen zwischen Schuldgefühlen, Angst und Groll, ist unendlich mit der Erkenntnis geholfen, daß seine persönlichen Konflikte nur eine Variante des archetypischen Kampfes darstellen, der zwischen Vätern und Söhnen durch alle Generationen hindurch stattfand, seitdem es uns Menschen gibt. Die Mutter, die voller Verzweiflung darüber ist, daß ihre Kinder erwachsen sind und das Nest verlassen haben, kann mit ihrer Situation zu Rande kommen, sobald sie erkennt, daß sie denselben Schmerz erlebt, den alle Mütter durchlitten haben, wenn sie in der «zweiten Geburt» ihre Kinder in die Welt entließen.

Die wesentliche therapeutische Wahrheit besteht darin, daß Komplexe pathologisch *sein können,* Archetypen nicht. Archetypen sind ein völlig gesunder Ausdruck der Natur. Sie tragen nur dann zur Pathologie bei, wenn eine ungesunde Umgebung bewirkt, daß sie in pathologische Komplexe eingebaut werden. Die Behandlung besteht darin, die Komplexe zu konfrontieren, den Archetyp zu befreien und die Bildung gesünderer Verbindungen mit der Außenwelt zu ermöglichen.

Die Archetypen und das kollektive Unbewußte

Jungs Bekanntgabe seiner Hypothese vom kollektiven Unbewußten war eines der folgenschwersten Ereignisse in der Psychologie des 20. Jahrhunderts. Aber es wurde im allgemeinen nicht als ein solches Ereignis bewertet, noch werden die Auswirkungen bis heute richtig eingeschätzt. Das liegt zu einem Teil im Zeitpunkt begründet und zum anderen in der Art und Weise, wie diese Hypothese vorgestellt wurde.

Fürs erste galt es als allgemein anerkannt, daß jeglicher geistige Inhalt vom Milieu und der Umgebung bestimmt sei, daß das Individuum sein Leben als *tabula rasa* beginne und daß die Persönlichkeit Stück für Stück durch Erfahrung und durch Lernen aufgebaut werde. Jung hingegen machte klar, daß er den gegenteiligen Standpunkt vertrat – daß die gesamte Persönlichkeit *in potentia* von Geburt an vorhanden ist und daß die Umgebung nicht die Persönlichkeit *verleiht,* sondern nur *herausbringt,* was schon vorhanden ist. Jedes Kind wird mit einem Lebensplan geboren, sowohl physisch als auch geistig, der nicht vom gegenwärtigen Milieu zur Verfügung gestellt wird, sondern von einer Kombination von Selektionsdruck und Vererbung, die im Kontext der früheren Umgebungen wirksam wurden, denen sich die Art ausgesetzt gesehen hat. In der ersten Hälfte dieses Jahrhunderts, als die Behavioristen an den Universitäten Triumphe feierten, war das eine sehr unpopuläre Position, die Jung einnahm.

Zweitens beschrieb Jung zunächst die Inhalte des kollektiven Unbewußten als «Urbilder», abgeleitet aus der Geschichte der Menschheit. Man argwöhnte, daß er wie Freud ein Anhänger der unglaubwürdigen Theorie von der *Vererbung von erworbenen Eigenschaften* war, einer Theorie, die ursprünglich von Jean-Baptiste Lamarck (1744–1829) aufgestellt worden war. Lamarck war der Auffassung, daß Eigenschaften, die durch eine individuelle Erfahrung erworben worden waren, genetisch in die folgende Generation weitergegeben werden können. Diese Lehre wurde jedoch zur Gänze von Darwins Theorie der Evolution durch natürliche Selektion und durch Mendels Erbgesetze verdrängt.

Außerdem dachten viele, als Jung die Idee eines kollektiven Unbewußten vorschlug, er beziehe sich auf etwas Mythisches wie einen «Gruppengeist» oder er versuche, Schellings Konzept einer «Weltseele» wiederzubeleben. Diese Mißverständnisse halten sich bei manchen Leuten bis auf den heutigen Tag.

Das kollektive Unbewußte ist eine durchaus respektable Hypothese, und man muß nicht Lamarcks Ansichten über die Evolution vertreten, um sie zu akzeptieren. Sie ist völlig kompatibel mit den theoretischen Methoden, deren sich viele Biologen bedienen, die das Verhalten von Tieren in ihrer natürlichen Umgebung studieren. Diese Wissenschaftler (man nennt sie Verhaltensforscher) vertreten die Auffassung, daß jede Tierart mit einem einzigartigen Verhaltensrepertoire ausgestattet ist, welches sich der Umwelt anpaßt, in der sich die Art entwickelt hat. Dieses Repertoire hängt von «angeborenen Auslösemechanismen» ab, die das Tier in seinem Zentralnervensystem ererbt hat und die darauf abgestimmt sind, in Aktion zu treten, wenn der richtige Stimulus in der Umgebung angetroffen wird. Wenn ein solcher Stimulus auftritt, wird der angeborene Mechanismus ausgelöst, und das Tier antwortet mit einem Verhaltensmuster, das der Situation angepaßt ist. Wenn man unserer Spezies eine größere Flexibilität in der Anpassungsfähigkeit einräumt, dann ist die Position der Verhaltensforscher der Jungschen Ansicht von der Natur der Archetypen und der Art, wie sie aktiviert werden, sehr nahe.

Wie der männliche Stichling sich veranlaßt fühlt, ein Weibchen, dessen Bauch dick mit Eiern ist, zu umwerben, oder eine Wildente verliebt wird, sobald sie des grünen Kopfes eines Erpels ansichtig wird, wie ein Mutterschaf sich zu ihrem Lamm hingezogen fühlt, wenn sie die Geburtshaut von seiner Schnauze leckt, so verhält sich eine menschliche Mutter, wenn ihr ihr neugeborenes Kind gereicht wird: Sie nimmt seine Hilflosigkeit wahr, sie spürt, daß das Kind sie braucht, und wird von einem Gefühl der Liebe überwältigt, dessen Stärke sie völlig überraschen kann. Alle diese Reaktionsmuster wurden von der Natur eingerichtet und benötigen keine Lamarckschen Erklärungen. Jung selbst bestand darauf, daß es sich bei dem Begriff Archetypus «nicht um eine ‹vererbte Vorstellung›» handelt, «sondern um einen vererbten Modus der psychischen Funktion, also jene angeborene Art und Weise, nach der das Hühnchen aus dem Ei kommt, die Vögel ihre Nester bauen, eine gewisse Wespenart das motorische Ganglion der Raupe mit dem Stachel trifft und die Aale ihren Weg nach den Bermudas finden, also um ein ‹pattern of behaviour›. Dieser Aspekt des Archetypus ist der biologische; mit ihm beschäftigt sich die wissenschaftliche Psychologie» (GW 18/II, § 1228).

Solche Feststellungen sind biologisch unanfechtbar. Ein Lamarckscher Geruch macht sich bemerkbar, wenn Jung von archetypischen Erfahrungen spricht, die der Psyche eingeprägt wurden aufgrund der Wiederholung durch die Jahrmillionen menschlicher Existenz. Er stellt zum Beispiel fest: «Es gibt so viele Archetypen, als es typische Situationen im Leben gibt. Endlose Wiederholung hat diese Erfahrungen in die psychische Konstitution eingeprägt, nicht in Form von Bildern, die von einem Inhalt erfüllt wären, sondern zunächst beinahe nur als *Formen ohne Inhalt,* welche bloß die Möglichkeit eines bestimmten Typus der Auffassung und des Handelns darstellen» (GW 9/I, § 99).

Es gibt kein Problem mit Jungs Feststellung, daß Archetypen nur die *Möglichkeit* eines bestimmten Typus der Auffassung und des Handelns darstellen, aber kein Biologe würde sich der Ansicht anschließen, daß archetypische Erfahrungen der psychischen Konstitution *eingeprägt* werden. Man muß zugeben, daß Jung sich selbst mit dem Gebrauch solcher Begriffe keinen guten Dienst erwies, aber eigentlich gebrauchte er sie eher bildlich und metaphorisch und nicht wissenschaftlich. Glücklicherweise kann man sie leicht weglassen, denn sie sind für die Hypothese von den Archetypen irrelevant.

Was in der genetischen Struktur verankert wird, ist eine *Veranlagung* für diese Art von Erfahrungen. Jeder Organismus entwickelt sich in der für ihn typischen Umwelt und trifft im Laufe seines Lebenszyklus auf «typische Situationen». Als Ergebnis genetischer Mutationen, die spontan und zufällig auftreten, erwirbt das Individuum eine Eigenschaft oder eine Neigung, welche es für die geeignete Antwort auf eine bestimmte typische Situation besser angepaßt machen als seinen Nachbarn, zum Beispiel für die Situation des Angriffs durch einen Räuber. Dieses Individuum wird wahrscheinlich überleben und seine genetische Information an die folgenden Generationen weitergeben, die, im Besitz dieser erstrebenswerten Eigenschaft, sich im Überlebenskampf effektiver durchsetzen werden. In der Folge etabliert sich die neue Eigenschaft als eine Standardkomponente der genetischen Struktur dieser Spezies.

Auf diese Art paßten sich unsere archetypischen Neigungen den typischen Situationen des menschlichen Lebens an. Die wiederholte Auslese der günstigsten Mutation, die über Tausende Generationen und über Hunderttausende von Jahren stattgefunden hat, ergab den gegenwärtigen Genotyp oder die *archetypi-*

sche Struktur der menschlichen Rasse. Und das drückt sich gleichermaßen in der Struktur der Psyche aus wie in der Anatomie des menschlichen Körperbaus.

Es dauerte lange, bis sich Jung vom Vorwurf des Lamarckismus befreien konnte, aber es gelang ihm schließlich 1946, als er erklärte, daß zwischen dem tief unbewußten und daher nicht erkennbaren *Archetyp an sich* (ähnlich wie Kants *Ding an sich*) und den archetypischen Bildern, Ideen und Verhaltensweisen, die ein solcher Archetyp an sich hervorruft, ein Unterschied bestehe. Es ist der Archetyp an sich (die *Bereitschaft,* ein bestimmtes Erlebnis zu haben), der vererbt ist, nicht das Erlebnis selbst.

Daher schaffen die Archetypen in uns eine Art Bereitschaft, an das Leben in einer bestimmten Art und Weise heranzugehen und es zu erfahren, und zwar aufgrund von Mustern, die bereits in der Psyche vorhanden sind. Und was noch mehr ist, sie *organisieren* die Wahrnehmungen und Erfahrungen so, daß sie in Übereinstimmung mit dem vorliegenden Muster gebracht werden können. Das meint Jung, wenn er sagt, es gebe so viele Archetypen wie es typische Situationen im Leben gibt. Es gibt archetypische Figuren (zum Beispiel: Mutter, Kind, Vater, Gott oder weiser Mann), archetypische Ereignisse (zum Beispiel: Geburt, Tod, Trennung von den Eltern, Werbung, Heirat) und archetypische Objekte (zum Beispiel: Wasser, Sonne, Mond, Fische, Raubtiere, Schlangen). Jedes ist Teil der gesamten Begabung, die uns die Evolution gewährt hat, um uns für das Leben auszurüsten. Jedes findet seinen Ausdruck in der Psyche, im Verhalten und in den Mythen. Jung faßt das zusammen, indem er bildlich gemeint schreibt: «Das kollektive Unbewußte ist als ein Niederschlag der Erfahrung und zugleich als ein Apriori derselben ein Bild der Welt, das seit Äonen sich gebildet hat. In diesem Bilde haben sich gewisse Züge, sogenannte *Archetypen* oder *Dominanten,* im Laufe der Zeit herausgearbeitet. Sie sind die Herrschenden...» (GW 7, § 151).

Das kollektive Unbewußte mit seinen archetypischen Komponenten stellt daher eine Hypothese von enormer Bedeutung dar, denn sie ist geeignet, die dynamische Psychologie mit dem Hauptstrom der biologischen Wissenschaften zu vereinigen. Sie ist imstande, die Kontinuität zwischen der menschlichen Psyche und dem Rest der organischen Natur herzustellen und kann als Brücke zwischen den Erfahrungs- und Verhaltenswissenschaften fungieren.

Wie alle großen Ideen ist auch die Hypothese von den Archetypen nicht gänzlich neu. Sie hat einen langen und respektablen Stammbaum, der zumindest bis auf Plato zurückgeht. Jung selbst anerkannte, daß er in Platos Schuld steht, wenn er Archetypen als «aktive, das heißt lebendige Bereitschaften, Formen, eben *Ideen in Platonischem Sinne*» beschreibt, «die in jeder Psyche vorhanden sind und deren Denken, Fühlen und Handeln instinktmäßig präformieren und beeinflussen» (GW 9/I, § 154).

Für Plato waren «Ideen» geistige Formen, die der objektiven Welt der Erscheinungen übergeordnet waren. Sie waren *kollektiv* in dem Sinne, daß sie *allgemeine* Charakteristika von Gruppen von Individuen verkörperten, nicht die spezifischen Eigenschaften eines Individuums. Zum Beispiel hat ein bestimmter Hund gemeinsame Eigenschaften mit allen Hunden, die es möglich machen, ihn als Hund einzuordnen. Gleichzeitig hat er bestimmte persönliche Eigenschaften, die es seiner Herrin ermöglichen, ihn bei einer Hundeausstellung auszuwählen. Mit den Archetypen ist es genauso; sie sind der ganzen Menschheit gemeinsam, aber jede Person erfährt sie und manifestiert sie in ihrer speziellen Art. Doch da endet der Vergleich. Im Unterschied zu Platos *Idee* ist der Jungsche Archetyp keine reine Abstraktion, sondern «ein eigener lebender Organismus, ‹mit Zeugungskraft begabt›» (GW 6, § 773), eine biologische Einheit, die als «Zentrum» im Zentralnervensystem existiert und aktiv ihre eigene Aktivierung in der Psyche und in der Welt anstrebt.

Im Rückblick ist es klar, daß die Hypothese von den Archetypen das Produkt von Jungs lebenslangem Bedürfnis war, die Biologie mit dem Leben des Geistes zu versöhnen – ein Wunsch, der in ihm so offensichtlich wurde, als er in seinen Studienjahren Krafft-Ebings Lehrbuch las und entschied, daß es für ihn nur die Möglichkeit gab, Psychiater zu werden: «Hier allein konnten die beiden Ströme meines Interesses zusammenfließen und durch ein vereintes Gefälle sich ihr Bett graben. Hier war das gemeinsame Feld der Erfahrung von biologischen und geistigen Tatsachen, welches ich überall gesucht und nicht gefunden hatte. Hier war endlich der Ort, wo der Zusammenstoß von Natur und Geist zum Ereignis wurde» (ETG, S. 115 f.).

Die biologischen Grundlagen der Psyche

Mit der Theorie der Archetypen und des kollektiven Unbewußten gab Jung seiner Psychologie eine biologische Grundlage. Das Leben des Individuums muß nicht nur im Zusammenhang mit seiner Kultur, sondern auch im Zusammenhang mit seiner Spezies, seiner Art gesehen werden. Jung faßte das in einem tiefgründigen Aphorismus zusammen: «Schließlich ist eben jedes individuelle Leben zugleich auch das Leben des Aeons der Spezies» (GW 11, § 146). Jungs Modell der Psyche ist daher durchtränkt mit biologischen Voraussetzungen. Wie die Struktur der Psyche vom im wesentlichen biologischen Konzept des Archetyps bestimmt ist, so entwickelt sich die Funktion der Psyche in Übereinstimmung mit den biologischen Prinzipien der Anpassung, Homöostase und des Wachstums. Wir wollen Jungs Theorien über die Funktion der Psyche – die «Physiologie» im Gegensatz zur «Anatomie» seiner Metapsychologie – unter diesen drei Überschriften betrachten.

Anpassung

Anpassung ist jener Prozeß, durch den sich ein Organismus aktiv an seine Umgebung und an die in ihr vorkommenden Veränderungen anpaßt. Junge Tiere jedweder Spezies, unsere eigene miteingeschlossen, beginnen das Leben mit einer angeborenen Ausrüstung, die sie für die Anpassung brauchen. Die Anpassung ist ein fortlaufendes angeborenes Programm, denn das Leben entfaltet sich im Kontext seiner Umwelt. Dabei spielt das Lernen eine wichtige Rolle, und diese Rolle ist um so bedeutender, je komplexer der Organismus.

Daher ist Jung der Ansicht, daß der menschliche Säugling weit davon entfernt ist, eine *tabula rasa* zu sein. Im Gegenteil, er ist eine äußerst komplexe Kreatur, ausgestattet mit einem riesigen Repertoire an eingebauten Erwartungen, Forderungen und Antwortmustern, deren Erfüllung und Ausdruck von der Gegenwart der entsprechenden Stimuli in der Umgebung abhängig ist. Daher befähigt die archetypische Begabung, die jeder neugeborene Säugling mitbringt, diesen dazu, sich an die Realität in einer Art anzupassen, die sich von der unserer Vorfahren nicht unterscheidet. Die Summe dieser Ausstattung nannte Jung das *Selbst,* von dem er oft als *Archetyp der Archetypen* sprach.

Die anderen psychischen Strukturen – das Ich, die Persona, der Schatten, der Animus und die Anima – entwickeln sich aus dieser Matrix und verbleiben unter dem führenden Einfluß des Selbst. Sie alle haben lebenswichtige Anpassungsfunktionen in der heranreifenden Psyche, und wir werden jeden einzelnen Begriff separat untersuchen. Da es die Grundlage des gesamten Anpassungsprozesses darstellt, wollen wir mit dem Selbst beginnen.

Das Selbst

Das Selbst ist das psychische Anpassungsorgan par excellence. Als das organisatorische Genie hinter der Gesamtpersönlichkeit ist es für die Durchführung des Lebensplanes in jedem Stadium des Lebenszyklus verantwortlich, sowie dafür, daß die bestmögliche Anpassung an die individuellen Umstände erreicht wird. Das Selbst besitzt daher eine teleologische Funktion, indem es die angeborene Eigenschaft hat, seine eigene Erfüllung im Leben anzustreben. (*teleo* ist ein Kombinationswort, abgeleitet vom griechischen teleos – perfekt, vollständig und telos – Zweck, Ziel; Teleologie hat daher mit dem Erreichen des Zieles der Vollständigkeit zu tun.)

Das Ziel des Selbst ist Ganzheit. Jung nannte diesen lebenslangen Prozeß die Suche nach der *Individuation*, und Individuation ist die raison d'être des Selbst. Ihr inhärenter Zweck ist das Erreichen der möglichst vollständigen Selbstverwirklichung in der Psyche und in der Welt.

Obwohl das Selbst seine Wurzeln in der Biologie hat, führt es uns nichtsdestoweniger zu den unaussprechlichen Mysterien der Seele. Es macht uns Mitteilung von den letzten Dingen, von denen das Ich nichts weiß. Das Ich ist nur in unsere bewußten Beschäftigungen eingeweiht, aber das Selbst hat zu einem unendlich größeren Reich der Erfahrungen Zutritt. Aus diesem Grund wird das Selbst im allgemeinen auf Figuren oder Institutionen projiziert, die als eminent machtvoll oder sehr maßgeblich gelten – entweder auf menschliche Figuren wie Präsidenten, Könige oder Königinnen oder eher noch auf überpersönliche Einheiten wie den Staat, Gott, die Sonne, die Natur oder das Universum. In den meisten Kulturen ist die Phänomenologie des Selbst mit Gott oder dem Pantheon der Götter identifiziert, mit dem Ergebnis, daß Gott und das Selbst dieselbe Symbolik besitzen. Ein typisches Beispiel dafür ist das Bild, welches im Sanskrit als Mandala bekannt ist. Mandalas findet man auf der ganzen Welt. Es gibt sie in den meisten bekannten Geschichtsepochen, und sie sind uralte Symbole der Ganzheit und Vollständigkeit. Sie haben eine runde Form und enthalten eine symbolische Darstellung der Quaternität wie ein Kreuz oder ein Quadrat. Das Zentrum ist betont und enthält meist irgendeinen Hinweis auf die Gottheit.

Das Selbst stellt daher nicht nur den Anpassungsmechanismus an die Umgebung, sondern auch an Gott und an das Leben des Geistes zur Verfügung.

Unsere Anpassung an die Gesellschaft wird erreicht, indem wir einen Teil der Persönlichkeit entwickeln, den Jung *Persona* nannte; das war die Bezeichnung der Maske, welche die Schauspieler der Antike trugen. «Die Persona ist also ein Funktionskomplex, der aus Gründen der Anpassung oder der notwendigen Bequemlichkeit zustande gekommen, aber nicht identisch ist mit der Individualität» (GW 6, § 880). Sie ist die Rolle, die wir üblicherweise spielen, das Gesicht, das wir aufsetzen, wenn wir mit anderen zu tun haben. Die Persona ist die «Verpackung» des Ich. Es ist die Public-Relations-Instanz für das Ich und dafür verantwortlich, den anderen Leuten anzuzeigen, wie man gesehen werden möchte und welche Reaktionen man erwartet. Sie vereinfacht Beziehungen, schmiert die Räder des gesellschaftlichen Verkehrs und hilft, lange Erklärungen und Einleitungen zu vermeiden.

Der Erfolg in der Gesellschaft hängt von der Qualität der Persona ab. Die beste Persona, die man haben kann, paßt sich flexibel den verschiedenen gesellschaftlichen Situationen an, während sie gleichzeitig eine gute Wiedergabe der Eigenschaften des dahinterstehenden Ichs darstellt. Schwierigkeiten tauchen auf, wenn man aus neurotischen Gründen versucht, eine Persona anzunehmen, die einem nicht paßt, oder wenn man versucht, eine Haltung einzunehmen, für die man nicht die nötige Persönlichkeit besitzt. Dann wird ein bereits vorhandenes Unsicherheitsgefühl noch stärker. Wenn man die allerbesten Sachen in die Auslage gestellt hat, dann fürchtet man, eintretende Kunden könnten im Geschäft nur die schäbigste Ware vorfinden. Auch wenn man sich mit der Persona *identifiziert,* kann es zu Schwierigkeiten kommen. Denn das bedeutet, den Rest der Persönlichkeit zu opfern und der Verwirklichung des ungenützten Potentials, das man besitzt, ein schädliches Maß von Zwang aufzuerlegen.

Im Anfang entwickelt sich die Persona aus einer Notwendigkeit, sich an die Erwartungen der Eltern, Lehrer und der Gesellschaft während des Heranwachsens anzupassen. Kleine Kinder lernen schnell, daß gewisse Eigenschaften als wünschenswert angesehen werden und andere nicht. Daher besteht die sehr verständliche Tendenz, wünschenswerte Züge in die Persona einzubauen, während man Eigenschaften, die als nicht wünschenswert, unannehmbar oder tadelswert erfahren werden, den Blicken entzieht. Diese unterdrückten Neigungen bilden einen anderen Komplex, eine Unterpersönlichkeit, die Jung *Schatten* nannte.

Der Schatten

Wie man aus der Art und Weise seiner Entwicklung vorhersagen kann, besitzt der Schattenkomplex Eigenschaften, die denen, die sich in der Persona manifestieren, diametral entgegengesetzt sind. Folglich ergänzen diese beiden Aspekte der Persönlichkeit einander und gleichen einander aus. Der Schatten kompensiert die von der Persona erhobenen Ansprüche, die Persona kompensiert die antisozialen Neigungen des Schattens. Wenn diese kompensatorische Beziehung zusammenbricht, kann das Ergebnis die seichte, brüchige, konformistische Art von Persönlichkeit sein, die nur aus der Persona besteht und sehr darum besorgt ist, was die Leute denken, oder als anderes Extrem jene Art von kriminellem oder psychopathischem Individuum, das wenig Zeit für gesellschaftliche Höflichkeiten oder die Meinung der anderen hat.

Das gleichzeitige Nebeneinander dieser zutiefst widersprüchlichen Persönlichkeiten in demselben Menschen stellt eine stetige Quelle der Faszination im Leben dar und hat einiges an bedeutender Literatur hervorgebracht, zum Beispiel: Dostojewskijs *Der Doppelgänger,* E. T. A. Hoffmanns *Die Elixiere des Teufels,* Edgar Allan Poes *William Wilson,* R. L. Stevensons *Dr. Jekyll und Mr. Hyde* und Oscar Wildes *Das Bildnis des Dorian Gray.*

Jung fühlte intuitiv, daß der Ausdruck «Schatten» passend für diese abgespaltenen Persönlichkeitsanteile war, denn da ihnen das Licht des Bewußtseins verwehrt ist, sind sie in eine zwielichtige Zone im persönlichen Unbewußten verbannt. Im Grunde ist der Schatten, den Jung nur als Teil der unbewußten Psyche betrachtete, im großen und ganzen gleichbedeutend mit der Gesamtheit des Freudschen Unbewußten.

Obwohl er unbewußt ist, hört der Schatten nicht auf zu existieren: im Gegenteil, er ist von einer dynamischen Aktivität. Die zurückgewiesenen Aspekte des in Entwicklung begriffenen Ichs behalten ein Gefühl der persönlichen Identität, und wenn sie sich von Zeit zu Zeit dem Bewußtsein gegenüber bemerkbar machen, werden sie als Belastung empfunden, denn sie sind behaftet mit Schuldgefühlen und Minderwertigkeiten und bergen die Angst in sich, daß man abgelehnt wird, sollten sie entdeckt oder aufgedeckt werden.

Seinen Schatten *anzunehmen* ist daher eine schmerzhafte und potentiell schreckliche Erfahrung, und zwar so sehr, daß wir gewöhnlich unser Ich vor solchen beunruhigenden Erkenntnissen durch den Gebrauch von *Abwehrmechanismen* schützen: Wir *leugnen* die Existenz des Schattens und *projizieren* ihn auf andere. Das geschieht nicht als bewußter Willensakt, sondern unbewußt als Akt des Selbstschutzes. Auf diese Art leugnen wir unsere eigene «Schlechtigkeit» und projizieren sie auf andere, die wir dafür verantwortlich machen. Dieser Akt unbewußter Schlauheit erklärt die uralte Praxis des Sündenbocks, die allen möglichen Vorurteilen gegen jene, die zur anderen Gruppe als der unsrigen gehören, zugrunde liegt, und ist der Grund für alle Massaker, Pogrome und Kriege. Durch die Projektion unseres Schattens vermögen wir, unsere Feinde in «Teufel» zu verwandeln und uns selbst davon zu überzeugen, daß sie nicht Männer und Frauen «wie wir» sind, sondern Ungeheuer, die menschliche Überlegungen nicht verdienen. Nationale Führer können skrupellos von dieser Neigung Gebrauch machen, um ihre eigenen politischen Ziele zu erreichen. Adolf Hitlers Reden kreisten zum Beispiel wiederholt um das Thema *Untermenschen,* mit denen Juden und Slawen gemeint waren, und er erklärte, daß es nur einen Weg gäbe, um mit solchen Schädlingen fertigzuwerden, und das war, sie auszurotten. Durch geschickte Ausnützung der Propagandamaschinerie der Nazis war er imstande, einen beträchtlichen Teil der deutschen Bevölkerung dazu zu bringen, ihren Schatten auf diese unglücklichen Menschen zu projizieren. Was eine solche Propaganda in ihren psychologischen Konsequenzen so verheerend macht, ist die Tatsache, daß sie den Archetyp des Bösen zu aktivieren vermag, der dann zusätzlich zum persönlichen Schatten auf «den Feind» projiziert werden kann. Diese vereinte Projektion dient als Rechtfertigung für das darauffolgende Abschlachten (Stevens, 1989).

Bei neurotischen Zuständen muß man mit einer gewissen Spaltung von Persona und Schatten rechnen. Eine wesentliche Phase in der Jungschen Behandlung besteht darin, die Schattenpersönlichkeit bewußtzumachen, um eine *Wiederannäherung* an die Persona und damit die Integration beider Komplexe in die Persönlichkeit als Ganzes zu erreichen. Aber dies kann wegen der Leichtigkeit, mit der der Schatten verleugnet und projiziert wird, eine lange und mühsame Angelegenheit sein («Ich wollte ihn nicht schlagen; er hat mich dazu *gezwungen!*»). Oft, sagt Jung, «... versagen hier sowohl die Einsicht wie der Wille, denn der Grund zur Emotion scheint ohne allen Zweifel beim *anderen* zu liegen» (GW 9/II, § 16). Wir ziehen es vor, ein idealisiertes Bild von uns selbst zu haben und anerkennen nicht gerne unsere persönlichen Schwächen. Es ist viel leichter, andere für unsere Unzulänglichkeiten verantwortlich zu machen, vor allem, wenn wir uns selbst überreden können, daß das gerechtfertigt ist. Aber wie Jung feststellt: «Man wird aber nicht hell dadurch, daß man sich Helles vorstellt, sondern dadurch, daß man Dunkles bewußtmacht. Letzteres aber ist unangenehm und daher nicht populär» (GW 13, § 335).

Es gibt allerdings zwei ziemlich einfache Methoden, mit denen man die Hauptzüge des Schattenkomplexes einer Person entdekken kann, wenn man es will. Wenn die Person offen zugegebene Rassenvorurteile hat, genügt es, sie zu fragen, was sie am Menschen anderer Hautfarbe nicht leiden kann. Die üblichen Antworten sind: Sie sind nicht vertrauenswürdig, sie haben ein zu lockeres Sexualverhalten, oder sie sind pervers, ihre Moralvorstellungen lassen zu wünschen übrig, sie sind schmutzig in ihren persönlichen Angewohnheiten und so fort. Wenn die Person behauptet, sie habe keine Rassenvorurteile, dann genügt es meistens, sie zu überreden, daß sie einen Menschen beschreibt, den sie nicht leiden kann. Wenn der Befragte einmal in Schwung ist, wird er ein ziemlich gutes Bild seines Schattens geben. Aber es ist weise, dem Betreffenden nicht zu interpretieren, was er gerade über sich selbst geoffenbart hat, denn er wird es einem nicht mit Zuneigung danken und kann sogar gekränkt sein oder zutiefst erregt. Wahrscheinlich wird er die Richtigkeit der Behauptung überhaupt in Zweifel ziehen und das ganze nur der Beschränktheit des Fragenden zuschreiben.

Wie jeder andere größere Komplex hat auch der Schatten seinen archetypischen Kern: den Archetyp des Feindes und verräterischen Fremden, des bösen Eindringlings. Auch das ist Teil unserer Ausrüstung für die Anpassung. Der Schattenarchetyp wird früh im Leben aktiviert, denn es ist für alle jungen Tiere eine Überlebensfrage, eine einprogrammierte Vorsicht gegenüber allem Fremden zu besitzen, das möglicherweise feindselig, räuberisch oder zerstörerisch sein könnte. Mit der Zeit wird der Kern des Archetyps mit den persönlichen Eigenschaften ausgestattet, die von den Eltern als schlecht und unannehmbar zurückgewiesen worden waren. Diese persönliche, innerpsychische Manifestation des Schattenarchetyps ist daher ein Anpassungskompromiß zwischen der Gesellschaft und dem sich entwickelnden Selbst. Es ist eine Form der genehmigten Heuchelei, die man durchlebt, wenn man das ist, was einem untersagt ist zu sein, während man das nicht öffentlich zugibt. Nur wenn diese Scharade in puncto Energie, Schuld oder Angst zu teuer wird, können daraus neurotische Leiden entstehen, die eine therapeutische Intervention rechtfertigen. Eigentlich ist das einer der verbreitetsten Gründe, warum Leute in Analyse kommen. Es ist daher die Pflicht des Analytikers, eine Situation und eine Atmosphäre zu schaffen, in der sich der Patient sicher genug fühlt, um den gefährlichen Inhalt seines Schattens zu untersuchen und die psychische Energie freizusetzen, die in der Unterdrückung des Schattens festgehalten war, in der Hoffnung, ein besseres Gleichgewicht innerhalb der Persönlichkeit zu erreichen und eine bessere Anpassung an die Gesellschaft. Welchen Weg man auch immer wählt, die Integration des Schattens ist ein wesentlicher Schritt zur Individuation.

Anima und Animus

Von allen archetypischen Systemen, mit denen das Individuum ausgestattet ist, um sich an die typischen Ereignisse des menschlichen Lebens anzupassen, ist dasjenige, das in der Beziehung zum anderen Geschlecht eine Rolle spielt, eines der wesentlichsten. Aufgrund des sorgfältigen Studiums von Tausenden von Träumen entdeckte Jung die Gegenwart von Figuren, die für den Träumer die physischen und psychologischen Charakteristika der Vertreter des anderen Geschlechts tragen. Diese Figuren besaßen die Macht und den Einfluß von autonomen Komplexen. Jung nannte den weiblichen Komplex im Mann *Anima* und den männlichen Komplex in der Frau *Animus*.

> «*Jeder Mann trägt das Bild der Frau von jeher in sich,* nicht das Bild *dieser* bestimmten Frau, sondern *einer* bestimmten Frau. Dieses Bild ist im Grunde genommen eine unbewußte, von Urzeiten herkommende und dem lebenden System eingegrabene Erbmasse. Ein ‹Typus› (‹Archetypus›) von allen Erfahrungen der Ahnenreihe am weiblichen Wesen, ein Niederschlag aller Eindrücke vom Weibe... Da dieses Bild unbewußt ist, so ist es immer unbewußt projiziert in die geliebte Figur und einer der wesentlichsten Gründe für leidenschaftliche Anziehung und ihr Gegenteil» (GW 17, § 338).

Falls der Leser wieder bereit ist, in bezug auf Jungs bildlichen Sprachgebrauch Zugeständnisse zu machen, wenn er von einem von Urzeiten herkommenden Bild schreibt, das dem lebenden System «eingegraben» ist, oder von einem «Niederschlag» von allen Erfahrungen der Ahnenreihe, dann wird es ihm möglich sein, den Wert der Anima und des entsprechenden männlichen Bildes im Unbewußten der Frau, des Animus, als Teil des uns von der Evolution vererbten, angeborenen Systems zu schätzen, das dafür verantwortlich ist, die heterosexuelle Bindung zu initiieren und aufrechtzuerhalten. In diesem Licht betrachtet sind Animus und Anima für das Überleben der Art unentbehrlich. Zusammen stellen sie das höchste Gegensatzpaar dar, die *Syzygie,* «die die Vereinigung verspricht und sie tatsächlich möglich macht».

Innerhalb der Psyche können die dem entgegengesetzten Geschlecht zugeordneten Komplexe mit dem Schatten kontaminiert sein. Wenn das der Fall ist, erfährt man weibliche Eigenschaften, die an sich moralisch neutral sind, trotzdem als böse, und sie werden im Mann unterdrückt. Genauso geschieht es mit den männlichen Eigenschaften in der Frau. Wenn die Eigenschaften des entgegengesetzten Geschlechts entdeckt werden, ist dies dann mit Schuldgefühlen verbunden. Die Wahrscheinlichkeit, daß das passiert, war in dem patriarchalen Klima, in dem Jung gearbeitet hat, noch größer, denn damals gab es eine starke soziale Verpflichtung für Männer, «ein Mann zu sein», und für Frauen, «eine Frau zu sein». Glücklicherweise leben wir jetzt in Zeiten größerer kultureller Freiheit, aber wie in allen Kulturen sind Stereotype noch immer vorherrschend, und Männer und Frauen haben immer noch Schuldgefühle, wenn sie dagegen verstoßen, wenn auch in einem nicht so lähmenden Ausmaß wie in der Vergangenheit.

Jung fand außerdem heraus, daß Anima und Animus als Mittler zwischen dem Unbewußten und dem Ich fungieren, und zwar sowohl in Träumen als auch in der Phantasie. Animus und Anima sind daher Mittel zur inneren und zur äußeren Anpassung.

Daß die Psyche ein so effizientes Anpassungsorgan darstellt, schrieb Jung der Tatsache zu, daß sie sich im Kontext der Welt entwickelt hat. Die Gesetze des Kosmos gelten auch für die Psyche, denn die Psyche ist «reine Natur». Mit anderen Worten, die Psyche ist ein mikrokosmischer Teil des Makrokosmos. Aus diesem Grund sprach Jung vom kollektiven Unbewußten als von der *objektiven Psyche,* um ihr Teilhaben an der Natürlichkeit alles Existierenden zu betonen: sie ist so *real* und so existent wie alles in der Natur. Das ist der Grund, warum grundlegende Naturgesetze wie die Prinzipien der Anpassung, der Homöostase und des Wachstums für die Psyche genauso gelten, wie für jedes andere biologische Phänomen.

Homöostase

Da die Psyche ein dynamisches System ist, das in Übereinstimmung mit den Naturgesetzen funktioniert, muß die Psychologie eine Arbeitshypothese entwickeln, wie das System arbeitet. Jung entlehnte, wie die frühen Psychologen, die Hypothesen der Physik und vertrat die fragwürdige Ansicht, daß psychische Energie dem ersten und zweiten Hauptsatz der Thermodynamik gehorcht. Passendere Prinzipien findet man in der Biologie, und glücklicherweise machte Jung reichlich Gebrauch davon, besonders von dem wichtigen Prinzip der Homöostase.

Homöostase ist das Prinzip der Selbstregulierung. Unter Zuhilfenahme dieses Prinzips halten sich biologische Systeme selbst im Gleichgewicht, im Interesse ihres Überlebens. Die natürliche Umwelt auf unserem Planeten verändert sich ständig, und kein lebender Organismus könnte sich entwickelt haben, hätte er nicht in sich selbst die Fähigkeit zur Aufrechterhaltung eines Fließgleichgewichts (steady state) besessen. Um einen solchen Zustand in einer sich ständig verändernden Welt aufrechtzuerhalten, müssen fortlaufend homöostatische Kontrollen zur Anwendung gebracht werden.

Die Wertschätzung des Prinzips der Homöostase geht auf die alten Griechen und die chinesischen Taoisten zurück. Hippokrates definierte Gesundheit als einen Zustand der Harmonie zwischen dem Menschen, seinen Lebenskräften und seiner Umwelt. Die Taoisten lehrten, daß alle Realität von zwei großen Gegensätzen durchdrungen ist, die einander ergänzen, nämlich dem männlichen und dem weiblichen Prinzip, Yang und Yin, und daß alle Veränderungen und Wandlungen mit einer Veränderung des Gleichgewichts zwischen ihnen zu tun hätten. Eine homöostatische Regulation kann auf allen Ebenen des Lebens beobachtet werden, von den Molekülen bis zu den Gemeinschaften, in lebendigen und nichtlebendigen Systemen, ja unser ganzer Planet kann als ein großes homöostatisches System von unendlicher Komplexheit aufgefaßt werden.

Das Prinzip der Selbstregulation wurde von der modernen Wissenschaft zuerst auf dem Gebiet der Mechanik angewandt: Beispiele dafür sind der «Regler», der für die Konstanthaltung der Geschwindigkeit bei Dampfmaschinen verwendet wird, und der Thermostat, der die Raumtemperatur konstant hält, indem er die Heizung auf- und abdreht. Dasselbe Prinzip wurde in bezug auf physiologische Systeme von Claude Bernard (1813–1878) und Walter B. Cannon (1871–1945) verwendet. Bernard zeigte die physiologischen Prozesse, mit deren Hilfe der Zustand eines dynamischen Gleichgewichts in der «inneren» Umgebung eines Organismus aufrechterhalten wird, trotz der Fluktuation im Zustand der «äußeren» Umgebung. Trotz starker Schwankungen in der Temperatur in der Außenwelt bleibt zum Beispiel die Körpertemperatur eines Menschen mit bemerkenswerter Beständigkeit bei +37° C. Cannon zeigte, daß das Zentrum, welches für diese Regulation verantwortlich ist, in einer Region an der Basis des Gehirns liegt, und zwar im Hypothalamus. Wenn die Außentemperatur steigt, kompensiert das der Hypothalamus, indem er veranlaßt, daß Körperwärme durch eine verstärkte Durchblutung der Haut, durch Schwitzen, durch Keuchen und eine Reduktion des Grundumsatzes abgegeben wird. Ein Abfallen der Außentemperatur führt zu einem höheren Muskeltonus und zum Zittern.

Es gilt heute als gesichert, daß alle wesentlichen Körperfunktionen in Übereinstimmung mit diesem Prinzip der dynamischen Gegensätze arbeiten: Sie sind in entgegengesetzten Systemen angeordnet, die, solange der Mensch gesund ist, von einem positiven und negativen Feedback-System im Gleichgewicht gehalten werden. Nicht nur die Körpertemperatur, auch der Blutzuckerspiegel, die Blutsauerstoffkonzentration etc. werden auf diese Art reguliert. Hunger wird von Sättigung im Gleichgewicht gehalten, sexuelles Begehren von Befriedigung, Durst von Flüssigkeitsretention, Schlaf vom Wachsein. Abgesehen davon, daß die Homöostase eine der wichtigsten Komponenten der Biologie ist, ist sie die Grundlage der neuen Wissenschaft der Kybernetik mit ihrer weiten Anwendung der Prinzipien des positiven und negativen Feedbacks.

Jung für seinen Teil war davon überzeugt, daß die Psyche ebenso wie der Körper ein selbstregulierendes System darstellt. Sie strebt ständig danach, ein Gleichgewicht zwischen widersprüchlichen Neigungen aufrechtzuerhalten, während sie zur gleichen Zeit ihre eigene Individuation sucht. Eine dynamische Polarität besteht zwischen Ich und dem Selbst, zwischen Persona und Schatten, zwischen männlichem Bewußtsein und der Anima, zwischen weiblichem Bewußtsein und dem Animus, zwischen der extravertierten und der introvertierten Einstellung, zwischen der Denkfunktion und der Fühlfunktion, zwischen Empfindung und Intuition und zwischen den Kräften des Guten und des Bösen.

Wie der Körper Kontrollmechanismen besitzt, um seine vitalen Funktionen im Gleichgewicht zu halten, so hat auch die Psyche ihren Kontrollmechanismus in der kompensatorischen Tätigkeit der *Träume*.

Träume

In der Jungschen Anschauung ist es die Aufgabe der Träume, eine bessere Anpassung an das Leben zu erreichen, indem sie die einseitige Begrenztheit des Bewußtseins kompensieren.

«Die Seele als ein selbstregulierendes System ist balanciert wie das Leben des Körpers. Für alle exzessiven Vorgänge treten sofort und zwangsläufig Kompensationen ein, ohne sie gäbe es weder einen normalen Stoffwechsel noch eine normale Psyche. In diesem Sinne kann man die *Kompensationslehre* als eine Grundregel für das psychische Verhalten überhaupt erklären. Das Zuwenig hier erzeugt ein Zuviel dort. So ist auch das Verhältnis zwischen Bewußt und Unbewußt ein kompensatorisches. Dies ist eine der am besten bestätigten Handwerksregeln der Traumdeutung. Immer können wir mit Nutzen in der praktischen Traumdeutung die Frage aufwerfen: Welche bewußte Einstellung wird durch den Traum kompensiert?» (GW 16, § 330).

Während Jung mit Freud einer Meinung war, daß «Träume die via regia zum Unbewußten» sind, so unterschied sich doch seine Auffassung über ihre Bedeutung und ihren Zweck grundsätzlich von der Freuds. Wir wir gesehen haben, betrachtete Freud den «manifesten Inhalt» der Träume als eine verschleierte Erfüllung eines unterdrückten Wunsches, der seinen Grund in der infantilen Sexualität hat. Jung glaubte, daß Träume eine viel tiefere und weitere Bedeutung haben. Er lehnte die Idee ab, daß der Traum eine Fassade sei, hinter der sich die wahre Bedeutung verbirgt: «Die sogenannte Fassade ist aber bei den meisten Häusern keineswegs ein Trug oder eine täuschende Verzerrung, sondern entspricht dem Gehalt des Hauses und verrät ihn sogar oft ohne weiteres» (GW 16, § 319). Es gibt da keine Taschenspielertricks. Träume sind der direkte Ausdruck unbewußter psychischer Aktivität. Sie gewähren uns einen Blick auf die Situation des Träumers und mobilisieren das Potential der Persönlichkeit, um mit dieser Situation fertigzuwerden. Die kompensatorische Funktion der Träume leitet sich von der großen Fähigkeit des Unbewußten her, Symbole zu erschaffen, unorthodox zu «denken» und seine Information aus einem Datenpool zu beziehen, der viel ausgedehnter ist als derjenige, welcher dem Ich-Bewußtsein direkt zugänglich ist.

Indem Träume neue und unerwartete Faktoren in die Gesamtsituation einführen können, ermöglichen sie es uns, die Dinge anders und aus einer weiteren Perspektive zu sehen. Außerdem können Träume durch ihre kompensatorische Tätigkeit das Ich unterstützen und stärken und die Entwicklung der Persönlichkeit fördern. Ein Beispiel soll diesen Prozeß illustrieren.

Ein introvertierter Mann, etwas eingeschüchtert von seinen Arbeitskollegen und seiner eindrucksvollen Frau, war sehr besorgt wegen einer Rede, die er bei einer schwierigen Aktionärssitzung halten sollte. Objektiv gesehen bestand für ihn kein Grund zur Aufregung, denn er war außerordentlich gescheit und fleißig, ein Mann von seltener Integrität mit einer starken Begabung fürs Geschäftliche. Aber obwohl er sich seiner guten Eigenschaften bewußt war, half ihm dieses Bewußtsein wenig, um seine Ängste zu beruhigen.

In der Nacht vor dem gefürchteten Meeting träumte er, daß er die Halle betrat, in der er seine Rede halten sollte. Eine Frau kam auf ihn zu. Er erkannte sie nicht, aber sie erschien ihm trotzdem auf anziehende Art bekannt. Sie preßte einen Ring in seine Hand, und während sie seine Hand darum schloß, sagte sie konspiratorisch: «Halt ihn fest, verlier ihn nicht.» Er ging weiter in die Halle hinein, in dem Bewußtsein, daß seine Angst vergangen war.

Bevor er am nächsten Morgen das Haus verließ, rief er seinen Analytiker an, um ihm den Traum zu berichten. Es schien, als ob die Anima zu seiner Unterstützung gekommen sei, in dem Wunsch, ihm die Unterstützung zu gewähren, die seine Frau nicht imstande war, ihm zu geben. Der Ring war ein magisches Geschenk, ein Symbol der Vereinigung, ein Talisman mit schützenden Kräften. Der Analytiker schlug vor, daß der Mann, wenn er aufstand, um seine Rede vor der Versammlung zu halten, sein Publikum vergessen sollte. Er sollte nicht einen Augenblick der Sorge auf den Inhalt seiner Rede verschwenden (die er im Schlaf hätte halten können), sondern nur an den goldenen Ring denken, den ihm die Anima gegeben hatte: «Halt ihn fest, verlier ihn nicht.»

Das schien ihm eine große Hilfe zu sein. Nach seiner Rede

gaben ihm seine Kollegen und die Aktionäre ihre nahezu einstimmige Unterstützung, und sogar seine Frau gratulierte ihm. Mit diesem Traum und dem darauffolgenden Erfolg hatte sich etwas in ihm verändert. Er begann, sich anderen Leuten gegenüber sicherer zu fühlen, wenn er mit ihnen zu tun hatte. Es folgten andere starke Anima-Träume, und die Ehe, die von Anfang an ein Irrtum gewesen war, brach auseinander. Am Ende der Analyse lebte er glücklich mit einer Dame zusammen, die dem Geist seiner Anima viel näherstand. Erlebnisse wie diese sind in Übereinstimmung mit Jungs Aussage, daß Träume das wirksamste Hilfsmittel beim Aufbau der Persönlichkeit seien (GW 16, § 332).

Als ein effizientes homöostatisches System besitzt die Psyche die Fähigkeit, sich selbst zu heilen, und diese Kraft zur Selbstheilung wohnt in der kompensatorischen Funktion des Unbewußten. Ein lebendiger Ausdruck dieser Neigung ist die Art des Unbewußten, Symbole aufsteigen zu lassen, welche in der Lage sind, widersprüchliche Tendenzen zu vereinigen, die auf der bewußten Ebene unvereinbar erscheinen. Diese phänomenale Fähigkeit verlor für Jung nie ihre Faszination, und er nannte sie die *transzendente Funktion*. Er gelangte zur Einsicht, daß wir nie imstande sind, die wesentlichen Probleme im Leben zu *lösen*, aber wir können, wenn wir geduldig sind, über sie hinauswachsen, wir vermögen sie zu transzendieren. Jung schrieb:

«Was sich hie und da in dieser Hinsicht ereignete, nämlich daß einer aus dunkeln Möglichkeiten sich selber überwuchs, wurde mir zu wertvollster Erfahrung. Ich hatte nämlich inzwischen einsehen gelernt, daß die größten und wichtigsten Lebensprobleme im Grunde genommen alle unlösbar sind; sie müssen es auch sein, denn sie drücken die notwendige Polarität, welche jedem selbstregulierenden System immanent ist, aus. Sie können nie gelöst, sondern nur überwachsen werden... Jeder Mensch müßte eigentlich jenes höhere Niveau wenigstens als Keim besitzen und diese Möglichkeit unter günstigen Umständen entwickeln können. Wenn ich den Entwicklungsgang jener betrachtete, welche stillschweigend, wie unbewußt, sich selber überwuchsen, so sah ich, daß ihre Schicksale insofern alle etwas Gemeinsames hatten, nämlich das Neue trat aus dem dunkeln Felde der Möglichkeiten von außen oder von innen an sie heran; sie nahmen es an und wuchsen daran empor... Nie aber war das Neue ein Ding allein von außen oder allein von innen. Kam es von außen, so wurde es innerstes Erlebnis. Kam es von innen, so wurde es äußeres Ereignis. Nie aber war es absichtlich oder bewußt gewollt herbeigeschafft worden, sondern es floß vielmehr herbei auf dem Strom der Zeit» (GW 13, § 18).

In diesem Abschnitt sagt Jung klar, was er meint: Man muß sich beider *Pole* eines jeden Konfliktes bewußt werden und in voller Bewußtheit die Spannung, die zwischen ihnen entsteht, ertragen. Dann kommt es zu irgendeiner radikalen Veränderung, die zum Hinauswachsen über die Probleme führt. Das geschieht durch die Kraft des Unbewußten, aus widerstreitenden Neigungen eine neue symbolische Synthese zu erschaffen.

Der praktische Wert dieser Erkenntnis ist ungeheuerlich, sie bedeutet nämlich, daß die *Möglichkeit* zur Versöhnung zwischen scheinbar unversöhnlichen Kräften stets vorhanden ist. Von Tag zu Tag im Lichte dieser Erkenntnis zu leben, bringt ein Geschenk von unschätzbarem Wert mit sich: Weisheit.

Wachstum

Das Thema, das sich durch das gesamte Jungsche theoretische Werk hindurchzieht, heißt Wachstum, Entwicklung, Individuation, Selbsterkenntnis. Jung betrachtete den gesamten Lebenszyklus als einen fortlaufenden Prozeß der Metamorphose, welcher durch das Selbst in Gang gebracht und homöostatisch reguliert wird. Er begriff, daß die Phasen, welche jedes menschliche Leben durchläuft, nur eine evolutionäre Erweiterung jener Phasen darstellt, die man auch an nichtmenschlichen Arten beobachten kann. «In Wirklichkeit aber ist der Individuationsprozeß», erklärte er, «jener je nachdem einfache oder komplizierte biologische Vorgang, mit dem jedes lebende Wesen zu dem wird, wozu es von Anfang an zu werden bestimmt ist» (GW 11, § 460).

Während es uns durch den Zyklus des Lebens geleitet, veranlaßt uns das Selbst, die Bilder, Ideen, Symbole und Emotionen zu erfahren, die die Menschen immer schon erfahren haben, seit es unsere Art gibt, unabhängig davon, an welchem Ort dieses Planeten wir Wohnung genommen haben. Darum berührt uns Kunst, wenn sie eine archetypische Realität ausdrückt, wo immer und wann immer sie auch geschaffen wurde. Sie spricht die allgemeinen Prinzipien der menschlichen Existenz an und geht über Nationen, Rassen und religiöse Bekenntnisse hinaus.

> «Man ist ein psychischer Ablauf, den man nicht beherrscht, oder doch nur zum Teil», schrieb Jung. «Die Geschichte eines Lebens fängt irgendwo an, an irgendeinem Punkt, den man gerade eben erinnert, und schon da war es hochkompliziert... Das Leben ist mir immer wie eine Pflanze vorgekommen, die aus ihrem Rhizom lebt. Ihr eigentliches Leben ist nicht sichtbar, es steckt im Rhizom. Das, was über dem Boden sichtbar wird, hält nur einen Sommer. Dann verwelkt es, eine ephemere Erscheinung... Was man sieht, ist die Blüte, und die vergeht. Das Rhizom dauert» (ETG, S. 10 f.).

Wir sind uns nur unserer eigenen Geschichte bewußt. Wir sind uns nicht des evolutionären Musters bewußt, auf dessen Basis unsere persönliche Erfahrung vor sich geht. Das trägt dazu bei zu erklären, warum einige der besten Denker des 20. Jahrhunderts Jung ablehnten und behavioristischen Theorien den Vorzug gaben, Entwicklungstheorien also, die nicht über die Konditionierung, der jedes Individuum in seinem oder ihrem Leben unterworfen wird, hinausgehen. Indem sie die archetypische Dimension ignorierten, vernachlässigten sie das biologische Fundament, auf dem jede menschliche Persönlichkeit aufbaut.

Literaturvorschläge:

Jolande Jacobi: *Die Psychologie von C. G. Jung*
C. G. Jung: *Zwei Schriften über Analytische Psychologie* (GW 7)
–: *Die Dynamik des Unbewußten* (GW 8)
–: *Die Archetypen und das kollektive Unbewußte* (GW 9/I)
–: *Aion* (GW 9/II, Kapitel 1–4)
–: *Über Grundlagen der Analytischen Psychologie* (in GW 18/I)
Verena Kast: *Die Dynamik der Symbole. Grundlagen der Jungschen Psychotherapie*

4. Die persönliche Entwicklung und die Lebensphasen

Wenig wirklich wichtige Dinge geschehen uns aufgrund unserer eigenen Wahl. «Der Zufall macht aus dem Menschenleben ein Spielzeug», schrieb Seneca. Wir sind in einer Lotterie, deren Ergebnis von einem launenhaften, rotierenden Mandala entschieden wird, dem Schicksalsrad. Bei der Geburt wird an uns ein Blatt von Spielkarten ausgeteilt, das das Ausmaß festlegt, in welchem wir uns in der Hand des Determinismus befinden. Wir sind nur insoweit frei, als wir die Geschicklichkeit erwerben, mit den Karten zu spielen, die wir bekommen haben. Wir können uns weder unsere Eltern aussuchen, noch die kulturellen, sozialen oder wirtschaftlichen Umstände wählen, in die wir hineingeboren werden sollen. Und der unsicherste Aspekt des ganzen Spiels ist die spezielle Mischung der elterlichen Gene, die uns im Augenblick der Empfängnis zugeteilt wird.

Bei der Geburt war man genauso wie jedes andere Baby, und doch war man im selben Augenblick einzigartig: Kein Mensch mit dieser genetischen Zusammensetzung hat je existiert oder wird jemals wieder geboren werden. Das ist das eindrucksvolle Paradoxon, das allen archetypischen Strukturen innewohnt: Sie sind zugleich *universal* in ihren grundlegenden Formen und *einzigartig* in ihren individuellen Ausprägungen. Daher stellt alles Leben einen Seiltanz zwischen dem Persönlichen und dem Kollektiven dar, durch den jeder von uns seine oder ihre einzigartige Version jener allgemeinen Regulatoren in Gang hält, die die gesamte Menschheit beherrschen.

Das Selbst erhält seinen Auftrag im Moment der Empfängnis. Dieses vielversprechende Ereignis vollzieht sich in Übereinstimmung mit den archetypischen Notwendigkeiten von Yang und

Yin – Yang das Durchdringende und sich Behauptende, Yin das Empfangende und In-sich-Bewahrende. In praktisch allen Arten, die sich durch Kopulation fortpflanzen, wird Samen in das Weibliche eingeführt, nicht Eier in das Männliche. Es entspricht der Yang-Natur des Samens, aktiv zu sein und zu suchen, und der Yin-Natur des Eis, passiv zu sein und zu warten. Weibliches Nähren ist von Anfang an vorhanden, denn es ist das Ei – und nicht der Samen –, das die Nährstoffe speichert, die für das Wachstum und die Entwicklung des Embryos notwendig sind. Aus diesem Grund ist das Ei 85 000mal größer als der Same.

Auch das Geschlecht des neuen Individuums wird im selben Augenblick festgelegt, und zwar durch das Vorhandensein oder Fehlen eines Y-Chromosoms. Wenn diese winzige Struktur vorhanden ist, folgt der Embryo einem deutlich männlichen Plan im Gegensatz zu einem weiblichen. Genetisch männliche Wesen besitzen ein X- und ein Y-Chromosom, genetisch weibliche haben zwei X-Chromosome. Das entscheidet, ob die Gonaden des Embryos zu Hoden oder Eierstöcken werden.

Wenn ein Y-Chromosom vorhanden ist, bilden sich etwa sechs Wochen nach der Befruchtung Hoden. Das ist ein kritischer Augenblick in der Bestimmung des Individuums, denn von diesem Punkt an *bildet* der Fötus *seine eigenen männlichen Sexualhormone* (die Androgene). Diese haben einen tiefgreifenden Einfluß auf die spätere Entwicklung, denn die Hoden beginnen ihre Produktion vor der Bildung der äußeren Geschlechtsorgane und des Gehirns. Wenn der Embryo dagegen zwei X-Chromosome besitzt, dann findet die Differenzierung der Gonaden später statt, die beiden Eierstöcke bilden sich nicht vor dem sechsten Monat. Das bedeutet, daß das Selbst in den ersten sechs Wochen seines Lebens *hermaphroditisch* ist in dem Sinn, daß der Fötus die gleiche physische Struktur besitzt, ob er nun weiblich oder männlich ist. Das Vorhandensein eines Y-Chromosoms, das zur Produktion von Androgenen führt, hat dann die Entwicklung eines männlichen Wesens zur Folge.

Bei Fehlen eines Y-Chromosoms und der Androgene fährt

der Fötus fort, sich nach dem Muster zu entwickeln, das schließlich zum Weiblichen führt. Wenn also die für eine aktive männliche Differenzierung notwendigen Bedingungen fehlen, vollzieht sich die Entwicklung eher passiv entlang weiblicher Linien. Hier tritt wieder die taoistische Teilung klar zutage: weibliche Wesen *sind,* männliche müssen *gemacht* werden.

Die physischen Konsequenzen der frühen Geschlechtsunterscheidung sind so offenkundig, daß man kaum darüber diskutieren kann. Männliche Föten wachsen schneller als weibliche, und bei der Geburt sind Kinder männlichen Geschlechts schwerer und größer. Von da an, von der Kindheit bis ins hohe Alter, haben Männer größere und stärkere Muskeln; ihre Herzen sind größer und stärker; ihre Lungen haben eine größere Vitalkapazität, und die Grundumsatzrate ist höher. Sie sind bessere Athleten, weil sie schneller laufen, höher springen und weiter schießen können; ihr Brustkorb läßt sie stärker und genauer werfen, ihr Händedruck ist im Durchschnitt zweimal so stark wie der einer Frau. Ihr kardiovaskuläres System ist besser imstande, sich an Streß und physische Belastung anzupassen, und eine Funktion des männlichen Hormons Testosteron besteht darin, die Bildung der roten Blutkörperchen zu fördern, mit dem Ergebnis, daß nach der Pubertät das männliche Blut mehr Hämoglobin enthält als das weibliche und mehr Sauerstoff binden kann. Der Mann ist auch effizienter in der Ausscheidung von Metaboliten, zum Beispiel Milchsäure, die ein Nebenprodukt der Muskelaktivität darstellt. Die augenscheinlichsten weiblichen Unterschiede hingegen werden nach der Pubertät sichtbar, mit der Entwicklung eines größeren Beckens, breiterer Hüften und voluminöser Brüste.

Es ist notwendig, diese grundlegenden Tatsachen der Geschlechtsunterschiede zu betonen, denn es ist klar, daß sich im Laufe der Evolution die Männer besser als die Frauen an eine Existenzform angepaßt haben, die physisch hohe Anforderungen stellt. Das ist offensichtlich die biologische Basis der Arbeitsteilung zwischen den Geschlechtern, die für den Großteil der in der Anthropologie bekannten Gesellschaften zutrifft: Die Frauen sind fast immer für die Aufzucht der Kinder verantwortlich und die Männer für die Jagd und Kriegsführung. Diese Unterschiede haben weniger mit kulturellen «Klischees» zu tun, als manche modernen Ideen uns glauben machen möchten.

Es wäre doch seltsam, wenn die grundlegenden biologischen Unterschiede, die zwischen Männern und Frauen bestehen, keine psychologischen oder verhaltensmäßigen Konsequenzen für das Leben von Mann und Frau in allen Gesellschaftsordnungen hätten. Wenn man das Beweismaterial durchsieht, dann ist es klar, daß solche Konsequenzen bestehen, wie wir noch sehen werden. Es ist sehr wahrscheinlich, daß das Selbst, mit dem wir geboren werden, bereits als männliches oder weibliches Selbst strukturiert ist, und das stellt das Substrat zur Verfügung, auf dem die männlichen und weiblichen Klischees der Kulturen, in die wir hineingeboren werden, ihre Wirkung entfalten können. Sie bringen das männliche oder weibliche Potential zur Entwicklung, mit dem das Selbst bereits ausgestattet ist.

Die veraltete Idee, daß Geschlechtsunterschiede ausschließlich auf die Kultur zurückgehen und nichts mit Biologie zu tun haben, erfreut sich in unserer Gesellschaft noch immer weiter Verbreitung, obwohl sie auf der zweifelhaften *tabula rasa*-Theorie der menschlichen Ontogenese basiert (Griechisch *ont* = Lebewesen, *genesis* = Geburt; d.h. Ursprung und Entwicklung des einzelnen Lebewesens). Forschungen auf dem Gebiet der Entwicklung des Kindes in den letzten dreißig Jahren haben Jungs Behauptung erhärtet, das menschliche Kind sei keine *tabula rasa,* die sich passiv gegenüber den Lektionen verhält, die das Leben darauf schreibt, sondern es nehme aktiv am Entwicklungsprozeß teil. Obwohl er gerne bereit war zuzugeben, daß Umweltfaktoren einen enormen Einfluß auf die psychologische Entwicklung des Individuums haben, so bestand Jung doch darauf, daß das, worauf diese Faktoren Einfluß haben, Veranlagungen und eine «subjektive Bereitschaft» sind, mit denen alle Kinder auf die Welt kommen.

Jungs Auffassung, daß diese Veranlagungen unter anderem

mit dem Geschlecht zu tun haben, ist aus dem folgenden entscheidenden Abschnitt, der die grundlegenden Voraussetzungen seiner Entwicklungspsychologie festhält, offensichtlich:

> «Es gibt bekanntlich keine menschliche Erfahrung, und es ist auch gar keine Erfahrung möglich, ohne das Dazutreten einer subjektiven Bereitschaft. Worin besteht aber die subjektive Bereitschaft? Sie besteht in letzter Linie in einer angeborenen psychischen Struktur, die es dem Menschen erlaubt, überhaupt eine solche Erfahrung zu machen. So setzt das ganze Wesen des Mannes die Frau voraus, körperlich sowohl wie geistig. Sein System ist a priori auf die Frau eingestellt, ebenso wie es auf eine ganz bestimmte Welt, wo es Wasser, Licht, Luft, Salz, Kohlehydrate usw. gibt, vorbereitet ist. Die Form der Welt, in die er geboren wird, ist ihm bereits als *virtuelles Bild* eingeboren. Und so sind ihm Eltern, Frau, Kinder, Geburt und Tod als virtuelle Bilder, als psychische Bereitschaften eingeboren. Diese apriorischen Kategorien sind natürlich kollektiver Natur, es sind Bilder von Eltern, Frau und Kindern im allgemeinen und wohl keine individuellen Prädestinationen. So sind auch diese Bilder als inhaltlos und deshalb als unbewußt zu denken. Sie erreichen erst Inhalt, Einfluß und schließlich Bewußtheit dadurch, daß sie auf empirische Tatsachen treffen, welche die unbewußte Bereitschaft berühren und zum Leben erwecken. Sie sind in einem gewissen Sinne die *Niederschläge aller Erfahrungen der Ahnenreihe, aber nicht diese Erfahrungen selbst»* (GW 7, § 300).

Dieses Zitat zeigt, wie stark sich Jung von den milieutheoretischen, behavioristischen und kulturellen Theorien, die in den akademischen Institutionen seiner Zeit vorherrschten, unterschied. Jung behauptete, das Kind sei weit davon entfernt, eine *tabula rasa* zu sein, sondern werde im Gegenteil mit all den notwendigen Fähigkeiten für das Leben geboren. Mehr noch, er oder sie ist mit einem ausführlichen Programm für das Leben ausgestattet, das ihn oder sie durch dessen verschiedene Stadien geleitet in der Verfolgung des angeborenen Ziels: der bestmöglichen Verwirklichung des Selbst.

Es ist ein Understatement, diese Ansicht zu der Zeit, als Jung dafür eintrat, als umstritten zu beschreiben. Während die meisten Autoritäten annahmen, daß die Existenz einer inhärenten *physiologischen* Abfolge den physischen Veränderungen von Wachstum, Reife und Alter zugrunde liegt, so war doch die Idee, daß vergleichbare *psychologische* Veränderungen genetisch determiniert seien, zu exzentrisch, um überhaupt in Betracht gezogen zu werden. Die Idee unterschied sich auf zu schockierende Art von der behavioristischen orthodoxen Lehre, die daran festhielt, daß der menschliche Organismus ein reines Antwortsystem (Response-System) sei, das auf einen äußeren Reiz (Stimulus) reagiert, um durch einen Lernprozeß ein Repertoire an Verhaltensweisen aufzubauen.

Die Ansicht, die Jung im Zusammenhang mit der menschlichen Entwicklung vertrat, war daher äußerst unmodern und stellt einen zusätzlichen Grund dar, warum er von vielen als verrückt betrachtet wurde und seine Hypothese der Archetypen eine kühle Aufnahme fand. Außerdem war es besonders mutig von Jung, diesen Standpunkt einzunehmen, wenn man in Betracht zieht, daß er hauptsächlich auf klinischer Intuition basierte und stichhaltige Beweise zu seiner Unterstützung fehlten. Die Wissenschaft hatte keine Konzepte entwickelt, die es ermöglicht hätten zu verstehen, wie die charakteristischen Transformationen des Lebens systematisch im Selbst verschlüsselt sind, oder wie sich diese Transformationen im sozialen Verhalten oder in der persönlichen Erfahrung manifestieren. Die Ethologie – das Studium vom Tierverhalten – mußte erst zeigen, wie komplizierte Verhaltensfolgen von der Natur in das Zentralnervensystem von Insekten, Vögeln und Säugetieren einprogrammiert waren, und die Computertechnologie war noch nicht genug fortgeschritten, um eine umfassende Analogie dafür zu bieten, wie Millionen von Informationsstücken auf kleinstem Raum gespeichert und weitergegeben werden können. Aber Jung besaß in vollem Ausmaß die Eigensinnigkeit seines psychologischen Typs (wie wir sehen werden, war er ein introvertierter Intuitiver). Er war ausreichend von der Wahrheit seiner Einsichten überzeugt, um gegen den akademischen Strom zu schwimmen, der ihn umgab, und er konnte gut genug schwimmen, um nicht in der Sturzflut der Beschimpfungen, die solcher Mut gewöhnlich mit sich bringt, unterzugehen.

Jetzt, wo der Behaviorismus seine Vorrangstellung verloren hat, können wir sehen, daß Jungs Vorschläge nicht so unglaublich waren, wie sie zu jener Zeit erschienen. Es ist eine einfache Erfahrungstatsache, daß die Menschen im Laufe ihres Lebens verschiedene psychologische und verhaltensmäßige Phasen durchlaufen und daß diese Phasen charakteristisch für das Alter sind, in dem sie auftreten. Wenn die altersbedingten Veränderungen, die sich am Körper zeigen, biologisch bestimmt sind, dann ist es nicht ganz unwahrscheinlich, daß grundlegende Veränderungen, die sich im menschlichen Geist vollziehen, auch vorausbestimmt sind. Die Vorstellung, daß das Leben normalerweise eine Anzahl von Phasen durchläuft, ist so alt und so verbreitet, daß wenig Zweifel daran bestehen kann, daß sowohl die Vorstellung als auch die Tatsache als solche archetypisch bestimmt sind. Es gibt verschiedene Ansichten in den verschiedenen Schulen, was die Anzahl und die Dauer der Phasen betrifft, aber daß es Phasen gibt und daß sie eine phänomenologische Realität darstellen, ist eine Ansicht, die von allen geteilt wird.

Die Ironie liegt darin, daß Jung, im Unterschied zu seinen Kritikern, die seine Ansichten als unwissenschaftlich zurückwiesen, sehr wohl verstand, daß die Entwicklungspsychologie jeder Grundlage, sei sie theoretisch oder faktisch, entbehrt, es sei denn, sie hätte eine Grundlage in der Biologie. Im Gegensatz zu den Soziologen und akademischen Psychologen, die ihre Ideen in einer Art vorbrachten, die einen daran zweifeln läßt, ob ihnen die Existenz Darwins bekannt war, vergaß Jung nicht, daß wir, die Behavioristen mit eingeschlossen, der Spezies *Homo sapiens* angehören und daß wir uns über eine lange und ehrbare tierische Ahnenreihe entwickelt haben. Archetypen, sagt er, sind «vererbte instinktive Antriebe und Formen, wie sie bei allen Lebewesen zu beobachten sind» (GW 3, § 565). Archetypen sind biologische Gebilde. Sie haben sich durch natürliche Selektion entwickelt.

Als es darum ging, die biologische Grundlage zu verstehen, auf der sich jeder Lebenszyklus entfaltet, bestand das Problem nicht nur darin festzulegen, welches die einzelnen Lebensphasen sind, sondern auch in der Entdeckung der gleichbleibenden Merkmale, die jede Phase charakterisieren. Unabhängig von Jung nahmen die beiden Verhaltensforscher Niko Tinbergen und Konrad Lorenz dieses Problem in Angriff, als sie die für jede Tierart typischen *Verhaltensmuster* studierten, und zwar in der jeweiligen Lebensphase: zum Beispiel die Eroberung von Territorium und seine Verteidigung, Werbung, Paarung, Jagd, Fortpflanzung, Aufzucht der Jungen usw. Um das vorhergesagte Vorkommen dieser Verhaltensmuster zu erklären, postulierten die Verhaltensforscher das Vorhandensein eines *angeborenen auslösenden Mechanismus,* der darauf eingestellt ist, sich zu aktivieren, sobald ein Tier den entsprechenden *Stimulus* in der Umwelt antrifft.

Indem sie diese ethologischen Konzepte bei ihren Studien des Lebenszyklus von Rhesusaffen verwendeten, kam ein amerikanisches Forscherehepaar, H. F. und M. K. Harlow, zu dem Schluß, daß es fünf unterschiedliche *affektive Systeme* gebe, die mit dem Heranreifen des Tieres der Reihe nach in Aktion treten. Es handelt sich dabei um das *Kind-Mutter-System,* welches das Kind an seine Mutter bindet; das *Bezugsgruppen-System,* das die Entwicklung der sozialen Eigenschaften sowie der motorischen Geschicklichkeit fördert ebenso wie die sexuelle Fortpflanzung und die Erforschung der Umgebung durch die Jungen; das *heterosexuelle System,* welches die Werbung, die Paarung und die sexuelle Bindung im Erwachsenenalter reguliert; das *mütterliche System,* welches das Überleben sicherstellt, indem es die Mutter veranlaßt, das Junge mit Nahrung und emotionaler Sicherheit zu versorgen und schließlich das *väterliche System,* das den Schutz der Jungen vor Räubern und aggressiven Gruppenmitgliedern garantiert.

Es ist nicht unwahrscheinlich, daß das archetypische System, das für die Entwicklung eines ähnlichen Verhaltensmusters beim Menschen verantwortlich ist, auf ähnliche Art funktioniert. Vermutlich geht das Individuum im Laufe seiner Entwicklung durch eine vorprogrammierte Abfolge von Stadien, die jeweils durch eine neue Serie archetypischer Notwendigkeiten eingeleitet werden, welche nach Erfüllung in der Persönlichkeit und in der Verhaltensentwicklung streben. Jede Serie an Notwendigkeiten stellt ihre eigenen Anforderungen an die Umwelt, und ihre Aktivierung hängt davon ab, ob diesen Anforderungen entsprochen wird. Sollte die Umwelt, aus welchen Gründen auch immer, nicht in der Lage sein, diesen Forderungen zu entsprechen, dann erleidet die Entwicklung des Individuums die Folgen dessen, was ich als die *Frustration der archetypischen Absicht* bezeichnet habe. Das gilt wahrscheinlich für die menschliche Entwicklung genauso wie für die der nichtmenschlichen Arten. Wenn zum Beispiel das affektive Kind-Mutter-System oder das affektive heterosexuelle System aktiviert werden und Erfüllung finden soll, dann ist es wesentlich, daß die Umwelt dem heranwachsenden Individuum zuerst eine Mutterfigur und dann einen potentiellen Partner zur Verfügung stellt. Sollten diese unentbehrlichen Figuren nicht vorhanden sein, dann verbleibt das entsprechende archetypische System inaktiviert im Unbewußten, und die Entwicklung des Individuums unterliegt in der Folge entweder einem Stillstand oder nimmt zwangsläufig einen verzerrten oder verfehlten Weg.

Die Existenz dieses archetypischen Lebensplanes könnte eine Erklärung dafür sein, wieso Menschen an verschiedenen Orten und zu verschiedenen Zeiten davon gesprochen haben, daß das Leben vorher- oder vorausbestimmt sei. «Es steht geschrieben», sagen sie in ihren verschiedenen Sprachen, «es ist so bestimmt». Was uns geschieht, wird als beabsichtigt erfahren, kontrolliert von einer unsichtbaren Hand, die geheimnisvoll hinter den Kulissen tätig ist. Es hat den Anschein, als ob jeder von uns nach einem Drehbuch lebt, das schon geschrieben ist, nicht in Tinte, aber in der DNS, und als Code in der genetischen Struktur unserer Art festgehalten ist.

Das archetypische Erbe, mit dem jeder von uns geboren wird, hat daher den natürlichen Lebenszyklus der Menschheit als Voraussetzung: von Mutter und Vater betreut zu werden, die Umwelt zu erforschen, in der Gruppe Gleichaltriger zu spielen, sich den Herausforderungen der Pubertät und der Adoleszenz zu stellen, in die Gruppe der Erwachsenen einzutreten, einen Platz in der sozialen Hierarchie zu finden, Werbung und Heirat zu vollziehen, Kinder aufzuziehen, zu jagen, zu sammeln und zu kämpfen, an religiösen Ritualen und Zeremonien teilzunehmen, die Verantwortung, die einem im fortgeschrittenen Alter zukommt, zu übernehmen, das Alter selbst und die Vorbereitungen für den Tod.

Der Sinn des Lebens liegt in der fortschreitenden Verwirklichung dieses archetypischen Programms, das auf so bemerkenswerte Art im Selbst enthalten ist. Beim Übergang von einer Lebensphase zur nächsten treten immer neue Aspekte des Selbst im psychischen Haushalt in den Vordergrund und verlangen nach Ausdruck. «Hinter dem Menschen steht weder die öffentliche Meinung noch der allgemeine Sittenkodex», schreibt Jung, «sondern jene Persönlichkeit, die ihm noch unbewußt ist. Wie der Mensch stets noch das ist, was er früher war, so ist er auch immer schon das, was er noch sein wird. Das Bewußtsein umfaßt nicht die Ganzheit des Menschen, denn diese besteht einesteils aus seinen Bewußtseinsinhalten, anderenteils aber auch aus seinem unbestimmt weiten Unbewußten, von dem man keine Grenzen angeben kann. In diesem Ganzen ist das Bewußtsein enthalten, vielleicht wie ein kleiner Kreis in einem größeren» (GW 11, § 390).

Nachdem kein Individuum je alle Eigenschaften zur Schau stellen kann, die in der menschlichen Natur latent vorhanden sind, ist das *unentdeckte* Selbst immer eine imminente Größe. Alle Aspekte des Selbst, die noch gelebt werden müssen, haben eine prospektive Dynamik, die der menschlichen Existenz Sinn und Ziel verleiht. Von der frühesten Kindheit an ist das Selbst bestrebt, sich in unserem Leben zu verwirklichen. Vom Standpunkt der jungianischen Therapie aus ist es nicht so wichtig, was wir sind oder was wir gewesen sind, sondern was wir gerade dabei sind, zu werden. Das ist die Quintessenz des Individuationsprozesses.

In der Formulierung seiner Theorie von der menschlichen Entwicklung anerkennt Jung, daß er in Freuds Schuld steht. Freud war der erste moderne Kliniker, der eine systematische Beschreibung davon gemacht hat, wie Kindheitserlebnisse die Persönlichkeit des Erwachsenen beeinflussen können. Aber Freud war so sehr damit beschäftigt, diese frühen Einflüsse zu entwirren, daß er anscheinend wenig Gedanken an die Möglichkeit verschwendete, daß die Entwicklung über das Eintreten in das Erwachsenenalter hinausgehen und bis ins Alter hinein andauern könnte. Jung hingegen war der Ansicht, daß jede einheitliche Lehre der Psychologie den Lebenszyklus *als Ganzes* umfassen müsse. Er schlug daher vor, daß autonome psychologische Veränderungen bis weit in das Erwachsenenalter hinein andauern, und daß diese von inneren Anweisungen, welche vom Selbst ausgehen, in Gang gesetzt werden. Außerdem war er der Auffassung, daß dieses innere Programm der zweiten Lebenshälfte eine ganz andere Qualität verleiht als der ersten.

Um die Parabel des Lebenslaufes von der Wiege bis zum Grabe darzustellen, bediente sich Jung der Metapher vom täglichen Sonnenlauf – obzwar mit einer Sonne, die mit Gefühl und Bewußtsein ausgestattet ist.

> «Am Morgen entsteht sie aus dem nächtlichen Meere der Unbewußtheit und erblickt nun die weite bunte Welt in immer weiterer Erstrekkung, je höher sie sich am Firmament erhebt. In dieser Erweiterung ihres Wirkungskreises, die durch das Aufsteigen verursacht ist, wird die Sonne ihre Bedeutung erkennen und ihr höchstes Ziel in größtmöglicher Höhe und damit auch in größtmöglicher Erstreckung ihres Segens erblicken. Mit dieser Überzeugung erreicht die Sonne die un-

vorhergesehene Mittagshöhe – unvorhergesehen, weil ihre einmalige individuelle Existenz ihren Kulminationspunkt nicht vorher wissen konnte. Um zwölf Uhr mittags beginnt der Untergang. Und der Untergang ist die Umkehrung aller Werte und Ideale des Morgens. Die Sonne wird inkonsequent. Es ist, wie wenn sie ihre Strahlen einzöge. Licht und Wärme nehmen ab bis zum schließlichen Erlöschen. ... Glücklicherweise sind wir Menschen keine Sonnen ... Aber etwas ist sonnenhaft in uns, und Morgen und Frühling und Abend und Herbst des Lebens sind nicht bloß sentimentales Gerede ...» (GW 8, § 778, § 780).

Jungs Bild des Lebenszyklus ist in Abbildung 2 zusammengefaßt.

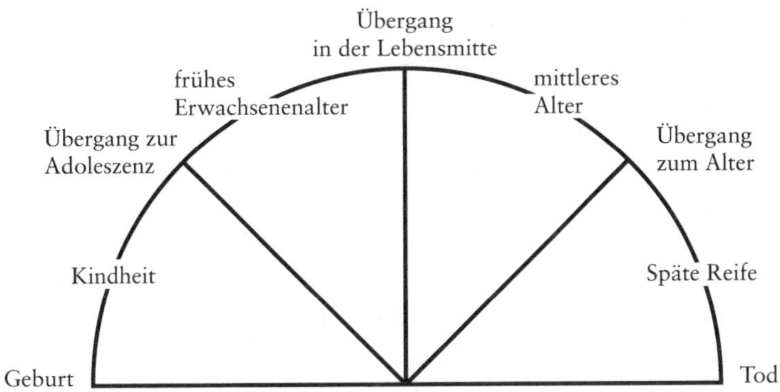

Abbildung 2: Der Lebenszyklus.

«Die 180 Grade unseres Lebensbogens zerfallen in vier Teile. Das erste östliche Viertel ist die Kindheit, das heißt derjenige problemlose Zustand, wo wir erst ein Problem für andere, aber eigener Problematik noch nicht bewußt sind. Die bewußte Problematik erstreckt sich über das zweite und dritte Viertel und im letzten Viertel, im Greisenalter, tauchen wir wieder ein in jenen Zustand, wo wir, unbekümmert um unsere Bewußtseinslage, wieder mehr ein Problem für die anderen werden. Kindheit und hohes Alter sind zwar äußerst verschieden, aber haben das eine gemeinsam, nämlich das Eingetauchtsein in unbewußt Seelisches» (GW 8, § 795).

Die «Probleme» des ersten und zweiten Viertels sah Jung als wesentlich biologisch und sozial, die des dritten und vierten Viertels als wesentlich kulturell und spirituell. «Der Mensch hat zweierlei Zwecke», schrieb er, «der erste ist der *Naturzweck,* die Erzeugung von Nachkommenschaft und alle Geschäfte des Brutschutzes, wozu Gelderwerb und soziale Stellung gehören. Wenn dieser Zweck erschöpft ist, beginnt eine andere Phase: der *Kulturzweck»* (GW 7, § 114).

Der Übergang von einem Viertel in das nächste ist für jeden eine Zeit möglicher Krisen. Um dem Individuum zu helfen, durch diese kritischen Perioden zu gelangen, entwickelten die primitiven Gesellschaften die Übergangsriten. Aufgrund seiner ausführlichen Analyse dieser Riten zeigte der französische Völkerkundler Arnold van Gennep (1873–1957) in seinem Buch *Übergangsriten* (1909), daß diese Riten selbst drei Stadien durchlaufen: Trennung, Übergang und Eingliederung. Jeder Ritus ist ein Todes- und Wiedergeburtsritual, durch welches das Individuum für seine früheren Umstände «stirbt» (Trennung) und in neue Umstände «hineingeboren» wird (Eingliederung). Weil diese Riten heiligen Einrichtungen entsprechen, gaben sie jedem individuellen Leben eine vom Göttlichen gesegnete Bedeutung, indem sie den Menschen persönlich mit den Mythen, Totems und Geistern des Stammes verbanden. Wie van Gennep schreibt:

«... für den halbzivilisierten Geist ist keine Handlung gänzlich frei vom Sakralen ... Übergänge von einer Gruppe zur anderen oder von einem sozialen Stand zum nächsten werden als integraler Bestandteil des Lebens betrachtet, sodaß ein Menschenleben aus einer Aufeinanderfolge von Stadien zu bestehen scheint, die alle einen ähnlichen Anfang und ein ähnliches Ende haben: Geburt, Pubertät, Heirat, Vaterschaft, Aufsteigen in eine höhere soziale Klasse, berufliche Spezia-

> lisierung und Tod. Für jedes dieser Ereignisse gibt es Zeremonien, deren wesentlicher Zweck darin besteht, es dem Menschen zu ermöglichen, von einer definierten Position in eine andere zu wechseln, die ebenso genau definiert ist» (A. van Genepp, 1960, S. 3).

Der unschätzbare Wert dieser Rituale bestand darin, daß sie es sowohl dem Individuum wie auch der Gesellschaft ermöglichten, jedem dieser Übergänge ohne unnötige Unruhe zu begegnen, und sie bestätigten öffentlich, daß der besagte Übergang stattgefunden hatte. Auf der subjektiven Stufe wurde mit Sicherheit eine radikale psychische Veränderung durch die mächtige Symbolik des Rituals erreicht. Diese Symbolik aktivierte die archetypischen Komponenten im kollektiven Unbewußten entsprechend der Lebensphase, die erreicht worden war. Diese bislang noch nicht angetroffenen archetypischen Elemente konnten dann mit dem Abschluß der Riten in die persönliche Psyche des Initiierten eingegliedert werden und gaben damit ein Gefühl der Sicherheit und der persönlichen Bestätigung in dieser neu erworbenen Identität.

Von allen Metaphern für das Leben, die die menschliche Vorstellungskraft erfunden hat, ist vielleicht die sprechendste jene des Abschieds, der Reise und der Wiederkehr: der Abschied ist voll des Trennungsschmerzes und der Aufregung über die zukünftigen Abenteuer; die Reise ist eine Abfolge von Gefahren und Übergängen, von Rückschlägen und Triumphen; die Wiederkehr ist gekennzeichnet von der endgültigen Veränderung, der Erfüllung und der Vollendung. Die Sehnsucht nach diesem Abenteuer muß allen Reisen zugrunde liegen, den inneren und den äußeren, allen Wagnissen auf dem Gebiet der Wissenschaft, der Literatur, der Musik und der Kunst und allen Prüfungen, die man selbst auf sich nimmt. Sogar die moderne Gruppenreise funktioniert auf der Grundlage dieses archetypischen Musters, während sie ihr Ziel eigentlich verfehlt: Der moderne Pilger wird ohne Mühe von einem Ziel zum nächsten geflogen; isoliert von der Kultur der Einwohner durch eine anonyme Hotelanlage für

Touristen, erleidet er keine Prüfungen, erlebt keine Abenteuer, begegnet nicht dem Unbekannten und unterzieht sich keinem Wandel. Er mag mit einer stärker gebräunten Haut zurückkommen, als er sie bei seiner Abreise hatte, aber was die Individuation anlangt, ist er nicht weitergekommen. Initiationsriten sind eigentlich aus unserer Kultur verschwunden, zusammen mit dem Respekt, den man früher einer heiligen Zeremonie entgegenbrachte. Das hat uns von den archetypischen Impulsen abgetrennt, die unser Leben verändern wollen, und hat uns ohne den mythischen Kontext zurückgelassen, der dem Leben einen Sinn verleiht.

Aber wie zu allen früheren Zeiten bestimmen die Jahreszeiten des Lebens immer noch unser Schicksal. In dem Maße wie jeder Frühling zum Sommer wird, übt der Horizont seine ursprüngliche Anziehungskraft aus. «Dann hat das Volk Lust, auf Pilgerreisen zu gehen» (Chaucer, Einleitung zu den «Canterbury Tales»). Zweck einer Reise und Belohnung für eine Reise war stets die Reise selbst.

> «Führt die Straße die ganze Zeit bergauf?
> Ja, bis zum Ende.
> Wird die Reise den ganzen Tag lang dauern?
> Vom Morgen bis zum Abend, mein Freund.»
> Christina Rossetti, «Up-hill»

Wer von uns hat nie in dieser Art vom Leben gedacht? Und wer hat sich nicht überlegt, vom ersten Augenblick an, als er seine eigene Sterblichkeit erkannte, ob die Reise den ganzen langen Tag dauern wird?

Glücklicherweise hat Jungs Reise den ganzen langen Tag gedauert, und sein schöpferischer Daimon blieb aktiv bis ganz ans Ende. Obwohl es Zeiten gab, in denen es schien, daß er seinen Weg verlor, war er doch den Großteil seines Lebens sicher, daß seine Reise Zweck und Ziel hatte. Seine Reise führte zur Ganzheit, sein Ziel war die Selbstvollendung. Es war keine Wahl, die dazu führte, daß er seinen Weg nahm. Er hatte viel eher das Gefühl, der Weg habe ihn gewählt. «Von Anfang an war das Gefühl einer Schicksalsbestimmtheit sondergleichen in mir, so als sei ich hineingestellt in ein Leben, das zu erfüllen war. Es gab eine innere Sicherheit, die ich mir nie beweisen konnte. Aber sie war mir bewiesen. Ich hatte die Sicherheit nie, aber *sie* hatte mich...» (ETG, S. 53).

Die von ihm angetretene Reise war im Grunde eine Reise, die das Ich geführt vom Selbst unternommen hatte, über ein bereits vorausgeplantes Gebiet. Schon in der Kindheit, als er noch ein Junge war, wurde sich Jung dieses Doppelaspekts seiner selbst bewußt, und er bezeichnete die beiden Aspekte seiner Persönlichkeit als Nr. 1 und Nr. 2.

> «Im Hintergrund wußte ich immer, daß ich Zwei war. Der eine war der Sohn seiner Eltern; der ging zur Schule und war weniger intelligent, aufmerksam, fleißig, anständig und sauber als viele andere; der andere hingegen war erwachsen, ja alt, skeptisch, mißtrauisch, der Menschenwelt fern. Dafür stand er vor der Natur, der Erde, der Sonne, dem Mond, dem Wetter, der lebenden Kreatur und vor allem auch der Nacht, den Träumen und was immer ‹Gott› in mir unmittelbar bewirkte» (ETG, S. 50).

Neben dem weltlichen Leben – der Persönlichkeit Nr. 1 – gab es ein anderes Reich

> «...wie ein Tempel, in dem jeder Eintretende gewandelt wurde. Von der Anschauung des Weltganzen überwältigt und seiner selbst vergessend konnte er nur wundern und bewundern. Hier lebte ‹der Andere›, der Gott als ein heimliches, persönliches und zugleich überpersönliches Geheimnis kannte. Hier trennte nichts den Menschen von Gott. Ja, es war, wie wenn der menschliche Geist zugleich mit Gott auf die Schöpfung blickte» (ETG, S. 51).

Die Persönlichkeit Nr. 2, das Selbst, das in jedem von uns von Anfang an vorhanden ist und den gesamten Weg mit uns teilt bis ganz ans Ende, ist zugleich der Ursprung und das Ziel seiner Selbstverwirklichung durch die Vermittlung des mitreisenden Ichs (Nr. 1). Jung sagte von seiner Nr. 2: «Nr. 2 war überhaupt kein Charakter, sondern eine vita peracta, geboren, lebend, gestorben, alles in einem, eine Totalschau der menschlichen Natur selber» (ETG, S. 91). Von der frühesten Kindheit an strebt das Selbst danach, sich in unserem Leben zu verwirklichen, indem es mit dem Ich in einer ungleichen Partnerschaft zusammenarbeitet. Obwohl sie nicht gleich sind, hängen sie doch wechselseitig voneinander ab: das Ich kann ohne das Selbst nicht überleben, das Selbst kann ohne das Ich keine Bewußtheit erreichen. «Wie das Unbewußte, so ist das Selbst das a priori Vorhandene, aus dem das Ich hervorgeht. Es präformiert sozusagen das Ich. *Nicht ich schaffe mich selbst, ich geschehe vielmehr mir selber*» (GW 11, § 391).

Zu behaupten, daß zwei voneinander abhängige Aspekte der menschlichen Persönlichkeit nebeneinander bestehen, mag für diejenigen pathologisch klingen, die sich lieber eine feste Einheit vorstellen, wenn sie an sich selbst denken. Aber Jung verneinte, daß die Phänomene der Interaktion zwischen dem Ich und dem Selbst etwas Abnormales darstellen.

> «Spiel und Gegenspiel zwischen den Persönlichkeiten Nr. 1 und Nr. 2, die sich durch mein ganzes Leben zogen, haben nichts mit einer ‹Spaltung› im üblichen medizinischen Sinne zu tun. Im Gegenteil, sie werden bei jedem Menschen gespielt. ... In meinem Leben hat Nr. 2 die Hauptrolle gespielt, und ich habe immer versucht, dem freien Lauf zu lassen, was von Innen her an mich heran wollte» (ETG, S. 51).

Jungs Hauptbetonung des Selbst, im Gegensatz zum Ich, wurde als die kopernikanische Revolution in der Psychologie bezeichnet. Während alle anderen entwicklungspsychologischen Theorien ein starkes und kompetentes Ich als den Höhepunkt der psychischen Leistung betrachten, behauptete Jung, daß das

Ziel jedes Persönlichkeitswachstums eine vollständige Verwirklichung des Selbst sei. Wenn alle Attribute, welche später die Psychologie des einzigartigen Individuums ausmachen, im Selbst vorher als Urbilder vorhanden sind, dann macht das Ich – die notwendige Voraussetzung für die Wahrnehmung der eigenen persönlichen Identität – keine Ausnahme. «Das Ich steht zum Selbst wie das patiens zum agens» (GW 11, § 391). Schrittweise entwickelt das Ich ein Gefühl der Unabhängigkeit vom Selbst, während es eigentlich mit ihm eng verbunden bleibt – eine Beziehung, die Jungs israelischer Kollege, Erich Neumann, die Ich-Selbst-Achse nannte. In einer gewissen Art ist das Selbst für das Ich, was die Eltern für das Kind sind oder was in den großen Weltreligionen Gott für den Menschen ist, denn das Ich ist, um sich dieser Ausdrucksweise zu bedienen, der Stellvertreter des Selbst «auf Erden» (d. h. in der physischen Realität).

Die individuelle Entwicklung der Ich-Selbst-Achse ist schematisch in Abbildung 3 dargestellt. Zuerst existiert das Ich nur in potentia als eine Komponente des Selbst. Dann, mit fortschreitender Entwicklung, differenziert sich das Ich allmählich vom Selbst. Die senkrechte Linie, die beide verbindet, steht für die Ich-Selbst-Achse, jenes lebenswichtige Bindeglied, das die Ein-

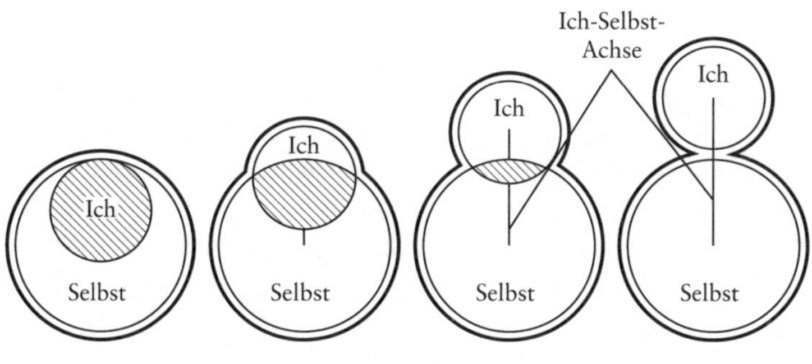

Abbildung 3: Schematische Darstellung der Entwicklung der Ich-Selbst-Achse.

heit der Persönlichkeit aufrechterhält. Die schraffierten Bereiche des Ich stehen für das relative Ausmaß der Ich-Selbst-Identität, das in den verschiedenen Phasen des Entwicklungsprozesses bestehen bleibt.

Aufgrund ausgedehnter mythologischer und ethnographischer Untersuchungen kam Neumann zu dem Schluß, daß der Uroboros – die Schlange, die sich selbst in den Schwanz beißt (Abb. 4) – jenes archetypische Bild darstelle, das am besten die Vor-Ich-Phase des Kindes illustriert. Indem das Ich mühsam seinen Weg aus dem Uroboros herausfindet, konstellieren sich die Gegensätze, und der homöostatische Dialog beginnt zwischen dem bewußten und dem unbewußten Teil der Psyche.

Abbildung 4: Uroboros. Codex Marcianus; Venedig, 11. Jh.

Jungs Entdeckung, daß sich das Selbst bei Erwachsenen in der Produktion kreisrunder und vierzähliger Formen ausdrückt, war nur eine moderne Wiederentdeckung eines alten Phänomens. Es hat den Anschein, als ob der menschliche Geist eine natürliche Neigung besäße, sich durch die Anordnung von Gegensatzpaaren in einer Vierzahl, die zusammen ein ausgewogenes Ganzes bilden, zu orientieren. Zum Beispiel lehrte im 5. Jahrhundert v. Chr. der griechische Philosoph Empedokles, daß die ganze Welt aus einer Vierzahl von Elementen bestehe – der Erde, der Luft, dem Feuer und dem Wasser –, die sich in Übereinstim-

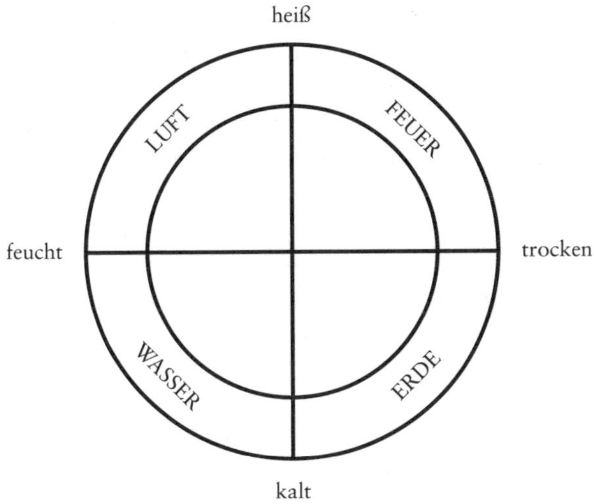

Abbildung 5: Die vier Grundeigenschaften.

mung mit den Geboten des großen archetypischen Gegensatzpaares Liebe und Haß vermischten und trennten. Ungefähr zur selben Zeit wurden vier Grundeigenschaften definiert – heiß, kalt, naß und trocken –, die sich ebenfalls in einer Vierzahl von Gegensatzpaaren anordnen lassen, wobei jedes mit den vier Elementen übereinstimmt (siehe Abbildung 5). Nachdem das Feuer heiß und trocken war, die Luft heiß und naß, das Wasser kalt und naß, die Erde kalt und trocken, folgte daraus, daß Feuer und Wasser ebenso wie Erde und Luft Gegensatzpaare bildeten.

Die vier Säfte des Hippokrates – Blut, Schleim, dunkle Galle und helle Galle – paßten gut zu diesem Denkschema, das von Galen im 2. Jahrhundert n. Chr. bestätigt wurde, der meinte, wenn die vier Elemente in Form von Essen und Trinken in den Körper aufgenommen werden, würden sie durch die Hitze der Verdauung in die vier Säfte übergeführt.

Bereits in griechisch-römischer Zeit hatten sich viele andere vierzählige Konzepte entwickelt: die vier Himmelsrichtungen, die vier Winde, die Tierkreiszeichen, die in vier Gruppen zu je drei angeordnet sind usw. Die christliche Kosmologie fügte weitere Vierheiten hinzu: die vier lebenden Kreaturen vor Gottes Thron, die vier Evangelien, die vier Flüsse des Paradieses, die vier Geschlechter der Völker (Adam bis Noah, Noah bis Abraham, Abraham bis Moses, Moses bis Christus). Die Idee der vier Lebensalter des Menschen war nur eine logische Erweiterung dieses kosmologischen Systems.

Im Mittelalter wurden viele Diagramme entworfen, um die Lehre der auf der Vierzahl basierenden Kosmologie zu illustrieren, und diese beinhalteten oft die vier Menschenalter. Einige der populärsten Diagramme erschienen im 7. Jahrhundert im *Liber de natura rerum* des Isadore von Sevilla. Dieses Werk enthält sieben kosmologische Diagramme, von denen sechs kreisförmig sind, und nach ihnen wurde das Buch unter dem Namen *Liber rotarum* (Buch der Räder) bekannt.

Isadores Diagramme sind aus zwei Gründen interessant. Erstens benützte er sie, um ein Konzept zu illustrieren, das er vom Kirchenvater Ambrosius entlehnt hatte, nämlich das der *Syzygie,* das sich auf die paarweise Anordnung der vier Elemente und ihre gegenseitige Verbindung bezog. Jung seinerseits verwendete dieses Konzept in seiner Behandlung der männlichen und weiblichen Psychologie. Zweitens verbanden Isadores Diagramme makrokosmische (die Elemente und die Jahreszeiten) mit mikroskosmischen (die Säfte und die Lebensalter des Menschen) Vierheiten. Damit brachte er die mittelalterliche Überzeugung zum Ausdruck, daß der Mensch eine kleine Welt darstelle, die Welt einen großen Menschen. Plato war die Autorität hinter dieser Idee, und auf griechisch wurde der Mensch oft als *microcosmos* und auf lateinisch als *minor mundus* bezeichnet. Ein Kommentator, Remigius von Auxerre, er starb im Jahr 908, faßte diese Idee zusammen, indem er erklärte: «So wie die Welt aus vier Elementen und aus vier Jahreszeiten zusammengesetzt ist, besteht der Mensch aus vier Säften und aus vier Lebensaltern.»

Am Anfang des 11. Jahrhunderts verfaßte der Mönch Byrhtferth in Ramsey Abbey in East Anglia ein sehr einflußreiches Werk namens *Enchiridion,* in dem ein Mandala vorkommt (Abbildung 6). Die kardinalen Punkte werden von den Sonnenwen-

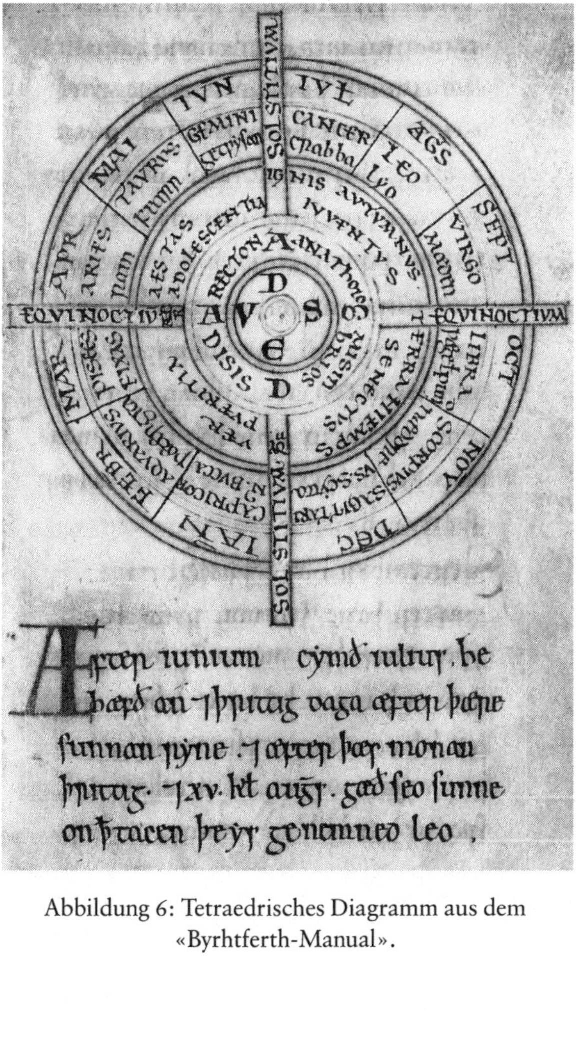

Abbildung 6: Tetraedrisches Diagramm aus dem «Byrhtferth-Manual».

den und den Tag- und Nachtgleichen markiert, welche die Darstellung in vier Quadranten unterteilen. Im Mittelpunkt des Mandalas ist der Name Gottes DEUS in einem Kreuz angeordnet. Dieses ist von einem Kreis umgeben, in dem der Name ADAM steht, zusammen mit den vier Himmelsrichtungen in griechisch. In diesem Fall ist ANATHOLE (Osten) nicht dem Frühling zugeordnet, sondern hat den Ehrenplatz zuoberst in der Darstellung. In den nächsten Kreis sind die vier Lebensalter des Menschen eingeschrieben: *pueritia* (Kindheit, in der, wie Byrhtferth uns erzählt, das Blut vorherrscht), *adolescentia* (Adoleszenz, wenn die rote Galle stark ist), *iuventus* (Jugend [im Sinne von «Blüte der Jahre» = Anm. d. Ü.], die von der schwarzen Galle beherrscht wird) und *senectus* (Alter, in dem der Schleim vorherrscht). Schließlich wird jedes Lebensalter den entsprechenden Monaten des Jahres und den Tierkreiszeichen zugeordnet. So ist *pueritia* dem Januar, Februar, März, bzw. dem Steinbock, Wassermann und den Fischen zugeordnet, und so fort im Uhrzeigersinn.

Die große Popularität dieser kosmologischen Darstellungen und die Häufigkeit, mit der sie hergestellt wurden, sagt etwas über die große Anziehung aus, die sie auf die menschliche Seele ausüben. Diese Zeichnungen sind ein Versuch, eine integrierte Sicht der Natur darzustellen, in der der Mensch in einem geordneten Universum im Dienste Gottes lebt – eine Sicht, die die Dichter nicht weniger bewegte als die Schreiber. 1160 verfaßte Alan von Lille sein Werk *Klage der Natur,* in dem eine personifizierte Natur zu uns spricht.

> «Wenn das Leben des Menschen heraufdämmert, beginnt des Menschen früher Frühlingsmorgen. Wenn er längere Spannen im Laufe seines Lebens vollendet, erreicht der Mensch den Mittagssommer seiner Jugend; wenn er in einem längeren Leben vollendet hat, was die neunte Stunde seiner Zeit genannt wird, dann geht der Mensch über in die Männlichkeit des Herbstes. Und wenn der Tag in den Westen hinabsinkt, kündet das Alter den Lebensabend an, die Winterkälte zwingt das Haupt des Menschen, weiß zu werden mit dem Rauhreif

des Alters. In allen diesen Dingen leuchtet meine Kraft in einem größeren Ausmaß, als es Worte ausdrücken können» (Sears, 1986).

Jungs Sicht des menschlichen Lebens stand völlig im Einklang mit dieser Tradition. Seine Psychologie war zugleich eine Kosmologie, denn er betrachtete alle menschlichen Unternehmungen im Kontext der Ewigkeit. Für ihn existierte die Psyche in ihrem eigenen Recht als ein *objektiver* Teil der Natur. Sie war denselben Gesetzen unterworfen, die das Universum beherrschten, und war selbst höchster Ausdruck dieser Gesetze. Obwohl er den gesamten Lebensprozeß als etwas betrachtete, das sich in Übereinstimmung mit einem inneren Plan entwickelte, war er trotzdem überzeugt, daß das letzte Ziel dieses lebenslangen Fortschritts, nämlich die Selbstverwirklichung durch Individuation, eine göttliche oder kosmische Bedeutung habe, so daß, wie er es ausdrückte, der Schöpfer sich seiner Schöpfung und der Mensch sich seiner selbst bewußt werden könne.

Die Natur hat das kollektive Unbewußte gebildet. Und da das kollektive Unbewußte einen direkten Einfluß auf die Entwicklung unserer Ideen ausübt, folgt daraus, daß die Natur die Hypothesen bedingt, die wir formulieren, um Naturphänomene zu erklären, genauso wie sie selbst diese Phänomene entstehen läßt. Auf diese Art wirkt die menschliche Psyche durch die Intervention des *Bewußtseins* wie ein Spiegel, in dem sich die Natur selbst gespiegelt sieht. Bewußtsein ist unabdingbar für das Erfassen einer *Bedeutung* und das Festsetzen eines *Wertes*. Es bringt einen gewissen Grad an Autonomie und Willensfreiheit mit sich, durch die wir ein gewisses Maß an Objektivität über die Natur erreichen können, sowie eine Spur von Unabhängigkeit von ihren Verfügungen. «... denn als bloß Geschaffenes oder aus unbewußter Voraussetzung Werdendes [hätte] der Mensch keine Freiheit, und das Bewußtsein keine raison d'être ... Man muß in der Tat zugeben, daß ein absolut präformiertes Bewußtsein und ein total abhängiges Ich ein zweckloses Schauspiel wären, indem dann alles ebensogut oder noch besser unbewußt abliefe. Die

Existenz des Ichbewußtseins hat nur Sinn, wenn sie frei und autonom ist» (GW 11, § 391).

Wie Jung zeigte, ist es für das bewußte Ich, das selbst ein Produkt der Natur ist, möglich, sich umzudrehen und seine Schöpferin in ihren psychischen und materiellen Manifestationen zu studieren. «In meinem Weltbild gibt es ein großes Außen und ein ebenso großes Innen, und zwischen diesen Polen steht mir der Mensch, bald dem einen, bald dem anderen zugewandt...» (GW 4, § 777). Als Introvertierter fand er das innere Reich unendlich anziehender, und auf diesen dunklen Erdteil trug er die Fackel des Bewußtseins vielleicht weiter als je ein Mensch vor ihm.

Damit haben wir das Ende des ersten Teils dieses Buches erreicht: Wir sind am Ende der allgemeinen Übersicht über die Jungsche Psychologie und die seiner Vorläufer angekommen.

Im Folgenden werden wir alle Konzepte, die im ersten Teil vorgestellt wurden, auf jeden Lebenszyklus, wie er in Abb. 2 dargestellt ist, zur Anwendung bringen. Der zweite Teil wird uns von der Geburt bis zur Midlife-crisis bringen, der dritte vom mittleren Alter bis zum Tod.

Jedes Kapitel wird in etwa demselben Aufbau folgen: Zuerst wird das archetypische Programm, das für die betreffende Lebensphase charakteristisch ist, skizziert. Dann werden wir Jungs eigene Lebenserfahrung in dieser Lebensphase untersuchen. Schließlich werden wir die Bedeutung dieser Erfahrung für die Jungsche Theorie studieren. Das letzte Kapitel wird einen Überblick über Jungs Beitrag darstellen und versuchen, seinen Wert zu bestimmen.

Literaturvorschläge:

Irenäus Eibl-Eibesfeld: *Liebe und Haß. Zur Naturgeschichte elementarer Verhaltensweisen*
Arnold van Gennep: *Übergangsriten*
C. G. Jung: *Die Lebenswende* (in GW 8)
Erich Neumann: *Ursprungsgeschichte des Bewußtseins*

2. Teil

Von der Geburt bis ins reife Alter

5. Die Kindheit

Das archetypische Programm

In den ersten fünf Jahren ist das Selbst am meisten beschäftigt. In diesem kurzen Lebensabschnitt werden die Grundlagen für die zukünftige Struktur der Persönlichkeit gelegt. Von den verschiedenen archetypischen Programmen, die in dieser Zeit aktiviert werden, ist die alles vermittelnde Bindung an die Mutter das entscheidende. Ob diese *erste Bindung* gutgeht oder nicht, wird alle späteren Beziehungen mit Menschen, mit der Gesellschaft und mit der Welt beeinflussen. Die Beziehungen zu anderen wichtigen Figuren – Vater, Geschwistern, Großeltern, Freunden der Familie usw. – sind in dieser Phase ebenfalls von entscheidender Bedeutung, denn zusammen mit der Mutter lösen sie die archetypischen Systeme aus, die mit Spiel, Erforschung der Umwelt, Benachteiligung von Fremden, Entwicklung des Geschlechtsbewußtseins, Sexualität, dem Erwerb der Sprache, der Bildung des moralischen Komplexes, der Persona, des Schattens, des Animus und der Anima zu tun haben. Das alles sind wesentliche Bestandteile der archetypischen Vorschrift für die ersten Lebensjahre.

Da die Unterlage, auf der das Fundament der persönlichen Psyche aufbaut, die Mutter ist, wollen wir mit ihr beginnen und mit der archetypischen Eigenschaft, die sie am besten konstellieren kann – dem Eros, dem Urprinzip der Liebe.

Die erste und dringlichste Voraussetzung für das Selbst ist das Überleben. Bei der Geburt ist ein menschliches Baby eines der hilflosesten Geschöpfe der Welt, und im Vergleich mit den Jungen anderer Säugetiere wirkt es unmißverständlich wie eine Frühgeburt. Wenn es eine Überlebenschance haben soll, braucht es ständige Aufmerksamkeit und Fürsorge von jemandem, der ein starkes Motiv besitzt, beides zur Verfügung zu stellen. Wer könnte das sein? Die Antwort der Natur ist durch die Äonen der Evolution der Säugetiere gleichgeblieben: die Mutter.

Es ist eine anspruchsvolle und in vielerlei Hinsicht undankbare Aufgabe, die eine Mutter übernimmt, und es ist durchaus legitim, darüber nachzudenken, warum irgendein weibliches Wesen im Vollbesitz seiner geistigen Kräfte bereit sein sollte, sich dieser Aufgabe zu unterziehen. Besonders wenn man die große Ungerechtigkeit des Arrangements in bezug auf die unterschiedliche Wirtschaftlichkeit für die Geschlechter in Rechnung stellt. Die relativen Kosten für die Mutter an Zeit, Mühe, Kalorien, Libido und Schmerz sind soviel größer als für den Vater, daß man zu zweifeln beginnt, ob die Natur auch nur irgendeinen Gerechtigkeitssinn besitzt. Und dennoch profitieren die Gene des Vaters im selben Ausmaß wie die der Mutter. Wie konnte sie überredet werden, sich mit dieser Situation Hunderte und Tausende von Jahren abzufinden?

Die Antwort heißt *Liebe*. Und die treue Hingabe, die die Liebe mit sich bringt. Diese Liebe ist nicht nur eine Angelegenheit der Willenskraft und der sozialen Konditionierung, eine Frau wählt die Liebe zu ihrem Kind nicht. Die Liebe geschieht ihr. Sie wird darauf während der Monate des Wartens gut vorbereitet. Und dann, einige Augenblicke nach der Entbindung – vorausgesetzt sie wurde nicht von wohlmeinenden Helfern durch Medikamente unempfindlich gemacht – erfährt sie die Hilflosigkeit des Babys, und wie sehr es sie braucht, und wird gleichzeitig von Gefühlen des Stolzes, des Besitzes und der Freude bewegt.

Auch der Säugling ist archetypisch auf diesen Moment vorbereitet und beginnt sofort nach der Brust zu suchen. Hier ist die Beschreibung einer Frau von diesen wunderbaren Ereignissen:

«Als die Krankenschwester mein erstes Kind [einen Jungen] nahm und ihn mir an die Brust legte, öffnete sich sein winziger Mund und griff nach mir, so als ob er schon immer gewußt hätte, was er zu tun habe. Er begann mit einer solchen Stärke zu saugen, daß mir der Atem wegblieb. Es war, als ob ich an einen Staubsauger angeschlossen wäre. Ich begann zu lachen. Ich konnte nichts dagegen tun. Es schien unglaublich, daß ein so winziges Geschöpf eine solche Kraft und Entschlossenheit haben könnte. Und er hatte auch ein Ziel. Er war roh, bestimmt und wirklich. Mit jeder Faser seiner Existenz sog dieses Kind sein Leben auf. Ein Nein gab es da nicht.

Tränen der Freude liefen ungeniert über meine Wangen, während er saugte. Ich dachte an meine frühere Überzeugung zurück, daß ich das, was ich wissen mußte, erst wissen würde, wenn ich ein Baby hätte. Jetzt wußte ich es. Es ist das einzig Wichtige, das ich je erlernt habe, und es ist geradezu lächerlich einfach: es gibt Liebe. In einer Welt, in der viel zu viel kompliziert oder verwirrend oder falsch ist, ist sie wirklich, ehrlich und unglaublich fest.

Dort, mitten in dem ganzen klinischen Weiß-Grün, hatte ich herausgefunden, was Liebe eigentlich wirklich ist. Es war eine Begegnung von zwei Wesen. Das Alter, das Geschlecht, die Beziehung, das alles spielte kaum eine Rolle. An diesem Tag waren zwei Kreaturen, er und ich, einander begegnet. Wir berührten einander in äußerster Ehrlichkeit und Einfachheit. Das hatte nichts mit Romantik oder Feierlichkeit zu tun. Keine Verbindlichkeiten, keine Pflichten, keine Phantasiespiele. Wir waren einander begegnet. Das war alles. Irgendwo im Geist waren wir Freunde. Ich wußte, daß ich ohne Zweifel etwas *Wirkliches* gefunden hatte. Und wirklich ist es geblieben» (Leslie Kenton, 1986).

Seit dem Beginn der Ära der Säugetiere haben Mutter und Kind ihre Intimität als etwas Transzendentes und Transpersonales erfahren, etwas, das nicht aus ihnen selbst kommt. Nur ein männlicher Akademiker wie J. B. Watson, der Begründer des Behaviorismus, konnte auf die Idee kommen, daß eine Mutter-Kind-Beziehung etwas anderes sein sollte als die Wiederholung eines uralten biologischen Themas. Aber bis in die späten sechziger Jahre bestanden akademische Psychologen darauf, daß die Bindung zwischen Mutter und Kind einfach eine Verhaltensart war, die durch «operante Konditionierung» erworben wurde. Diese Idee besteht darin, daß Kinder eine Zuneigung zu ihrer Mutter entwickeln, weil diese sie wiederholt mit Essen belohnt. Passenderweise wurde diese Theorie als «berechnende Liebe» bekannt, und sie wurde kaum in Frage gestellt, bis der britische Psychiater Dr. John Bowlby sie in einem heute berühmten Artikel im Jahre 1958 angriff. Bowlby argumentierte überzeugend, daß die Bindung nicht so sehr durch Lernen entstand als durch *Instinkt*. Mutter und Kind müßten es nicht lernen, einander zu lieben, denn es sei ihnen von Anfang an angeboren, das zu tun. Die Bildung von Liebesbindungen ist ein direkter Ausdruck des genetischen Erbes unserer Spezies, meinte Bowlby.

Bowlbys Theorie vertrug sich gut mit Jungs Ansicht, daß sich die Mutter-Kind-Beziehung auf der Grundlage eines archetypischen Systems bildet, das unbewußt in den Psychen beider Teilnehmer wirksam wird; jeder von beiden stellt das Wahrnehmungsfeld dar, das für das *Hervorrufen des Archetyps* im anderen verantwortlich ist. Daß dieser Prozeß von der Erfahrung der Liebe durchdrungen ist, macht ihn für beide Teile so unendlich bedeutungsvoll. Der Mutter stellt er Energie und Entschlossenheit zur Verfügung, ihren hilflosen Schützling mit einem Life-support-System in einer feindlichen oder zumindest gleichgültigen Umwelt auszustatten. Für das Kind ist diese Liebe die Basis seiner gesamten zukünftigen Sicherheit. «Es ist, als ob die mütterliche Fürsorge für die ordentliche Entwicklung einer Persönlichkeit genauso notwendig wäre wie Vitamin D für die ordentliche Entwicklung von Knochen», schrieb Bowlby (1951).

Es ist traurig, aber wahr, daß Kinder, die an Vitamin-D-Mangel leiden, mit gebogenen und verkrümmten Gliedern groß werden; Kinder, die der Mutterliebe beraubt sind, laufen Gefahr,

Rachitis der Seele zu bekommen. Freud und Jung erkannten das, lange bevor Bowlby es so drastisch ausdrückte. Freud beschrieb die Mutter-Kind-Beziehung als «einzigartig, ohne Parallele ... das Vorbild für andere Liebesbeziehungen – für beide Geschlechter». Jung nannte diese Beziehung «... die tiefste und am meisten einschneidende, die wir kennen». Er betonte auch ihre biologische Grundlage, indem er sie folgendermaßen beschrieb: «Es ist das absolute Erlebnis der Ahnenreihe, eine schlechthin organische Wahrheit, wie die Beziehung der Geschlechter zueinander» (GW 8, § 723). Und so ist auch unsere spätere Fähigkeit, eine dauerhafte Bindung mit einem Mitglied des anderen Geschlechts einzugehen, weitgehend vom Erfolg (oder Mißerfolg) dieser Urbeziehung zur Mutter abhängig.

Die beständige Erfahrung, richtig bemuttert zu werden, vermittelt dem Kind ein kostbares Geschenk, das Erik Erikson *Urvertrauen* nennt, das sichere Gefühl, daß man sich auf die Mutter, die Welt und das Leben verlassen und ihnen vertrauen kann. Manchmal wird das auch als die *Spiegelungsphase* der Entwicklung bezeichnet, denn durch ihre mitfühlende Sensibilität ist die Mutter in der Lage, die Emotionen, die das Kind ergreifen, zu spiegeln und sie so dem Kind verständlich zu machen. Diese ganz frühen Erlebnisse sind daher entscheidend für eine gesunde Entwicklung und wirken, wenn sie ausreichend günstig verlaufen, als natürliche Impfung gegen die Entwicklung einer Neurose im späteren Leben.

Die Beziehung, die die Mutter anbietet, ist daher die schicksalsschwerste aller Beziehungen, und jede Frau, die die Mutterrolle übernimmt, nimmt eine riesige und dauerhafte Verantwortung auf sich. Aus diesem Grund hat die Natur die Frau so reichlich mit Eros ausgestattet – dem Prinzip der Liebe und der seelischen Bezogenheit –, denn wie könnte sie sonst die Bürde all dessen tragen, was es braucht, um ihr Kind bis zum Erwachsenwerden zu begleiten. In dem Augenblick, in dem sich die Zweiheit von Mutter und Kind bildet, konstelliert sich der Eros, und aus dieser nährenden Grundlage wird die bewußte Identität geboren. Bewußtheit der Welt und Sicherheit in der Welt entstehen daher aus liebender Bezogenheit. Wir lieben das Leben in demselben Ausmaß, in dem die Liebe in unserem ersten großen Verhältnis zugegen war.

Der väterliche Logos

Die erste Person nach der Mutter, zu der das Kind eine starke Zuneigung entwickelt, ist gewöhnlich der Vater – vorausgesetzt natürlich, daß er da ist. Die Fähigkeit des Kindes, zwischen diesen beiden Elternfiguren zu unterscheiden, beginnt wahrscheinlich sehr früh, denn von Anfang an muß sich der Vater anders anfühlen, er klingt anders, riecht anders und sieht auch anders aus als die Mutter. Außerdem war das Kind mit ihm nie physisch verbunden oder für Nahrung von seinem Körper abhängig; der Vater ist daher die erste Person, die das Kind auf einer geistigen Basis – im Gegensatz zu einer körperlichen – liebt. Mit fortschreitender Reife der Beziehung wird sich das Kind immer mehr der Tatsache bewußt, daß die Vaterliebe sich in der Qualität von der Mutterliebe unterscheidet: sie ist weniger allumfassend, weniger unkritisch. Für die Mutter ist es normalerweise genug, daß es ihr Kind *gibt;* ihre Liebe ist absolut und weitgehend *bedingungslos.* Die Vaterliebe dagegen ist etwas anspruchsvoller: sie ist eine *bedingte* Liebe, abhängig davon, ob das Kind bestimmte Werte, Maßstäbe und Verhaltensweisen annimmt, die er für akzeptabel hält.

Das stimmt mit den phänomenologischen Unterschieden zwischen dem Vater- und dem Mutterarchetyp überein. Während der Mutterarchetyp seinen universalen Ausdruck als Mutter Natur, Gebärmutter des Lebens, Göttin der Fruchtbarkeit, Verteilerin der Nahrung findet, ist der Vaterarchetyp in Mythen, Träumen und Legenden als Herrscher, als der Ältere und als König personifiziert. Als Gesetzgeber spricht er mit der Stimme der kollektiven Autorität und ist die lebende Verkörperung des *Logos-Prinzips:* sein Wort ist Gesetz. Als Vater im Himmel symbolisiert er die geistigen Ambitionen des männlichen Prinzips, und er sitzt auf einem Thron, von dem herab er Recht spricht, indem er mit Gunst belohnt und mit Blitz und Donner bestraft. «Der Archetypus der Mutter», schrieb Jung, «ist für das Kind wohl am unmittelbarsten. Mit der Entwicklung seines Bewußtseins aber tritt auch der Vater in seinen Gesichtskreis und belebt einen Archetypus, dessen Natur dem der Mutter in vielen Beziehungen entgegengesetzt ist. Wie der mütterliche Archetypus der Definition des chinesischen yin entspricht, so entspricht der väterliche Typus der Definition des yang. Er bestimmt die Beziehung zum Manne, zu Gesetz und Staat, zu Verstand und Geist und zur Dynamik der Natur» (GW 10, § 65).

Die archetypische Assoziation des Logos (griechisch: Wort, Vernunft) mit Geist und dem männlichen Prinzip wird durch Schöpfungsmythen wie die Genesis veranschaulicht. «Im Anfang war das Wort», sagt der heilige Johannes, «und das Wort war bei Gott und Gott war das Wort.» Logos ist die Verkörperung der göttlichen Intelligenz: Er verwandelt das Chaos in Ordnung und erleuchtet die gesamte Schöpfung mit dem Licht des Bewußtseins. «Und der Geist Gottes schwebte über den Wassern. Da sprach Gott: ‹Es werde Licht!› Und es ward Licht» (Genesis 1,2–3). Die Entwicklung des Bewußtseins und die Unterscheidung zwischen den Eltern geht Hand in Hand mit dem Auftreten der Geschlechtsidentität in der ersten Hälfte des zweiten Lebensjahres und dem beginnenden Gebrauch der Sprache.

Die Sprache

Die Bildung des Bewußtseins wird unendlich gefördert, wenn das Kind beginnt, Worte zu verwenden – wie es auch in der Evolution unserer Art der Fall war. Mit Worten beginnen wir Ordnung in der Welt zu schaffen. Auch das wird in der Genesis erkannt: «Jahwe Gott bildete noch aus dem Erdboden alle Tiere des Feldes und alle Vögel des Himmels und er führte sie zum

Menschen, um zu sehen, wie er sie benennen würde: so, wie der Mensch sie benennen würde, sollte ihr Name sein» (Genesis 2,19).

Der Erwerb der Sprache ist archetypisch bestimmt und Teil einer planmäßigen Abfolge in der Kindheitsentwicklung. Diese Auffassung wird durch die Forschung von Spezialisten in Linguistik wie Noam Chomsky und E. H. Lenneberg bestätigt, die die traditionelle akademische Auffassung, daß sich die Sprache durch Lernen und Nachahmung entwickle, verstärkt durch darauffolgende Belohnung oder Bestrafung, entschieden ablehnen. Ihrer Ansicht nach kommt jedes Kind ausgestattet mit der Fähigkeit zum Reden auf die Welt; sein Gehirn beinhaltet eine *Einrichtung zum Erwerb* der Sprache, die das Kind befähigt, sich schnell den Trick anzueignen, wie man ein Wort gebraucht und Sätze so bildet, daß einen die Umgebung gut versteht. Das bietet eine Erklärung dafür an, warum Kinder überall zwischen dem 18. und 28. Lebensmonat schnelle Fortschritte im Gebrauch der Sprache machen und warum die Abfolge im Erwerb der linguistischen Funktionen in allen Kulturen ähnlich ist.

Obwohl die verschiedenen Sprachen sich bezüglich ihrer Grammatik unterscheiden, glaubt Chomsky, daß ihre Grundformen – das, was er als *Tiefenstrukturen* bezeichnet – universal sind. Alle Sprachen haben eine begrenzte Anzahl gleichartiger Funktionen, und er meint, daß es möglich sein müßte, alle Sprachen auf eine universale oder archetypische Grammatik zu reduzieren, auf der alle individuellen Grammatiken basieren.

Die Moral

Als Gesetzgeber steht der Vater in engem Zusammenhang mit der Weitergabe von Werten, Überzeugungen und gesellschaftlichen Einstellungen an seine Kinder. Jede Gesellschaft entwikkelt ihr eigenes System, und ihr Fortbestand hängt von der Fähigkeit ihrer neuen Mitglieder ab, das gesellschaftliche System zu assimilieren. Wäre dem nicht so, bestünde die Alternative in Anarchie und einer kollektiven Unfähigkeit zu Wettbewerb oder zur Verteidigung. Wegen seiner grundlegenden Bedeutung für das Überleben jeder menschlichen Gemeinschaft wurde dem *Moralkodex* überall die Würde der göttlichen Sanktionierung zuteil. Aus diesem Grunde kam Jung zu folgendem Schluß: «Die Ideen des moralischen Gesetzes und der Gottheit gehören zum unausrottbaren Bestand der menschlichen Seele» (GW 8, § 528).

Unter der Anleitung seiner Eltern erwirbt das Kind deren Version des Moralkodex und baut ihn in seinen eigenen *moralischen Komplex* ein. Freud nannte diesen Komplex das *Über-Ich* und meinte, daß dieses sich während der *ödipalen Phase* entwickle, als Reaktion auf die Angst, als Strafe für verbotene inzestuöse Begierden kastriert zu werden. Jung akzeptierte, wie wir gesehen haben, die Universalität des Ödipuskomplexes nicht und bestand darauf, daß es im Gehirn ein angeborenes Substrat für das Über-Ich geben müsse, denn das universell vorhandene Phänomen der *Schuld* bliebe anders unverständlich. Wie Angst, Depression, Hunger, sexuelles Begehren ist auch die Schuld ein emotionales Charakteristikum unserer Art, und daraus folgt, daß irgendeine angeborene Struktur für ihre Auslösung verantwortlich sein muß.

Der Zwang, den Moralkodex zu erlernen, kommt aber nicht so sehr aus der Kastrationsangst, sondern aus der Angst, von seinen Eltern verlassen oder ausgesetzt zu werden. Die gefürchtet Möglichkeit, aufgrund irgendeiner unannehmbaren Offenbarung des Selbst vor die Tür gesetzt zu werden, ist der Kern aller Schuldgefühle, jedes Wunsches nach Bestrafung, Versöhnung und Buße.

Der Erwerb eines wirksamen Über-Ichs ist daher eine Vorbedingung, daß das Kind eine gesellschaftliche Unabhängigkeit entwickelt, und garantiert zugleich seine weitere Akzeptanz als Mitglied der Familiengruppe. Als innerer Polizist beobachtet das Über-Ich Verhalten und Gedanken des Kindes, um ein gewisses Maß an Übereinstimmung mit den Sitten der Gruppe sicherzustellen. Auf diese Art wirkt es als Hüter des Gesellschaftsvertrages und ist der Wächter über Charakter und Kultur: Es sind die *introjizierten Eltern,* die die Gesellschaft überhaupt möglich machen. Hätten wir das Über-Ich nicht, müßten wir in einem Zustand der Hobbesschen Brutalität leben, als aggressive Psychopathen, unfähig, einander mit Höflichkeit, Toleranz und Vertrauen zu begegnen. Wenn das Über-Ich keine Grundlage in der Phylogenese hätte, wäre unsere Spezies weder entstanden, noch hätte sie überlebt.

Der Schatten

Das Vorhandensein eines Über-Ichs legt der Entwicklung des Selbst eine gewisse Beschränkung auf. Als Kollaborateur der Eltern hört es die Kommunikation entlang der Ich-Selbst-Achse ab. Wenn es etwas über Absichten in Erfahrung bringt, die es mit den elterlichen Werten für unvereinbar hält, interveniert das Über-Ich und löst Angst oder Schuldgefühle aus, und oft unterbricht es überhaupt die Leitung und macht damit eine weitere Betrachtung der Angelegenheit unmöglich. Die Lage ist daher folgende: Dieselben Personen in der Umgebung, die die Verwirklichung des Selbst ermöglichen, verlangen gleichzeitig, daß einige Aspekte des Selbst *unterdrückt* oder verborgen werden. Wie wir in Kapitel drei gesehen haben, bilden diese unannehmbaren Komponenten des Selbst das, was Jung als Schattenpersönlichkeit bezeichnet hat und was gleichbedeutend mit dem Freudschen Unbewußten ist. Je strenger die kulturellen Moralvorstellungen und je mehr Zwang die Eltern ausüben, desto mächtiger und größer ist folglich der Schatten.

Jedesmal, wenn das Über-Ich seine Zensur ausübt, ergibt sich daraus bis zu einem gewissen Grad das, was Dr. Edward Edinger *Ich-Selbst-Entfremdung* genannt hat. Mit fortschreitender Entwicklung der Ich-Selbst-Achse wechselten einander Ich-Selbst-*Trennung* und Ich-Selbst-*Wiedervereinigung* in einem rhythmischen systolisch-diastolischen Zyklus ab. Ich-Selbst-*Entfremdung* ist eine schmerzhafte Unterbrechung dieses Zyklus, die von Zeit zu Zeit unvermeidbar ist, aber bleibende Schäden an der heranwachsenden Persönlichkeit verursachen kann, wenn sie zu oft vorkommt. Kritik, Tadel, Spott und Verurteilung können tödliche Waffen in der Hand eines pedantischen Lehrers oder Elternteils sein, wie wir sehen werden, wenn wir Jungs Kindheit untersuchen.

Die Geburt des Helden und der Forscherdrang

In der Mythologie wird das Heraufdämmern des Bewußtseins durch die *Trennung der Welteltern* (Vater Himmel und Mutter Erde) symbolisiert und durch die Erschaffung des Lichts aus der Dunkelheit. Sir James Frazer beschreibt das in «The Worship of Nature» (1926): «Es ist ein bei primitiven Völkern allgemein verbreiteter Glaube, daß Himmel und Erde ursprünglich verbunden waren. Der Himmel lag entweder flach auf der Erde oder war doch so wenig von ihr entfernt, daß dazwischen nicht genug Platz für die Menschen war, um aufrecht zu gehen. Wo solche Vorstellungen vorherrschen, wird die heutige Höhe des Himmels über der Erde der Macht eines Gottes oder Helden zugeschrieben, der dem Firmament einen solchen Stoß versetzte, daß es in die Höhe schnellte und seitdem oben geblieben ist.» Diese Trennung der Eltern wird von der Ankunft des Lichts gefolgt, von *dem* Symbol des Bewußtseins und der «Erleuchtung».

In der Jungschen Ansicht sind Heldenmythen eine Spiegelung der normalen Entwicklung des Ich-Bewußtseins und der Persönlichkeit von der Kindheit bis zum Erwachsenenalter auf der transpersonalen Ebene. Zusätzlich zur Entwicklung des Bewußtseins, der Unterscheidung zwischen Eltern und sich selbst und der Unterscheidung von den Eltern geht es beim *Heldenarchetyp* darum, das Haus, die Heimat zu verlassen, Furcht zu überwinden und eine persönliche Unabhängigkeit in der Welt zu schaffen. Er beginnt seine Tätigkeit mit dem Krabbeln des Kleinkindes und steht hinter dieser intensiven Neugier, die alle jungen Geschöpfe dazu zwingt, die Umwelt zu erforschen. Daher ist er ein Grundausdruck des Individuationsprinzips – die dem Selbst innewohnende Bestimmung, den Dialog mit der Umgebung zu suchen und durch diesen Dialog die lebendige Verwirklichung des archetypischen Erbes des kollektiven Unbewußten zu erreichen.

Dieses Erfordernis ist so stark, daß es imstande ist, sich über die Notwendigkeit, die physische Nähe zur Mutter aufrechtzuerhalten, hinwegzusetzen, und indem das Kind ihm folgt, zeigt es die ersten Anzeichen von *Autonomie,* seiner Fähigkeit, als unabhängige Einheit zu funktionieren.

Im Anfang scheint das Kind wenig Unterschied zwischen seiner Mutter und der Welt zu sehen. Für das Kind *ist* sie die Welt. Erst später, mit fortschreitender Bewußtseinsdifferenzierung, beginnt das Kind einen Unterschied zwischen beiden zu machen. Aber selbst dann hat es den Anschein, als ob das Kind die Welt als eine Erweiterung seiner Mutter erführe, und folglich erweitert es seine Investition an Libido in die Mutter zu einer Investition in die Welt. So sind die ersten Wahrnehmungen des Kindes von der Welt durchdrungen von Eros, und ihre Echtheit wird durch Gefühl und persönliche Bezogenheit bestätigt; allmählich tritt die Welt als Quelle einer geheimnisvollen Verlockung mit der Mutter in Wettstreit.

So beginnt die Erforschung der Welt mit der Mutter als *sicherer Basis,* von der und zu der das Kind in seinen heldenhaften Ausflügen krabbelt. Immer wieder verläßt es sie, um auf kurze Abenteuer zu gehen, nur um sich bei der Rückkehr zu versichern, daß sie noch da ist. Dieses wiederkehrende Hin und Zurück ist ein Paradigma der gesamten zukünftigen Entwicklung – ein rhythmischer Zyklus von Trennung und Wiedervereinigung, Fortschritt und Rückschritt, zwei Schritte nach vorn und, wenn man Glück hat, nur einen Schritt zurück.

Der Gebrauch der Symbole

In diesem Stadium beginnt das Kind einen der interessantesten Züge der menschlichen Psychologie zu zeigen: die Fähigkeit, nicht nur in bezug auf Leute, sondern auch in bezug auf *Dinge* leidenschaftlich zu sein. So kann zum Beispiel ein Kind eine ganz starke Zuneigung zu einem weichen Spielzeug entwickeln, einem Stück einer Decke oder einem Stoffetzen, zu fast allem, an dem man lutschen oder mit dem man kuscheln kann. Dr. D. W. Winnicott, der dieses Phänomen studierte, nannte diese kostbaren Dinge *Übergangsobjekte* und stellte die Behauptung auf, daß ihr Gebrauch der Anfang der Fähigkeit zum Gebrauch von *Symbolen* darstelle. Übergangsobjekte sind Symbole für die Mutter. Sie sind für das Kind von besonderem Wert, wenn es am Abend schlafen geht oder wenn es sich allein fühlt oder wenn es Angst hat. Sie sind deshalb so wertvoll, weil sie die magische Kraft besitzen, die abwesende Mutter symbolisch gegenwärtig zu machen. Winnicott stellt fest, daß das Kind, indem es die Symbolik auf diese Weise gebraucht, «bereits zwischen Realität und Phantasie unterscheidet, zwischen inneren und äußeren Objekten, zwischen ursprünglicher Kreativität und Wahrnehmung». Denn es ist richtig, daß Übergangsobjekte *keine* inneren Objekte sind, denn sie existieren außerhalb des Kindes. *Genausowenig* sind sie die Mutter oder die Brust, die sie symbolisieren. Sie haben eine *Mittlerfunktion* zwischen der inneren subjektiven Welt der Phantasie und der äußeren objektiven Welt, die man mit allen anderen teilt. Sie werden mit denselben Emotionen ausgestattet, die normalerweise mit der Gegenwart der Mutter, mit dem physischen Kontakt mit ihr verbunden sind. Sie sind daher die ersten Anzeichen der entstehenden Fähigkeit des Individuums, das zu leben, was Jung das *symbolische Leben* nennt.

Das Spiel

Forscherdrang und die Verwendung der Symbole sind unersetzbar für die wichtigste Beschäftigung der Kindheit, für das *Spiel*. Das Spiel ist die Methode der Natur, den Menschen zu erziehen. Beim Spielen erwerben wir die grundlegenden Fähigkeiten, die unsere Autonomie garantieren. Aus diesem Grund ist der Heldenarchetyp in alle Spiele einbezogen, und wenn sie noch so frei und spontan erscheinen: Im Grunde genommen beschäftigen sie sich alle mit dem Kampf um die Befreiung aus der kindlichen Abhängigkeit, dem Verlangen, zunehmend kompetenter zu werden. Spiele sind außerdem äußerst vergnüglich, eine Tatsache, die zeigt, wie wichtig das Spiel sein muß. Eine Tätigkeit, die essentiell fürs Überleben der Art ist, wird von der Natur so gestaltet, daß sie ihre Belohnung in sich selbst hat. Daher auch das erstaunliche Vergnügen, das sexuelle Betätigung mit sich bringt.

Die meisten Gelehrtendiskussionen über den Zweck des Spiels übersehen diesen Punkt. Sie vergessen, daß das Spiel sich selbst belohnt. Seine biologische Bedeutung muß von seiner allgemeinen Verbreitung abgeleitet werden. Das Spiel ist nicht nur kulturüberschreitend, es ist noch viel älter als die Kultur, es ist sogar älter als die Menschheit. Alle Säugetiere spielen, besonders die jungen. In seinem großen Werk zu diesem Thema, in *Homo ludens,* sagt Johan Huizinga, wenn man junge Hunde oder Katzen oder Schimpansen beobachte, komme man darauf, daß alle wesentlichen Züge des menschlichen Spiels vorhanden seien. «Sie laden einander zum Spiel ein, indem sie eine bestimmte Zeremonie in Haltung und Gestik gebrauchen. Sie halten sich an die Regel, daß du das Ohr deines Bruders nicht beißen sollst oder jedenfalls nicht fest beißen sollst. Sie tun so, als ob sie schrecklich wütend würden. Und – was das wichtigste ist – bei all diesen Tätigkeiten haben sie offensichtlich unendlich viel Vergnügen und Spaß.» Er fügt an: «Beim Spiel ‹spielt etwas mit›, das über die unmittelbaren Notwendigkeiten des Lebens hinausgeht.» In Wahrheit sind alle archetypischen Aktivitäten des menschlichen Lebens voll von Möglichkeiten zum Spielen. Daher auch Schillers berühmter Aphorismus: Nur im Spiel ist der Mensch wahrhaft er selbst.

Indem sie garantiert, daß Kinder spielen, stellt die Natur einerseits die Mittel zur Aktivierung des unbewußten Potentials zur Verfügung und schult andererseits zugleich die Verhaltenssysteme, die überlebenswichtig sind: soziale Kooperation und Konflikt, Vertrautheit mit Gleichaltrigen, Sexualität, physischen Kampf, Kontrolle der Aggression, Jagd, Rituale, Beziehungen in der Ehe, Aufzucht der Kinder und Kreativität. Die Kindheit ist eine Zeit immenser Vitalität und Erfindungsgabe, in der die Phantasie freien Lauf hat, um die Realität zu ergänzen oder die Mängel des Alltagslebens auszugleichen. Das ist der Grund, warum alle Kinder Künstler, Schauspieler und Redner sind, und deshalb haben die meisten von uns von Zeit zu Zeit Sehnsucht nach dieser Phase in unserem Leben.

Es gehört zu den Mißgeschicken des Erwachsenwerdens, daß wir leicht die Verbindung zu diesem reichen Land der Kindheit verlieren. Unser Leben verläuft in zu eingefahrenen Bahnen, als daß wir uns noch am spontanen Einfallsreichtum des Spiels erfreuen. Aber für das Selbst ist nichts verloren, und das Spiel ebenso wie das Kind, das sein Gönner ist, leben als Lieblinge der Psyche weiter bis zum letzten Lebenstag. Wie Pablo Picasso feststellte: «Jedes Kind ist ein Künstler. Das Problem ist, wie bleibt es ein Künstler, wenn es erwachsen wird.» Vielleicht ist es eine Aufgabe der Kunst, das Kind in uns lebendig zu erhalten. Der Kind-Held ruft als archetypisches Symbol kreatives Potential, zukünftiges Leben und neue Möglichkeiten in uns wach. Wie Jung in seinem eigenen Leben gezeigt hat, ist es für das erwachsene Ich immer möglich, den Einfluß dieses Archetyps im Spiel oder im spontanen unkritischen Gebrauch der Künste zu erfahren. Jung gab zu, er sei als erwachsener Mann, wenn er das Gefühl hatte, in seinem Leben oder seiner Arbeit nicht weiter zu können, stets in den Garten spielen gegangen, habe dort Modelle von Dörfern, Dämme oder Wasserspiele gebaut, um sich selbst mit den schöpferischen Quellen der Kindheit wieder in Kontakt zu bringen.Wie wir noch sehen werden, hat sein Gebrauch der *aktiven Imagination* und des spontanen Zeichnens und Malens ihm nach seinem Bruch mit Freud das Material zu Verfügung gestellt, auf dem seine psychologische Disziplin basiert.

Die Kindheit ist vor allem die Zeit der Phantasie – jener ursprünglichen autonomen Aktivität der Psyche, die Jung «die Mutter aller Möglichkeiten» nannte. Phantasie ist selbst eine Form des Spiels – eines *introvertieren* Spiels –, und es ist genauso wichtig für die Entwicklung wie das *extravertierte* Spiel. Alle Kinder frönen von Natur aus beiden Formen des Spiels, oft sogar gleichzeitig, denn viele Spiele setzen den uneingeschränkten Gebrauch der Phantasie voraus. Sollte ein Kind die eine Form des Spielens der anderen vorziehen, so geschieht es meist, wie wir sehen werden, infolge seines psychologischen Typs und des Einflusses der Familie. So hatte zum Beispiel Jungs außergewöhnlich reiches Phantasieleben wahrscheinlich seinen Grund darin, daß er ein introvertierter Intuitiver war, der in einer Umgebung aufwuchs, die in ihm das Gefühl der Einsamkeit und der Isolation hervorrief.

Die Phantasie ist für die Entwicklung lebenswichtig, denn sie schafft eine natürliche Verbindung zwischen bewußten und unbewußten Prozessen und zwischen der inneren und der äußeren Welt. Phantasie ist das Ergebnis des Spiels zwischen den Archetypen des kollektiven Unbewußten und den Lebensumständen des Individuums. Bei der Erschaffung von Phantasie benützt das Unbewußte Material aus dem persönlichen Leben (z. B. Erinnerungen an Leute oder Ereignisse), aber es benützt das Material in einer Art, die die teleologische Intention des Selbst ausdrückt. In Jungs Ansicht ist die Phantasie nicht eine regressive Form der Realitätsflucht, wie Freud behauptet hatte, sondern ein *modus operandi* des psychologischen Wachstums: der Stoff des Lebens, der uns in die Zukunft führt. «Das Leben ist sogar das Teleologische par excellence, es ist Zielstrebigkeit selber, und der lebende Körper ist ein System von Zweckmäßigkeiten, welche sich zu erfüllen trachten» (GW 8, § 798). Diese Zweckmäßigkeiten werden zuerst in Phantasien, Träumen und Spielen ausprobiert.

Geschichten

Diese Zweckmäßigkeiten werden auch in Geschichten erprobt. Weil sie eine so lebhafte Phantasie haben, lieben Kinder Geschichten und sind besonders empfänglich für ihren Einfluß. Die verschiedenen menschlichen Gesellschaften haben einen genialen Gebrauch von diesen Kindheitsvergnügungen gemacht, indem sie Märchen, Mythen und Legenden geschaffen haben, deren unbewußte Absicht unmißverständlich erzieherisch ist: Wenn ihnen mit gespannter Aufmerksamkeit gelauscht wird, wie es gewöhnlich der Fall ist, dann haben Geschichten den Effekt, das Kind durch die Vorstellung in das traditionelle Muster der Kultur miteinzubeziehen, während sie gleichzeitig in seiner Psyche jene Archetypen aktivieren, die sein Aufsteigen auf die nächste Stufe des Lebens bestimmen. Jung war nicht der einzige, der den Wert der Geschichten betont hat. Melanie Klein war zum Beispiel der Auffassung, daß *innere Geschichten* (Phantasien, Mythen und Erzählungen) die stärksten Kräfte seien, die die Entwicklung während der Kindheit kontrollieren. Die sozialen Folgen von Geschichten sind für Kinder daher genauso weitreichend wie die persönlichen Folgen – eine Wahrheit, über die moderne Fernsehproduzenten gut nachdenken sollten.

Ritual

Ein faszinierendes Charakteristikum dieser Entwicklung ist die kindliche Fähigkeit, eine Phantasie in ein *Ritual* zu verwandeln, dessen religiöser Inhalt oft klar erkannt werden kann. Die religiöse Orientierung der Eltern oder ihr Fehlen scheinen dabei keine Rolle zu spielen, denn die Rituale sind von einer Art, die der judäo-christlichen Religion vorausging, was auf viel ältere und offensichtlich «heidnische» Ursprünge hinweist. So «hielt sich» zum Beispiel ein kleines Mädchen, das in einer exklusiven protestantischen Sekte großgezogen worden war, «einen Gott» im Familiengarten hinter dem Haus, und zwar an einem geheimen Ort zwischen der Gartenmauer und der Rückwand eines Kohlenschuppens. «Ich bemühte mich nicht, ihn versöhnlich zu stimmen», erinnerte sie sich viele Jahre später, «aber ich brachte ihm kleine Liebesgeschenke hinunter, vor allem Stöcke, die mit Korallenpilzen überzogen waren.» Ihre Eltern wären über solche heidnischen Praktiken entsetzt gewesen, hätten sie davon gewußt.

Sexualität und Geschlechtsidentität

Wie jede andere wichtige Komponente des Selbst ist die Sexualität als archetypische Komponente *a priori* vorhanden, die im Laufe der Entwicklung offenkundig wird. Freud lenkte die Aufmerksamkeit darauf, daß bestimmte «Teilinstinkte» der erwachsenen Sexualität, wie Umklammern und Beckenbewegungen, von einem erstaunlich frühen Alter an vorhanden sind, und bot damit einen schlagenden verhaltenstheoretischen Beweis für die Existenz dessen, was er zum Schrecken seiner Zeitgenossen *infantile Sexualität* nannte. Auf der subjektiven Ebene zeigt sich die Sexualität in den Träumen und Phantasien der Kinder, wie naiv oder sexuell unwissend sie auch sein mögen. Bei Patienten, die sich einer Analyse unterziehen, begegnet man in ihren Erinnerungen oft solchen Beispielen. So vertrieb sich zum Beispiel die Dame, die als Kind einen Gott hinter dem Kohlenschuppen der Familie hielt, die langweiligen Stunden der Zusammenkunft in der Kirche mit spontan produzierten Phantasien mit einer unmißverständlich sexuellen und initiatorischen Symbolik – obwohl sie zum Zeitpunkt, als diese Phantasien auftraten, keine bewußte Kenntnis von solchen Dingen hatte. Hier ist mit ihrer freundlichen Erlaubnis eine ihrer Phantasien wiedergegeben, die sie häufig zwischen ihrem 5. und 12. Lebensjahr hatte:

> «In der Stadt gibt es ein Gebäude, das von allen Mädchen besucht wird, wenn die Zeit für sie gekommen ist, ‹*durch den Spieß zu gehen*›. Innen ist eine Wand, aus der lange, spitz zulaufende Spieße

hervorstehen. Jedem Mädchen wird ein Spieß zugeordnet. Zuerst ist nur die Spitze, nicht mehr als ein Zentimeter im Durchmesser, sichtbar. Diese wird in die Scheide des Mädchens eingeführt und geht beim After wieder hinaus. Der Spieß ist viele Meter lang, und in dem Maß, in dem er langsam aus der Wand herauskommt, nimmt er an Umfang zu.

Im Anfang geht er ganz leicht durch, aber wenn er dicker wird, ist das ganze ein hartes Stück Arbeit. Allmählich wird er etwa 20 Zentimeter dick, und es ist schwierig, ihn durchzustoßen. Aber er ist gescheit gemacht, so daß man ihn an jedem Punkt abbrechen kann. Das ist auch notwendig, denn es wird Wochen dauern, um die Prozedur zu vollenden. Wenn sie so weit gekommen ist, wie sie kann, darf das Mädchen weggehen, und sie behält den Teil des Spießes in sich, der zwischen der Vorder- und der Hinterseite ihres Körpers liegt. Sie wird am nächsten Tag wiederkommen und sich an den noch vorhandenen Teil des Spießes anschließen und daran arbeiten, wieder ein paar Zentimeter weiterzukommen.

Das Mädchen in der Phantasie ist sehr tüchtig. Sie war ungewöhnlich jung, als sie in das Gebäude hineinging, und sie übertrifft die Bemühungen der anderen Mädchen, die nicht weiterkommen, wenn der Spieß breiter wird. Jeden Tag geht sie mit ihrer Mutter nach Hause. Freundliche Leute bleiben stehen und fragen, wie sie weiterkommt, und sagen voll Bewunderung ‹gut gemacht›, wenn sie einen diskreten Blick auf das große hölzerne Rund in ihrer Vulva werfen durften, das vorbereitet ist, am nächsten Tag wieder angeschlossen zu werden. Dieses Kind schafft den ganzen Spieß, während andere Mädchen nicht so viel zusammenbringen.»

Die Phantasien von Knaben sind noch deutlicher körperlich und werden öfter als bei Mädchen von Masturbation begleitet. Das ist eine notwendige Vorbereitung auf die erwachsene Sexualität. Es ist ebenso eine Form des Spiels, welches, vorausgesetzt, es ist nicht von puritanischem Horror oder viktorianischen Verboten eingeengt, eine Quelle maßlosen Vergnügens ist. Was für andere Formen des Spiels gilt, gilt auch hier: «mit sich selbst spielen» ist ein Ausdruck des Individuations-Prinzips: Es ist eine prospektive Aktivität, die das Kind auf eine lebenswichtige Rolle im Erwachsenenalter vorbereitet, in diesem Fall auf die physische Bindung an einen Partner.

Geschlechtliche Unterschiede, die bereits bei der Geburt vorhanden sind, werden um so deutlicher, je mehr sich das Kind der Pubertät nähert. Das Kind ist sich seines Geschlechts mit 18 Monaten bereits bewußt, und die Vaterbindung ist wichtig, wenn sich das Geschlechtsbewußtsein zufriedenstellend bilden soll. Studien an Kindern, die ohne Vater aufwuchsen, haben gezeigt, daß sie eher Schwierigkeiten haben, ihre Geschlechtszugehörigkeit zu definieren als solche Kinder, deren Väter in den ersten Lebensjahren anwesend waren.

Beweise jüngeren Datums stimmen mit Jungs Behauptung überein, daß die Existenz einer starken und andauernden Bindung zu einer verläßlichen Vaterfigur besonders wichtig für Knaben ist, damit sie in Bewußtsein und Verhalten ihr eigenes männliches Potential verwirklichen können. Viele Studien bestätigen die verhältnismäßig hohe Rate an Geschlechtsrollenverwirrung bei Knaben, die ohne Vater aufwuchsen, und das relative Fehlen einer solchen Verwirrung bei vaterlosen Mädchen.

Im Anfang hat die Mutter die Funktion des «Trägers des Selbst» (d. h. das Selbst des Kindes ist unbewußt in der ursprünglichen *participation mystique* auf die Mutter *projiziert*) sowohl für ihre Söhne als auch für ihre Töchter, und das bedeutet, daß diese unabhängig von ihrem jeweiligen Geschlecht in eine enge Identifikation mit ihr kommen. Die Bewußtheit des eigenen Geschlechts wird auf dieses Gefühl des Einsseins mit der Mutter aufgesetzt, und folglich müssen Knaben eine revolutionäre Veränderung von der Mutter-Identität zur Identifikation mit dem Vater durchmachen. Von Mädchen wird eine derartig radikale Reorganisation nicht verlangt. Wenn daher das Geschlechtsbewußtsein entsteht, müssen Knaben erkennen, daß ihre Bindung zum Vater auf einer gemeinsamen *Identität* beruht, während das Mädchen begreift, daß sie auf dem *Unterschied* basiert (d. h. der Vater stellt für sie das erste, weitreichende Erlebnis dar, spirituell, physisch und sexuell, daß Männer wesentlich «anders» sind).

Obwohl der Vater nicht entscheidend für die Entwicklung der Geschlechtsidentität eines Mädchens ist, so kann er doch einen bedeutenden Einfluß darauf ausüben, wie sie ihre Weiblichkeit in Beziehung zum Mann *erlebt.* Eine glückliche Anpassung an ihre weibliche Rolle wird dadurch sehr unterstützt, daß sie die liebende Bestätigung des Vaters besitzt, während seine Zurückweisung oder sein Spott tiefe Wunden schlagen können, die möglicherweise niemals heilen. Mädchen, die ohne Vater aufwachsen, mögen nicht daran zweifeln, daß sie Frauen sind. Wenn es aber darum geht, mit einem Mann als Partner zusammenzuleben, können sie sich sehr verwirrt und schlecht vorbereitet fühlen. Sie verfügen nicht über das nötige psychische Vokabular.

Vater und Mutter sind also wichtig, nicht nur um es ihren Kindern zu ermöglichen, ihre Geschlechtsidentität zu entwickeln, sondern auch für deren Fähigkeit, gute Beziehungen zum anderen Geschlecht aufbauen zu können. Das erreichen sie mit ihrem tagtäglichen Einfluß auf die Entwicklung des *gegengeschlechtlichen Komplexes* in der Psyche des Kindes. Der Vater hat die Aufsicht über die Differenzierung des *Animus* (des männlichen Komplexes) bei seinen Töchtern, und die Mutter vermittelt die Entwicklung der *Anima* (des weiblichen Komplexes) bei ihren Söhnen.

Nachdem die Bewußtheit des eigenen und des anderen Geschlechts sich in der Beziehung zu den Eltern stabilisiert hat, wird es in der Interaktion mit den Gleichaltrigen, der Peer-Group, verfeinert, vor allem im Spiel. Viele der geschlechtsspezifischen Rollen oder Haltungen, die von den Kindern im Spiel eingenommen werden, haben natürlich mit Kultur zu tun und basieren auf einer Nachahmung der Eltern und anderer wichtiger Erwachsener in der Gemeinschaft, in der die Kinder leben. Aber wie bereits festgestellt, gehen diese kulturellen Beeinflussungen auf der Grundlage eines archetypischen Musters vor sich, das von der evolutionären Geschichte unserer Spezies festgelegt ist. Geschlechtlicher Dimorphismus hat dazu geführt, daß die Frauen für das Tragen des Embryos und die Aufzucht der Jungen verantwortlich sind und die Männer für das Vertreiben von Eindringlingen, die Aufrechterhaltung der Proteinversorgung und Verteilung der Bevölkerung über das vorhandene Gebiet. Das trifft auf beinahe alle Säugetierarten zu und spiegelt sich in den Spielen ihrer Jungen wider. Es ist besonders gut bei den Rhesusaffen dokumentiert, bei denen das Spiel junger Männchen üblicherweise rowdyhafte Formen einer wilden Rauferei zum Inhalt hat, während es die jungen Weibchen vorziehen, die Zeit mit freundlichen Beschäftigungen zu verbringen, wie zum Beispiel gegenseitige Körperpflege. Die archetypische Basis dieses Unterschieds wurde experimentell belegt. Wenn man Junge von Geburt an isoliert aufzieht, ohne jede Möglichkeit, durch Imitation zu lernen, so werden sie dennoch das für ihr Geschlecht typische Verhalten zeigen, wenn sie beim Zusammenkommen mit Gleichaltrigen Gelegenheit dazu erhalten.

Ähnliche Unterschiede lassen sich in den Spielmustern menschlicher Kinder beobachten, nicht nur in unserer, sondern auch in anderen Kulturen. Während der Kindheit haben Mädchen stärker die Tendenz, sich anderen anzuschließen als Knaben, sie sind stärker geneigt, die Nähe anderer zu suchen, und haben Freude daran. Knaben hingegen sind weniger an sozialen Kontakten um ihrer selbst willen interessiert und ziehen es vor, ihre Zeit mit irgendeiner physischen Aktivität zu verbringen wie Laufen oder Nachlaufen und dem Spielen mit großem, beweglichem Spielzeug. Sie sind auch einer Kontrolle durch Erwachsene oder Gleichaltrige schlechter zugänglich.

Infolge der heute allgemein verbreiteten Annahme, daß die Geschlechtsunterschiede nur von der Gesellschaft verursachte Klischees sind, wurden Jungs Behauptungen, die die archetypischen Grundlagen der männlichen und weiblichen Psychologie betreffen, in den letzten Jahren vermehrt angegriffen. Es sollte dabei allerdings nicht übersehen werden, daß es eine Anzahl von grundsätzlichen Geschlechtsunterschieden gibt, die wahrscheinlich keine Klischees darstellen, denn ihr Vorkommen ist weitgehend unabhängig von der Art der Gesellschaft, in der das Individuum aufwächst. Es gibt zum Beispiel eine Studie (Whiting,

1963), die das Verhalten von Knaben und Mädchen in sechs Kulturen untersucht – in Indien, Okinawa, auf den Philippinen, in Mexiko, Kenia und New England, USA –, und diese Studie fand im Prinzip die gleichen weiblichen und männlichen Verhaltensmuster in allen Kulturen. In allen Fällen fand man, daß die Mädchen stärker nährende und gesellige Züge aufwiesen und die Knaben physisch aktiver und aggressiver waren.

Es ist natürlich ganz unmöglich, eine klare Unterscheidung zwischen der Rolle konstitutioneller und kultureller Einflüsse bei der Entwicklung jeglicher menschlicher Verhaltensformen zu treffen, denn zweifellos spielen beide Faktoren eine Rolle. Aber diejenigen, die alle Geschlechtsunterschiede ausschließlich kulturellen Klischees zuschreiben wollen und eine archetypische oder biologische Grundlage ablehnen, müssen erklären, wieso sich diese Klischees dann überhaupt entwickelt haben sollen. Warum haben verschiedene Kulturen in sehr verschiedenen Teilen der Welt beschlossen, sich ähnlicher Klischees zu bedienen? Warum fördern menschliche Eltern auf der ganzen Welt Aggressivität bei ihren Söhnen und das Gefühl des Hegens und Pflegens bei ihren Töchtern? War es für diese universellen «Klischees» überhaupt möglich zu entstehen, wenn sie nicht einen tieferen biologischen Ursprung widerspiegeln?

Es ist natürlich richtig, daß es in allen Kulturen Klischees gibt. Sie sind ein Teil des sozialen Codes, den eine Generation an die nächste weitergibt; aber es ist unwahrscheinlich, daß sie nur kulturelle Erfindungen sind. Kulturen sind schließlich nichts anderes als der Ausdruck der archetypischen Natur der Männer und Frauen, die Teil dieser Kultur sind. Es ist wahrscheinlicher, wie ethologische und kulturüberschreitende Untersuchungen beweisen, daß menschliche Gesellschaften die Tendenz haben, Aggression bei Buben zu verzeihen und hegendes und pflegendes Verhalten bei Mädchen zu belohnen, weil Buben die angeborene Neigung zu mehr Aggressivität haben und Mädchen zum Hegen und Pflegen. In manchen Fällen reflektieren die Klischees eben die Archetypen.

Die Schule schafft ein Umfeld, welches das Auftreten dieser geschlechtsbezogenen Komponenten des Selbst ermöglicht: Getrennte Schulen stärken die Identität der Kinder innerhalb ihres eigenen Geschlechts, während gemischte Schulen es den Kindern ermöglichen, ihre A-priori-Vorstellungen bezüglich der Qualitäten und Eigenschaften des anderen Geschlechts zu bestätigen. Wie auch die schulische Umgebung geartet ist, das Spiel zwischen Gleichaltrigen beiderlei Geschlechts ist eine wichtige Voraussetzung für den späteren Erfolg bei der Werbung und in der Ehe.

Im Idealfall sind die Schuljahre eine Zeit der Erweiterung des gesellschaftlichen Horizonts und eine ethische, spirituelle, intellektuelle und wirtschaftliche Vorbereitung auf das Leben. Der Erfolg der Übung hängt von der Qualität und Überzeugung der Lehrer ab sowie von den zugrundeliegenden pädagogischen Voraussetzungen der Kultur. Viel hängt vom *psychologischen Typus* des Kindes ab und von der Anregung, die es von zu Hause mitbekommen hat.

Der psychologische Typ

Der Unterschied zwischen introvertierten und extravertierten Kindern wird sichtbar, wenn sie beginnen, die Umgebung zu erforschen, wobei sie ihre Mutter als sichere Basis benützen. Eltern und Kinderschwestern berichten, daß manche Kinder von Geburt an eindeutig introvertiert oder extravertiert sind. Extravertierte Säuglinge sind angeblich aktiver und aufmerksamer, sie reagieren stärker auf äußere Reize und sind eher geneigt zu lächeln und ihre Eltern anzuplappern als ihre introvertierten Brüder und Schwestern.

> «Die Differenzierung des Typus beginnt oft schon sehr früh, so früh, daß man in gewissen Fällen von einem Angeborensein reden muß. Das früheste Kennzeichen der Extraversion eines Kindes ist wohl seine rasche Einpassung in die Umgebung und die außerordentliche

Aufmerksamkeit, die das Kind den Objekten und namentlich seiner Wirkung auf diese gibt. Die Scheu vor den Objekten ist gering. Das Kind bewegt sich und lebt in und mit ihnen. Es nimmt rasch auf, aber nur ungenau. Es entwickelt sich anscheinend rascher als das introvertierte Kind, da es weniger Bedenklichkeit und in der Regel keine Furcht hat. Es fühlt anscheinend keinen besonderen Abstand zwischen sich und den Objekten, und darum kann es frei spielen und sie dadurch erfahren. Es treibt seine Unternehmungen gerne bis zum Extrem und setzt sich dadurch einem Risiko aus. Alles Unbekannte erscheint als anziehend» (GW 6, § 896).

Die archetypische Furcht vor dem Fremden ist bei extravertierten Kindern weniger ersichtlich. Jung fährt fort:

«Umgekehrt ist eines der frühesten Kennzeichen der Introversion bei einem Kind das reflexive, nachdenkliche Wesen, eine ausgesprochene Scheu, ja Angst vor unbekannten Objekten. ... Unbekanntes wird mit Mißtrauen angesehen. Der äußeren Beeinflussung wird in der Regel ein heftiger Widerstand entgegengesetzt. Das Kind will seinen eigenen Weg haben und unter keinen Umständen einen fremden, den es nicht aus sich selbst begreifen kann. Wenn es fragt, geschieht es nicht aus Neugierde oder Sensationslust, sondern es will Namen, Bedeutung und Erklärungen, die ihm eine subjektive Sicherung gegenüber dem Objekt gewährleisten» (GW 6, § 897).

Nachdem das extravertierte und das introvertierte Potential zusammen mit den vier Funktionen Denken, Fühlen, Intuieren und Empfinden zur Struktur des Selbst gehören, ist es legitim zu fragen, was das spezielle typologische Kostüm bestimmt, in das ein bestimmtes Kind hineinwächst. Drei Hauptfaktoren scheinen hier eine Rolle zu spielen. Erstens: *Vererbung*. Genetische Faktoren können für die Veranlagung eines Individuums verantwortlich sein, eher zur Introversion oder Extraversion zu neigen und eine oder zwei der vier Funktionen mehr zu entwickeln als die anderen. Zweitens: der *Elterntyp*. Eltern eines bestimmten Typs können die Entwicklung des gleichen Typs in ihren Kindern durch Identifikation und Nachahmung in Gang setzen, oder sie können im Gegenteil die Entwicklung des entgegengesetzten Typs fördern, entweder weil das Kind rebelliert oder weil es die ungelebten Anteile des elterlichen Schattens ausleben muß. Drittens: *entwicklungsmäßige Wiederholung*. Kind und Erwachsene haben die natürliche Tendenz, im Leben ihre stärkste Karte auszuspielen – mit anderen Worten, man verläßt sich mit der Zeit immer stärker auf seine vorherrschende Einstellung und seine Hauptfunktion, weil man durch Ausprobieren herausgefunden hat, daß man damit die besten Resultate erzielt.

Es ist wahrscheinlich, daß alle drei Faktoren in der Persönlichkeitsentwicklung jedes Menschen eine Rolle spielen. Für den Psychologen hat der Faktor des Einflusses durch den elterlichen Typ die größte Bedeutung. Eltern sind nicht nur Verkörperungen des Elternarchetyps, sie werden in den Kindern als Träger des Selbst zu abgöttisch verehrten Figuren. Eine zum Ideal gemachte Figur ist jemand, auf den wir unser noch nicht verwirklichtes Potential projizieren. Nachdem die idealisierte Figur die Projektion empfangen hat, *spiegelt* sie dieses nicht verwirklichte Potential und ermöglicht uns, es zu sehen, zu erkennen und zu integrieren. Der unbewußte Mechanismus der Projektion ist daher ein unentbehrlicher Beitrag zu unserem psychischen Wachstum.

Vom typologischen Standpunkt aus betrachtet, ist alles eine glatte Sache, solange die spezielle Mischung der elterlichen Gene, die dem Kind bei der Empfängnis zugeteilt wurde, es in die Lage versetzt, denselben Typ zu entwickeln, den einer oder beide Elternteile haben. Sollte allerdings das genetische Erbe das Kind veranlassen, einen anderen Typ zu entwickeln, kann es zu Schwierigkeiten kommen. So können Probleme entstehen, wenn die Eltern aus neurotischen Gründen versuchen, das Kind in einen anderen als den von der Natur vorgesehenen Typ hineinzuzwängen. So kann es zum Beispiel eine qualvolle Erfahrung für ein intuitives, introvertiertes Kind sein, von einem zwanghaften Elternteil in die Form eines denkenden Extravertierten gepreßt zu werden, nur weil er den unbeugsamen Glauben besitzt, daß man ein extravertierter Denktypus *zu sein hat.* Eine solche Behandlung kann zur Bildung *pathologischer Komplexe* führen, die die Entwicklung für den Rest des Lebens behindern können.

Andererseits werden «gute Eltern» die typologischen Unterschiede in ihrem Kind respektieren, seine Individuation fördern, indem sie für das Kind die in seiner angeborenen psychischen Konstitution vernachlässigten Einstellungen und Funktionen tragen. Denn mit fortschreitender Reife des Individuums werden unentwickelte, «inferiore» Komponenten des Selbst durch Projektion auf andere Personen in der Umgebung delegiert – auf Eltern, Gleichaltrige, ältere Verwandte, Lehrer usw. Das führt dazu, daß der anderen Person eine magische Bedeutung zukommt. Die Erscheinung des «Sich-Verknallens» oder das Phänomen des «Sich-Verliebens» sind natürlich oft sexuell, aber sie sind auch eine gebräuchliche Form des Ausdrucks des Unbewußten, bei der die geliebte Person zur Hüterin der unterentwickelten Aspekte des Selbst wird. Indem man dieser geliebten Person zugetan ist, kommt man in einen Zustand der relativen *participation mystique,* durch welche in Wiederholung des Projektions-Reintegrationszyklus diese vernachlässigten Aspekte allmählich in die persönliche Psyche integriert werden und so dem Bewußtsein zur Verfügung stehen. Auf diese Art fördert liebevolles Zugetan-Sein die Individuation.

Familienangelegenheiten

Zusammenfassend läßt sich sagen, daß der Reifeprozeß in einer Abfolge von angeborenen archetypischen *Erwartungen* vor sich geht, denen die Umgebung entweder erfolgreich begegnet oder die sie enttäuscht. Die wichtigsten dieser Erwartungen bestehen darin, daß die Umgebung Wärme und *Nahrung* für das Überleben zu bieten hat; des weiteren eine *Familie,* die aus Vater, Mutter und Gleichaltrigen besteht; genug Platz zum Spielen und zum *Forschen, Sicherheit* vor Feinden und Räubern; eine Gemeinschaft, die für Sprache, Mythos, Religion, Ritual, Verhaltenskodex, Geschichten, Werte, Initiationen und schließlich für einen Partner sorgt, sowie für eine *wirtschaftliche* Rolle und/oder einen *Berufsstatus*.

Von all diesen archetypischen Erwartungen ist die Erwartung, daß die Umgebung eine Familie zur Verfügung stellt, die wichtigste. Daß Familien als archetypisches Charakteristikum unserer Spezies existieren, kann aus der Tatsache geschlossen werden, daß alle Gesellschaften Familien haben. Ob Monogamie, Polygamie oder Polyandrie praktiziert wird, spielt dabei keine Rolle: Allgemein findet man, daß unabhängig vom bevorzugten ehelichen Arrangement der Gesellschaft Familien gebildet werden, in denen zumindest ein Mann und eine Frau eine Verpflichtung füreinander übernehmen mit dem Zweck der Kinderaufzucht. Diese Familienkonfiguration ist so stabil, daß sie auch dem absichtlichen Versuch, sie aus ideologischen Gründen zu demontieren, wie zum Beispiel in Rußland nach der Oktoberrevolution oder in den frühen Kibbuzen in Israel, standgehalten hat.

Wir haben immer schon Familien gehabt, und sie bildeten die Grundlage dessen, was wir *archetypische Gesellschaft* nennen können – die erweiterte Verwandtschaftsgruppe, in der unsere Art neunundneunzig Prozent ihrer Existenz verbracht hat. Wenn wir Familienangelegenheiten diskutieren, sollten wir nicht vergessen, daß die archetypischen Komponenten der menschlichen Psyche sich vor Hunderttausenden von Jahren entwickelt und sich in den letzten fünfhunderttausend Jahren nicht stark verändert haben. Diese uralten Archetypen bestimmen nicht nur unsere gegenwärtigen Erwartungen davon, was die Umgebung zur Verfügung stellen sollte, sie beeinflussen auch unsere *Erfahrung* dessen, *was* sie zur Verfügung stellt; was wir in bezug auf unsere persönlichen Eltern fühlen, wird daher durch unsere archetypischen Erwartungen an sie bedingt.

Es ist klar, daß die wirklichen Eigenschaften und das Verhalten der persönlichen Eltern von großer Bedeutung für die Entwicklung sind, aber was am Ende die größte Rolle spielt, sind die *archetypischen Erfahrungen, die durch die Eltern* in der heranreifenden Psyche des Kindes aktiviert werden. Die wesentlichen Faktoren sind nicht, was Mutter oder Vater wirklich tun oder sagen, sondern die *Mutter- und Vaterkomplexe* – egal ob sie gesund oder pathologisch sind –, die durch das Zutun der Eltern gebildet werden. Diese Komplexe, die die Grundlage der späteren Persönlichkeitsentwicklung darstellen, sind niemals einfache, verinnerlichte Reproduktionen oder «Videoaufzeichnungen» der äußeren Eltern, sondern sie sind die komplizierten Produkte einer beständigen Interaktion zwischen den persönlichen Eltern und der Umgebung und den Ur-Eltern, die im kollektiven Unbewußten beheimatet sind.

Nach diesem Überblick über die wesentlichen Züge des archetypischen Programmes der ersten Lebensphase sind wir jetzt in der Lage, Jungs eigene Kindheitserlebnisse im Lichte dieser Tatsachen zu untersuchen und ihre Folgen für die Entwicklung der Analytischen Psychologie zu betrachten.

Jungs Kindheit

Der erste Traum, an den man sich erinnert, kann einer der bedeutendsten Träume des Lebens sein. Das traf auf Jungs ersten Traum zu, und wir wollen mit der Analyse dieses Traumes beginnen, denn er zeigt uns viel von seiner Familie, seiner Kultur, seiner Psychologie und seinem Schicksal.

«Im Traum stand ich auf dieser Wiese. Dort entdeckte ich plötzlich ein dunkles, rechteckiges, ausgemauertes Loch in der Erde. Ich hatte es noch nie zuvor gesehen. Neugierig trat ich näher und blickte hinunter. Da sah ich eine Steintreppe, die in die Tiefe führte. Zögernd und furchtsam stieg ich hinunter. Unten befand sich eine Tür mit Rundbogen, durch einen grünen Vorhang abgeschlossen. Der Vorhang war groß und schwer, wie aus gewirktem Stoff oder aus Brokat, und es fiel mir auf, daß er sehr reich aussah. Neugierig, was sich dahinter wohl verbergen möge, schob ich ihn beiseite und erblickte einen zirka zehn Meter langen rechteckigen Raum in dämmerigem Licht. Die gewölbte Decke bestand aus Steinen, und auch der Boden war mit Steinfliesen bedeckt. In der Mitte lief ein roter Teppich vom Eingang bis zu einer niedrigen Estrade. Auf dieser stand ein wunderbar reicher goldener Thronsessel. Ich bin nicht sicher, aber vielleicht lag ein rotes Polster darauf. Der Sessel war prachtvoll, wie im Märchen, ein richtiger Königssessel! Darauf stand nun etwas. Es war ein riesiges Gebilde, das fast bis an die Decke reichte. Zuerst meinte ich, es sei ein hoher Baumstamm. Der Durchmesser betrug etwa fünfzig bis sechzig Zentimeter und die Höhe etwa vier bis fünf Meter. Das Gebilde war aber von merkwürdiger Beschaffenheit: es bestand aus Haut und lebendigem Fleisch und obendrauf war eine Art rundkegelförmigen Kopfes ohne Gesicht und ohne Haare; nur ganz oben auf dem Scheitel befand sich ein einziges Auge, das unbewegt nach oben blickte.

Im Raum war es relativ hell, obschon er keine Fenster und kein Licht hatte. Es herrschte aber über dem Kopf eine gewisse Helligkeit. Das Ding bewegte sich nicht, jedoch hatte ich das Gefühl, als ob es jeden Augenblick wurmartig von seinem Throne herunterkommen und auf mich zukriechen könnte. Vor Angst war ich wie gelähmt. In diesem unerträglichen Augenblick hörte ich plötzlich meiner Mutter Stimme wie von außen und oben, welche rief: ‹Ja, schau ihn dir nur an. Das ist der Menschenfresser!› Da bekam ich einen Höllenschrekken und erwachte, schwitzend vor Angst. Von da an hatte ich viele Abende lang Angst, einzuschlafen, weil ich fürchtete, ich könnte wieder einen ähnlichen Traum haben» (ETG, S. 18 f.).

In der Praxis geben Träume etwas von ihrer Bedeutung preis, wenn man an sie in drei Etappen herangeht. Erstens ist es wichtig, den Kontext des Traumes im Leben des Träumers herzustellen, das läßt etwas von der rein persönlichen Bedeutung des Traumes erkennen. Zweitens muß der kulturelle Kontext des Traumes definiert werden, denn er bezieht sich unweigerlich auf den Zeitgeist. Drittens muß man den archetypischen Inhalt des Traumes untersuchen, um seinen Kontext im Rahmen der Menschheitsgeschichte zu sehen, denn Träume bringen uns auf eine sehr tiefe Art mit den ganz alten Erfahrungen unserer Spezies in Verbindung.

Wir wollen an den Traum vom Menschenfresser in diesen drei Etappen herangehen.

Der persönliche Kontext

Jung war, wie er sagt, zwischen drei und vier Jahre alt, als er den Traum hatte. Er lebte mit seinen Eltern im Pfarrhaus in Laufen. Das Haus stand allein in der Nähe des Rheinfalls. Obwohl seine frühesten Erinnerungen glücklich waren – der angenehme Geschmack und Duft warmer Milch, die glitzernde Sonne, die durch die Blätter scheint, die fernen Alpen, die rot im Sonnenuntergang glühen –, war er zur selben Zeit «von dunklen Andeutungen über Schwierigkeiten» in der Ehe seiner Eltern bedrückt und von einer alles durchdringenden Atmosphäre von Tod, Melancholie und Unbehagen. In seiner Autobiographie erzählt uns Jung, daß er in der Nacht unbestimmte Ängste hatte.

> «Immer hörte man das dumpfe Tosen des Rheinfalls, und darum herum lag eine Gefahrenzone. Menschen ertranken, eine Leiche fiel über die Felsen. Auf dem nahen Gottesacker macht der Meßmer ein Loch; braun aufgeschüttete Erde. Schwarze feierliche Männer in Gehröcken, mit ungewohnten hohen Hüten und blankgewichsten schwarzen Schuhen bringen eine schwarze Kiste. Mein Vater ist auch dabei im Talar und spricht mit hallender Stimme. Frauen weinen. Es heißt, man begrabe jemanden in diese Grube hinunter. Man sah gewisse Leute plötzlich nicht mehr, die vorher dagewesen waren. Ich hörte, sie seien begraben oder der ‹hêr Jesus› habe sie zu sich genommen» (ETG, S. 16).

Seine Mutter bemühte sich, den Knaben in seiner Angst mit einem Gebet zu trösten, das sie ihn jeden Abend zu beten lehrte:

> «Breit aus die Flügel beide,
> O Jesu meine Freude
> Und nimm dein Küchlein ein ...»

Das hatte nicht den gewünschten Effekt. Kinder denken über die Dinge nach, besonders gescheite Kinder, und Carl war beunruhigt von dem Gedanken, daß Jesus «einnahm», so wie er wahrscheinlich auch andere Leute «zu sich nahm», wenn sie in ein Loch im Boden getan wurden. Das Ergebnis war, daß Carl dem «hêr Jesus» zu mißtrauen begann, und er assoziierte ihn mit den finsteren schwarzen Männern in Gehrock, Zylinder und schwarzen, blankgewichsten Schuhen, die mit der schwarzen Kiste zu tun hatten (ETG, S. 16 f.).

Dann gab es da noch ein anderes traumatisches Ereignis. «An einem heißen Sommertag saß ich», so berichtet er, «wie gewöhnlich, allein auf der Straße vor dem Haus und spielte im Sand. ... Auf dieser Straße sah ich nun eine Gestalt mit breitem Hut und langem schwarzem Gewand vom Wald herunter kommen. ... Bei seinem Anblick befiel mich Furcht, die rasch zu tödlichem Schrecken anwuchs, denn in mir formte sich die entsetzenerregende Erkenntnis: ‹Das ist ein Jesuit!›» (ETG, S. 17). Von etwas, das er seinen Vater sagen gehört hatte, hatte Carl den Eindruck gewonnen, daß Jesuiten besonders gefährlich seien. Es war ihm nicht ganz klar, was Jesuiten waren, aber er war sicher, sie müßten etwas mit Jesus zu tun haben. «Mit Todesschrecken rannte ich spornstreichs ins Haus, die Treppe hinauf bis auf den Estrich, wo ich mich unter einem Balken in einem finsteren Winkel verkroch. ... Der Höllenschrecken lag mir aber noch tagelang in den Gliedern und bewog mich, im Hause zu bleiben» (ETG, S. 17 f.). Wie diese Episode zeigt, war der Archetyp des Fremden in ihm aktiv, und durch seinen protestantischen Familienhintergrund hatte das fremde und drohende Bild des «Jesuiten» den Archetyp mit Leben erfüllt.

Das war etwa dieselbe Zeit, als er vom Menschenfresser träumte, und wir wissen bereits genug, um einige wichtige Verbindungen herzustellen. In seinem Traum wagte sich der kleine Knabe sehr tapfer, wenn auch «zögernd und furchtsam» in das Loch in der Erde, wohin der «hêr Jesus» die Leute zu sich nahm. Die unterirdische Kammer war eine Gruft, die Höhle des unterirdischen Jesus. Und die abschreckenden Worte seiner Mutter: «Das ist der Menschenfresser» sind ein Echo der schrecklichen Erkenntnis: «Das ist ein Jesuit.»

Jung erzählt, daß dieser Traum ihn jahrelang verfolgt habe, und er begriff erst viel später, daß das furchterregende Objekt, das er auf dem reichen goldenen Thron gesehen hatte, ein erigierter Phallus war – «ein ritueller Phallus». Er sagt, daß er nie ausmachen konnte, ob seine Mutter meinte «*Das* ist der Menschenfresser» (d. h. der Phallus verschlingt die Leute) oder «Das ist der *Menschenfresser*» (d. h. der Menschenfresser wird durch den Phallus dargestellt und gehört irgendwie zu «hêr Jesus» und dem Jesuiten, ist mit ihnen identisch). Aber offensichtlich besaß der Phallus größte Bedeutung, denn er stand da, riesig aufgerichtet und unaussprechlich furchteinflößend auf einem Thron unter der Erde.

Anstelle Gottes und des Herrn Jesus, die in all ihrer Glorie auf einem viel goldenerem Thron hoch oben im blauen Himmel sitzen, lauerte etwas ganz anderes in unterirdischen Tiefen, etwas Unmenschliches und Unterweltliches, das unverwandt nach oben blickte und sich von Menschenfleisch ernährte, «... ein unterirdischer und nicht zu erwähnender Gott ... Als solcher ist er mir durch meine ganze Jugend geblieben und hat jeweils angeklungen, wenn vom Herrn Jesus Christus etwas zu emphatisch die Rede war. Der ‹hêr Jesus› ist mir nie ganz wirklich, nie ganz akzeptabel, nie ganz liebenswert geworden, denn immer wieder dachte ich an seinen unterirdischen Gegenspieler als eine von mir nicht gesuchte, schreckliche Offenbarung» (ETG, S. 19).

Der Traum hat noch ein anderes Detail, das untersucht werden muß, und das betrifft die Rolle, die Carls Mutter gespielt hat. Sie ist ihm nicht nahe an diesem Ort des Schreckens. Sie beruhigt und schützt ihn nicht, und sie ist auch nicht da, um ihn zu trösten. Im Gegenteil, sie steigert seine Angst, wenn ihre körperlose Stimme sagt: «Das ist der Menschenfresser.» Wie sollen wir das verstehen?

Wir wissen aus dem Werk von Bowlby und seinen Kollegen, daß

das Ereignis, das ein kleines Kind am meisten beunruhigt und schmerzt, der Verlust der Mutter oder die Trennung von ihr ist. Wie Bowlby vielfach gezeigt hat, sind der Protest und die Verzweiflung, die eine gewaltsame Trennung mit sich bringen, *Primärantworten*, die nicht auf andere Gründe zurückgeführt werden können: sie haben ihre Ursache in der *A-priori*-Natur der Bindung, mit anderen Worten in der Frustration des absoluten Bedürfnisses nach der mütterlichen Gegenwart. Das Ausmaß des kindlichen Leidens und der angerichtete Schaden hängen von der Dauer der Trennung ab; kurze Trennungen sind schlimm genug, lange können verheerend sein. Man kann sagen, daß Kinder durch drei Stadien gehen, die Bowlby als Protest, Verzweiflung und inneren Abstand beschrieben hat, und er zeigte, wie die Erlebnisse einer Trennung die Persönlichkeit ein Leben lang beeinflussen können. Die Entwicklung des Urvertrauens scheint vor allem gestört zu sein, denn das Kind wird das Opfer neurotischer Ängste und hat Zweifel an seiner Fähigkeit, Aufmerksamkeit und Liebe hervorzurufen – ein Zustand, den Bowlby «ängstliche Bindung» genannt hat. Als Ergebnis kann das Kind die Verteidigungshaltung eines *inneren Abstandes* von den anderen annehmen, und es wird sich in einem ungewöhnlichen Ausmaß mit sich selbst beschäftigen und sich nur auf sich selbst verlassen. Solche Individuen kommen ihren Freunden oft seltsam vor, denn sie bringen sie mit ihrem distanzierten und etwas zurückgezogenen Verhalten aus der Fassung, haben aber ihrerseits gewöhnlich Schwierigkeiten, ihre soziale Integration in der Schule und innerhalb ihrer lokalen Gemeinschaft zu bewerkstelligen.

Dieses Schicksal scheint Jung ereilt zu haben als Folge der depressiven Erkrankung seiner Mutter während seiner frühen Kindheit und der dadurch verursachten langen Trennung von ihr im Alter von drei Jahren, etwa zur Zeit dieses Traumes. «Meine Mutter war damals während mehrerer Monate im Spital in Basel, und vermutlich war ihr Leiden die Folge ihrer Enttäuschung in der Ehe.» Während ihrer Abwesenheit betreuten ihn eine Tante und das Mädchen der Familie, aber die lange Abwesenheit der Mutter hat ihm schwer zu schaffen gemacht, und er bekam eine Art nervöses Ekzem. «Seit jener Zeit war ich immer mißtrauisch, sobald das Wort ‹Liebe› fiel. Das Gefühl, das sich mir mit dem ‹Weiblichen› verband, war lange Zeit: natürliche Unzuverlässigkeit. ‹Vater› bedeutete für mich Zuverlässigkeit und – Ohnmacht» (ETG, S. 14 f.). Wir werden auf diese Umstände zurückkommen und ihre Folgen noch weiter untersuchen.

Die Tatsache, daß sich Emilie Jung von ihrem Sohn in einer depressiven Erkrankung zurückzog, mag sicher dazu beitragen, die fehlende mütterliche Fürsorge und Unterstützung in seinem Traum zu erklären; aber es versetzt uns nicht in die Lage zu verstehen, warum ein so alarmierend obszönes Bild des «lieben Herrn Jesus» aus dem Unbewußten eines kleinen Jungen auftauchen sollte, der 1879 in einer Schweizer Pfarrei lebte. Dafür müssen wir weitergehen und den kulturellen Kontext des Traumes untersuchen.

Der kulturelle Kontext

Der sexuelle Puritanismus, der in ganz Europa in der zweiten Hälfte des 19. Jahrhunderts vorherrschend war (bis Freud entdeckte, daß er die Leute krank macht), war nirgends bedrückender als in der Schweiz. Es ist nicht überraschend, daß der kleine Carl sich absolut nicht in der Lage fühlte, seinen Traum irgend jemandem mitzuteilen und ihn den Großteil seines Lebens wie ein tödliches Geheimnis bewahrte. In dieser Zeit gab es kein Gerede von Phallus und dergleichen im Haus eines Landpfarrers. Sex war das Unaussprechliche; er war unterdrückt und (wie Freud zeigte) in den «Untergrund» *verdrängt*. Wenn man den Zustand so dramatisch schildert, dann scheint der Traum fast wie eine Kompensation für diesen Zustand, indem er den Träumer darauf aufmerksam macht. Irgendwie ungebeten und ohne es gesucht zu haben, wurde dem kleinen Sohn des Pastors eine Vision zuteil, eine Vision vom großen Phallus des Herrn Jesus, den der Pietismus des 19. Jahrhunderts kastriert hatte. «Ebenso ist die Quelle für den anatomisch richtigen Ithyphallus unbekannt», kommentiert Jung. «Deutung des orificium urethrae als Auge, und darüber anscheinend eine Lichtquelle, weist auf die Etymologie des Phallus hin (φαλός = leuchtend, glänzend)» (ETG, S. 19). Es ist, als ob der rituelle Phallus das Licht des Bewußtseins trüge, um die schattigen Niederungen der religiösen Kultur, in die das Kind hineingeboren worden war, zu erleuchten.

Die Macht des sexuellen Archetyps ist so groß, daß man ihn nicht verleugnen kann, wie puritanisch die Kultur auch sein mag. Wir erfinden unsere sexuellen Wünsche und Phantasien nicht, wenn wir Kinder sind, sie geschehen uns. Die Einstellung der Eltern kann sie unangenehm machen, ja sogar furchterregend, aber sie verhindert nicht, daß sie auftreten. Bei Carl Jung machte sich die Sexualität nicht nur im überwältigenden Symbol eines unterirdischen phallischen Gottes bemerkbar, sondern auch später in Angstträumen, die, wie er sagt, als Vorspiel zur Pubertät kamen und deren sexuelle Bedeutung er erst im Erwachsenenalter verstand: «Ich hatte Angstträume von Dingen, die bald groß, bald klein waren. So zum Beispiel eine kleine Kugel in weiter Entfernung, die sich allmählich annäherte und dabei ins Ungeheure und Erdrückende wuchs, oder Telegraphendrähte, auf denen Vögel saßen. Die Drähte wurden immer dicker, und meine Angst wurde immer größer, bis ich daran erwachte» (ETG, S. 25).

Daß das Anschwellen des Penis von ihm als Bedrohung empfunden wurde, ist ein Thema, das Jung keiner Überprüfung unterzieht. Im Unterschied zu Freud ist Sexualität bei ihm etwas, wozu er sich merkwürdig schweigsam verhielt. Wir wissen nicht, wie sehr Schauergeschichten über die Folgen der Masturbation auf ihn einen Einfluß hatten, aber es ist unmöglich, daß er dem regressiven Tabu, das jede sexuelle Erfahrung zu etwas Unaussprechlichem machte, gänzlich entkommen ist. Wir können nicht wissen, wie sehr sich vielleicht Emilie Jung vor dem Penis ihres Mannes gefürchtet hat und inwieweit sich Carl mit ihren unbewußten Ängsten identifizierte, wenn sie diese wirklich gehabt hat. Das einzige, was wir wissen, ist, daß in der Ehe nicht alles zum besten stand.

In einer Zeit, in der große Familien die Regel waren, hatten Pastor Jung und seine Frau nur drei Kinder. Das erste Kind, Paul, wurde 1873 geboren und lebte nur einige Tage. Nach Carls Geburt 1875 war ein Abstand von neun Jahren, bis seine Schwester Gertrud 1884 geboren wurde. Sie hat nie geheiratet. Nachdem kein Pastor den Gebrauch von Verhütungsmitteln gutgeheißen hätte, ist es nicht wahrscheinlich, daß die ehelichen Beziehungen des Paares sehr leidenschaftlich waren. Tatsächlich berichtet uns Jung, daß seine Eltern in getrennten Räumen schliefen und daß er im Zimmer seines Vaters schlief (ist es möglich, daß Carl das erigierte Glied seines Vaters erspähte, wenn er eigentlich hätte schlafen sollen?). Des weiteren erzählt er, daß er infolge der gespannten Beziehungen zwischen seinen Eltern an psychosomatischer Atemnot litt und daß er bei diesen Anfällen Angst hatte zu ersticken: «Die geistige Atmosphäre hatte angefangen, irrespirabel zu werden» (ETG, S. 25). Es ist klar, daß sich ein Gutteil an sexueller Spannung in der Luft befand, und Carl fühlte sich als Opfer dieser Spannung.

Die Pfarrei der Jungs war nicht der einzige Haushalt jener Zeit, der mit Schwermut und Verzweiflung erfüllt war. Religiöse Überzeugung als kraftvolle Quelle spirituellen Lebens begann aus dem Alltagsleben zu verschwinden. Pastor Jung bemühte sich, so erzählt uns sein Sohn, durch die tägliche Verrichtung der Gebete seinen Glauben zu erhalten, aber in seinem Inneren wußte er zu seinem Unglück, daß der Kampf verloren war. Später, als er größer war und zu begreifen begann, was seinen Vater quälte, während er so gewissenhaft in seiner Herde tätig war, begann Carl Mitleid mit ihm zu haben. Alles, was der Vater predigte, «klang schal und hohl, wie wenn einer eine Geschichte erzählte, die er selber nicht ganz glauben kann oder nur vom Hörensagen kennt. Ich wollte ihm helfen, doch wußte ich nicht, wie» (ETG, S. 48).

Es ist nicht unmöglich, daß des Pastors Gefühle von spiritueller Impotenz sich von der religiösen bis auf die sexuelle Sphäre seines Lebens erstreckten. In diesem Fall hätte Carls Traum dazu gedient, beide Unzulänglichkeiten auf der männlichen Seite der Familie zu kompensieren. Wie immer es auch gewesen ist, sowohl der persönliche Kampf des Pastors als auch der geheime Traum seines Sohnes waren eine Antwort auf das spirituelle Unbehagen der Zeit. Gott war nicht nur entmannt, sondern, wie Nietzsche diagnostizierte, er war tot. Die gotischen Kathedralen Europas waren nichts anderes als seine Grüfte und seine Denkmäler. Der Lebenszyklus einer großen Religion ging unerbittlich seinen Weg. Denn alle Götter «sterben» in der Zeit und kehren zur Erde zurück, aus der sie kamen, um dort eine Transformation zu erleben, die zu ihrer Wiedergeburt in anderer Form führt. Dieses Schicksal war dem christlichen Mythos vom Augenblick seines Beginns vorherbestimmt – im Leiden und Tod Christi, seiner Abnahme vom Kreuz, den Tagen im Grab und seiner Auferstehung. Der Zyklus wiederholte sich nun im Mikrokosmos, im inneren Mythos dieser Familie: Was im Vater starb, wurde wiedergeboren im Sohn – als der «nicht zu erwähnende» phallische Gott.

Der archetypische Kontext

Wir sehen allmählich, daß dieser Traum eines kleinen Kindes weit über die Grenzen seiner persönlichen Geschichte hinausgeht und Themen berührt, die immer schon die Menschheit im allgemeinen betroffen haben – Leben, Tod, Sex, Religion und sogar Kannibalismus. Jung gesteht: «Erst volle fünfzig Jahre später brannte mir die Stelle aus einem Kommentar über religiöse Riten in die Augen, in welchem vom anthropophagischen Grundmotiv im Abendmahlssymbolismus die Rede ist. Da erst wurde mir klar, wie überaus unkindlich, wie reif, ja sogar wie überreif der Gedanke ist, der sich in diesen beiden Erlebnissen zur Bewußtheit durchzuringen begann» (ETG, S. 21).

Schon als Knabe empfand er eine brennende Neugier zu wissen, woher solche Träume kommen: «Was sprach damals in mir? Wer redete Worte überlegener Problematik?» (ETG, S. 21). Der Menschenfresser-Traum und andere Träume, die ihm folgten, führten dazu, daß ihm die Erkenntnis kam, er habe Zugang zu einer Wissensquelle, die von allem unabhängig war, was er je in der Pfarrei in Laufen erlebt hatte. Wo könnte dieses Wissen hergekommen sein, wenn nicht direkt von Gott? Dieser Gedanke garantierte, daß sowohl dieser wie auch alle folgenden Träume für ihn einen religiösen Beigeschmack hatten. Wenn er über seinen phallischen Traum nachdachte, war es nicht so sehr die sexuelle Bedeutung, sondern mehr der verborgene religiöse Sinn, der ihn interessierte und für ihn auch für den Rest seines Lebens von Interesse blieb. Wenn er den Phallus in seinen Schriften erwähnte, war es gewöhnlich im Zusammenhang mit dessen uralter, religiösen Symbolik, z. B. «Der Phallus ist die Quelle von Leben und Libido, der Schöpfer und Wundertäter, als welcher er überall Verehrung genoß» (GW 5, § 146). Ob die Verehrung des Phallus je so allgemein verbreitet war, wie Jung meint, läßt sich bezweifeln, aber sie existiert noch im Shivakult des Hinduismus, der ältesten Religion der Welt, die vor etwa zehntausend Jahren entstand. Shiva wird in der Form des Lingams verehrt, welches als aufrechter Stein dargestellt ist, als ithyphallisches (griechisch ithys = aufrecht) Bildnis des Gottes oder als hölzerne Säule.

Bei der Besprechung des archetypischen Kontextes des Traums haben wir bereits begonnen, das Verfahren anzuwenden, von dem Jung ein eifriger Verfechter war und das er *Amplifikation* nannte. Darunter versteht man den Vergleich von Traumbildern mit entsprechenden Bildern aus Mythos, Religion, Völkerkunde, Kulturgeschichte und Kunst.

Eine der begabtesten Analytikerinnen in der Kunst der Traumamplifikation ist Dr. Marie-Louise von Franz aus Zürich, und sie hat den menschenfressenden Phallus mit dem Grab-Phallus in Zusammenhang gebracht, den die alten Etrusker, Griechen und Römer über der Begräbnisstätte eines Mannes errichteten, als Symbol für das Leben des Geistes nach dem Tod. In der Besprechung seines Traumes war auch Jung der Meinung, daß das Loch in der Wiese, durch das er hinunterstieg, ein Grab darstellt: «Das Grab selber ist ein unterirdischer Tempel, dessen grüner Vorhang an die *Wiese* erinnert, hier also das Geheimnis der mit grüner Vegetation bedeckten Erde darstellt» (ETG, S. 19). Im alten Ägypten war der Geist der Vegetation in der Person des Osiris verkörpert, des Gottes der Unterwelt, der durch einen sich ständig wiederholenden Zyklus von Tod und Auferstehung ging. Wenn ein ägyptischer König starb, wurde sein Geist mit dem des Osiris identifiziert, der durch einen phallischen Djed-Pfeiler (den Stamm einer Föhre) dargestellt wurde, welcher in der Grabkammer errichtet wurde, um die Auferstehung des Königs sicherzustellen.

Im alten Griechenland war Hermes, der Götterbote, jener Gott, der Osiris entsprach. Hermes bedeutet «er, der von den Steinen ist», und so verwendete man auch Steinhaufen, um Straßen und Grenzen zu markieren. Durch Zeugnisse verschiedener Kulturen wissen wir, daß Steinhaufen ein archetypisches Bild der Götter sind. Spätere Darstellungen zeigten ihn als ithyphallisch, und wie bei Shiva waren die Bildnisse aus Holz oder aus Stein. Hermes wird auch als Herme dargestellt, als rechteckige Säule mit einem bärtigen Kopf und einem erigierten Glied, die als Wächter an Hauseingängen zu finden war. Wie Shiva und Osiris war Hermes ein phallischer Gott. Alle drei stehen stolz aufgerichtet da als heiliger Ausdruck des männlichen Geistes, seiner zeugenden Lebenskraft und seiner schöpferischen Energie.

Dieser Ausflug in die archetypische Symbolik erweitert die Grundlage für das Verständnis von Jungs Traum. Er bietet außerdem eine Möglichkeit, ein wesentliches Charakteristikum der jungianischen Trauminterpretation zu demonstrieren. Ein Symbol ist eine psychische Aussage, die in sich selbst vollständig ist. Es entsteht als die bestmögliche Ausdrucksweise eines Sinnes, welche die Psyche zum Zeitpunkt der Symbolerschaffung finden kann. Weil jedes Symbol mehr beinhaltet, als man darüber sagen kann, ist es wesentlich, es nicht auf seinen archetypischen Ursprung zu «reduzieren», sondern seine Bedeutung zu «erweitern» (zu *amplifizieren*), indem man es in einem archetypischen Licht betrachtet. Wenn man mit einem Traumsymbol arbeitet, darf man es nicht rationalisieren oder unter Zuordnungen ersticken, sondern man muß es gleichsam *umkreisen* und dabei seine verschiedenen Facetten im Bewußtsein reflektieren. Die Amplifikation ist daher im Grunde genommen keine direkte Methode, sondern eine umkreisende, mit der man dem Symbol gerecht wird.

Wenn man die Symbolik von Jungs Traum umkreist, sieht man, daß dieser sich nicht nur auf die Eheprobleme seiner Eltern bezieht, das Sich-Zurückziehen seiner Mutter oder die spirituelle Krise seiner Kultur, sondern auf die ewig-menschlichen Themen von Leben, Tod, Wiedergeburt, Erneuerung und männlicher Fortpflanzungskraft. Und was noch wichtiger ist, das Umkreisen erlaubt uns, in fühlender Bewußtheit an der weitreichenden Tiefe der eigentlichen Traumbedeutung teilzuhaben.

Nur die eindrucksvollen Träume beinhalten einen klaren Hinweis auf archetypische Themen, aber wenn sie auftreten, werden sie als ehrfurchtgebietend und «numinos» erlebt. (*Numinosität* ist ein Begriff, den Jung vom deutschen Theologen Rudolf Otto übernommen hat, der ihn gebrauchte, um das zu beschreiben, was er als die grundlegende Erfahrung betrachtete, die allen Religionen gemeinsam ist – nämlich das Erschreckende und Erhabene, das von dem Gefühl hervorgerufen wird, in Gegenwart seines Schöpfers zu sein, ein Erlebnis, das Otto als das *mysterium tremendum et fascinans* kennzeichnete.)

Im Kontext der kulturüberschreitenden Menschheitsgeschichte betrachtet, ist es gar nicht überraschend, daß sexuelle und religiöse Themen im Verstand eines christlichen Kindes miteinander verbunden sein können – obwohl es zweifellos genauso schockierend für seine Zeitgenossen gewesen wäre, wie Carl befürchtet hat. Verschiedene archetypische Komponenten können gemeinsam aktiviert werden, und es ist nicht ungewöhnlich, daß in anderen Kulturen eine Verbindung zwischen dem Sexuellen und dem Heiligen stattgefunden hat und daß diese Verbindung immer noch als *numinos* erlebt wird, wenn man ihr begegnet. Es war die judäo-christliche Lehre, die beide mit Gewalt getrennt hat, in einer Lobpreisung des Heiligen und einer Verachtung des Sexuellen, und man kann sagen, daß die Freudsche Psychoanalyse den umgekehrten Fehler gemacht hat. Da jedes archetypische Symbol eine Öffnung gegenüber dem Numinosen darstellt und identisch ist mit der Ehrfurcht Gottes, ist es verständlich, daß der Phallus, das Symbol der ursprünglichen Zeugungskraft, als heilig erlebt werden kann.

Jung betrachtete diesen ersten Traum als eine der wesentlichen Erfahrungen seines Lebens. Er hat ihn nie vergessen. Es war seine erste Begegnung mit dem Urgrund, auf dem alles psychische Leben gründet. Er war ein zutiefst introvertiertes und einsames Kind, und dieses Erlebnis unterstrich für ihn die überlegene Bedeutung innerer Ereignisse, eine Überzeugung, die mit den Jahren immer stärker wurde, so daß er im hohen Alter immer noch von Sir Thomas Brownes Ausspruch bewegt werden konnte: «Wir tragen in uns die Wunder, die wir außerhalb suchen: ganz Afrika und seine Wunder sind in uns» (van der Post, 1975, S. 50).

Dieses innere Afrika entschädigte ihn für das lebenslange Gefühl von Einsamkeit und Isolation, und es bedeutete, daß die Phantasien und Rituale, die gewöhnlich zur Kindheit gehören, für ihn von besonders lebhafter Intensität waren. Sie waren kostbare Geheimnisse, und er hatte das Gefühl, daß sein Leben von ihnen abhing. Sie waren für ihn so wichtig, daß er keine Schwierigkeit hatte, sich im Alter von 82 Jahren an sie zu erinnern, als er an seiner Autobiographie zu arbeiten begann. Eines dieser Geheimnisse bezog sich auf sein 10. Lebensjahr.

«Ich benutzte in jener Zeit eine gelb lackierte Federschachtel, mit einem kleinen Schloß, wie sie die Primarschüler besitzen. Darin fand sich auch ein Lineal. An dessen Ende schnitzte ich nun ein kleines, etwa sechs Zentimeter großes Männchen mit ‹Gehrock, Zylinder und blankgewichsten Schuhen›. Ich färbte es mit Tinte schwarz, sägte es vom Lineal ab und legte es in die Federschachtel, wo ich ihm ein Bettchen bereitete. Ich machte ihm aus einem Stück Wolle sogar ein Mäntelchen. Zu ihm legte ich einen glatten, länglichen, schwärzlichen Rheinkiesel, den ich mit bunten Wasserfarben so bemalt hatte, daß er in einen oberen und einen unteren Teil getrennt war. Er hatte mich lange in meiner Hosentasche begleitet. Das war sein Stein. Das Ganze war für mich ein großes Geheimnis, von dem ich jedoch nichts verstand. Ich brachte die Schachtel mit dem Männchen heimlich auf den oberen, verbotenen Estrich (verboten, weil die Bodenbretter wurmstichig und morsch und daher gefährlich waren) und versteckte sie auf einem Stützbalken des Dachstuhls. Dabei empfand ich große Befriedigung; denn das würde niemand sehen. Ich wußte, daß dort kein Mensch es finden könnte. Niemand konnte mein Geheimnis entdekken und zerstören» (ETG, S. 27).

Das gab ihm ein Gefühl der Sicherheit und des Schutzes.

«In allen schwierigen Situationen, wenn ich etwas angestellt hatte oder meine Empfindlichkeit verletzt worden war oder wenn die Reizbarkeit meines Vaters oder die Kränklichkeit meiner Mutter mich bedrückten, dachte ich an mein sorgsam gebettetes und eingehülltes Männchen und seinen schöngefärbten glatten Stein. Von Zeit zu Zeit – oft mit wochenlangen Unterbrechungen – stieg ich heimlich und nur, wenn ich sicher war, daß mich niemand sah, auf den oberen Estrich. Dort kletterte ich auf die Balken, öffnete die Schachtel und schaute mir das Männchen und den Stein an. Dabei legte ich auch jedesmal ein kleines Papierröllchen hinein, auf das ich vorher etwas geschrieben hatte. Das tat ich während der Schulstunden in einer von mir ersonnenen Geheimschrift. Es waren Papierstreifen, dicht beschrieben, die aufgerollt und dem Männchen zur Verwahrung übergeben wurden. Ich erinnere mich, daß der Akt der Einverleibung eines neuen Röllchens stets den Charakter einer feierlichen Handlung trug. ... meine ‹Briefe› haben für ihn eine Art Bibliothek bedeutet» (ETG, S. 27 f.).

Damals hatte er keine Ahnung, warum dieses Ritual eine solche Bedeutung für ihn hatte. Er war zufrieden, daß er etwas besaß, wovon niemand anderer etwas wußte. Es war ein unantastbares Geheimnis, das nie verraten werden durfte.

> «Dieser Besitz an Geheimnis hat mich damals stark geprägt. Ich sehe es als das Wesentliche meiner frühen Jugendjahre an, als etwas, das für mich höchst bedeutend war. So habe ich auch den Traum vom Phallus in meiner Jugend nie jemandem erzählt, und auch der Jesuit gehörte zu dem unheimlichen Reich, über das man nicht reden durfte. Die kleine Holzfigur mit dem Stein war ein erster, noch unbewußt-kindlicher Versuch, das Geheimnis zu gestalten» (ETG, S. 28).

Als Kind dachte er nie an einen Zusammenhang zwischen dem Herrn Jesus, dem Jesuiten mit dem schwarzen Rock, den Männern in den Gehröcken an einem Grab, dem unterirdischen Phallustempel und seinem kleinen Männchen in der Federschachtel. «Der Traum vom ithyphallischen Gotte war mein erstes großes Geheimnis, das Männchen war das zweite ... sie sind wie die einzelnen Schosse eines unterirdischen zusammenhängenden Rhizoms. Sie sind wie die Stationen eines unbewußten Entwicklungsganges» (ETG, S. 33).

Seine ganze Kindheit hindurch interessierte er sich für alle Dinge, an denen Knaben Freude haben, die anscheinend stets und zu jeder Zeit daran interessiert sind, damit zu spielen, Dinge zu bauen (und sie dann wieder zu zerstören), Krieg zu spielen oder andere Variationen des Themas Gruppenkonflikt, bei denen der Gebrauch von Waffen eine Rolle spielt. Aber, typischerweise, zog er meistens vor, die Spiele allein zu spielen: «Ich spielte allein und auf meine Manier. ... Ich erinnere mich aber, daß ich in meinem siebenten bis achten Jahre leidenschaftlich gerne mit Bauklötzchen spielte und Türme baute, die ich mit Wonne durch ‹Erdbeben› zerstörte. Zwischen dem achten und elften Jahr zeichnete ich endlos Schlachtenbilder, Belagerungen, Beschießungen, auch Seeschlachten» (ETG, S. 24).

Er vertrug sich nicht gut mit anderen Kindern und hatte nur wenige Freunde, denn er war ein verletzliches und furchtsames Kind. Diese gewisse Ängstlichkeit «... hing ihrerseits zusammen mit einem Mißtrauen gegenüber der Welt und ihren Möglichkeiten. Die Welt schien mir zwar schön und begehrenswert, war aber voll von unbestimmten Gefährlichkeiten und Sinnlosigkeiten. Ich wollte daher immer zuerst wissen, was mir begegnete und wem ich mich anvertraute. Ob das wieder mit meiner Mutter zusammenhing, die mich auf mehrere Monate verlassen hatte?» (ETG, S. 41 f.). Im Lichte dessen, was wir heute über die Folgen einer Trennung von der Mutter in der frühen Kindheit wissen, stand es wahrscheinlich damit in Zusammenhang. Das Erlebnis scheint seine Entwicklung des Urvertrauens beeinträchtigt zu haben, und das verursachte Schwierigkeiten, als er in die Schule ging, wo die Schulkollegen und Lehrer in ihm ein Gefühl der Entfremdung von sich selbst bewirkten und dadurch das fehlende Urvertrauen, das durch die Depression und Abwesenheit seiner Mutter verursacht worden waren, noch verstärkten. Er hatte das Gefühl, daß seine Lehrer ihn für dumm und verschlagen hielten und daß seine Schulkollegen ihm feindlich gesinnt seien. Sein Gefühl, anders zu sein, wurde anläßlich eines traumatischen Ereignisses verstärkt, als ein Lehrer ihm vorwarf, einen Aufsatz abgeschrieben zu haben, der aber zur Gänze sein eigenes Werk war und auf den er zu Recht stolz war. Er beteuerte vergebens seine Unschuld. «Meine Kameraden warfen mir zweifelhafte Blicke zu, und ich sah mit Schrecken, daß sie dachten: ‹Aha, das ist es›» (ETG, S. 70). Von da an fühlte er sich gebrandmarkt und total isoliert. «Alle Wege, die mich aus der ‹Besonderung› hätten herausführen können, waren mir abgeschnitten» (ETG, S. 70).

Diese Erlebnisse wirkten noch verstärkend auf seine introvertierte Disposition und ließen die Mühe, die er auf sein «geheimes» inneres Leben verwendete, weiter anwachsen, denn dieses innere Leben war aufregender und vertrauenswürdiger als das Leben, das sich rund um ihn abspielte. «So blieb ich mit meinen Gedanken allein. Das war ich auch am liebsten. Ich habe allein für mich gespielt, bin allein gewandert, habe geträumt und hatte eine geheimnisvolle Welt für mich allein» (ETG, S. 54).

Konsequenzen für Jungs Psychologie

Obwohl er es zu diesem Zeitpunkt noch nicht gewußt haben kann, so hatte doch seine Zurückgezogenheit weitreichende Folgen für die Psychologie des 20. Jahrhunderts: Jungs introspektive Konzentration, die in der Kindheit begann und an Intensität mit den Jahren zunahm, führte dazu, daß er sich lebhaft psychologischer Ereignisse bewußt wurde, die die meisten von uns ignorieren – und das aus gutem Grund. Wir ignorieren sie genau deshalb, weil wir uns *zu erfolgreich auf die äußere Welt beziehen.*

Ein gewisses Ausmaß von Dissonanz zwischen der inneren und der äußeren Welt ist allen Menschen gemeinsam, und der Drang, das zu berichtigen, kann eine mächtige Quelle für kreative Unternehmungen sein. Wenn allerdings die Dissonanzen zu groß werden, dann ist die geistige Gesundheit bedroht, und es erfordert die Mobilisierung einer ganzen Menge psychischer Energie, um die beiden Welten daran zu hindern, sich voneinander zu trennen. Jung macht verschiedene Andeutungen, daß diese Teilung sich in seinem Leben zugetragen hat: «Gleich daneben aber ahnte ich eine unabweisbare Schattenwelt ... Es war, wie wenn ich eine Entzweiung meiner selbst fühlte und befürchtete. Meine innere Sicherheit war bedroht» (ETG, S. 26).

Es ist leider immer möglich, daß die kompensatorischen Funktionen der Psyche komplett zusammenbrechen; aber sie können auch dazu beitragen, die Spaltung durch die symbolische Kraft der Phantasie zu heilen, und diese Psychodynamik stand im Mittelpunkt von Jungs Leistung.

Indem er das tat, war er anderen intellektuellen Pionieren ähnlich, die, wie er, in der frühen Kindheit ihrer Mutter beraubt, die Hoffnung aufgaben, in der äußeren Welt der menschlichen Beziehungen emotionale Erfüllung zu finden. Zwei solche Männer waren Isaac Newton und René Descartes: beide verloren ihre Mutter in der frühen Kindheit; beide lebten ein zurückgezogenes Leben, und beide konstruierten intellektuelle Welten von solcher Genialität, daß sie das wissenschaftliche Zeitalter dadurch ermöglichten.

Wie Dr. Anthony Storr in seinem guten Buch *Die schöpferische Einsamkeit* (1972) vorgeschlagen hat, ist es wahrscheinlich, daß Newton und Descartes, hätten sie alle mütterliche Liebe erhalten, die für sie notwendig war, sich emotional zu sehr in der Welt beheimatet gefühlt hätten, um sie intellektuell objektiv zu betrachten. Für sie, ähnlich wie für Jung, hatte die wissenschaftliche Hypothese einen Wert, der in der Qualität ähnlich dem Übergangsobjekt eines Kindes war: Hypothesen waren die Symbole, durch deren Hilfe sie im Leben Sinn und Erfüllung fanden.

Jungs Entdeckung des kollektiven Unbewußten, seine Theorie der Archetypen, seine psychologische Typologie und seine Beschreibung von Struktur und Funktion der Psyche waren zugleich Folge seiner emotionalen Isolation und ein brillanter Versuch, sie zu kompensieren. Es war kein Zufall, daß das *Prinzip der Kompensation* zwischen dem inneren und dem äußeren Reich der Erfahrung zum Eckpfeiler der Analytischen Psychologie wurde.

Die Kindheitserkenntnis, die ihm die größte Unterstützung war, bestand darin, daß das innere symbolische Leben eine absolute, *ursprüngliche* Gültigkeit besitzt, die wir mit allen Menschen teilen, die je gelebt haben. Als er in seinen frühen Dreißigern das Buch *Symbole der Wandlung* vorzubereiten begann, welches zum letzten Grund seines Bruches mit Freud werden sollte, las er von einem Versteck von «Seelensteinen» bei Arlesheim und über die *Churingas* der Australier, und es wurde ihm klar, daß sie aus derselben Quelle kamen wie der bemalte Stein, den er zusammen mit dem Männchen vor langer Zeit, als er noch ein Kind gewesen war, in seine Federschachtel getan hatte. Churinga war ein Begriff, der für heilige rituelle Objekte Verwendung fand, besonders für verzierte, ovale Steine von jeder Größe und Form, von einigen Zentimetern bis zu mehreren Metern in der Länge, die aus der mythischen «Traumzeit» kamen. Sie wurden von Jägern vor der Jagd gestreichelt, über den Körper gestrichen, um Krankheiten zu kurieren, und, was am wichtigsten war, sie fanden in Initiationsriten Verwendung, die ihren Höhepunkt darin hatten, daß dem Einzuweihenden sein Churinga-Stein enthüllt wurde. Durch den Churinga wurde die Lebenskraft der Ahnen mit dem Einzuweihenden geteilt und eine Kontinuität zwischen Gegenwart und Vergangenheit hergestellt zwischen dem Individuum, dem Stamm und den Ahnen. Weitere Forschungen versetzten ihn in die Lage, auch noch andere Querverbindungen zu sehen: «Das Männchen war ein kleiner verhüllter Gott der Antike, ein Telesphoros, der auf manchen alten Darstellungen bei Aesculap steht und ihm aus einer Buchrolle vorliest» (ETG, S. 29). Mit diesen Erkenntnissen, so erzählt er uns, kam ihm zum ersten Mal die Überzeugung, «daß es archaische seelische Bestandteile gibt, die aus keiner Tradition in die Individualseele eingedrungen sein können» (Abb. 7).

Abbildung 7: Telesphoros, der Kabir oder «familiaris» des Aesculap.
a) Bronzefigur in St. Germain-en-Laye; b) Marmorstatue in Wien.

«Das Ganze ist im Grunde genommen ein Kabir, verhüllt mit dem Mäntelchen, verhüllt in der ‹kista›, versehen mit einem Vorrat an Lebenskraft, dem länglichen, schwärzlichen Stein. Das sind aber Zusammenhänge, die sich mir erst viel später geklärt haben. Als ich Kind war, geschah es mir auf die gleiche Weise, wie ich es später bei den Eingeborenen in Afrika gesehen habe: sie tun es erst und wissen gar nicht, was sie tun. Erst sehr viel später wird darüber nachgedacht» (ETG, S. 30).

Entdeckungen wie diese führten Jung zu folgendem Schluß: «Die unbewußte Seele des Kindes hat einen geradezu unabsehbaren Umfang und ein ebenso unabsehbares Alter» (GW 17, § 95). Außerdem erkannte er, daß Symbole eine Bedeutung besitzen müssen, die weit über Freuds Ansicht hinausging, daß sie Symptome von latenten sexuellen Wünschen seien. Für Jung waren Symbole lebende Dinge, spontane Schöpfungen, die aus dem Unbewußten aufstiegen, weil «Gott» sie dahin getan hatte – das heißt die *Mittel* für ihre Erzeugung hatten sich im Laufe der Jahrtausende entwickelt –, und das erklärte auch die menschliche Fähigkeit, parallele Symbole an verschiedenen Orten und zu verschiedenen Zeiten in der Geschichte zu entwickeln.

Freud hätte nicht einmal damit beginnen können, ihm eine befriedigende Deutung seines phallischen Kindheitstraums zu geben, denn er hätte ihn ausschließlich auf eine Angelegenheit der Sexualität reduziert. Für Jung beinhaltete ein phallisches Symbol viel mehr als nur den Penis. Ja, er sagte sogar, der Penis *selbst* sei ein phallisches Symbol!

Der Geist, der Jungs Leben und die Psychologie, die seinen Namen trägt, inspirierte, war in ihm bereits als Kind vorhanden – ein im Grunde *hermetischer* Geist. Und wenn wir rückblickend Carls namenlosem phallischem Gott einen Namen geben sollen, dann muß es gewiß der Name des Hermes sein, des Boten des Zeus, des Gottes der Reisenden, des Seelenführers. Als freundlichster und zugänglichster der Götter war Hermes ein großer Wohltäter der Menschheit. Er leitete die Menschen auf ihren gefährlichen Reisen, führte die Aufsicht über ihre Angelegenheiten, trug die Gefühle, die von Zeus inspiriert waren, in ihre Herzen und, wenn die Zeit gekommen war, geleitete er ihre Seelen in die Unterwelt.

Seltsamerweise war Hermes auch der Patron der Dienstboten und gewährte ihnen die Geschicklichkeit bei der Ausführung ihrer Pflichten im Haushalt – Holzhacken, Entzünden des Feuers, Kochen der Mahlzeiten –, alles Handfertigkeiten, die er als Diener der Olympier gelernt hatte, und alles Aktivitäten, an denen Jung bis zum Ende seines Lebens Vergnügen hatte. Viele, die ihn im späteren Leben kannten, bezeugten seine offene Gastfreundschaft, seinen unverwüstlichen Sinn für Humor und Spaß, seine Lebenslust und gute Kameradschaft und die geradezu olympische Qualität seines Lachens. Nach der großen Wandlung, die ihn in der Lebensmitte überkam, hatte er, was sein Freund Laurens van der Post «ein Genie für Nähe» nannte.

Und dennoch war es der Gott *Hermes als Psychopompos* (Seelenführer), der ihn am meisten berührte: der Führer und Gefährte der Heroen Orpheus und Herakles auf ihrer Unterweltsfahrt. Als Gott der inneren Reisen machte Hermes Jung zu einem großen Seelenforscher und gewährte ihm die Einsicht, daß alles Unbewußte danach strebt, bewußt zu werden, und daß dieses Streben eine grundsätzlich *religiöse* Ausrichtung besitzt (Abb. 8).

Und so kam es, daß ein Traum, geträumt im Alter von vier Jahren, die Bühne für seine ganze Lebensgeschichte gestaltet hat. Sein phallischer Baumstamm verband ihn direkt mit dem alten Symbol der Weltachse (*axis mundi*), einem Motiv, das vom vierten Jahrtausend vor Christus datiert, als man sich die Achse, um die der gesamte Kosmos rotiert, als einen phallischen Lebensbaum vorstellte, dessen Wurzeln tief in der Unterwelt sind, während sein Stamm einen reichen Blattschmuck zum Himmel trägt. Die *axis mundi* war auch von zentraler Bedeutung für das Leben der Schamanen, deren Einweihung einen wiederholten Aufstieg auf den Weltenbaum erforderte, um mit den Göttern Zwiesprache zu halten, und ebenso einen wiederholten Abstieg, um mit den Geistern der Toten zu kommunizieren. Jungs eigener mutiger Abstieg in die Unterwelt, der bereits in einem so zarten Alter zum ersten Mal vollendet wurde, sollte sich noch viele Male im Laufe seines langen Lebens wiederholen, manchmal mit fast verheerenden Folgen für seine geistige Gesundheit, aber nur selten kam er von diesen gefahrvollen Expeditionen mit leeren Händen zurück. Diesen schamanistischen Abstiegen verdanken wir unser Verständnis der archetypischen Grundlagen des menschlichen Geistes.

Dieser erste Traum bestimmte sein Schicksal. Von nun an war der Brennpunkt seiner Interessen unter der Erde, und seine Bestimmung war ein lebenslanger Kampf um die Erlösung dieses *numens*, das in der unterirdischen Grabkammer begraben lag.

Abbildung 8: Hermes. Griechische Vasenmalerei.

Seine Aufgabe war die zwölfte Arbeit des Herakles mit Hermes als Führer. Diese außerordentliche Suche führte ihn in die Psychiatrie, zu seiner Verbindung mit Sigmund Freud, trieb ihn zum Studium des Gnostizismus, der Alchemie, Mythologie und Religion und gipfelte in der Schaffung seiner eigenen psychologischen Disziplin. Und das wichtigste von allem war, daß der Same des Traumphallus nach einer Reifeperiode von dreißig Jahren zur Geburt einer großartigen Idee führte: *der Hypothese vom kollektiven Unbewußten*. Für die Psychologie war es möglicherweise die bedeutsamste Epiphanie des 20. Jahrhunderts. Und alles begann mit dem Traum eines kleinen Jungen: «Es fand damals sozusagen ein Begräbnis in der Erde statt, und es vergingen Jahre, bis ich wieder hervorkam. Heute weiß ich, daß es geschah, um das größtmögliche Maß von Licht in die Dunkelheit zu bringen. Es war eine Art Initiation in das Reich des Dunkeln. Damals hat mein geistiges Leben seinen unbewußten Anfang genommen» (ETG, S. 21).

Literaturvorschläge:

John Bowlby: *Das Glück und die Trauer. Herstellung und Lösung affektiver Bindungen*

Michael Fordham: *Das Kind als Individuum. Psychotherapie aus der Sicht der analytischen Psychologie*

M. Esther Harding: *Der Weg der Frau*

C. G. Jung: *Über die Entwicklung der Persönlichkeit* (GW 17)

–: *Die psychologischen Aspekte des Mutterarchetypus* (in GW 9/I)

–: *Zur Psychologie des Kindarchetypus* (in GW 9/1)

–: *Die Bedeutung des Vaters für das Schicksal des Einzelnen* (in GW 4)

Erich Neumann: *Das Kind*

Frances G. Wickes: *Analyse der Kinderseele. Die Auswirkungen elterlicher Probleme auf das Unbewußte des Kindes*

6. Die Übergangsphase der Adoleszenz

Das archetypische Programm

Die Aufgaben, vor denen wir alle als Jugendliche stehen, sind als wahrhaft gewaltig zu bezeichnen: Man soll das Zuhause verlassen und sich selbst in der Welt erhalten, einen sexuellen Partner anziehen und behalten und mit der Zeit eine eigene Familie gründen. Um das zu erreichen, muß die Bindung an die Eltern gelockert, eine Arbeitsausbildung gemacht und ein Job gefunden werden, man muß eine passende Persona entwickeln und genug Vertrauen und Selbstachtung besitzen, um in der Lage zu sein, seinen Kopf in der Gesellschaft hochzuhalten.

Das archetypische Programm, das für diese komplizierte Transformation vom Kind zum Erwachsenen verantwortlich ist, kann unter vier Überschriften zusammengefaßt werden: (1) die Lockerung der Bindung an die Eltern, (2) der Generationskonflikt, (3) die Aktivierung des affektiven sexuellen Systems und (4) die Initiation in die Erwachsenenrolle.

Die erfolgreiche Absolvierung eines jeden dieser archetypischen Stadien hängt weitgehend von den persönlichen Eigenschaften der Eltern ab und von der Qualität der Elternschaft, die sie dem Kind geboten haben. Wir wollen jeden dieser Faktoren einzeln untersuchen.

Die Lockerung der Bindung an die Eltern

Die Natur ist absolut in ihrer Forderung, daß Kinder im ersten Lebensjahr eine Bindung an die Eltern entwickeln müssen; sie ist ebenso absolut, daß diese Bindung bald nach dem Eintritt der

Pubertät gelockert werden muß. Es gibt Beweise aus Studien an Menschen und Tieren, daß es schwierig ist, eine bleibende Bindung an einen sexuellen Partner zustande zu bringen, wenn es keine engen und dauerhaften Bindungen an Elternfiguren während der Kindheit gegeben hat. Aber, es kommt nur dann zu einer vollen sexuellen Autonomie, wenn diese Bindungen genügend gelockert wurden. Dann können Werbung und Paarung stattfinden.

Was offenbar in der Psyche des jungen Menschen geschieht, ist folgendes: Die elterlichen Archetypen verlieren ihre vorrangige Bedeutung, und die jungen Leute werde objektiver in bezug auf ihre eigenen Eltern, als sie es bisher waren. In demselben Maß, in dem die Elternarchetypen ihre Vorrangstellung verlieren, werden außerdem andere archetypische Programme aktiviert, die in der ontogenetischen Folge jetzt an der Reihe sind. Das wird wahrscheinlich von den schnell ansteigenden Hormonspiegeln im Blut unterstützt. Die augenscheinlichsten Archetypen sind hier der Archetyp des *Helden* und der *Anima* bei Knaben und der *Hetäre* und des *Animus* bei Mädchen, die alle das Bewußtsein der Identität mit dem eigenen Geschlecht erhöhen und für die zwingende Anziehungskraft des anderen Geschlechts anfällig machen.

In demselben Maß, in dem das Kind seine Projektion der Elternarchetypen von seinem Vater und seiner Mutter zurücknimmt, müssen auch die Eltern ihre *Identifikation* mit diesen Archetypen in sich selbst aufgeben und ihre eigene Projektion des Kindarchetyps vom jungen Menschen zurücknehmen.

Es ist klar, daß das Ergebnis, welches für alle Beteiligten am wünschenswertesten ist, darin besteht, daß alle ihre Projektionen zur selben Zeit zurücknehmen. Leider ist das nur selten so, denn es ist unwahrscheinlich, daß so mächtige archetypische Konstellationen genau im selben Moment eine so radikale Änderung erfahren – außer es treten dramatische Ereignisse ein, die alle Beteiligten gleichermaßen betreffen. In Gesellschaften ohne schriftliche Überlieferungen stellten die Initiationsriten auf wirkungsvolle Art dieses Ereignis dar.

In unserer eigenen Kultur ist dieser lebenswichtige Übergang weniger ordentlich eingerichtet und verläuft üblicherweise so, daß das Kind seine Projektionen zurücknimmt, bevor es die Eltern tun, oder umgekehrt. In den Fällen, in denen die Eltern an ihren Projektionen festhalten, nachdem die Kinder die ihren bereits zurückgenommen haben, haben die Heranwachsenden wenig Wahl, sie müssen rebellieren und um ihre Freiheit kämpfen. Wenn andererseits die Eltern ihr Projektionen zurücknehmen, bevor das Kind bereit ist, diesen Schritt zu tun, dann kann sich als Ergebnis eine *ängstliche Bindung* entwickeln, und eine Suche nach elterlichen Ersatzfiguren kann beginnen, während das Kind in der adoleszenten Psychologie steckenbleibt. Es ist dann nicht in der Lage, eine dauerhafte Verpflichtung gegenüber einem Partner oder einem Job einzugehen, und ist dazu verurteilt, das zu leben, was Jung «das provisorische Leben» nannte. In jungianischen Kreisen bezieht man sich auf dieses Problem unter der Bezeichnung *puer aeternus* (der ewige Knabe) oder *puella aeterna* (das ewige Mädchen), und es kann bis weit ins mittlere Lebensalter hinein andauern.

Für beide Geschlechter besteht daher in diesem Stadium die größte Gefahr darin, psychisch von den elterlichen Komplexen verschlungen zu werden und nicht imstande zu sein, sich loszulösen. Das kann dann besonders leicht vorkommen, wenn die Eltern zögern, mit ihren Kindern bei der Lockerung der Bindungen zusammenzuarbeiten, die diese noch an die Familie fesseln. Diese Gefahr ist für Jungen größer als für Mädchen, und ihre allgemeine Verbreitung kann aus dem überall vorhandenen Motiv vom verschlingenden Ungeheuer, das der Held erschlagen muß, bevor er die Prinzessin gewinnt und das Königreich erbt, geschlossen werden. Das Ungeheuer kann ein Drache sein, der in einer Höhle lebt, oder ein Ungeheuer der Tiefe. Mit diesem Urstoff hat sich Jung in seinem Werk *Symbole der Wandlung* beschäftigt.

Obwohl es dem natürlichen Antrieb des Selbst entspricht, das Individuum weiter und hinaus ins Leben zu tragen, ist dieser Antrieb nicht so stark, daß sein Ziel ohne Hilfe von der

Umgebung zu erreichen wäre. Ein zufriedenstellendes Erreichen der Ziele der Adoleszenz hängt in erster Linie davon ab, ob die Eltern «gut genug» sind, wie D. W. Winnicott das genannt hat. Das heißt, ob sie imstande sind, den grundlegenden Verpflichtungen der Elternschaft nachzukommen.

Der Vater ist zu dieser Zeit besonders wichtig, denn in unserer Gesellschaft, wie in den meisten anderen, fungiert er als Brücke zwischen der Familie und der Gemeinschaft im großen. Das nannte der amerikanische Soziologe Talcott Parsons (1955) die *instrumentale* Rolle des Vaters im Gegensatz zur *expressiven* Rolle der Mutter. Traditionsgemäß ist die Orientierung des Vaters *zentrifugal,* d. h. auf die äußere Welt gerichtet (im Gegensatz zu den *zentripetalen* Angelegenheiten der Mutter, die sich mit dem Heim und der Familie beschäftigt), und ihm obliegt die erste Verantwortung, den Übergang seiner heranwachsenden Kinder vom Zuhause zur Gesellschaft zu bewerkstelligen. Durch seine *bedingte* Liebe fördert er den Erwerb derjenigen Eigenschaften, die für das Leben eines Erwachsenen notwendig sein werden, während er gleichzeitig dem Kind gegenüber die Werte und Sitten repräsentiert, welche in der Erwachsenengruppe vorherrschen, an die das Kind sich wird anpassen müssen. In dieser Gestalt wird der Vater als Verkörperung der gesellschaftlichen Autorität erfahren und hat einen entscheidenden Einfluß darauf, wie sich das Kind ein Leben lang gegenüber Autorität verhält. In dem Maß, in dem der Vater in seiner Rolle erfolgreich ist, trägt er dazu bei, den Heranwachsenden aus der Bindung zur Mutter zu befreien, und fördert die Autonomie, welche für das Leben als Vollmitglied in der Gemeinschaft der Erwachsenen notwendig ist. In diesem Sinn ist seine Rolle in erster Linie *initiatorisch.* Die Mutter stellt ihrerseits durch ihre *expressive* Rolle die emotionale Unterstützung und die «sichere Basis» zur Verfügung, von der der Heranwachsende ausgehen wird, um sich der Herausforderung der Welt zu stellen.

Parsons Unterscheidung entspricht daher ziemlich genau Jungs Unterscheidung zwischen der *Logosfunktion* des Vaters und der *Erosfunktion* der Mutter. In der modernen Gesellschaft beginnen sich diese Unterschiede zwischen der väterlichen und der mütterlichen Rolle etwas zu verwischen, indem mehr Mütter instrumentale Fähigkeiten entwickeln und Väter expressiver werden in ihrer Beziehung zu ihren Kindern.

Aber die archetypische Grundlage, auf der sich die Elternschaft abspielt, ändert sich nicht, denn Archetypen sind genauso fixiert wie die genetische Struktur unserer Spezies. Wie bereits angedeutet, hängt es vom Ausmaß ab, in welchem die persönlichen Eltern es schaffen, den *archetypischen* Vater und die *archetypische* Mutter zu vermitteln, ob sie von ihren Kindern als gut genug *erlebt* werden. Wenn sie die mittleren Jahre der Kindheit erreicht haben, wissen Kinder, ob ihre Eltern dem Standard entsprechen, und schämen sich für sie, wenn das nicht der Fall ist, und oft geht das so weit, daß sie mit ihnen in heimlichem Einverständnis stehen, wenn es darum geht, ihre Mängel zu verbergen. Wenn die Eltern den archetypischen Erwartungen ihres Kindes nicht zu entsprechen vermögen, bleiben obendrein noch «unerledigte Angelegenheiten» zurück, welche das Kind ins Erwachsenenleben hinein mitnimmt, wo sie weiterhin einen starken Einfluß ausüben.

Von besonderer Wichtigkeit ist die eigentliche *Qualität* der Beziehung, die zwischen den Eltern besteht, denn es gilt als erwiesen, daß der spätere Erfolg oder Mißerfolg in den Beziehungen zum anderen Geschlecht viel mit der Erfahrung zu tun hat, die man in der Kindheit mit den wiederholten Interaktionen zwischen Vater und Mutter gemacht hat. Der brutale Ehemann, der seine Frau verunglimpft, wird die Selbstachtung der Tochter schädigen und eine ebenso chauvinistische Haltung wie die seine bei seinen Söhnen ermutigen. Ein unfähiger Ehemann wiederum, der von seiner Frau bevormundet wird, wird den Respekt seiner Kinder verlieren und wird es verabsäumen, in seinen Kindern die Aspekte des Vaterarchetyps zu aktivieren, die mit dem Ausüben von Autorität und Durchsetzung des Willens zu tun haben. Alle analytischen Schulen stimmen in der Ansicht überein, daß es keinen besseren Start ins Leben geben kann, als von Eltern geboren zu werden, die einander respektieren und die immer ehrlich und liebevoll miteinander und mit ihren Kindern umgehen.

Während es also stimmt, daß das archetypische Potential für das heterosexuelle Verhalten und für die Elternschaft Teil unserer konstitutionellen Ausstattung ist, so hängt doch der Grad, bis zu welchem es jedem einzelnen von uns gelingt, dieses Potential zu verwirklichen, gleichermaßen davon ab, wie unsere Eltern einander und uns behandelt haben. Liebevolle Paare sind die Kinder liebevoller Paare; liebevolle Eltern die Kinder liebevoller Eltern. Eine der wesentlichsten Funktionen der Familie besteht darin, das Geheimnis einer erfolgreichen Ehe und Elternschaft an die nächste Generation weiterzugeben.

Den Beitrag, den glückliche, gut angepaßte Eltern zum beständigen Wohlergehen ihrer Kinder leisten, kann gar nicht überschätzt werden, und es ist daher nicht überraschend, daß die Mehrzahl der Leute, die mit neurotischen Schwierigkeiten einen Psychiater aufsuchen, eine Geschichte elterlicher Fürsorge haben, die in irgendeinem entscheidenden Punkt sehr zu wünschen übriggelassen hat. Damit ist gemeint, daß die elterliche Fürsorge in der Art mangelhaft war, daß sie die Erfüllung von wichtigen archetypischen Erwartungen enttäuscht hat, als diese im heranreifenden Selbst zum Vorschein kamen. Das bezieht sich auf Erwartungen, die mit der Bildung von Bindungen zu tun haben, mit der Entwicklung des Urvertrauens, der Entwicklung eines sicheren und kompetenten Ichs, der Integration eines moralischen Kodex, der den vorherrschenden kulturellen Werten angepaßt ist, und so fort.

In solchen Fällen sind die gebräuchlichsten Formen elterlichen Mangels, die bekannt sind, die Abwesenheit der Eltern, Verlust oder Trennung vom Kind, Unempfänglichkeit für das Bedürfnis des Kindes nach Zuneigung, angedrohtes Aussetzen des Kindes, das Hervorrufen von Schuldgefühlen als Mittel, um Disziplin oder Zwang auszuüben, elterliches Festhalten am Kind, welches seine Autonomie einschränkt. Von diesen sind die Entbehrung der Eltern oder ihr Verlust wahrscheinlich die verheerendsten Möglichkeiten.

Im großen und ganzen kann man sagen, daß Eltern, die sich als Eltern entsprechend verhalten, gewöhnlich Kinder haben, die zufriedenstellend mit den Aufgaben der Adoleszenz fertig werden und die ihrerseits Erwachsene werden, die imstande sind, selbst wieder Partner und Eltern zu werden, die «gut genug» sind. Die Zukunft von Kindern, die mangelhafte Eltern hatten, ist nicht so vielversprechend. Für sie können die Aufgaben der Adoleszenz unüberwindlich erscheinen, und weit davon entfernt, darauf erpicht zu sein, die Verantwortung für Ehe und Elternschaft zu übernehmen, begeben sie sich viel eher auf eine durch das Unbewußte motivierte Suche, um wie der «Fliegende Holländer» von einem harten Schicksal Erlösung zu erstreben: sie geraten von einer beziehungsmäßigen Abhängigkeit in die nächste – Arbeitgeber, Lehrer, ältere Freunde und Liebhaber –, alles Menschen, von denen sie annehmen, daß sie die Mängel der Eltern wettmachen können. Solch ein *Heißhunger nach Eltern* kann wirklich stark sein und mag im Unbewußten ein ganzes Leben lang nagen.

Es gibt anscheinend eine kritische Periode, während der die Eltern zur Verfügung stehen, und ein kritisches Ausmaß, in dem Archetypen aktiviert werden müssen, um eine normale Entwicklung sicherzustellen. Es war Jungs wichtigster Beitrag zur Psychologie des Jugendalters zu erkennen, daß es vom Standpunkt des Jugendlichen oft nicht so bedeutend ist, was die Eltern *erfolgreich* in der Seele des Kindes *verwirklicht* haben, als das, was ihnen *nicht gelungen* ist *zu verwirklichen.* Mütter und Väter sind schließlich gewöhnliche, fehlbare Sterbliche, und gewöhnliche Männer und Frauen können nicht hoffen, alle Eigenschaften des Vater- und Mutterarchetyps zu verkörpern. Es ist nicht vernünftig, von ihnen zu erwarten, daß sie mehr sein können als eben gut genug. Und trotzdem erwarten wir als Kinder von ihnen, daß sie Götter sind, und wir alle erfahren es als schmerzliche Enttäuschung, wenn wir entdecken, daß sie fehlbar sind wie alle anderen auch. Wie Oscar Wilde sagt: «Kinder beginnen damit, daß sie ihre

Eltern lieben; wenn sie älter werden, urteilen sie über sie; manchmal vergeben sie ihnen.»

Daher sind gute Eltern solche, die genug elterliche Archetypen für uns verwirklichen, daß wir die Angelegenheit der Kindheit abschließen und zum nächsten Stadium des Lebens weitergehen können; aber was sie nicht verwirklichen, bleibt als unbewußtes Potential bestehen, welches weiter Erfüllung sucht, wenn die Individuation fortschreitet. Je ungenügender die Eltern waren, desto größer das unerfüllte Potential, desto nagender der Hunger nach Eltern und desto obsessiver die Suche des Fliegenden Holländers. *«In der Regel wird all das aus künstlichen Motiven verhinderte Leben»*, schrieb Jung, *«welches die Eltern leben könnten, in umgekehrter Form auf die Kinder vererbt,* das heißt letztere werden unbewußt in eine Lebensrichtung gezwungen, welche das Unerfüllte im Leben der Eltern kompensieren soll. Daher kommt es, daß übermoralische Eltern sogenannte unmoralische Kinder haben, daß ein unverantwortlicher und verbummelter Vater einen mit krankhaftem Ehrgeiz behafteten Sohn hat usw.» (GW 17, § 328).

Es macht den Eindruck, als ob das Kind gezwungen wäre, nicht nur die archetypischen Mängel der Eltern wettzumachen, sondern auch mächtige Aspekte ihres Schatten auszuleben: «Es handelt sich um ein Stück Leben, um das man sich – um es deutlich zu sagen – herumgedrückt hat, womöglich mit einer frommen Lüge. Das setzt die virulentesten Keime» (GW 17, § 87). Für alle Beziehungen zwischen Eltern und Kindern meint Jung: «Es handelt sich vielmehr um ein schicksalhaftes Ethos, das jenseits menschlich bewußten Ermessens steht. Proletarische Neigungen bei Nachfahren alter, edler Geschlechter, kriminelle Anwandlungen bei Kindern trefflicher oder zu guter Menschen, lähmungsartige oder passionierte Faulheit bei Nachkommen energischer Erfolgsmenschen sind nicht nur Stücke aus bewußter Wahl nicht gelebten Lebens, sondern schicksalhafte Kompensationen, die Funktion eines natürlichen Ethos, welches das zu Hohe erniedrigt und das zu Niedrige erhöht» (GW 17, § 90).

Man kann daher Familien als homöostatische Systeme betrachten, in denen Eltern und Kinder wie einander entgegengesetzte Pole wirken, die einander korrigieren und kompensieren. Das Familiensystem ist aber nur Teil eines größeren sozialen Systems, in dem die einander entgegengesetzten Pole die jüngere und die ältere Generation sind, deren Konflikt alle Gesellschaften betroffen hat, seitdem es menschliche Gesellschaften gibt.

Der Generationskonflikt

Wie alle Kriege ist der Krieg zwischen den Generationen eine im wesentlichen männliche Angelegenheit. Auch wenn Mütter und Töchter darin verwickelt werden können, so ist es doch zuallererst eine Schlacht, die Väter und Söhne betrifft. Der Vater wird von Kindern beiderlei Geschlechts zunächst als allmächtig erlebt. Als Träger des väterlichen Archetyps ist er die Personifikation der männlichen Autorität, des Logos und der Weisheit. Mit dem Einsetzen der Pubertät beginnt der Vaterarchetyp seine herausragende Stellung zu verlieren und sinkt tiefer in das Unbewußte zurück. Seines archetypischen Zaubers entkleidet, tritt der persönliche Vater in all seiner menschlichen Fehlbarkeit hervor. Dann wird er beurteilt. Auch wenn er geliebt und geschätzt wird, so betrachtet man ihn doch allmählich als veraltet, überflüssig und irgendwie im Weg. Für seine Söhne ist er nicht so sehr ein sexueller Rivale, wie es Freud behauptete, sondern eine hinderliche Bastion der alten Ordnung. Für seine Töchter stellt er eine Einengung ihrer sexuellen und gesellschaftlichen Freiheiten dar. Je unbeugsamer das Gesetz, das er vertritt, desto notwendiger erscheint es, daß er gestürzt und durch eine neue Ordnung ersetzt wird, die mehr der Zeit entspricht. Von Generation zu Generation wiederholt, ist es ein Thema mit einer langen Ahnenreihe, das immer wiederkehrt in den überall verbreiteten Mythen vom alten Vater des Himmels, der von seinen Söhnen kastriert und gezwungen wird, seine Macht aufzugeben.

Die biologische Perspektive dabei ist einleuchtend. Durch die Evolution hat die Kultur für die menschliche Gesellschaft die Funktion übernommen, die der Instinkt in Säugetiergemeinschaften hat, denn mittels der Kultur wird die angepaßte Weisheit von einer Generation zur nächsten weitergegeben. Das Überleben hängt davon ab, wie jede Generation sich zu ihrem kulturellen Erbe verhält. Auch wenn Kultur ein Geschenk ist, das jede Generation übernimmt, so kann sie doch nicht als gegeben betrachtet werden; man muß sie sich *verdienen*. Das ist ein anderer Grund, warum Initiationsriten auf der ganzen Welt Bedeutung hatten: Es sind Rituale, die bewirken, daß die sterbende Vergangenheit in der lebenden Gegenwart wiedergeboren wird.

Auch wenn der angesammelte Schatz an erprobter Erfahrung nie von einer Generation bis zur nächsten veraltet sein kann, so würden doch die kulturellen Traditionen nutzlos werden, wenn sie automatisch weitergegeben würden wie in einer Gesellschaft von Ameisen. Daher muß in allen menschlichen Gemeinschaften irgendeine Art von Gleichgewicht zwischen den traditionellen Kräften des Bewahrens und den fortschrittlichen der Veränderung erzielt werden. Fortschritt und Überleben verlangen, daß es im stets wiederkehrenden Generationskonflikt keine klaren Gewinner gibt. Zwischen den einander entgegengesetzten Systemen – den jugendlichen Revolutionären und den älteren Traditionalisten – muß ein homöostatisches Gleichgewicht aufrechterhalten werden. Ein totaler Bruch mit der Tradition, herbeigeführt durch einen kampflosen Sieg der jungen Progressiven, würde die Wettbewerbsfähigkeit einer Gesellschaft ebensosehr gefährden wie der Triumph der konservativen Unbeweglichkeit durch eine unnachgiebige Diktatur der Älteren.

Freud war der Ansicht, daß die ältere männliche Generation das Heranwachsen der jüngeren deshalb mit Argwohn betrachtet, weil sie eine *sexuelle* Bedrohung darstelle; aber das ist nur ein Teil der Geschichte und nicht einmal der wichtigste. Die männliche Adoleszenz beginnt mit einem plötzlichen dramatischen Ansteigen des männlichen Hormons im Blutkreislauf; das regt den sexuellen Appetit an, das ist richtig. Aber es ist auch für ein Zunehmen der Aggressivität verantwortlich. Das ist der Grund, warum junge Männer den Status und die Autorität der Älteren in Frage stellen, und nicht nur ihre sexuellen Vorrechte. Und was noch bedeutsamer ist: Sie bedrohen den Zusammenhalt und die Überlebensfähigkeit der Gruppe, die keine Chance hat, in ihrem Kampf um die Existenz zu überleben, wenn sie innerlich durch den Kampf zwischen den Generationen auseinandergerissen ist. Aus diesem Grund mußten alle erfolgreichen Gesellschaften in der Geschichte unserer Art Mittel und Wege finden, um junge Männer an Disziplin zu gewöhnen und ihre Energien in den Dienst an der Gemeinschaft fließen zu lassen.

Der gefährliche Augenblick kommt in der Pubertät, wenn junge Männer, berauscht von einem Riesenschuß an Testosteron, versuchen, die Fesseln der Tradition abzuschütteln, und sich nach neuen Idealen umsehen, die man verfolgen, nach neuen Fragen, denen man sich widmen, und neuen Zielen, die man anstreben könnte. Konrad Lorenz hat diese Zeit «die Mauser» genannt und festgestellt, «daß sie Gefahren mit sich bringt, die ebenso groß sind wie jene, die einen weichen Krebs bedrohen, der soeben aus seinem alten Panzer geschlüpft ist». Er sieht die pubertäre Mauser als «das offene Tor, durch welches neue Ideen Zutritt gewinnen». Aber diese neuen Ideen müssen mit den alten vereinbar sein und müssen mit ihnen eine Art Gleichgewicht erreichen; die Weisheit der kollektiven Erfahrung muß sich der Arroganz der Jugend entgegenstellen, was die Jungen schätzen lernen werden, wenn sie selbst älter werden. Plato hat das sehr gut verstanden: «Du bist jung, mein Sohn, und mit den Jahren wird sich die Zeit verändern und sogar viele deiner heutigen Meinungen ins Gegenteil verkehren. Nimm daher für eine Weile Abstand davon, dich zum Richter über die höchsten Dinge zu machen» (Gesetze, 888).

Die Arroganz der Jugend ist jedoch eine notwendige Arroganz. Ein Junge braucht eine Überzeugung, um seinen Mangel an Erfahrung damit wettzumachen, wenn er aus dem Kreis der Familie ausbrechen soll. Irgendwie muß die Bindung zur Mutter gelöst werden, und der Vater muß «erschlagen» werden. Dieser psychologische Vatermord verlangt natürlich nicht das wirkliche Hinscheiden des Vaters, sondern die Ermordung seiner veralteten Überzeugungen. Dann ist der Sohn frei, um den Weg des Helden zu gehen.

Die Aktivierung des affektiven sexuellen Systems

Wie Joseph Campbell in seinem klassischen Werk *Der Heros in tausend Gestalten* (1949) gezeigt hat, haben alle Heldenmythen sehr viel gemeinsam. Der Held erhält die Berufung zum Abenteuer und macht sich von zu Hause auf den Weg. Nachdem er eine Art von Schwelle oder Grenze überschritten hat, wird er einer Reihe von Versuchungen und Prüfungen unterworfen. Schließlich stellt er sich der größten Prüfung, und zwar dem Kampf mit dem Ungeheuer. Wenn er schließlich das Ungeheuer besiegt hat, wird er mit dem *schwer zu erringenden Schatz* belohnt – also mit dem Thron des Königreiches und der schönen Prinzessin als Braut.

Diese Mythen drücken in symbolischer Form jedermanns Erfahrung aus: Um sich auf das Abenteuer des Lebens einzulassen, muß man sich von seinen Eltern befreien, man muß das Zuhause verlassen und die Schwelle zum Mannesalter überschreiten. Wenn der junge Mann eine Braut erringen will, muß er eine zweite Geburt von seiner Mutter weg durchmachen – ein endgültiges Durchtrennen der Nabelschnur. Der Weg zum Sieg über die Drachenmutter führt oft über das Eintreten in sie. Dann, nachdem er eine Zeit in ihrem Bauch verbracht hat, gelingt es ihm, sich seinen Weg nach außen freizuschneiden, oder er bewirkt, daß sie ihn ausspeit. Wenn man beim Sieg über das Ungeheuer versagt, bedeutet das, daß man es nicht schafft, sich von der Mutter zu befreien: der Held schmachtet für immer in ihrem Bauch, und die Prinzessin (die Anima) wird nie aus den Fängen des Ungeheuers befreit. Sie bleibt im Unbewußten gefangen, unter der wachsamen Aufsicht des Mutterkomplexes.

Wird die Bindung zwischen Mutter und Sohn mit unverminderter Intensität ins Erwachsenenalter hinein aufrechterhalten, spricht Jung von einem «geheimen Komplott zwischen Mutter und Sohn, und wie eines dem anderen zum Betruge am Leben verhilft» (GW 9/II, § 21). Auszubrechen wäre eine heroische Tat, die weit über die Fähigkeit des Jungen hinausgeht, besonders in Abwesenheit eines starken und erfolgreichen Vaters. Um sie zu verlassen, «würde er eines treulosen Eros bedürfen, eines, der die Mutter vergessen und sich selber weh tun kann, indem er die erste Geliebte seines Lebens verläßt» (GW 9/II, § 22).

Die sexuellen Konsequenzen dieses «geheimen Komplotts» sind gewöhnlich entweder Homosexualität oder Don Juanismus. Wenn die Ausrichtung des Sohnes homosexuell ist, dann deshalb, weil seine heterosexuelle Libido sozusagen mit seiner Mutter verheiratet geblieben ist und daher nicht für eine andere Frau zur Verfügung steht. Wenn das passiert, liegt nicht selten die Geschichte einer unzulänglichen Vaterbeziehung zugrunde und die damit verbundene Schwierigkeit für den Knaben, sein eigenes männliches Potential zu verwirklichen. Wenn ihm die heterosexuelle Liebe aufgrund der ungelösten Mutterbindung verweigert wird, begibt er sich auf eine erotische Suche nach dem Männlichen.

Wenn männliche Homosexuelle in Analyse kommen, liegt der Grund oft in der erfolglosen Suche nach zwei Dingen: einem Liebespartner und einem Menschen, der das Männliche verwirklicht, und zwar beides zusammen in einer Person. Bewußtheit der Bedeutung, die diese Suche hat, kann den Weg für eine «Individuations-Beziehung» mit einem anderen Mann freimachen, eine Beziehung, in der jeder dem anderen hilft, das zu finden, was er sucht. Außerdem erweist sich die Analyse oft als notwendig, um das Individuum von seinem Mutterkomplex zu befreien, was aber nicht immer der Fall ist, denn offensichtlich ist bei der Entstehung der Homosexualität ein genetischer Faktor wirksam, und bei weitem nicht alle Homosexuellen sind in einem «geheimen Komplott» mit ihren Müttern gefangen. Homosexuelles

Verhalten ist im gesamten Tierreich verbreitet und kommt als Alternative zu heterosexuellen Bindungen bei den meisten intelligenten Primaten vor, so bei den Rhesusaffen, den Pavianen und den Schimpansen. Soziobiologen betrachten Homosexualität im biologischen Sinn als völlig normal und sind der Meinung, daß es in gut angepaßten Populationen immer Homosexuelle gegeben hat, denn sie sind die Träger seltener altruistischer Neigungen, die für das Überleben der Gruppe von Bedeutung sind. Außerdem haben Studien gezeigt, daß es eine größere Übereinstimmung in bezug auf Homosexualität bei eineiigen Zwillingen gibt als bei zweieiigen, selbst wenn diese voneinander getrennt aufgezogen wurden.

Die Entwicklung einer homosexuellen Orientierung hängt daher von verschiedenen Faktoren ab. Wenn eine genetische Anlage vorhanden ist, ist es schwer zu entscheiden, ob eine ungelöste Mutterbindung ein zusätzlicher Grund oder nur die Folge der genetischen Anlage ist.

Im Fall des Don Juanismus ist die Angelegenheit einfacher. Hier wagt der Sohn eine kleine Untreue der Mutter gegenüber, indem er nach ihrem idealisierten Ersatz sucht. Hier gilt die Suche der idealen Frau, die in Wirklichkeit die All-Mutter ist: Er sucht nach der Inkarnation der Großen Muttergottheit. Jedesmal, wenn er für eine Frau schwärmt, glaubt er gefunden zu haben, was er gesucht hat. Aber leider kann keine sterbliche Frau je auch nur im geringsten seinen übertriebenen Erwartungen entsprechen, und so bekommt die Gottheit Füße aus Erde, und er ist gezwungen anzuerkennen, daß sie doch nur eine gewöhnliche Sterbliche ist. Traurig läßt er sie stehen und geht weiter zur nächsten Begegnung. Dieser Kreislauf wiederholt sich oft viele Male.

Gewöhnlich jedoch leitet der plötzliche Anstieg der männlichen Hormone bei den meisten Knaben ein leidenschaftliches Interesse an der weiblichen Sexualität ein. Nachdem dieses aufgrund des Inzesttabus nicht mit der Mutter erlebt werden kann, wird der Jugendliche veranlaßt, sich anderweitig umzusehen. Er hat somit einen weiteren Anstoß, die Bande zur Mutter zu lösen und auf die zunehmend beharrlicher werdenden Einflüsterungen seiner Anima zu hören. Damit beginnt die Suche nach einer Seelengefährtin.

Im Zuge der Entwicklung der weiblichen sexuellen Reife können ähnliche Schwierigkeiten die Beziehung zwischen Vätern und Töchtern heimsuchen wie diejenige zwischen Müttern und Söhnen. Damit ein Mädchen sich selbst als liebenswert und begehrenswert betrachtet, ist es wichtig, daß sie eine dauerhafte Bindung an ihren Vater (oder an einen Vaterersatz) erlebt hat und daß diese Bindung erotisch aufgeladen war. Die erotische Natur der Bindung bürgt für die Bedeutung der Beziehung. Wenn sie diese Erfahrung nicht gemacht hat, ist es schwer für ein Mädchen, in die Lebensphase der Fortpflanzung hinüberzuwechseln mit genügend Selbstvertrauen, einen männlichen Partner zu finden und zu behalten.

Vielen Vätern gelingt es, diese Funktion für ihre Töchter leicht und mit echtem Vergnügen wahrzunehmen, aber bei manchen geht es ernsthaft schief. Während Mütter von Anfang an eine physisch erotische Bindung an ihre Söhne erleben, sind Väter oft gehemmt, ihren Gefühlen der Zuneigung zu ihren Töchtern offen Ausdruck zu verleihen. Sie können indifferent erscheinen oder sich durch Reaktionsbildung (d. h. Manifestation des Gegenteils von etwas, worüber man sich schuldig fühlt), was die Sexualität betrifft, streng oder gar zurückweisend verhalten, wenn es um die Sexualität geht. Das kann großen Schaden an der Vorstellung anrichten, die das Mädchen von seiner eigenen Weiblichkeit hat. Umgekehrt besteht auch die Möglichkeit, daß der Vater infolge einer persönlichen Unzulänglichkeit seiner symbolischen Verantwortung nicht richtig nachkommt und wirklichen physischen Inzest versucht. Das kann Gefühle der Scham und des Abscheus bei der Tochter zur Folge haben, die ohne psychotherapeutische Hilfe ihre sexuelle Einstellung für den Rest ihres Lebens ernsthaft komplizieren können.

Der Ausdruck der erotischen Liebe zwischen Eltern und Kindern ist also, wie wir sehen, ein kniffliges Unterfangen. Er muß vorhanden sein, aber er muß sich selbst Grenzen setzen, sowohl in der Dauer wie in der Intensität. Daß so viele Eltern und Kinder imstande sind, mehr oder weniger das Richtige zu tun, spricht Bände für die Kraft des archetypischen Programms, das unbewußt am Werk ist, um die erotische Zuneigung in der ersten Phase der Kindheit zu fördern und ihr allmähliches Verschwinden in der letzten zu veranlassen.

Es ist aber keinesfalls für jeden ein leichter Übergang, und die enorme Nachfrage nach psychiatrischen Einrichtungen für Jugendliche (wo sie zur Verfügung stehen) zeigt, wieviele junge Leute Schwierigkeiten haben, die Übergangsphase der Adoleszenz zu bewältigen. Ein Grund für dieses große und im Anwachsen begriffene Problem könnte gut und gern in der Abschaffung der gesellschaftlich sanktionierten Initiationsriten durch unsere Kultur liegen.

Die Initiation in die Erwachsenenrolle

Der Großteil der Kulturen, die in der Anthropologie bekannt sind, haben Initiationsriten für Knaben entwickelt, die etwa zur Zeit der Pubertät stattfinden. Wenn man diese Riten weltweit vergleicht, dann entsteht der Eindruck, daß diese Initiationsriten selbst eine archetypische Struktur besitzen, denn es zeigen sich überall dieselben zugrundeliegenden Muster und Vorgänge.

In der Regel wird der Knabe, wenn man glaubt, daß er soweit ist, von älteren Männern von der Mutter entfernt, und man sagt ihm, daß er für die mütterliche Welt «sterben» und schließlich nach einer Anzahl von großen Versuchungen und Prüfungen als Mann «wiedergeboren» wird. In dieser Phase der erhöhten Beeinflußbarkeit wird er in Stammeskunde, Mythen, Geheimnissen, Traditionen und geheimen Weisheiten der Ahnen unterrichtet. Schließlich findet eine heilige Zeremonie statt, während der er rituell verstümmelt wird (z. B. wird ihm ein Zahn ausgeschlagen, er wird der Beschneidung unterzogen, er erhält Einschnitte in die Haut), um ihn für immer mit den erwachsenen Mitgliedern seines Geschlechts identisch zu machen. Die ganze Prozedur ist eine Art Gehirnwäsche oder Schockbehandlung mit dem Ziel, Kinder in Männer zu verwandeln, die imstande sind, tapfere Jäger und Verteidiger des Stammes zu sein. Die Zeremonie wird in einem geheiligten Kontext durchgeführt, mit der absoluten Zustimmung der Götter, die die Träume senden, die für die Vollendung des Rituals notwendig sein können.

Dort, wo sie praktiziert werden, wird diesen Riten die größte Bedeutung beigemessen. Sie können sich über einen Zeitraum von vielen Monaten hinziehen, und die Prüfungen können so schwer sein, daß sie den Tod mancher Einzuweihender zur Folge haben. Daß sich solche Praktiken entwickelt haben und so weit verbreitet waren, zeigt, daß sie einen Wert für das Überleben besitzen. Sie sind in einem gewissen Sinn öffentliche Gesundheitsmaßnahmen, deren Ziel darin besteht sicherzustellen, daß die größtmögliche Anzahl von Individuen imstande sein wird, den Anforderungen, die die Adoleszenz stellt, auch nachzukommen – das sind: die Lockerung der Bindung an die Eltern, das Erlangen eines Gefühls für die eigene Identität und des Selbstvertrauens eines erwachsenen Mitglieds des eigenen Geschlechts, die Entwicklung von Fähigkeiten in einer gesellschaftlich nützlichen Rolle, das Erreichen der sexuellen Reife, die Bereitschaft, sich zum Zweck der Fortpflanzung zu paaren, und so fort.

Die Pubertät ist für jeden eine Zeit des Umbruchs – für Mädchen nicht weniger als für Jungen. Für das Mädchen ist die Lokkerung der Bindung an die Eltern begleitet von der Veränderung ihres Körpers und der Wandlung ihrer persönlichen Identität vom Mädchen zur Frau und in vielen Kulturen von der Tochter zur Ehefrau. Diese weibliche Transformation wird gewöhnlich mit weniger komplizierten Mitteln erreicht als die Transformation von Knaben zu Männern. Während die Mehrzahl der Kulturen Initiationsriten für Knaben kennen, halten es nur vergleichsweise wenige für notwendig, ähnliche Rituale für Mädchen zu organisieren. In den Kulturen, in denen es eine weibliche Initiation gibt, stellt sie gewöhnlich einen weniger anspruchsvollen und kürzeren Prozeß dar als die für Knaben erforderliche Initiation. (Das entsetzliche Ritual der weiblichen Beschneidung ist glücklicherweise nur in wenigen Gesellschaften gebräuchlich und muß als eine Form der kulturellen Aberration betrachtet werden.)

Für diesen Unterschied gibt es wahrscheinlich zwei Hauptgründe: erstens erfordert das weibliche Geschlechtsbewußtsein keinen radikalen Wechsel von der Mutter zum Vater wie bei Knaben; zweitens stellen weibliche Wesen gewöhnlich keine Bedrohung der männlichen sozialen Hierarchie dar. Daher besteht die weibliche Initiation dort, wo sie vorkommt, im Prinzip darin, daß zeremoniell anerkannt wird, daß eine junge Frau jetzt in die fortpflanzungsfähige Phase ihres Lebens eingetreten ist. Manchmal findet das Ritual in mehreren Etappen statt; es kann mit der ersten Menstruation beginnen, während der ersten Schwangerschaft fortgesetzt werden und mit der Geburt des ersten Kindes seinen Abschluß finden. Durch die Initiation wird es der Frau voll bewußt, daß sie im Unterschied zum Mann *auf der Ebene des Lebens kreativ ist* und daß sie Zutritt zu einem geheiligten Erfahrungsbereich hat, den der Mann nie kennenlernen kann. Daher erhöht die Initiation ihre introvertierte Bewußtheit von sich selbst als Frau.

In vielen Kulturen wird jedoch dieses neue weibliche Bewußtsein von keinen Riten markiert, und es obliegt dem eingeweihten Mann, die Entwicklung dieses Bewußtseins durch seine Anerkennung zu fördern und durch sein Interesse an der neuerworbenen Weiblichkeit des Mädchens zu festigen; es ist nicht ein unpersönliches Ritual, sondern die intime Gegenwart eines Mannes, welche die Frau im schlummernden Kind erweckt. Davon kommt das Motiv der Heldin in Mythos, Legende und Märchen, die schlafend liegt, bis ihr Prinz kommt, um sie mit einem Kuß zu erwecken. Sie ist das Dornröschen, das von einer dichten Rosenhecke umgeben ist, oder die schlafende Brünhilde, die die Ankunft ihres Siegfried in einem Feuerring erwartet, den Wotan rund um sie gezogen hat. Sie ist das Ziel der Suche des Helden. Und in der männlichen Psyche ist sie die Anima, die geduldig im Unbewußten döst und auf das heldenhafte Ich wartet, das die Drachen-Mutter erschlagen und das Königreich erben soll.

Daher ist für beide Geschlechter die Initiation eine kulturelle Strategie, die dazu dient, die Auflösung der Elternbindung zu fördern und die das öffentliche Bewußtsein erzeugt, daß er oder sie das fortpflanzungsfähige Alter erreicht hat. Auf diese Art und Weise fungiert die Initiation als psychotherapeutische Maßnahme, deren Ziel es ist, die regressive Sehnsucht des Kindes nach der Gebärmutter zu überwinden und es weiter voranzutreiben, zur nächsten Lebensphase.

Für Jungianer ist es von besonderem Interesse, daß in uns allen, unabhängig von unserem Geschlecht, ein *archetypisches Verlangen danach besteht, eingeweiht zu werden,* auch wenn unsere Kultur keine Initiationsriten mehr kennt. Wir können das aus der Tatsache schließen, daß Patienten in Analyse häufig in kritischen Phasen ihres Lebens Träume haben, die reich an initiatorischer Symbolik sind – in der Pubertät, bei der Verlobung, der Eheschließung, der Geburt eines Kindes, bei Ehescheidung oder Trennung, beim Tod eines Elternteils oder beim Tod des Partners und so weiter. Das Erreichen einer neuen Lebensphase scheint zu fordern, daß die Initiationssymbole, die der Phase entsprechen, auch erfahren werden müssen. Wenn die Gesellschaft es versäumt, sie zur Verfügung zu stellen, produziert sie das Selbst in Ermangelung besserer Gelegenheit in Träumen. Beispiele für solche Träume sind in den Büchern von Campbell (1949), Henderson (1967) und in meinen eigenen (Stevens, 1982) zu finden.

Das männliche Prinzip scheint im besonderen ein *Verlangen* nach kulturell sanktionierten Prüfungen und Mühen zu besitzen, wenn es die volle Verwirklichung seiner Reife erreichen soll. Man hat den Eindruck, daß vom männlichen Selbst eine Initiation als normaler Bestandteil der sozialen Existenz erwartet wird. Das ist ein Phänomen, dessen sich die Analytiker in zunehmendem Maße bewußt werden, denn solange kulturell sanktionierte Prozeduren nicht vorhanden sind, fällt der Mantel des Großmeisters der Initiation häufig auf ihre Schultern, indem sie die Bedeutung der initiatorischen Symbole aufzeigen müssen, wenn diese auftauchen. Sie müssen des weiteren den «Einzuweihenden» ermutigen vorwärtszustreben, wenn regressive Sehnsüchte und warnende Ängste ihn zur Rückkehr verlocken. Bei vielen Leuten, die in Analyse kommen, kann man etwas beobachten, das man *Hunger nach Initiation* nennen könnte – die Sehnsucht, ein Jünger zu werden und zu einer identifizierbaren Gruppe zu gehören. Derselbe Hunger ist auch außerhalb des Sprechzimmers zu beobachten in der Prahlerei, den Tätowierungen und der Kleidung der Hell's Angels, der Punk-Rocker, der Fußballrowdies und anderer Gruppierungen.

Seitdem unsere ältere Generation – in Übereinstimmung mit der allgemeinen Vertrauenskrise in unsere Kultur und unserem kollektiven Verlust an Respekt für die traditionellen Symbole und Glaubensinhalte – die Jungen nicht mehr einweiht (denn sie haben kaum mehr eine Vorstellung, wozu man sie einweihen sollte), sind die Heranwachsenden gezwungen, sich anderweitig umzusehen. Wenn sie nicht imstande sind, eine «jungianische Initiation» durch eine innere Beziehung zum Selbst zu erleben, werden sie die Initiation durch das Erreichen eines wirtschaftlichen oder intellektuellen Status suchen, oder indem sie einer hierarchisch strukturierten Organisation wie der Armee beitreten (die ihre Rekruten immer noch formell einweiht) oder durch eine informelle Initiation in eine weniger strukturierte Gruppe, sei es nun ein Sportteam, eine «Drogenkultur» oder eine Verbrechergruppe. Das Problem dieser weniger formellen Alternativen besteht darin, daß die aggressiven männlichen Energien, die traditionell durch die Initiation in Bahnen gelenkt wurden, die der Gesellschaft zugute kamen, jetzt in solche Formen des Gruppenverhaltens fließen, die sich gesellschaftlich zerstörerisch auswirken. Und anstatt reife Männer hervorzubringen, die von den Idealen der Gemeinschaft inspiriert sind, laufen wir Gefahr, einen großen Bevölkerungsanteil an moralisch und sexuell ambivalenten Männern heranzuziehen, in denen das männliche Prinzip nur unzureichend verwirklicht ist.

Initiiert oder nicht, das junge Menschenwesen wächst ständig aus der sicheren und vertrauten Vergangenheit in die Herausforderungen einer fremden und unbekannten Zukunft hinein. Wenn an irgendeinem Punkt die Herausforderungen überwältigend erscheinen, kann das Individuum in dem Stadium steckenbleiben, das es schon erreicht hat, oder, wenn die Herausforderungen allzu schrecklich sind, auf eine frühere Entwicklungsstufe regredieren. Solch ein taktischer Rückzug führt gewöhnlich zur Mutter zurück, in ihrem archetypischen Aspekt der Ernährerin und Bewahrerin. Es kann sich dabei um einen totalen Rückzug handeln oder um ein *reculer pour mieux sauter,* einen Rückzug an einen sicheren Ort, in der Absicht, die Batterien aufzuladen und Kräfte zu sammeln für ein gemeinsames Vorgehen, um die angetroffene Herausforderung zu bewältigen. Wer kämpft und davonläuft, lebt und kann am nächsten Tag weiterkämpfen.

In der Adoleszenz wird daher ein Kampf an zwei Fronten geführt: An der einen Front findet die Auseinandersetzung um eine eigene Identität und um die soziale Kompetenz als Persönlichkeit aus eigenem Recht statt und an der zweiten der Kampf gegen die regressiven Sehnsüchte nach der Mutter und der Vergangenheit. Diesem Konflikt entgeht niemand. Die Natur hat beschlossen, daß wir uns von der Mutter wegentwickeln und uns von ihr trennen müssen, aber gleichzeitig die Liebe und die Sicherheit, die sie repräsentiert, festhalten. Wie Jung sagt: «Wer sich von der Mutter trennt, sehnt sich nach ihr zurück. Diese Sehnsucht kann zur verzehrenden Leidenschaft werden, welche alles Gewonnene bedroht. In diesem Fall erscheint dann die ‹Mutter› einerseits als höchstes Ziel, andererseits als gefährlichste Bedrohung, als ‹furchtbare› Mutter» (GW 5, § 352).

Das führt uns zu einer grundlegenden Wahrheit: Jeder Entwicklung liegt eine zweifache Dynamik zugrunde. Die eine treibt uns hinaus und weiter in die Zukunft; die andere zieht uns nach innen und zurück in die Vergangenheit. Die Entwicklung der Persönlichkeit ist nicht ein einfacher, linearer Fortschritt, sondern eine Spirale mit progressiven Aufstiegen und regressiven Abstiegen. Es ist allerdings wichtig, daran zu denken, daß Regression sich im Dienst des Wachstums auswirken kann. Erfolg oder Mißerfolg in Leben wie in einer Analyse kann davon abhängen, wie gut diese Wahrheit begriffen worden ist. In einer Kultur ohne Rituale muß jeder selbst die Verantwortung für seine Initiation übernehmen.

Jungs Übergangsphase der Adoleszenz

In vielerlei Hinsicht hat Jung mit seinen Eltern Glück gehabt. Beide waren freundliche, anständige Leute, die ihren einzigen Sohn hingebungsvoll liebten und die ihm, obwohl sie verhältnismäßig arm waren, doch ein gutes Zuhause gegeben und dafür gesorgt haben, daß ihm von den grundlegenden Dingen des Lebens keines abging. Beide waren sicher «gut genug», um den Vater- und Mutterarchetyp in Carls Psyche zu aktivieren.

Emilie Jungs Krankheit in Zusammenhang mit ihrer Ehe mag sie dazu gezwungen haben, das Heim der Familie für einige Monate in einer kritischen Phase der Entwicklung ihres Sohnes zu verlassen, aber Carl betrachtete sie stets als eine positive Kraft in seinem Leben. «Meine Mutter war mir eine sehr gute Mutter. Sie hatte eine große animalische Wärme, war ungeheuer gemütlich und sehr korpulent» (ETG, S. 54). Als Junge begriff er, daß auch sie eine Persönlichkeit Nr. 2 besaß, von ungeahnter Originalität und Kraft: «Sie hatte alle hergebrachten traditionellen Meinungen, die man haben kann, aber handkehrum trat bei ihr eine unbewußte Persönlichkeit in Erscheinung, die ungeahnt mächtig war – eine dunkle, große Gestalt, die unantastbare Autorität besaß ...» (ETG, S. 54). Diese zweite Persönlichkeit war «wie eine Priesterin in einer Bärenhöhle. Archaisch und ruchlos. Ruchlos wie die Wahrheit und die Natur» (ETG, S. 56). Zu solchen Zeiten wurde sie zur Verkörperung dessen, was er später als *natural mind* bezeichnet hat. («Natural mind ist Geist, welcher der Natur entstammt und nichts mit Büchern zu tun hat. Er entspringt der Natur des Menschen wie ein Quell der Erde und spricht die eigentümliche Wahrheit der Natur aus. Er sagt die Dinge unbekümmert und ruchlos.» Fußnote von Aniela Jaffé in ETG, S. 56.)

Jung verdankte seiner Mutter seine Erdhaftigkeit, die «große animalische Wärme» und die Gemütlichkeit, die in späteren Jahren so stark hervortraten. Aber es war vor allem anderen ihr zutiefst intuitiver *natural mind*, der ihm die «sichere Basis» zur Verfügung stellte, von der aus er seine eigenen heroischen Erkundungen der Psyche durchführte.

Sein Vater war für ihn eher eine Enttäuschung, aber er *war* zumindest *da* und stellte sich seinem Sohn zur Verfügung, soweit es seine Persönlichkeit erlaubte, bis zu seinem Tod im Jahr 1896, während Carls erstem Studienjahr an der Universität Basel. Jung schrieb von ihm als von «meinem lieben und generösen Vater, der mir so vieles überließ und mich nie tyrannisiert hatte» (ETG, S. 61). Er erzählt eine berührende Geschichte, wie sein Vater ihn auf den Gipfel der Rigi nehmen wollte und wie er, weil er nicht genug Geld für beide hatte, das Geld in die Hand des Jungen drückte und unten geduldig wartete, während Carl in der Zahnradbahn auf den großen Berg fuhr und «auf dem Gipfel stand, in einer neuen, mir fremden dünnen Luft, in einer unvorstellbaren Weite». Es war eine Erinnerung, die er niemals vergaß. «Das war ein Geschenk, das kostbarste und beste, das mein Vater mir je gegeben hat» (ETG, S. 83). Es kann kaum Zweifel geben, daß des Pastors Gegenwart und Aufmerksamkeit ausreichten, um den Vaterarchetyp in der Seele des Knaben zu erwecken.

Aber in der Erweckung des Archetyps lag auch genau der Grund dafür, daß Carl imstande war, die Mängel seines Vaters zu begreifen, und so wurde er später unbewußt dazu getrieben, in intellektuell mächtigen Männern wie Sigmund Freud eine Kompensation dafür zu suchen.

Was Jung am meisten an seinem Vater betrübte, war dessen

Unfähigkeit, den Verlust seines Glaubens anzuerkennen, und seine Weigerung, sich den spirituellen Konsequenzen der Situation zu stellen. Jung konnte nicht viel Respekt oder Bewunderung für ihn fühlen, denn er erschien ihm machtlos und schwach, so als ob des Vaters Initiation zum Mann im Stadium des Studenten zum Stillstand gekommen wäre. Emotional und intellektuell scheint das Leben Paul Jungs mit dem Abschluß des Studiums an der Universität Göttingen zum Stillstand gekommen zu sein. «Als Landpfarrer in Laufen am Rheinfall versank er in Gefühlsenthusiasmus und in studentische Erinnerungen, rauchte immer noch die lange Studentenpfeife und war enttäuscht von seiner Ehe» (ETG, S. 96 f.).

Immer wieder versuchte Carl als Teenager mit seinem Vater ein richtiges Gespräch zu führen, aber es nützte nichts. Alle seine Argumente und Fragen trafen nur auf tote theologische Antworten, die auf Auswendiglernen basierten und nicht auf einer persönlichen religiösen Erfahrung. Jedes Mal, wenn Carl versuchte, ihn zur Rede zu stellen, wurde der Pastor gereizt und ging in Verteidigungsstellung: « ‹Ach was›, pflegte er zu sagen, ‹du willst immer *denken.* Man soll nicht denken, sondern *glauben.*› » (ETG, S. 49).

Carl dachte innerlich: «Nein, man muß erfahren und wissen – sagte aber: ‹Gib mir diesen Glauben›, worauf er [sein Vater] sich jeweils achselzuckend und resigniert abwandte» (ETG, S. 49).

Dieses Verhalten war für den Knaben unverständlich, denn er glaubte, bereits in seinem zwölften Lebensjahr persönlich eine religiöse Offenbarung erlebt zu haben, die von welterschütternder Bedeutung war. Gott selbst, so glaubte Carl, hatte bei dieser Gelegenheit für ihn eine entscheidende Prüfung vorbereitet. Es begann an einem schönen Sommertag in Basel:

> «An einem schönen Sommertag... kam ich mittags aus der Schule und ging auf den Münsterplatz. Der Himmel war herrlich blau, und es war strahlender Sonnenschein. Das Dach des Münsters glitzerte im Licht, und die Sonne spiegelte sich in den neuen, buntglasierten Zie-

> geln. Ich war überwältigt von der Schönheit dieses Anblicks und dachte: ‹Die Welt ist schön, und die Kirche ist schön, und Gott hat das alles geschaffen und sitzt darüber, weit oben im blauen Himmel, auf einem goldenen Thron und –› Hier kam ein Loch und ein erstikkendes Gefühl. Ich war wie gelähmt und wußte nur: Jetzt nicht weiterdenken! Es kommt etwas Furchtbares, das ich nicht denken will, in dessen Nähe ich überhaupt nicht kommen darf.»

Den Gedanken fortzusetzen wäre die schrecklichste aller Sünden.

> «... Die größte Sünde ist die wider den Heiligen Geist, die wird nicht vergeben. Wer sie begeht, ist auf ewig in die Hölle verdammt. Das wäre doch für meine Eltern zu traurig, wenn ihr einziger Sohn, an dem sie so sehr hängen, der ewigen Verdammnis anheimfiele. Das kann ich meinen Eltern nicht antun. Ich darf auf keinen Fall weiter daran denken!» (ETG, S. 42).

Aber das war leichter gesagt als getan. Der Gedanke an Gott, der in der Höhe sitzt, über diesem schönen Münster, kehrte mit zwanghafter Stärke immer wieder, und er wiederholte zu sich selbst: «Nur nicht daran denken, nur nicht daran denken!» (ETG, S. 42). Zwei Tage und zwei Nächte quälte er sich, so daß seine Mutter zu fürchten begann, daß er krank sei. Aber er widerstand der Versuchung zu beichten, was ihn beunruhigte, denn er fürchtete, beiden Eltern große Sorgen zu bereiten. In der dritten Nacht wurde die Qual so unerträglich, daß er nicht mehr wußte, was er tun sollte.

> «Ich war aus unruhigem Schlaf erwacht und ertappte mich gerade noch dabei, wieder ans Münster und an den lieben Gott zu denken. Beinahe hätte ich weiter gedacht! Ich fühlte, daß meine Widerstandskräfte nachließen. Ich schwitzte vor Angst und setzte mich im Bett auf, um den Schlaf abzuschütteln: ‹Jetzt kommt es, jetzt gilt es ernst! *Ich muß denken.*›» (ETG, S. 43).

Die Überzeugung wuchs, daß Gott selbst wollte, daß er den verbotenen Gedanken dächte, aber er wunderte sich, wie um alles in der Welt das so sein könnte. Er suchte in seiner Erinnerung einen Präzedenzfall in der Bibel und dachte darüber nach, daß Adam und Eva die erste Sünde begangen hatten, indem sie das taten, was Gott ihnen verboten hatte. Plötzlich kam er auf die Idee, daß es *die Absicht Gottes gewesen war, daß sie sündigen mußten,* denn er hatte ihnen die Fähigkeit verliehen, das zu tun, und hatte auch die Schlange erschaffen, um sie dazu zu verführen. Dieser Gedanke brachte ihm große Erleichterung, denn nun war er sicher, daß Gott diese Prüfung speziell für ihn ausgesucht hatte: Gott war dabei, seinen Mut und seinen Gehorsam zu prüfen, indem er ihm die gefürchtete Aufgabe stellte, etwas zu tun, daß so sehr allen Lehren der Religion widersprach, daß es ihn für immer verdammen könnte. Jetzt konnte er handeln.

«Ich faßte allen Mut zusammen, wie wenn ich in das Höllenfeuer zu springen hätte, und ließ den Gedanken kommen: Vor meinen Augen stand das schöne Münster, darüber der blaue Himmel, Gott sitzt auf goldenem Thron, hoch über der Welt, und unter dem Thron fällt ein ungeheures Exkrement auf das neue bunte Kirchendach, zerschmettert es und bricht die Kirchenwände auseinander» (ETG, S. 45).

Er empfand sofort eine ungeheure, unbeschreibliche Erleichterung. Anstelle der Verdammnis hatte er Gnade gefunden und mit ihr eine «unaussprechliche Seligkeit», wie er sie nie gekannt hatte. «Ich hatte erfahren, daß ich Gott ausgeliefert bin und daß es auf nichts anderes ankommt, als Seinen Willen zu erfüllen» (ETG, S. 46). Aber mit dem Erlebnis erwachte in ihm auch die Ahnung von der furchtbaren Seite Gottes:

«Es war ein furchtbares Geheimnis, das ich erlebt hatte, und es bedeutete für mich eine angstvolle und dunkle Angelegenheit. Sie überschattete mein Leben, und ich wurde sehr nachdenklich.... Meine ganze Jugend kann unter dem Begriff des Geheimnisses verstanden werden. Ich kam dadurch in eine fast unerträgliche Einsamkeit, und ich sehe es heute als eine große Leistung an, daß ich der Versuchung widerstand, mit jemandem davon zu sprechen. So war damals schon meine Beziehung zur Welt vorgebildet, wie sie heute ist: auch heute bin ich einsam, weil ich Dinge weiß und andeuten muß, die die anderen nicht wissen und meistens auch gar nicht wissen wollen» (ETG, S. 46 f.).

Für den post-freudianischen Leser mag diese ganze Geschichte verdächtig wie die Erzählung eines extrem gescheiten, aber sexuell naiven Schuljungen klingen, der gegen die moralischen Skrupel bei seinem ersten (unproduktiven) Orgasmus ankämpft – die Nächte, die damit vergehen, sich gegen den unwiderstehlichen Drang zu wehren, schließlich die Kapitulation zusammen mit der Phantasie, daß man etwas Obszönes geschehen läßt, gefolgt vom Gefühl der «unaussprechlichen Seligkeit». Mag das nun sein, wie es wolle, es wurde als *direkte Begegnung und als Kampf mit Gott erlebt*. Das sexuelle Element, selbst wenn es vorhanden ist, würde nur dazu dienen, die Parallele mit Adam und Eva und ihrer gottgewollten Verachtung des göttlichen Willens herauszustreichen. Es würde auch die symbolische Kontinuität zwischen diesem Erlebnis und dem anderen furchtbaren Geheimnis – dem Traum vom phallischen Gott und seinem unterirdischen Tempel – betonen.

Angesichts dieser außerordentlichen, persönlichen Offenbarung nahm Jung die religiösen Zweifel seines Vaters in Angriff. Aber diese gut gemeinten Bemühungen verstärkten nur die Reizbarkeit des Pastors. Trotz allem unterzogen sich beide der Farce der Vorbereitung für Carls Erstes Abendmahl – dem Initiationsritus für die volle Mitgliedschaft in der christlichen Kirche. Es ist nicht überraschend, daß es eine Katastrophe war. «Mein Vater erteilte mir persönlich Konfirmationsunterricht, der mich maßlos langweilte.» Nur ein Gegenstand nahm das Interesse des Knaben gefangen, und das war die Dreieinigkeit: wie konnte eine Einheit zugleich eine Dreiheit sein? Aber sein Vater sagte: «Wir kämen jetzt zur Dreieinigkeit, wir wollen das aber überschlagen, denn ich verstehe eigentlich nichts davon» (ETG, S. 58). Als seine Konfirmation kam, wurden seine Hoffnungen, daß sie Gott im Kontext seiner Kirche enthüllen würde, unwiderruflich zerschlagen: er erlebte absolut nichts.

«...ich bin zwar auf dem Gipfel der religiösen Einführung gewesen... Es war aber nichts geschehen. ... Ich wußte, daß ich nie mehr an dieser Zeremonie teilnehmen konnte. Für mich war sie keine Religion und eine Abwesenheit Gottes. Die Kirche war ein Ort, an den ich nicht mehr gehen durfte. Dort war für mich kein Leben, sondern Tod» (ETG, S. 60f.).

Nach dieser Erfahrung sagt er:

«Heftigstes Mitleid mit meinem Vater erfaßte mich. Auf einmal verstand ich die Tragik seines Berufes und seines Lebens. Er rang ja mit dem Tode, den er nicht wahrhaben konnte. Ein Abgrund hatte sich geöffnet zwischen ihm und mir, und ich sah keine Möglichkeit, diese unendliche Kluft zu überbrücken» (ETG, S. 61). «...ich sah, wie hoffnungslos er der Kirche und ihrem theologischen Denken verfallen war. ... Jetzt verstand ich zutiefst mein Erlebnis: Gott selbst hatte in meinem Traum die Theologie und die darauf gegründete Kirche desavouiert» (ETG, S. 98).

Der Gott, der Carls Konfirmation ferngeblieben war, hatte sich nichtsdestoweniger als Gott geoffenbart, der auf sein eigenes Münster scheißt: «Um Gottes willen fand ich mich von der Kirche und dem Glauben meines Vaters und aller anderen getrennt» (ETG, S. 62).

Carl Jungs Konflikt mit seinem Vater war eine extreme Variation des archetypischen Themas vom Konflikt zwischen den Generationen, denn in diesem Fall war der Vatermord nicht nur rein symbolisch. Die Zerstörung der Religion und der Autorität des Vaters war gefolgt von dessen wirklichem physischem Tod, und das Ereignis scheint in Carl wenig Trauer oder Reue ausgelöst zu haben: «Er röchelte, und ich sah, daß er in der Agonie war. Ich stand an seinem Bett, gebannt.» Später sagte die Mutter mit ihrer «zweiten» Stimme: «Er ist zur Zeit für dich gestorben», was Jung zu bedeuten schien: «Ihr habt euch nicht verstanden, und er hätte dir hinderlich werden können.» Carl fühlte sich bei diesen Worten nicht wohl, aber zur selben Zeit hatte er den Eindruck, plötzlich erwachsen zu sein: «Andererseits erwachte damals ein Stück Männlichkeit und Freiheit in mir. Nach dem Tod meines Vaters zog ich in sein Zimmer, und innerhalb der Familie trat ich an seine Stelle» (ETG, S. 101).

Diese Ereignisse in der Jung-Familie muß man im Kontext der Zeit sehen. Bis zu dieser Zeit war die große Mehrheit der menschlichen Kulturen das, was der Soziologe David Riesmann (1952) *traditionsgeleitete* Kulturen nannte: ihre Werte, Einstellungen und Glaubensvorstellungen galten als absolut und wurden in einer solchen Form weitergegeben (gewöhnlich durch ausführliche Initiationsriten), daß sie nur geringfügige Änderungen dieser Werte zuließen. In der modernen Zeit haben sich jedoch praktisch alle traditionsgeleiteten Kulturen, einschließlich unserer eigenen, rapide in Richtung einer außengeleiteten Kultur bewegt, das heißt, ihre Mitglieder verhalten sich intolerant gegenüber traditionellen Werten und suchen in «revolutionären» Ideen und modischen Bewegungen nach einem neuen Lebenssinn. Diese Veränderung wird von drei bedeutsamen Phänomenen begleitet: (1) das «Gravitationszentrum» der Kultur hat die Tendenz, sich entlang der Lebensspanne nach rückwärts zu bewegen, also vom Alter in Richtung Jugend, vom *senex* zum *puer;* (2) eine Abnahme in der Bedeutung, der Wichtigkeit und der Durchführung von Initiationsriten ist festzustellen; (3) die Auflehnung gegen die Tradition der Väter wird stärker betont, und zugleich wächst die Solidarität mit den Gleichaltrigen. Alle drei Phänomene führen dazu, daß der Abstand zwischen den Generationen größer wird.

In unserer Kultur begannen diese Veränderungen vor über zweihundert Jahren mit der Aufklärung, und sowohl ihre zunehmende Beschleunigung in der zweiten Hälfte des 19. Jahrhunderts als auch das Versagen des Konfirmationsrituals erklären zum Teil die Breite des Abgrundes, der sich zwischen Jung und seinem Vater auftat. Eine Initiation, die fehlschlägt, entfremdet den Initianten von allem, wofür der Vater steht. Jung erlebte seine eigene Entfremdung nicht nur als vom kulturellen Versagen der Kirche verschuldet, sondern auch als persönliches Versagen seines Vaters.

Unter ähnlichen Umständen werden die meisten Jungen außengeleitet, sie wenden sich einander zu, um Sicherheit und ein neues Ethos zu finden, nach dem sie leben können. Aber weil er von Natur aus sowohl introvertiert als auch einzelgängerisch war, war Carl Jung dieser übliche Ausweg verwehrt. Statt sich nach außen zu wenden, um sich seinen Altersgenossen zuzugesellen, wandte er sich nach innen und klammerte sich an seine Nr. 2 an.

Nicht daß diese Lösung nur für Jung typisch wäre, viele andere haben sie auch gewählt; Riesmann nannte das die *innengeleitete* Orientierung. Oft gehören die originellsten, kreativsten und herausragendsten Männer und Frauen diesem Typ an. Sie leiten ihre Wertvorstellungen nicht aus der Tradition oder aus der Übereinstimmung mit der Mode der *Peer-group* ab, sondern aus den Quellen, die sie in ihrer eigenen Natur finden und entwickeln. Für solche Leute liegt das Gravitationszentrum weder in der jüngeren noch in der älteren Generation, weder in der Vergangenheit noch in der Gemeinschaft: es liegt im Selbst.

Aber auch das nach innen gerichtete Leben braucht den Dialog, und auch der war Jung versagt, bis auf den Dialog mit sich selbst. Seine ganze Adoleszenz hindurch erlebte er das Selbst als gottähnlich, und die innere Gemeinschaft mit diesem «Anderen» stellte die zentrale Verpflichtung seines Lebens dar und übertraf an Bedeutung alle Beziehungen zu den Menschen um ihn. «Das gab mir oft das Gefühl, in allen entscheidenden Dingen nicht mit den Menschen, sondern allein mit Gott zu sein. ... Die Gespräche mit jenem ‹Anderen› waren meine tiefsten Erlebnisse: einesteils blutiger Kampf, andererseits höchstes Entzücken» (ETG, S. 53).

Obwohl diese Gespräche lebhaft waren, so vermehrten sie doch seine Isolation, bis sie schwer zu ertragen wurde, und es gab Zeiten, in denen er das Verlangen spürte, aus seiner Einsamkeit auszubrechen. «Die anderen Menschen schienen wirklich allesamt anderswo zu sein. Ich fühlte mich mit meinen Gewißheiten völlig allein... warum erlebte niemand Ähnliches wie ich? ... Bin ich der einzige, der solche Erfahrungen macht? Warum sollte ich der einzige sein?» (ETG, S. 68 f.).

Er wandte sich der Literatur, der Philosophie und der Religionsgeschichte zu, denn eine Kommunikation mit verwandten Seelen hatte er nicht. Er fühlte sich von der Hegelschen Dogmatik von Aloys Emanuel Biedermann betroffen und im besonderen von Biedermanns Definition der Religion als «einem spirituellen Akt, der darin besteht, daß der Mensch seine eigene Beziehung zu Gott festlegt», aber als er darüber nachdachte, war er damit nicht einverstanden. Denn er verstand Religion als etwas, «das Gott *an ihm* tat». Er erkannte, daß Gottes Existenz nicht von unseren Beweisen abhängt. Im Gegenteil, für ihn war Gott «einer der allersichersten und unmittelbarsten Erfahrungen». «Jene entsetzliche Geschichte mit dem Münster», dachte er, «hatte ich doch nicht erfunden» (ETG, S. 67).

Unter den Philosophen fühlte er sich zu Pythagoras, Heraklit, Empedokles und Plato hingezogen, obwohl er sie ziemlich akademisch und etwas weit weg fand. In Meister Eckhart war da schon mehr Leben. Aber seine größte Entdeckung war Schopenhauers *Die Welt als Wille und Vorstellung.* «Schopenhauers düsteres Gemälde der Welt fand meinen ungeteilten Beifall... Es war mir sicher, daß er mit seinem ‹Willen› eigentlich Gott, den Schöpfer, meinte und diesen als ‹blind› bezeichnete» (ETG, S. 75). Weit davon entfernt, von dieser Ansicht beunruhigt zu sein, betrachtete sie der heranwachsende Jung als gerechtfertigt durch die Tatsachen, wie er sie erfahren hatte. Von Schopenhauer ging er weiter und verschlang Kants *Kritik der reinen Vernunft,* das noch größere Erleuchtung bot und, so erzählt er uns, eine umwälzende Änderung seiner Einstellung zur Welt und zum

Leben zur Folge hatte. «...so meldete sich jetzt ein gewaltiger Appetit in jeder Hinsicht. Ich wußte, was ich wollte, und griff danach. Offensichtlich wurde ich auch zugänglicher und mitteilsamer» (ETG, S. 76).

Angeleitet von seiner Mutter, las er auch Goethes *Faust,* und er fand in dieser legendären Figur ein dramatisches Äquivalent seiner eigenen Persönlichkeit Nr. 2. «Faust», so sagt er, «strömte wie ein Wunderbalsam in meine Seele» (ETG, S. 65) und gab ihm «auch vermehrte innere Sicherheit und die Gewißheit, zur menschlichen Gesellschaft zu gehören». Er betrachtete sich nicht mehr als «lusus der grausamen Natur. Mein Pate und Gewährsmann war der große Goethe selber» (ETG, S. 92).

Als Jung im Jahr 1895 an der Universität Basel zu studieren begann, waren daher die Aufgaben der Adoleszenz nur teilweise erfüllt. Er fuhr fort, zu Hause bei seiner Mutter zu leben, und blieb unter dem Einfluß seiner Nr. 2-Persönlichkeit. Obwohl er anscheinend im Generationskonflikt mit seinem Vater siegreich geblieben war, fühlte er in sich immer noch das unerfüllte Verlangen nach einem starken Mentor, an den er sich um Führung in allen spirituellen und intellektuellen Unsicherheiten, die ihn befielen, wenden konnte. Trotzdem hatte er ein Gefühl der Zugehörigkeit zur menschlichen Rasse durch sein Gefühl der Verwandtschaft mit hervorragenden Gestalten in Literatur und Philosophie entwickelt, er hatte eine intensive persönliche Überzeugung von der großen Bedeutung seines inneren Lebens gewonnen, und er hatte angefangen, in der optimistischen Erwartung der Bestimmung zu leben, von der er fühlte, daß das Leben sie für ihn bereithielt.

Konsequenzen für Jungs Psychologie

Eines von Jungs Lieblingswörtern war *Enantiodromie,* ein Begriff, den er von Heraklit übernommen hatte. Es bezieht sich auf die allen Wesen innewohnende Tendenz, in ihr Gegenteil überzugehen, was ein wesentliches Charakteristikum aller homöostatischen Systeme ist. Ein Ausdruck dieser Tendenz zeigt sich in der Neigung der Kinder, in ihrem eigenen Leben die Mängel der Eltern zu kompensieren – eine Tendenz, die besonders augenscheinlich in Jungs eigenem Leben vorhanden war. Während sein Vater spirituelle Ängstlichkeit und intellektuelle Trägheit an den Tag legte, war Jung sowohl spirituell mutig wie auch intellektuell stark. Während sein Vater an einem gewissen Grad von Entwicklungshemmung litt, widmete Jung sein Leben der bestmöglichen Entwicklung seiner Persönlichkeit. Wenn sein Vater die Neigung besaß, nichts in Frage zu stellen und allen dogmatischen Glaubensartikeln anzuhängen, war Jung geneigt, alles zu hinterfragen und gegen jede Art von Dogma Widerstand zu leisten, gleichgültig, in welcher Form. In allen diesen Beispielen von *Enantiodromie* können wir das Selbst am Werk sehen, das seine heilende Funktion der *Kompensation* der Mängel in Jungs Erziehung und der Unzulänglichkeiten seines Vaters wahrnahm. Wie es so oft der Fall ist, wurde dieser kompensatorische Prozeß ein wesentlicher Einfluß, der durch die ganze erste Hälfte seines Lebens bestehen blieb. Die Gesetze der Homöostase verlangten von Jung, daß er «den Teil des Lebens, dem sein Vater immer ausgewichen war», ausglich – namentlich die Unfähigkeit des Pastors, seine passive Einwilligung in das kirchliche Dogma aufzugeben und die Realität seiner eigenen Erfahrung zu akzeptieren. Wo der Vater sich nur fruchtlos darum bemühte zu glauben, mußte der Sohn leiden und wissen. Weil Paul Jung den großen Fragen des Lebens auswich, mußte Carl sich den seinen stets frontal stellen, unabhängig davon, wieviel ihn das kostete und wieweit er sich dabei von den ausgetretenen Pfaden der konventionellen Meinung entfernte.

Dieser kompensatorische Druck machte aus ihm einen lebenslangen Gnostiker – einen Menschen, der der Erfahrbarkeit und dem Wissen um die Realität des Geistes hingegeben war. Die frühe christliche Sekte des *Gnostizismus* (griechisch gnostikos, einer, der weiß) war der Auffassung, daß man zwischen *gnosis*

(Wissen) und *sophia* (Weisheit) und *epistēmē* (allgemeines Wissen) unterscheiden müssen, denn *gnosis* unterscheidet sich von allen anderen Arten des Wissen: sie leitet sich nicht aus gewöhnlichen Quellen her, sondern kommt durch eine besondere Offenbarung direkt von Gott. Die Gnosis forderte, daß Jung seinen Träumen, Visionen und Phantasien eine zentrale Bedeutung einräumte, und bestand darauf, daß er sie durch das Studium der Literatur, Philosophie und Religion zu verstehen suchte. Sie führte ihn zur Wahl der Naturwissenschaften als Universitätsstudium (die einzige «zweckdienliche» Unterweisung, die sein Vater zur Verfügung gestellt hatte, war der unentgeltliche Ratschlag, die Theologie zu vermeiden), sie half ihm, ein Diplom als Arzt zu erwerben, und verursachte dann, sehr zum Mißvergnügen seiner Lehrer, die ihm eine brillante Karriere als Arzt prophezeit hatten, daß er die Psychiatrie zu seinem Beruf erkor.

Pastor Jungs Machtlosigkeit, das Fehlen einer gültigen Autorität, wie man sie in der Auseinandersetzung mit der Wahrheit erwirbt, bedeuteten, daß diejenigen Aspekte des Vaterarchetyps, welche in der Logosfunktion des männlichen Prinzips enthalten sind, in der Psyche des adoleszenten Jung nur teilweise aktiviert waren. Das waren Jungs «unerledigte Angelegenheiten», und sie standen am Beginn einer zweifachen Suche – nach dem intellektuell mutigen Vater, den er nicht gehabt hatte, und nach der Initiationserfahrung, die der Pastor nicht hatte bieten können. Das erklärt, warum Jung sich zu Männern hingezogen fühlte, die ihre Einsichten mit starker Überzeugung vorbrachten, und seinen Wunsch, ihnen zu Füßen zu sitzen – und damit sind nicht nur Freud und Eugen Bleuler (sein Vorgesetzter am Burghölzli, dem psychiatrischen Krankenhaus in Zürich, wo er seine medizinischen Studien abschloß) gemeint, sondern auch solche intellektuellen Giganten wie Nietzsche und Goethe, aber auch Schopenhauer und Kant. Seine Notwendigkeit, eine archetypische Kompensation für seine bittere Enttäuschung über seinen Vater zu finden, hilft mit, Jungs offensichtliches Vergnügen an der «ärgerlichen Legende», daß Goethe sein Urgroßvater gewesen sei, und sein Gefühl, auf irgendeine geheimnisvolle Art ins 18. Jahrhundert zu gehören, zu erklären.

Jungs immenser intellektueller Appetit, der sich zum ersten Mal während seiner Jugendjahre zeigte, sollte ungestillt bis ins hohe Alter anhalten. Auch das war offensichtlich eine Kompensation für seines Vaters fehlende intellektuelle Neugier und seine Strenge. Die Forschungen, die er bezüglich der Phänomenologie der Trinität und der Messe im reifen Alter durchführte, waren Folgen der Unwissenheit seines Vaters und dessen Weigerung, sie zu diskutieren. Durch solche Strategien bemüht sich das Selbst, die Unzulänglichkeiten der Eltern und ihrer Kultur auszugleichen.

Aufgrund des Fehlens einer kulturell sanktionierten Form der Inititiation wurde Jung durch das Unbewußte angeleitet, eine *innere* Initiation zu erlangen, die Art von Initiation, der sich – damals wußte er es noch nicht – diejenigen unterziehen, die in Sibirien, bei den Eskimos und bei den amerikanischen Indianern dazu bestimmt sind, Schamanen zu werden. Im Gegensatz zu Priestern wurden Schamanen nicht in irgendeiner formalen Lehre unterrichtet, sondern erwarben ihre Kräfte durch Prüfungen, die sie sich selbst auferlegten, wie Fasten oder durch Trance hervorgerufene Visionen und Begegnungen mit Geistern aus Reichen, die gewöhnlichen Männern und Frauen unbekannt sind. Wenn ihre Initiation vollendet war, schrieb man den Schamanen gewaltige Heilkräfte zu, sie waren Regenmacher, hatten Einfluß bei den Toten und Zugang zur göttlichen Offenbarung. Der Ausdruck «Schamane» kommt vom tunguso-mandschurischen Wort *saman,* das wörtlich «er, der weiß» bedeutet.

Rückblickend kann man sehen, daß Jungs Initiation mit seinem phallischen Traum im Alter von vier Jahren begann. Sie setzte sich durch seine Kindheitsrituale mit den Steinen, dem Feuer, dem Kabir und der Kista fort bis zu seiner Vision vom Allmächtigen, der seinen Darm auf das Münster von Basel entleert, und erreichte ihren Höhepunkt in der fünf Jahre dauernden Prüfung in seinem «Experiment mit dem Unbewußten», die begann, nachdem er seine Verbindung mit Freud beendet hatte. Es war ein schmerzhafter, schwieriger Weg, der ihm viel Leid aufbürdete, aber er hatte das Gefühl, daß er keine Alternative hatte, als ihn zu Ende zu gehen. Der schamanistische Weg war nicht seine Wahl, er wurde für den schamanistischen Weg erwählt, und das Leid ist ein unausweichlicher Teil der Reise. Wie es der Eskimo-Schamane Igjugarjuk dem Forscher Knut Rasmussen am Anfang dieses Jahrhunderts berichtete: «Die einzige wahre Weisheit lebt weit entfernt von der Menschheit, aus der großen Einsamkeit, und sie kann nur durch Leiden erreicht werden. Nur Entbehrung und Leiden können den Geist eines Menschen für das öffnen, was für andere verborgen ist.»

Jungs Anerkennung der entscheidenden Rolle der Träume in der psychischen Entwicklung sollte sich als weitere Quelle von Konflikten mit den Konventionen seiner Zeit erweisen und war ein wesentlicher Faktor, warum er sich zu Freud hingezogen fühlte, als er schließlich die *Traumdeutung* las. Vielen Leuten erscheint es immer noch seltsam, daß ein Junge seine Berufung dadurch entdecken konnte, daß er seinen Träumen Aufmerksamkeit schenkte und durch sie seine Intitiation für das Leben eines Heilers erhielt. Aber viele Kulturen außerhalb unserer eigenen haben der Bedeutung von Träumen im Zusammenhang mit Initiationsriten eine besondere Bedeutung beigemessen – nicht nur denen der Schamanen, sondern auch den Träumen der Jäger und Krieger –, und Zeitpunkt und Form des Rituals wurden vom Trauminhalt des Initianten bestimmt. Eine wesentliche Vorbereitung auf das Leben, das vor ihm lag, erhielt Jung in einem Traum, den er kurz nach Beginn seiner Studien in Basel träumte:

> «Es war Nacht an einem unbekannten Orte, und ich kam nur mühsam voran gegen einen mächtigen Sturmwind. Zudem herrschte dichter Nebel. Ich hielt und schützte mit beiden Händen ein kleines Licht, das jeden Augenblick zu erlöschen drohte. Es hing aber alles davon ab, daß ich dieses Lichtlein am Leben erhielt. Plötzlich hatte

ich das Gefühl, daß etwas mir nachfolgte. Ich schaute zurück und sah eine riesengroße schwarze Gestalt, die hinter mir herkam. Ich war mir aber im selben Moment bewußt – trotz meines Schreckens –, daß ich, unbekümmert um alle Gefahren, mein kleines Licht durch Nacht und Sturm hindurch retten mußte. Als ich erwachte, war es mir sofort klar: es ist das ‹Brockengespenst›, mein eigener Schatten auf den wirbelnden Nebelschwaden, verursacht durch das kleine Licht, das ich vor mir trug. Ich wußte auch, daß das Lichtlein mein Bewußtsein war; es ist das einzige Licht, das ich habe. Meine eigene Erkenntnis ist der einzige und größte Schatz, den ich besitze» (ETG, S. 92f.).

Dieser Traum brachte ihm die Erkenntnis, daß seine Nr. 1-Persönlichkeit der Lichtträger war, und Nr. 2 folgte ihm nach wie ein Schatten. «Ich mußte als Nr. 1 vorwärts ins Studium, ins Geldverdienen, in Abhängigkeiten, Verwicklungen, Verworrenheiten... Der Sturm, der mir entgegendrang, war die Zeit, die unaufhörlich in die Vergangenheit fließt...» (ETG, S. 93). Bis zu dieser Zeit hatte er gedacht, daß Träume direkt von Gott kommen, aber jetzt verstand er, daß der Schlüssel zur Zukunft tief in ihm selbst lag. Er kam zu dem Schluß, daß die Erkenntnis, die der Traum vermittelte, lange Zeit hindurch in ihm herangereift war. Irgend etwas mußte daher hinter den Kulissen am Werk gewesen sein, etwas Intelligenteres als er selbst. In seinem Geist gab es keinen Zweifel mehr. Nr. 2 war sein kostbarster Besitz, und aus dieser Quelle würde alle zukünftige Weisheit fließen. Zum gegenwärtigen Zeitpunkt aber, als Student, der seinen Weg in der Welt erst zu machen hatte, mußte er seine Energien für die Förderung von Nr. 1 zur Verfügung stellen.

Literaturvorschläge

Joseph Campbell: *Der Heros in tausend Gestalten*
Mircea Eliade: *Das Mysterium der Wiedergeburt*
M. Esther Harding: *Der Weg der Frau*
David Riesman: *Die einsame Masse*
Marie-Louise von Franz: *Der ewige Jüngling. Der Puer Aeternus und der kreative Genius im Erwachsenen*
D. W. Winnicott: *Reifungsprozesse und fördernde Umwelt*

7. Die frühen Erwachsenenjahre

Das archetypische Programm

Die frühen Erwachsenenjahre sind die Zeit, in der man am stärksten motiviert ist, sich um seine Nr. 1 zu kümmern – es ist eine Zeit, in der man viel Energie für das Ich-Wachstum besitzt (und braucht), eine Zeit, in der man sich wirtschaftlich, beruflich und gesellschaftlich etabliert, für die meisten Menschen ist es auch die Zeit, in der sie heiraten, sich ein Heim schaffen und eine Familie gründen. Freud, dessen Psychologie im wesentlichen eine Theorie und Therapie für die erste Lebenshälfte war, faßte die Aufgaben dieser Phase unter «Liebe und Arbeit» zusammen.

Die psychologische Entwicklung geht in dieser Phase rasch voran, aber sie ist notwendigerweise einseitig in dem Sinn, daß man sich mehr oder weniger ehrlich durchs Leben schlägt, seine dominierende Seite und Funktion zu einem hohen Grad an Effektivität bringt, die Persona auf Hochglanz poliert und ganz allgemein mit dem besseren Fuß zuerst aufsteht. Es ist keine Periode, in der die Menschen viel Zeit für ihr inneres Leben haben, und Jung bestand darauf, daß die Individuation in dieser Phase nicht das richtige Unternehmen ist. Im Gegenteil, man muß seine Pflicht der Gesellschaft gegenüber leisten und das Recht auf Individuation erwerben, die dann die Aufgabe der zweiten Lebenshälfte sein wird.

Auch wenn die frühen Erwachsenenjahre natürlich mit einem geistigen Wachstum zusammenfallen können, mit dem Heranreifen der Liebesfähigkeit und der Beziehungsfähigkeit, der Entwicklung des Geschmacks in Musik, Literatur und Kunst, so ist das doch alles ein Zuwachs an Fähigkeiten, die bereits im Jugendlichen vorhanden waren. Es ist die Verwirklichung von etwas, das bereits *bekannt* ist und jetzt im Leben realisiert wird. Viel verborgenes Potential verbleibt unentdeckt im Selbst, wo es bleibt, bis man gut genug in der Welt etabliert ist, um ihm die nötige Aufmerksamkeit zu schenken.

Das beherrschende archetypische Programm dieser Phase hat mit Liebe, Bindung und Elternschaft zu tun. Im Normalfall reift die Kapazität, eine Beziehung mit dem anderen Geschlecht einzugehen während der Adoleszenz bis zu dem Punkt, an dem eine volle erotische Verpflichtung möglich und enorm begehrenswert wird. Das hängt, wie wir gesehen haben, von der Aktivierung und Entwicklung der gegengeschlechtlichen Komplexe ab, von Anima und Animus, von diesen eingebauten Erwartungen, die ein Geschlecht vom anderen hat. Das Erlebnis des «Sich-Verliebens» tritt ein, wenn jemand einem Mann oder einer Frau begegnet, die den Eindruck machen, die lebende Verkörperung der Anima oder des Animus zu sein. Dieses Erlebnis ist ein lebendiges Beispiel dafür, was es bedeutet, von der Macht eines autonomen Komplexes «überfallen» zu werden. Man *wählt* den Zustand der Verliebtheit nicht – besonders wenn man sich in jemanden verliebt, der unerreichbar ist, denn eine solche Katastrophe kann viel Leid mit sich bringen. Und dennoch, wenn wir menschliches Unglück betrachten, so kommt unerwiderte Liebe häufiger vor als Verkehrsunfälle.

Der junge Erwachsene ist so empfänglich für Anima/Animus-Projektionen, daß das Phänomen der «Liebe auf den ersten Blick» keine Seltenheit darstellt. Ursprünglich brachte man diese «Sofortprojektion» des gegengeschlechtlichen Komplexes mit den Pfeilen Cupidos in Verbindung, und sie ist reichlich in der gesamten europäischen Literatur zu finden. Die treffendsten Beispiele sind oft aus des Autors eigener Erfahrung entstanden. So war zum Beispiel das Vorbild für die verführerisch schöne Heldin in Alain-Fourniers *Le Grand Meaulnes* Yvonne de Quièvrecourt, die Alain-Fournier an seinem Lycée in Paris kennenlernte. Sie nahm seine Anima auf den ersten Blick gefangen, und ihr Bild verfolgte ihn für den Rest seines kurzen Lebens – mit einer Intensität, die Dantes Besessenheit von Beatrice gleichkam. Fournier verehrte sie aus der Entfernung und erreichte nie etwas Intimeres als ein gemurmeltes «Sie sind schön», wenn er an ihr vorbeiging. Aber diese Besessenheit sollte sich als die große emotionelle Erfahrung seines Lebens erweisen, und ohne sie wäre *Le Grand Meaulnes* nie geschrieben worden. Im großen und ganzen kann man behaupten, daß ein Mann eine größere Chance hat, sich der Macht und Qualität seiner Anima voll bewußt zu werden, wenn er nicht in der Lage ist, mit ihrer Verkörperung im realen Leben eine Beziehung einzugehen.

Die Idee des Unerfüllten ist ein wesentlicher Bestandteil eines jeden Archetyps: eine innere Bewußtheit, daß man etwas braucht. Der Mann braucht die Frau entweder als Mutter oder als Gefährtin, wenn er sich selbst erfüllen soll. Der Archetyp strebt nach seiner eigenen Erfüllung. «So setzt das ganze Wesen des Mannes die Frau voraus, körperlich sowohl wie geistig. Sein System ist a priori auf die Frau eingestellt...» (GW 7, § 300), siehe S. 82. Bei der Frau ist es genau dieselbe Geschichte: ihre ganze Natur setzt den Mann voraus. Auf der elementarsten Ebene stellt der gegengeschlechtliche Archetyp das psychische Äquivalent der physischen Eigenschaften des anderen Geschlechts dar, wie sie in allen Männern und Frauen vorhanden sind: zum Beispiel Androgene und die Klitoris bei Frauen, und Östrogene und Brüste bei Männern. Aber weit davon entfernt, ein rein archaischer Überrest zu sein, ist er ein dynamischer Komplex, der eine lebendige Rolle bei der Vermittlung des Lebens zwischen den Geschlechtern spielt und eine ebenso wesentliche symbolische Rolle im psychischen Leben eines Individuums.

Mit Anima und Animus untrennbar verbunden ist der Archetypus der Sexualität. Sexualität ist mehr als nur ein «Trieb» oder ein amorpher «Instinkt». Man stellt sie sich besser als ein archetypisches System vor wegen ihrer Struktur, ihrer Numinosität, ihrer Universalität und ihrer Macht. Der Einfluß der Sexualität reicht vom Kleinkindalter bis ins Greisenalter und manifestiert sich in allen Formen erotischen Vergnügens, seien diese nun heterosexuell oder homosexuell, Fetischismus oder Sado-Masochismus, Voyeurismus, Exhibitionismus oder das Interesse an Pornographie. Auch wenn die Fortpflanzung eindeutig der biologische Zweck der Sexualität ist, so wird sie gewöhnlich doch nicht so erfahren, denn die Menschen vermengen nur selten das sexuelle Vergnügen mit der Absicht, Kinder zu erzeugen. Die Sexualität hat genausoviel mit Vergnügen und mit Bindung zu tun wie mit Fortpflanzung. Aber sie ist die Energie, die Anima und Animus in ihrer Suche nach Ergänzung vorantreibt, indem man von einem Seelengefährten entdeckt und angenommen wird.

Die Verbindung mit einem sexuellen Partner ist daher eine Frage des sexuellen Interesses und der gegenseitigen unbewußten Projektion. Damit die Verbindung von Dauer ist, muß es natürlich viel mehr sein als das. Es bedarf der Anerkennung des jeweiligen Partners durch den anderen als reale Person, die über alle Projektionen hinausgehende Eigenschaften, Bedürfnisse und Erwartungen hat. Die meisten Paare haben auf diesem Gebiet Schwierigkeiten; aber der Erfolg ihrer Verbindung hängt von dem Ausmaß ab, in welchem jeder Partner dem anderen die Aspekte von Anima und Animus, die der andere *nicht verkörpert,* vergeben kann, und davon, inwieweit jeder von beiden fähig ist, den anderen dafür zu lieben und zu akzeptieren, daß er der Mensch ist, der er oder sie eben ist.

Das sind Fragen, deren sich Jung sehr bewußt war, denn, wie wir sehen werden, stellten sie sich ihm in seiner eigenen Ehe. Seine Schrift *Die Ehe als psychologische Beziehung,* publiziert 1925, bezieht sich ganz deutlich auf seine persönliche Erfahrung, aber sie enthält eine Anzahl von grundsätzlichen Beobachtungen, die nichtsdestoweniger von allgemeinem Interesse und auf viele Ehen anwendbar sind.

Jung vertritt den Standpunkt, daß das Ausmaß, in welchem eine Ehe als echte Beziehung betrachtet werden kann, davon abhängt, wie sehr sich beide Partner der psychischen Realität des anderen *bewußt* sind. Traditionell, sagt er, hat eine Ehe die Tendenz, eine instinktive, weigehend unbewußte Verbindung zu sein, die durch Gewohnheit und Konvention geregelt ist. Er nennt das die «mittelalterliche Ehe»; sie war ein wirkungsvolles Instrument, um die Art und die soziale Stabilität zu erhalten, aber sie war keine «psychologische Beziehung».

Er gibt allerdings zu, daß Ehen, die auf blinden Anima/Animus-Projektionen basieren, erfolgreich sein können, vorausgesetzt, beide Partner verharren in einem fröhlich unbewußten Zustand und in großartiger Unwissenheit über die illusionäre Natur eines Großteils dessen, was sie ineinander «sehen». «Dieser Zustand wird als völlige *Harmonie* bezeichnet», sagt er, «und als ein großes Glück gepriesen (‹Ein Herz und eine Seele›); wohl mit Recht, denn die Rückkehr zu jenem anfänglichen Zustand der Unbewußtheit und der bewußtlosen Einheit ist wie eine Rückkehr in die Kindheit (daher die kindische Geste aller Verliebten)» (GW 17, § 330).

Aber unter modernen gesellschaftlichen Bedingungen ist es für solche glückseligen Beziehungen schwer zu überleben. Wie Jung in der Mitte der zwanziger Jahre schrieb, haben schon die sozialen Veränderungen im Gefolge des Ersten Weltkrieges die Ehe zu einer bewußteren und weniger stereotypen Institution gemacht, aber auf Kosten einer zunehmenden Anzahl von gescheiterten Ehen und Scheidungen. Wenn ein Paar sich der Anima/Animus-Vorurteile, denen es sich hingegeben hat, bewußt wird, versetzt sie das in die Lage, einander als selbständige Menschen wahrzunehmen. Aber dieser Prozeß ist auch von einem Gefühl der Enttäuschung begleitet, denn er beinhaltet ein gewisses Aufgeben von Idealismus, Phantasie und Hoffnung. Er ist vergleichbar mit der Abnahme der magischen Macht der Eltern, die eintritt, wenn der Jugendliche sie nicht mehr als Verkörperung der elterlichen Archetypen wahrnimmt. In beiden Fällen muß man mit Konflikt und einem Körnchen Desillusionierung rechnen. Aber eine Ehe als eine richtige «psychologische Beziehung» beginnt erst, wenn die wechselseitige Projektion der gegengeschlechtlichen Archetypen zurückgenommen und das anfängliche Gefühl von Einheit und Identität aufgehoben wird. Leider geschieht das selten oder nie ohne Schwierigkeiten oder Krise: «Es gibt keine Bewußtwerdung ohne Schmerzen» (GW 17, § 331).

Allen Ehen wohnt ein gewisses Maß an Ungleichheit inne, wenn es um den «Umfang der geistigen Persönlichkeit» geht, den jeder Partner erreicht hat, und das führt dazu, daß ein Partner im anderen «enthalten» ist. Wenn Jung vom «Umfang der geistigen Persönlichkeit» spricht, bezieht er sich nicht auf «Heiligkeit» oder «religiöse Geistigkeit», sondern auf eine «gewisse *Kompliziertheit* der geistigen Natur, vergleichbar einem Stein mit vielen Facetten». Ein Ehemann oder eine Ehefrau, die eine solche vielseitige Natur besitzt, wird den Partner, der weniger komplex ist, ‹enthalten›, gewissermaßen umfangen, beinhalten. Das verursacht keine Probleme, solange die Animus/Anima-Projektionen beide in ihrem Griff haben, aber wenn die Bewußtheit zunimmt, bringt sie eheliche Disharmonie im Gefolge mit sich. «Man könnte dies als *das Problem des Enthaltenen und des Enthaltenden* bezeichnen» (GW 17, § 331c).

Schwierigkeiten entstehen, weil der enthaltene Partner im wesentlichen ganz innerhalb der Ehe ist. «... nach außen existieren keine wesentliche Verpflichtung und kein bindendes Interesse» (GW 17, § 332). Der enthaltende Partner hingegen beginnt das als eine lästige Einengung des Lebens zu empfinden. «Die einfache Natur wirkt auf den Komplizierteren wie ein zu kleines Zimmer, das ihm nicht Raum genug gewährt. Die komplizierte Natur dagegen gibt dem Einfacheren zu viele Zimmer mit zuviel Raum ...» Das verursacht Frustration im Enthaltenden und Unsicherheit im Enthaltenen mit dem Ergebnis, daß die Ehe destabilisiert wird. «Je mehr der Enthaltene festhält, desto mehr fühlt sich der Enthaltende hinausgedrängt ... und dann ereignen sich gewöhnlich Dinge, die ihm den Konflikt zum Bewußtsein bringen» (GW 17; § 333).

Entweder, wie es heute häufig geschieht, löst sich die Ehe auf und der Enthaltende geht weg und sucht nach größerer Erfüllung bei einem anderen Partner, oder beide Partner wählen die heldenhaftere und schwierigere Alternative, sich der Realität ihrer Beziehungssituation und ihrer inneren Situation zu stellen. Wenn sie die zweite Möglichkeit wählen, wird ihre Vereinigung zu dem, was Adolf Guggenbühl-Craig (1977) als «Individuations-Ehe» bezeichnet. Der Enthaltende wird sich seines in der Beziehung unerfüllt gebliebenen persönlichen Bedürfnisses nach Einheit, Einfachheit und Integration bewußt. Der Enthaltene andererseits ist, wenn er der äußeren Sicherheit und Kompliziertheit beraubt wird, gezwungen, sich nach innen zu wenden, um die Sicherheit, die er vorher so verzweifelt im Partner gesucht hat, in sich selbst zu finden, und um jene komplexen Fähigkeiten zu entwickeln, die als latentes unbewußtes Potential vorhanden sind und die zuvor auf den Ehepartner projiziert waren. Das bringt Krisen und Leiden für beide Partner mit sich und kann den einen oder den anderen von beiden an den Rand des emotionalen oder psychischen Zusammenbruchs bringen, aber wenn man sich diesen Fragen mit Einsicht und Verstehen zu stellen vermag, werden Ehe und individuelle Partner zutiefst bereichert. Jung schließt: «Dies ist, was zur Zeit der Lebensmitte überaus häufig geschieht; und auf diese Weise erzwingt die merkwürdige Natur des Menschen jenen Übergang aus der ersten in die zweite Lebenshälfte, die Verwandlung aus einem Zustand, wo der Mensch nur Werkzeug seiner Triebnatur ist, in einen anderen Zustand, wo er nicht mehr Werkzeug, sondern er selbst ist – eine Wandlung von Natur in Kultur, von Trieb in Geist» (GW 17, § 335).

Gegen Ende seines Aufsatzes sagt Jung etwas Aufschlußreiches: «Bekanntlich versteht man in psychologischer Hinsicht gar nichts, was man nicht selber erfahren hat» (GW 17, § 343), und wie wir sehen werden, besteht kaum ein Zweifel, daß seine Beobachtungen über die Phänomenologie der Ehe weitgehend aus seiner eigenen Erfahrung mit dieser ehrwürdigen Institution abgeleitet waren.

Jungs frühe Erwachsenenjahre

Den Großteil der zwei Jahrzehnte, die dem Beginn seines Studiums an der Universität Basel im Jahr 1895 folgten, blieb Jung seinem Entschluß treu und widmete enorm viel Energie der Entwicklung seiner Persönlichkeit Nr. 1. Er erwies sich als ausgezeichneter Student und schloß sein Medizinstudium in der kürzest-möglichen Zeit ab. Auch wenn er nicht viel auf Einladungen zu finden war, so nahm er doch so weit am studentischen Leben teil, daß er ein Mitglied der Studentenverbindung «Zofingia» wurde, wo er eine Anzahl von Arbeiten vortrug, die sich mit Themen beschäftigten, die ihn interessierten. Manche Ideen, die er bei solchen Anlässen entwickelte, fanden später einen reiferen Ausdruck in den Prinzipien der Analytischen Psychologie. So vertrat er zum Beispiel in einem seiner Vorträge die Ansicht, daß die vordringlichste Aufgabe der wissenschaftlichen Psychologie darin bestehe zu zeigen, daß es eine Seele gebe, die er sich als eine Intelligenzform unabhängig von Raum und Zeit vorstellte. Er war der Auffassung, daß eine wissenschaftliche Untersuchung des Schlafwandelns, des Hypnotismus und des Spiritismus genug Daten ergeben würde, um die phänomenologische Realität der Seele nachzuweisen. Bei einer anderen Gelegenheit stellte er fest, daß religiöse Erfahrungen oft von erotischen Emotionen begleitet sind – eine interessante Überlegung angesichts des phallischen Traums und seiner Vision des Allmächtigen, der seinen Darm auf das Basler Münster entleert.

In seinem vierten Studienjahr begann er seine Ideen über das wissenschaftliche Studium metaphysischer Phänomene praktisch anzuwenden, indem er an den Séancen seiner fünfzehnjährigen Cousine Helene Preiswerk teilnahm. Offensichtlich beeinflußt durch Flournoys klassische Untersuchung des Falles Helen Smith (siehe S. 27) wohnte er diesen Séancen über zwei Jahre lang bei und zeichnete seine Beobachtungen systematisch für seine medizinische Dissertation auf, die er im Jahr 1902 einreichte.

Es waren vor allem zwei Dinge, die Jung an diesem Mädchen

besonders beeindruckten. Zum ersten war er erstaunt, wie lebhaft und real ihr ihre «Geister» erschienen, wenn sie in Trance war. Sie sagte zu ihm: «Ich weiß nicht, ob das, was mir die Geister sagen und was sie mich lehren, wahr ist, ich weiß schließlich auch nicht, ob sie diejenigen sind, mit deren Namen sie sich nennen, aber daß meine Geister existieren, ist keine Frage. Ich sehe sie vor mir, ich kann sie betasten, ich rede mit ihnen über alles, was ich will, so laut und so natürlich, wie ich jetzt rede. Es kann nicht anders sein, als daß sie wirklich sind» (GW 1, § 43). Zum anderen beeindruckte ihn die Art, wie Helene in ihren Trancezuständen perfekt Hochdeutsch sprach anstelle ihres gewohnten Basler Dialekts. Wenn sie in Trance war, sagte der Geist, der sie kontrollierte, sein Name sei Ivenes, und sie sprach auf eine ruhige, würdige Art, die in deutlichem Gegensatz zu ihrer sonstigen bewußten Persönlichkeit stand, die scheu, verlegen und etwas linkisch war. Jung kam zu dem Schluß, daß «Ivenes» der differenzierten, erwachsenen Persönlichkeit entsprach, die dabei war, sich im Unbewußten des Mediums zu entwickeln. Weil ihr natürliches psychisches Wachstum durch psychologische und soziale Hindernisse behindert war, hatte sie unbewußt zu einer List Zuflucht genommen und eine Laufbahn als spiritistisches Medium begonnen, mit dem Ziel, die Hindernisse zu überwinden, die ihre weitere Entwicklung blockierten. In dieser Interpretation finden wir den Samen für das, was später zur Theorie der Individuation heranwachsen sollte.

Gegen Ende seiner Zeit als Medizinstudent schlug Jungs Lehrer in Innerer Medizin vor, daß er mit ihm nach München gehen und als sein Assistent arbeiten solle. Jung war schon fast entschlossen, dieser schmeichelhaften Einladung Folge zu leisten, als er Krafft-Ebings *Lehrbuch der Psychiatrie* las und seine wahre Berufung entdeckte. «Mein Entschluß war gefaßt. Als ich meinem Lehrer der Inneren Medizin davon Mitteilung machte, konnte ich von seinem Gesicht den Ausdruck der Enttäuschung und Verwunderung ablesen. Meine alte Wunde, das Gefühl von Fremdsein und Entfremdung, schmerzte wieder» (ETG, S. 116).

Nachdem er sein Medizinstudium 1900 mit Auszeichnung abgeschlossen und den ersten Abschnitt seines Militärdienstes in der Schweizer Armee abgeleistet hatte, verließ Jung Basel und zog nach Zürich, um dort zu leben und zu arbeiten. Die Motive für diesen Umzug waren zum Teil persönlicher und zum Teil beruflicher Art. «Meine Freunde konnten nicht verstehen, daß ich wegging, und rechneten damit, daß ich binnen kurzem zurückkehren würde. Aber das war mir nicht möglich; denn in Basel war ich ein für alle Mal abgestempelt als Sohn des Pfarrers Paul Jung und Enkel meines Großvaters, des Professors Carl Gustav Jung. Ich gehörte sozusagen zu einer gewissen geistigen Gruppe und in einen bestimmten sozialen ‹set›. Dagegen empfand ich Widerstände, denn ich wollte und konnte mich nicht festlegen lassen» (ETG, S. 118).

Das berufliche Motiv, nach Zürich zu gehen, war nicht weniger stark. Er hatte dort das Glück, im psychiatrischen Krankenhaus Burghölzli eine Stelle als Assistent bei Eugen Bleuler (1857–1939), einem der hervorragendsten Psychiater seiner Zeit, zu bekommen. Bleuler war erst seit zwei Jahren Direktor des Burghölzli, als Jung dort zu arbeiten begann. Bleuler war ein unbeugsamer Verfechter harter Arbeit und exakter klinischer Beobachtung. Eine Zeitlang war er für Jung eine einflußreiche Vaterfigur, und Jung betrachtete seine neun Jahre im Burghölzli als eine Lehrzeit von unschätzbarem Wert. Bleuler wurde berühmt, als er 1911 ein heute klassisches Buch publizierte, in dem er den Begriff «Schizophrenie» einführte, der den obsoleten und ungenauen Begriff «Dementia praecox» ersetzte.

Bleuler schuf im ganzen Spital eine menschliche Atmosphäre, basierend auf seiner Ansicht, daß die geistigen Vorgänge bei psychiatrischen Patienten im Grunde genommen denen normaler Leute ähnlich sind – eine Ansicht, die Jung vollständig teilte: «Im Grunde genommen entdecken wir im Geisteskranken nichts Neues und Unbekanntes, sondern wir begegnen dem Untergrund unseres eigenen Wesens» (ETG, S. 133). Bleuler trug auch viel dazu bei, um dem therapeutischen Pessimismus, der typisch für die Psychiater der damaligen Zeit war, eine andere Richtung zu geben. Er bestand darauf, daß eine positive Einstellung auf Seiten des Arztes auch bei einem sehr gestörten Patienten zu einer Besserung beitragen kann. Alle diese Lektionen hat Jung gut gelernt und behalten.

Zunächst war Jungs Verhältnis zu Bleuler herzlich. Bleuler erkannte schnell Jungs Brillanz und seinen Fleiß, und mit Bleulers Unterstützung kam Jung beruflich schnell voran. 1905 wurde er Bleulers Stellvertreter im Burghölzli, er wurde der Leiter der Abteilung für ambulante Patienten und Dozent für Psychiatrie und Psychotherapie an der Universität Zürich. Bleuler war es auch, der Jung ermutigte, Untersuchungen mit dem Wort-Assoziationsexperiment durchzuführen, die seinen internationalen Ruf begründeten und ihn mit Freud in Kontakt brachten.

Im Februar 1903 heiratete Jung Emma Rauschenbach, in die er sich sechs Jahre vorher verliebt hatte, als sie ein Mädchen von nur vierzehn Jahren gewesen war. Es war Liebe auf den ersten Blick. Er erblickte sie oben auf einer Treppe stehend und dachte bei sich: «Das ist meine Frau.» Es war ein klassischer Fall von Anima-Projektion, denn er wußte nichts von den persönlichen Eigenschaften dieses Mädchens, und dennoch nahm das Gefühl von ihm Besitz, daß er sie kenne und liebe und sie zu heiraten beabsichtige.

Auf Emmas Seite regte sich der Animus nur langsam, und als Jung zum ersten Mal um ihre Hand anhielt, wies sie ihn zurück. Das mag mit der Unverträglichkeit ihrer gesellschaftlichen Stellungen zu tun gehabt haben. Sie war die Tochter eines reichen Industriellen, während er selbst kein Geld besaß und ein Spezialist in einem wenig glanzvollen Zweig seines Berufes war. Er konnte seiner Frau keinen Besitz anbieten, nur eine Wohnung in einem großen psychiatrischen Krankenhaus. Er war offensichtlich kein guter Fang. Aber er war groß gewachsen, gut gebaut, charismatisch, und in der Meinung aller, die ihn kannten, hatte er eine brillante Zukunft vor sich. Sein Selbstvertrauen hatte seit seinen Schultagen enorm zugenommen, und sein Wunsch nach Emma war so stark, daß er die Zurückweisung nicht annahm. Er fuhr fort, ihr den Hof zu machen, und als er sie ein zweites Mal um ihre Hand bat, nahm sie seinen Antrag an.

Sie ließ sich von nichts abschrecken, zog mit Carl im Burghölzli ein, wo sie in einer Wohnung über den Bleulers wohnten, während sie ihr eigenes Haus am See in Küsnacht bauten. Dieses war ein weiträumiges, würdiges Haus, in einem schönen Garten gelegen und mit herrlichen Ausblicken auf den See. Über dem Eingangstor ließ Jung folgende Inschrift anbringen: *«Vocatus atque non vocatus Deus aderit»* (Gerufen oder nicht gerufen wird Gott da sein). Sie zogen 1908 dorthin, als Jung eine Auseinandersetzung mit Bleuler hatte (der der Auffassung war, sein Assistent vernachlässige seine Pflichten am Spital zugunsten seiner Privatpraxis und seiner privaten Forschungen) und seine Dienste im Burghölzli nicht mehr weiter gebraucht wurden. Zwischen 1904–1914 gebar Emma fünf Kinder – vier Mädchen und einen Jungen –, und sie erwies sich als bewundernswerte Frau und Mutter.

In den Jahren bis zu seinem Bruch mit Freud hatte Jung daher allen Grund, damit zufrieden zu sein, wie er sich der Pflichten seiner ersten Lebenshälfte entledigte. Er wurde in seinem Beruf rasch zu einer Berühmtheit, und in Freud hatte er einen Mentor gefunden, der imstande war, die Wunde in seiner Seele zu heilen, die von seinem armen Vater zurückgeblieben war. Er hatte eine reiche attraktive Frau geheiratet, die so sehr mit Intelligenz und gesellschaftlichem Charme ausgestattet war, wie es ihr Mann nur wünschen konnte. Er hatte ein Haus gebaut und eine große und gesunde Familie gegründet. Aber alles war nicht so gut, wie es den Anschein hatte.

1908 braute sich das Unheil auf zwei Gebieten zusammen: das eine betraf die Ambivalenz seiner Beziehung mit Freud, das andere kam aus der geteilten Natur seiner eigenen Anima.

Jungs Beziehung zu Freud

Die Beziehung, die sich zwischen Freud und Jung nach ihrer Begegnung in Wien im Jahr 1907 entwickelte, stellte im Leben beider Männer eines der kreativsten Ereignisse überhaupt dar. Freud schätzte Jung zutiefst und betrachtete ihn als «den fähigsten Helfer, der sich mir bis jetzt angeschlossen hat». Er war ihm bald gefühlsmäßig zugetan und betrachtete ihn als seinen voraussichtlichen Nachfolger und als Führer der psychoanalytischen Bewegung. Außerdem gab es noch eine Reihe praktischer Gründe, warum Jung für ihn wichtig war. Zunächst einmal war Jung ein erfolgreicher Psychiater, der an einem international geachteten Spital und einer ebensolchen Universität tätig war, und seine Unterstützung war zu einem Zeitpunkt, als Freud weithin wegen seiner Ansichten über die infantile Sexualität geächtet war, besonders willkommen. Des weiteren war Jung weder ein Österreicher noch war er jüdisch, was bedeutete, daß er die Psychoanalyse davor retten konnte, wie der kabbalistische Kult einer Wiener Clique zu erscheinen.

Jung für seinen Teil war in der Lage, einen beträchtlichen Beitrag zur Psychoanalyse zu leisten. Er erbrachte nicht nur den empirischen Beweis für die Macht der unbewußten Komplexe durch seinen Gebrauch des Wort-Assoziationstests, sondern er war auch einer der ersten Psychiater, die psychoanalytische Konzepte zum Studium der Schizophrenie verwendeten, und er war dafür verantwortlich, Freuds Interesse an Mythologie geweckt zu haben.

Aber der Hauptgrund für Jungs Gefolgschaft war offensichtlich persönlicher Natur. Für ihn war Freud ein berühmter älterer Kollege, der den intellektuell mutigen Vater darstellte, der sein eigener Vater nie gewesen war. Im Gegensatz zum spirituell unzulänglichen Pastor war Freud eine überragende Figur, die mit vollständiger Überzeugung sprach, und zwar aus hart erworbenem Wissen und aus der Erfahrung heraus. Bald nach ihrem ersten Zusammentreffen bat Jung Freud, «... mich Ihre Freundschaft nicht als die Gleichberechtigter, sondern als die von Vater und Sohn genießen zu lassen» (Brief vom 20.2.1908). In einem Brief an Jung sprach Freud von seinen «langen Jahren ehrenvoller, aber schmerzlicher Einsamkeit» und von «der ruhigen Sicherheit, die mich endlich in Besitz nahm und warten hieß, bis eine Stimme aus dem unbekannten Haufen der meinigen antworten würde. Es war die Ihrige» (Brief vom 2.9.1907).

Im Anfang erfüllte jeder offensichtlich die im anderen stark vorhandene Sehnsucht. Wenn Jung einen Vater brauchte, dann brauchte Freud einen Sohn, den er für würdig erachtete, sein Königreich zu erben und seine Herrschaft fortzusetzen. Unglücklicherweise war das nicht die Art von Beziehung, die man unbegrenzt fortsetzen kann. Soweit es ihn betraf, war Freud nicht besonders erpicht darauf, daß sein Sohn erwachsen wurde. Er hätte lieber einen ergebenen Schüler gehabt, der willens gewesen war, seine Lehren anzunehmen und seine Autorität ohne Vorbehalte zu respektieren. «... entfernen Sie sich nicht zu weit von mir», warnte Freud Jung, «wenn Sie in Wirklichkeit mir so nahe stehen, sonst erleben wir noch, daß man uns gegeneinander ausspielt.» Und dann eine versteckte Drohung: «Meine Neigung geht dahin, die im Widerstand befindlichen Kollegen nicht anders zu behandeln als die in gleicher Lage befindlichen Kranken» (Brief vom 1.1.1907).

Freud fuhr einige Jahr lang fort, übermäßige Anspielungen auf Jungs Brillanz als Psychoanalytiker und auf seine entscheidende Bedeutung für die Zukunft der Bewegung zu machen. Aber das alles brachte Jung nur in Verlegenheit, denn er wußte, daß er nie in der Lage sein würde, Freuds Ideen als Ganzes zu unterstützen. Das letzte, das Jung wollte, war, ein Parteiführer zu werden – es lag einfach nicht in seiner Natur, und er wußte, er würde sich nie überwinden können und seine intellektuelle Unabhängigkeit opfern, wie das sein Vater vor ihm getan hatte. Trotzdem wurde er in Übereinstimmung mit den Wünschen Freuds der erste Präsident der Internationalen Psychoanalytischen Vereinigung und leitender Herausgeber der ersten psychoanalytischen Zeitschrift, des *Jahrbuchs für psychoanalytische und psychopathologische Forschungen.*

In Wahrheit brauchte Jung einen Vater, den er genügend bewundern konnte, um seine adoleszenten Zweifel zu überwinden und seine eigene männliche Autorität zu entdecken. Weil er als Teenager über seinen schwachen Vater einfach hinweggegangen war, war der Generationskonflikt für Jung in die dreißiger Jahre hinein verschoben, als er in der Lage war, seine «Mauser» in bezug auf Bleuler und Freud auszuleben. Seine Beziehung zu Bleuler, die äußerst herzlich begann, sollte nach den ersten Jahren sehr bitter werden, sie endete mit Jungs Vertreibung vom Burghölzli, fünf Jahre bevor er sich von Freud trennte. In beiden Fällen hat er noch einmal «den Vater erschlagen». Sie mußten «sterben», damit er in seiner eigenen Arbeit erwachsen werden konnte.

Freud war genauso in der archetypischen Vater-Sohn-Konstellation gefangen wie Jung, wobei für Freud noch der Umstand dazu kam, daß in seinem persönlichen Mythos der Sohn gleichbedeutend war mit ehrgeizigem Machtstreben und der Vater mit unausweichlichem Abstieg. Als Folge davon entdeckte Freud sofort in Jung den Vatermörder, und es brachte ihn zutiefst aus der Fassung – so stark, daß er bei zwei Gelegenheiten in Ohnmacht fiel, als Jung das Gespräch auf den Tod brachte.

Nach jenem berühmten Abend 1909, an dem Freud Jung als einen «ältesten Sohn», Nachfolger und «Kronprinz» «gesalbt» hatte, beleidigte ihn Jung sehr, als er ihm schrieb: «Der letzte Abend bei Ihnen hat mich innerlich glücklichst befreit vom drükkenden Gefühl Ihrer Vaterautorität» (Brief vom 2./12.4.1909).

Trotzdem fuhr Jung fort, eine wichtige Rolle in der psychoanalytischen Bewegung zu spielen, bis zur Publikation seiner Arbeit *Symbole der Wandlung* in zwei Teilen 1911 und 1912. Diese Arbeit, vor allem der zweite Teil, zeigte klar, wie häretisch seine Ansichten geworden waren, und beim Treffen der Internationalen Psychoanalytischen Vereinigung in München im September 1913 fand Jung, daß seine Position im Gegensatz zu der vieler

Mitglieder war. Einige Wochen später beschloß er, daß für ihn die Zeit gekommen sei, die Verbindung mit den Freudianern aufzulösen. Er trat daher aus der Vereinigung aus und legte die Herausgeberschaft des Jahrbuches zurück. Außerdem gab er seine Privatdozentur an der Universität Zürich auf. Wieder einmal stand er völlig allein da.

Bis zur Publikation von *Symbole der Wandlung* war er in einem Dilemma gewesen: Um in naher Beziehung zu Freud bleiben zu können, würde er die Parteilinie vertreten müssen und der zweite Kommandierende bleiben. Wenn er aber als andere Möglichkeit seine persönlichen Ansichten vertrat, würde er Freuds Freundschaft verlieren, zusammen mit seinem Ansehen in der Internationalen Psychoanalytischen Vereinigung. Aber es war unvermeidlich, daß er mit seinem Charakter und seiner Veranlagung schließlich doch seinen eigenen Weg gehen würde. Seine Individuation verlangte es.

Er begann Freud im Anfang des Jahres 1911 auf sein Abspringen vorzubereiten, als er ihm schrieb: «Immerhin ein bedenkliches Unterfangen, wenn das Ei klüger sein will als die Henne. Schließlich muß aber das, was im Ei steckt, doch den Mut haben auszukriechen» (Brief vom 18.1.1911). Ein Jahr später zitierte er Zarathustra: «Ich lasse *Zarathustra* für mich reden: ‹Man vergilt einem Lehrer schlecht, wenn man immer nur der Schüler bleibt.›» (Brief vom 3.3.1912).

Letztendlich muß der kreative Mensch seinem eigenen kreativen *daimon* dienen. Ein Freudianer zu bleiben, wäre eine Verneinung all dessen gewesen, was Jung als den höchsten Zweck seines Lebens ansah, nämlich er selbst zu werden. Es war nicht seine Absicht, die Individuation zu predigen, er praktizierte sie. Sein ganzes Leben war eine Bestätigung dieses Prinzips.

Als es schließlich zum Bruch kam, erfüllte das in einem gewissen Sinn Freuds Erwartungen und befriedigte vielleicht auch bestimmte masochistische Tendenzen in ihm, denn diese schmerzhaften Verluste waren ein sich wiederholendes Muster in seinem Leben.

Jungs Situation wurde für ihn in einem Traum zusammengefaßt:

> «Ich fand mich mit einem unbekannten braunhäutigen Jüngling, einem Wilden, in einem einsamen, felsigen Gebirge. Es war vor Tagesanbruch, der östliche Himmel war schon hell, und die Sterne waren am Erlöschen. Da tönte über die Berge das Horn Siegfrieds, und ich wußte, daß wir ihn umbringen müßten. Wir waren mit Gewehren bewaffnet und lauerten ihm an einem schmalen Felspfad auf.
>
> Plötzlich erschien Siegfried hoch oben auf dem Grat des Berges im ersten Strahl der aufgehenden Sonne. Auf einem Wagen aus Totengebein fuhr er in rasendem Tempo den felsigen Abhang hinunter. Als er um die Ecke bog, schossen wir auf ihn, und er stürzte, zu Tode getroffen.
>
> Voll Ekel und Reue, etwas so Großes und Schönes zerstört zu haben, wandte ich mich zur Flucht, getrieben von Angst, man könnte den Mord entdecken. Da begann ein gewaltiger Regen niederzurauschen, und ich wußte, daß er alle Spuren der Tat verwischen würde. Der Gefahr, entdeckt zu werden, war ich entronnen, das Leben konnte weitergehen, aber es blieb ein unerträgliches Schuldgefühl» (ETG, S. 183).

Jung erzählt uns, daß ihn dieser Traum mit Mitgefühl erfüllte, so als ob er selber erschossen worden wäre. «Darin drückte sich meine geheime Identität mit dem Helden aus, sowie das Leiden, das der Mensch erlebt, wenn er gezwungen wird, sein Ideal und seine bewußte Einstellung zu opfern» (ETG, S. 184).

Als er über den Traum nachdachte, setzte Jung Siegfried mit dem Willen des deutschen Volkes gleich, seine Vorherrschaft der Welt aufzuzwingen. Indem er den Interessen seiner Nr. 1-Persönlichkeit diente, hatte auch er seinen eigenen Willen heldenhaft durchsetzen wollen. Den braunhäutigen Mann erkannte er als eine Verkörperung des primitiven Schattens, als ein Symbol des Unbewußten, das ihn wegführte vom Freudschen Es zu den Archetypen des kollektiven Unbewußten. Obwohl Jung es nicht erwähnt, so ist es offensichtlich möglich, daß Siegfried das heldenhafte Bild ist, das Jung selbst auf Freud projiziert hatte, und daß der Mord (und das darauffolgende Schuldgefühl) als ein vorsätzlicher Akt des Vatermordes interpretiert werden kann.

Zu diesem Zeitpunkt aber litt er jedenfalls an Schuldgefühlen aus einer anderen Richtung: er war in ein außereheliches Verhältnis verwickelt.

Jungs Anima-Problem

Obwohl Jung sicherlich seine Frau liebte, wurde es doch in den ersten Jahren ihrer Ehe klar, daß es einen Aspekt seiner Anima gab, den Emma nicht imstande war zu tragen. Je mehr sie von ihren Aufgaben als Mutter in Anspruch genommen wurde, desto mehr bewirkte der ungebundene Anteil seiner Anima, daß er sich von anderen Frauen angezogen fühlte. Wir können nicht wissen, wie oft das vorkam, aber einige Fälle sind ans Licht gekommen. Im Frühjahr 1907 zum Beispiel, als er und Emma in Ungarn und Italien auf Urlaub waren, war Jung für eine Weile in eine Frau vernarrt. Er schrieb darüber an Freud und bekannte, daß er «polygame Anteile» in seiner Natur habe. Kurz danach ließ er sich auf eine gefährliche Beziehung zu einer gestörten und begabten Patientin namens Sabina Spielrein ein, und er verpatzte diese Beziehung so arg, daß er Freud bitten mußte, ihm zu helfen, die Angelegenheit wieder in Ordnung zu bringen.

Diese Schwierigkeiten hielten Jung jedoch nicht davon ab, Emma in Analyse zu nehmen. Ihre Analyse begann im Jahr 1909, aber – was weiter nicht verwunderlich ist – es gab bald Schwierigkeiten dabei, die durch Jungs Anima-Problem bedingt waren und der Eifersucht, Angst und Empörung, die dies in seiner Analysandin hervorrief. Jung schrieb an Freud und erwähnte, daß Emma eine Reihe von Eifersuchtsszenen inszeniert habe. «Die Analyse der eigenen Ehefrau gehört zum Schwierigern, solange die gegenseitige Freiheit nicht zugesichert ist. Die Bedingung einer guten Ehe scheint die Zusicherung der Untreue zu sein» (Brief vom 30.1.1910).

Warum sollte das so sein? Wir können nicht sicher sein, aber Jung gibt uns einige wichtige Hinweise – in seinen Memoiren, in seinem Aufsatz über die Ehe, der schon erwähnt wurde und in seiner Ansicht, daß es für den Mann grundsätzlich zwei Frauentypen gibt: die Ehefrau und Mutter und die *femme inspiratrice*.

In seinen Memoiren, erinnert sich Jung an die Vorkehrungen, die für ihn in seinem vierten Lebensjahr getroffen wurden, als seine Mutter einige Monate von zu Hause fort und im Spital war. Die Verantwortung für ihn wurde zwischen einer Tante und einer jungen Hausangestellten geteilt. Letztere machte einen unauslöschlichen Eindruck auf ihn:

> «Ich weiß noch, wie sie mich auf den Arm hob und ich den Kopf an ihre Schulter legte. Sie hatte schwarze Haare und einen olivenfarbenen Teint und war ganz anders als meine Mutter. Ich erinnere mich an den Haaransatz, den Hals mit der stark pigmentierten Haut und das Ohr. Das kam mir so fremdartig vor und doch so merkwürdig bekannt. Es war, als gehörte sie nicht zu meiner Familie, sondern nur zu mir, und als hinge sie auf eine mir unbegreifliche Weise mit anderen geheimnisvollen Dingen zusammen, die ich nicht verstehen konnte. Der Typus des Mädchens wurde später zu einem Aspekt meiner Anima. Das Gefühl des Fremden und doch Urbekannten, das sie vermittelte, war das Charakteristikum jener Figur, die mir später den Inbegriff des Weiblichen darstellte» (ETG, S. 15).

Der traumatische Verlust der Mutter in solch frühem Alter, verbunden mit dem aufregenden Ersatz, den er in dem physisch reizvollen jungen Mädchen von außerhalb der Familie fand, kann sehr wohl die Spaltung in seiner Anima bewirkt haben, die weit bis in sein mittleres Lebensalter hinein anhielt. Das Mädchen war die erste Verkörperung eines mütterlichen Attributes, nämlich der *femme inspiratrice,* der engen Gefährtin und Vertrauten, der Trösterin auf seiner einsamen inneren Reise, die ihren Anfang nahm, als seine Mutter weg war. Obwohl er mit seiner ausgezeichneten Ehefrau sehr zufrieden war, verlangte seine Anima nach der zusätzlichen Gegenwart einer femme inspiratrice. Was wir uns im Leben ersehnen, ob es nun sexuell aufgeladen ist oder nicht, ist das, was wir brauchen, um die Vervollständigung unseres Selbst zu erreichen. Diese innere Sehnsucht war eine Notwendigkeit, die ebenso stark war wie jene, die ihn dazu trieb, seinen Hunger nach einem Vater in Freud zu stillen.

Indem er Emma in Analyse nahm, beabsichtigte Jung wahrscheinlich, daß ihre Ehe eine «bewußte Beziehung» sein sollte, in dem Glauben, daß eine Kombination von analytischer Einsicht und gutem Willen die Spannungen, die zwischen ihnen bestanden, reduzieren würde. Aber unglücklicherweise konnte Jung als «Enthaltender» mit seiner «vielseitigen Natur», seinen unerfüllten Anima-Sehnsüchten, seinen außerehelichen Interessen und beruflichen Verpflichtungen nicht umhin, die «enthaltene» Emma mit «zu vielen Zimmern» zu belasten, und indem er das tat, verursachte er ihr große Unsicherheit und viel Kummer.

Jung kommentiert allgemein die Qual, die der einfachere, «enthaltene» Partner in seiner Beziehung zum komplizierten und facettenreichen Partner erduldet und schreibt: «In solchen etwas labyrinthischen Naturen kann sich der andere leicht verlieren, das heißt er findet eine solche Fülle von Erlebnismöglichkeiten in ihnen, daß sein persönliches Interesse vollauf beschäftigt ist; gewiß nicht immer in angenehmer Weise, indem seine Beschäftigung öfters darin besteht, ersteren auf allen möglichen Neben- und Abwegen nachzuspüren» (GW 17, § 331c). Arme Emma!

In einiger Verzweiflung schrieb sie an Freud im November 1911:

> «... aber von Zeit zu Zeit plagt mich der Konflikt, wie ich mich neben Carl zur Geltung bringen könne; ich finde, daß ich keine Freunde habe, sondern daß alle Menschen, die mit uns verkehren, eigentlich nur zu Carl wollen, außer einigen langweiligen und mir gänzlich uninteressanten Leuten.

Die Frauen sind natürlich alle verliebt in ihn ... Ich habe aber doch stark das Bedürfnis nach Menschen, und Carl sagt auch, ich dürfe mich nicht mehr wie bisher nur auf ihn und die Kinder konzentrieren, aber wie soll ich das nur machen? ... es ist aber gewiß auch objektiv schwer, da ich ja niemals mit Carl konkurrieren kann. Um das recht zu betonen, muß ich dann in Gesellschaft gewöhnlich noch extra dumm schwatzen» (Brief vom 24.11.1911).

Emmas Situation war nicht beneidenswert, noch weniger, als ein junges, leidenschaftliches und unwiderstehlich geheimnisvolles Mädchen namens Antonia Wolff auf der Bühne erschien. Sie wurde gegen Ende 1910 Patientin von Jung, um ihren Zusammenbruch zu behandeln, den sie nach dem Tod ihres Vaters erlitten hatte. Ihr Vater war ein reicher Zürcher Geschäftsmann gewesen und gehörte zu einer alten, hochangesehenen Schweizer Familie.

Herr Wolff war zwanzig Jahre älter als seine Frau gewesen, und Antonias übermäßige Trauer nach seinem Tod weist auf «unerledigte Angelegenheiten» hin – ein Zeichen, daß es auch für sie notwendig war, den Aspekten ihres Vaterarchetyps zu begegnen, die ihr eigener Vater ihr nicht hatte bieten können. Sie war einundzwanzig, und Jung, eine um 15 Jahre ältere, starke Persönlichkeit, war anscheinend genau das, was sie gebraucht hatte. Sie sprach gut auf die Behandlung an und entwickelte ihm gegenüber eine Ergebenheit, die ein ganzes Leben andauern sollte. Jung für seinen Teil war von ihr gefangengenommen. Sie besaß eine diffizile, brillante, komplizierte Natur, nur um eine Spur weniger «labyrinthisch» als seine eigene, und schon im August 1911 schrieb er enthusiastisch über sie an Freud, wobei er ihre «remarkable Intelligenz» lobte, und ihre «ausgezeichnete Einfühlung ins Philosophisch-Religiöse» (Brief vom 29.8.1911). Er hatte seine femme inspiratrice gefunden, die imstande war, *ihn* zu «enthalten», wie es auch in den Jahren seiner inneren Krise notwendig sein würde.

Jahre später, als er über Anima und Animus schrieb, kommentierte Jung:

«Es ist in einer Ehe immer der Enthaltene, der dieses Bild auf den Enthaltenden projiziert, während es letzterem nur teilweise gelingt, dieses Bild auf den Ehegatten zu projizieren. Je eindeutiger und einfacher jener ist, desto weniger gelingt die Projektion. In diesem Falle hängt dann dieses höchst faszinierende Bild im leeren Raum und wartet gewissermaßen darauf, durch einen realen Menschen ausgefüllt zu werden. Es gibt nun Frauentypen, die wie von Natur dazu gemacht scheinen, Animaprojektionen aufzunehmen. Man könnte fast von einem bestimmten Typus reden. Unerläßlich ist der sogenannte ‹Sphinx›-Charakter, die Zweideutigkeit oder Vieldeutigkeit; nicht eine vage Unbestimmtheit, in die man nichts hineinlegen kann, sondern eine verheißungsvolle Unbestimmtheit, mit dem sprechenden Schweigen einer Mona Lisa – alt und jung, Mutter und Tochter, von fragwürdiger Keuschheit, kindlich und von männerentwaffnender naiver Klugheit» (GW 17, § 339).

Es ist nicht klar, wie lange die Analyse von Toni Wolff dauerte und wann ihr Liebesverhältnis begann. Auch wissen wir nicht, wie oder wann Emma Jung es herausfand. Aber Emmas Briefe an Freud in den Jahren 1911 und 1912 zeigen sie als eine Frau in Schwierigkeiten. Im September 1911 begleitete Toni Wolff Emma und Carl Jung auf den Weimarer Kongreß der Internationalen Psychoanalytischen Vereinigung, und das Verhältnis wurde zum Gegenstand des Klatsches sowohl auf der Konferenz als auch in den psychoanalytischen Kreisen in Wien und Zürich. Es scheint lange und bittere Auseinandersetzungen zwischen Carl und Emma gegeben zu haben, in denen er darauf bestand, daß Toni viel zu wichtig für sein Wohlergehen war, als daß er ohne sie auskommen könnte, und nachdem eine Ehescheidung oder eine Auflösung der Familie nicht in Frage kamen, mußte sich Emma mit der Situation abfinden und Toni als einen Teil von Carls Leben akzeptieren. Die Belastung für beide war furchtbar und mag eine wesentliche Rolle bei Jungs Zusammenbruch gegen Ende des Jahres 1913 gespielt haben.

Zu diesem Zeitpunkt befand sich sein Leben in einer Krise. Er hatte nicht nur mit Freud und mit der Internationalen Psychoanalytischen Vereinigung gebrochen, sondern auch mit Bleuler, dem Burghölzli und der Universität Zürich. Auch wenn *Symbole der Wandlung* publiziert war, brachte es ihm keinen Beifall. Wieder einmal war er gänzlich isoliert. «Nach dem Bruch mit Freud fielen alle meine Freunde und Bekannten von mir ab. Mein Buch wurde als Schund erklärt. Ich galt als Mystiker, und damit war die Sache erledigt. ... Doch ich hatte meine Einsamkeit vorausgesehen und mir keine Illusionen über die Reaktionen meiner sogenannten Freunde gemacht. ... Ich wußte, daß es ums Ganze ging, und daß ich für meine Überzeugung einstehen mußte» (ETG, S. 171).

In den darauffolgenden Wochen und Monaten zog er sich zurück, wurde depressiv und kam gefährlich nahe an eine Psychose heran. Es scheint wahrscheinlich, daß die Psychose von ihm Besitz ergriffen hätte, wäre da nicht die Fürsorge gewesen, die er sowohl von Emma als auch von Toni erhielt; die schwere Prüfung wäre dann wohl nicht die «kreative Krankheit» geworden, zu der sie werden sollte.

Konsequenzen für Jungs Psychologie

Obwohl diese Periode in Jungs Leben mit einer Katastrophe zu enden schien, brachte sie in Wirklichkeit eine Zeit von beispiellosem Wachstum und Entwicklung zum Abschluß. Der sonderbare, reservierte Schuljunge, der Sohn eines armen Landpfarrers, war zu einer führenden Gestalt in der neuartigsten und einflußreichsten kulturellen Bewegung an der Wende vom 19. zum 20. Jahrhundert geworden.

Auf der persönlichen Ebene hatte er nicht nur seine gesellschaftlichen und wirtschaftlichen Pflichten erfüllt, sondern er war auch ein gutes Stück bei der Bewältigung seiner «unerledigten Angelegenheiten» mit den Eltern vorangekommen – sowohl in bezug auf die Mutter als auch auf den Vater. Dabei spielten Freud und die Psychoanalyse eine Hauptrolle. Seine Mutter hatte als der stärkere Elternteil weiterhin Carl «enthalten» – besonders in der Gestalt ihrer unheimlichen «zweiten Persönlichkeit» – und zwar bis weit ins Erwachsenenalter hinein. Carls Lage in bezug auf seine Mutter war in seinem ersten Traum symbolisiert, in dem das männliche Prinzip (der phallische Gott) im weiblichen (in der Gebärmutter Erde) begraben war. Er brauchte eine starke Vaterfigur, nicht nur um die spirituelle Schwäche seines eigenen Vaters zu kompensieren, sondern auch, um sich aus dem Bann des Mütterlich-Weiblichen zu befreien. Das trug zu dem Problem bei, das er mit Emma hatte. Sie fing zwangsläufig seine mütterlichen Projektionen auf und wurde daher von Jung als eine lästige Einengung seiner Freiheit erlebt. Der Trieb zur Individuation verlangte, daß er seine Männlichkeit von der Mutter befreie. Diese innere Notwendigkeit brachte ihn mit Freud zusammen (genauso wie mit Toni Wolff) und trug dazu bei, daß er sich der jahrelangen Arbeit unterzog, die notwendig war, um *Symbole der Wandlung* hervorzubringen, mit dem zentralen Thema der Nachtmeerfahrt, dem Kampf des Helden mit dem Ungeheuer der Tiefe, seiner Verwandlung und Wiedergeburt. Ende des Jahres 1913 war er bereit, das Leben eines «vielversprechenden Sohnes» aufzugeben und sich der leidvollen Prüfung einer Initiation in das reife Leben des Selbst zu unterziehen. Diese Initiation sollte fünf Jahre dauern.

Auf der beruflichen Ebene war viel erreicht worden. Er hatte die praktischen Auswirkungen von drei zukunftsweisenden Konzepten – dem unbewußten Komplex, dem Urbild und der mythenerschaffenden Funktion des kollektiven Unbewußten – vorgestellt und demonstriert. Nun mußte er diese Konzepte als eine *persönliche Offenbarung erfahren,* um sie in eine zusammenhängende, dynamische Psychologie zu verwandeln, aus der heraus es möglich sein würde zu leben, zu arbeiten und zu lehren.

Die Krise, die ihn heimsuchte, als er sich der Mitte seines Lebens näherte, sollte zur bedeutendsten Erfahrung seines Lebens werden.

Literaturvorschläge:

Richard I. Evans: *Gespräche mit C. G. Jung*
Adolf Guggenbühl-Craig: *Die Ehe ist tot – lang lebe die Ehe!*
C. G. Jung: *Anima und Animus* (in GW 7)
–: *Die Ehe als psychologische Beziehung* (in GW 17)
–: *Symbole der Wandlung* (GW 5)
Emma Jung: *Animus und Anima*
William McGuire und Wolfgang Sauerländer (eds.): *Sigmund Freud / C. G. Jung Briefwechsel*

8. Die Übergangsphase in der Mitte des Lebens

Das archetypische Programm

Wie Jung sehr gut wußte, war es nicht ungewöhnlich, in der Lebensmitte eine persönliche Krise durchzumachen. Viele Leute erleben Ähnliches. Die Periode zwischen dem 35. und dem 45. Lebensjahr ist eine Zeit erhöhter Selbstmordraten, Depressionen und Scheidungen, und für jeden ist es eine Zeit des existentiellen Zweifels und des inneren Fragens. Was habe ich erreicht? Wozu bin ich hier? Was soll ich mit dem Rest meines Lebens anfangen? Was kann ich noch erwarten außer Alter, Krankheit und Tod?

Wenn ein Mensch die Lebensmitte erreicht, so kommt er nach Jung zur Erkenntnis, daß das, was ursprünglich für ihn Aufstieg und Befriedigung bedeutet hat, nun zu einem langweiligen Irrtum geworden ist, zu einem Teil der jugendlichen Illusion, auf die er mit einer Mischung aus Bedauern und Neid zurückblickt, denn was ihn jetzt erwartet, ist nur das Alter und das Ende aller Illusion. Joseph Campell hat es anders formuliert: Er definiert die Midlife-crisis als das, was passiert, wenn man bis ans obere Ende der Leiter hinaufgestiegen ist und dann daraufkommt, daß die Leiter an der falschen Wand angelehnt war!

Das teuflische Paradox dieser Lebensphase besteht darin, daß die Desillusionierung just in dem Moment eintritt, in dem man seinen Höhepunkt erreicht.

> «Die Mitte des Lebens ist der Moment größter Entfaltung, wo der Mensch noch mit seiner ganzen Kraft und seinem ganzen Wollen in seinem Werke steht. Aber in diesem Augenblicke auch wird der Abend geboren, die zweite Lebenshälfte beginnt... die Wendungen

des Weges, die früher Überraschung und Entdeckung waren, werden zur Gewohnheit. Der Wein hat vergoren und beginnt sich zu klären. Man entwickelt konservative Neigungen, wenn alles wohl steht. Statt vorwärts blickt man häufig unwillkürlicherweise rückwärts und beginnt, sich Rechenschaft zu geben über die Art und Weise, wie sich das Leben bisher entwickelt hat» (GW 17, § 331a).

Manchmal ist man nicht zufrieden mit dem, was man sieht, und dann ist es nicht ungewöhnlich, wenn sich die Unzufriedenheit hauptsächlich über den Ehepartner entlädt. «... da man sich seines Zustandes nicht bewußt ist, so projiziert man die Gründe in der Regel auf den Gatten» (GW 17, § 331b). Es entwickelt sich eine sehr kritische Atmosphäre, die die Ehe zu sprengen droht. Das kann aber auch das notwendige Vorspiel für eine volle, bewußte gegenseitige Anerkennung als Menschen sein. Wie sowohl Carl als auch Emma Jung feststellten, kommt man nicht leicht zu diesen Einsichten; man erlangt sie nur durch harte Schläge, und das kann mit großen Qualen verbunden sein. Aber nicht für jeden ist das so.

Es gibt Leute, die es schaffen, durch die Lebensmitte zu schlüpfen, ohne daß ihnen irgend etwas Besonderes dabei auffällt. Sie gehen weiter der Routine ihres täglichen Lebens nach, und die Schicksalhaftigkeit des mühsamen Weges wird ihnen in keiner Weise bewußt. Jeder Morgen ist die Vorbereitung für einen normalen Tagesablauf, jedes Jahr ein Beispiel für die französische Redewendung «plus ça change, plus c'est la même chose» (je mehr sich etwas ändert, desto mehr bleibt es dasselbe). «Sie säumen und vergessen die Stunden träger Zeit» (William Shakespeare, Wie es euch gefällt, Akt II, Szene 7), und es gibt kein Erwachen. «Die Zeit treibt nur die Leben derer, die nicht leben, so wie die Strömung altes Zeug am Strand entlang schiebt» (Stephen Spender, *In Railway Halls*). Die Idee, daß man sich verändern könnte oder müßte, entzieht sich diesen Schlafwandlern.

Im großen und ganzen gelingt es den Männern eher als den Frauen, mit dieser Art von existentieller Anästhesie ungestraft davonzukommen, denn den Männern bleibt die harte Einweihung in die zweite Lebenshälfte, die die Menopause mit sich bringt, erspart. Die Männer neigen außerdem mehr dazu, Trost für unangenehme Gedanken im Alkohol und in der sexuellen Promiskuität zu suchen. Mit diesen Mitteln vermeiden sie es aufzuwachen und die Realität ihres Lebens wahrzunehmen. Sie bleiben dem Ruf nach Individuation gegenüber taub.

Dennoch ist für die meisten Männer und Frauen die Übergangsphase in der Mitte des Lebens von verschiedenen Umbrüchen gekennzeichnet, und auch wenn diese Störungen unangenehm sind, so haben sie doch den psychologischen Vorteil, einen Anreiz zum Aufwachen darzustellen, der ausreichend stark ist (denn wenn man sich individuieren will, muß man aufwachen). Das trifft in besonderem Maß zu, wenn die Krise sich sehr dramatisch äußert, zum Beispiel wenn man den Partner verliert oder den Job. Es stimmt weniger, wenn die Krise allmählich beginnt, mit dem unklaren Gefühl, das für die Lebensmitte so charakteristisch ist, daß das Leben irgendwie flach geworden sei und seinen Reiz verloren habe. Welchen Anfang die Krise auch immer nimmt, es ist uns wenig mit der Tatsache geholfen, daß sie weitgehend unerwartet kommt, denn unsere Kultur bereitet uns nicht auf diese tiefgreifende Übergangsphase vor und bietet uns auch keine *Übergangsriten* an, um uns hindurchzuhelfen. Das Ergebnis ist, daß die Leute im allgemeinen das Problem mißverstehen, und davon sind Ärzte und Psychiater nicht ausgenommen. Letztere betrachten es in vielen Fällen weniger als eine existentielle Krise, die für die Entwicklung eines Menschen von großer Bedeutung ist, als vielmehr als Krankheit, der man mit Elektroschocks und Medikamenten beikommen muß.

Die Etymologie des Wortes «Krise» ist lehrreich. Es kommt vom griechischen Wort *krinein,* das soviel wie «Unterscheidung» und «Entscheidung, entscheidende Wendung» bedeutet. Auch im Chinesischen beinhaltet das Piktogramm, welches für «Krise» steht, die Bedeutung von «Gelegenheit, günstige Möglichkeit». Die Midlife-crisis kann daher als eine Zeit betrachtet werden, in der man eine Bestandsaufnahme macht, Entscheidungen fällt und etwas, das Unordnung und Aufregung hervorgerufen hat, in eine neue Möglichkeit verwandelt. Im allgemeinen finden es die Leute leichter, diese Einsicht, sofern sie sie überhaupt haben, bei ihren äußeren Lebensumständen zur Anwendung zu bringen als bei ihrem inneren Leben. Sie lassen sich scheiden, verheiraten sich wieder, wechseln die Arbeitsstelle, ziehen woanders hin und bemerken nicht, daß diese äußeren Veränderungen nur der Ausdruck ihrer inneren Unruhe und Unsicherheit sind und daß das, was sie brauchen, nicht ein neuer Partner, ein neuer Job oder eine neue Wohnung sind, sondern eine neue Richtung im Leben.

Die Schwierigkeit besteht darin, wie Jung richtig sah, daß der Erfolg in der ersten Lebenshälfte so oft die Entwicklung einer einseitigen Realitätsauffassung verlangt sowie das Lenken der Energie in eine einzige, hochspezialisierte Richtung, und das kann mit den Jahren zu einer ernsthaften «Minderung der Persönlichkeit» führen, bei der ein großes Potential des Selbst dem Unbewußten anheimfällt. Eine Änderung in den äußeren Lebensumständen hat gewöhnlich keine Wirkung auf dieses verengte Vorstellungsvermögen, denn man nimmt es ja mit sich. Was not tut, ist eine *innere* Inventur – eine Bestandsaufnahme dessen, was man erreicht hat, aber auch dessen, was man versäumt hat und was in einem selbst noch der Erfüllung harrt. Wenn man das zuwege bringt, dann hat man einen Schritt in Richtung Individuation getan.

Jungs Übergangsphase in der Lebensmitte

Jung war bis auf die oberste Sprosse der psychoanalytischen Leiter gestiegen, und seine Erkenntnis, daß die Leiter an der falschen Wand lehnte, hatte den Verlust von allem, was er erreicht hatte zur Folge: seiner Freundschaft mit Freud, seiner Präsidentschaft der Internationalen Psychoanalytischen Vereinigung, der Herausgeberschaft des «Jahrbuches» und seiner Privatdozentur in

Psychoanalyse an der Universität Zürich. Glücklicherweise hatte er noch seine Privatpraxis und, dank Emma, genug Geld, um komfortabel zu leben. Aber sein öffentliches Ansehen war getrübt, und er war wieder einmal isoliert und allein. Das, zusammen mit den schweren Spannungen in seiner Ehe, muß zu den gewöhnlichen Problemen der Midlife-crisis hinzugerechnet werden, und es reicht aus, um den schlechten Zustand zu erklären, in dem er sich Ende 1913 befand.

Zu dieser Zeit hatte er den Traum vom Mord an Siegfried, der für ihn die Notwendigkeit bestätigte, die Einstellungen, Ambitionen und Ideale aufzugeben, die er bis zu diesem Zeitpunkt vertreten hatte. Er hatte keine Vorstellung davon, was an ihren Platz treten könnte, denn er lebte im leeren Raum und fühlte sich «völlig suspendiert». Er hatte das Gefühl, daß all das Wissen, das er bis zu diesem Zeitpunkt angesammelt hatte, nutzlos war, und dachte bei sich: «Ich weiß so gar nichts, daß ich jetzt einfach das tue, was mir einfällt» (ETG, S. 177).

Der Entschluß, sich auf sein «Experiment mit dem Unbewußten» einzulassen, war kurz vor dem Siegfried-Traum gefaßt worden und kam nach einer Periode, in der er wie ein Kind in seinem Garten gespielt und Dörfer, Wasserspiele und Dämme gebaut hatte. Das wirkte wie ein *rite d'entrée* für die kommende Arbeit und setzte in ihm einen mächtigen Strom an Phantasie in Gang. «Ich lebte ständig in einer intensiven Spannung, und es kam mir oft vor, als ob riesige Blöcke auf mich herunterstürzten. Ein Donnerwetter löste das andere ab» (ETG, S. 180).

Nachdem es nun keine äußere Autorität mehr gab, an die er sich hätte wenden können, hatte er das Gefühl, er habe keine andere Alternative, als sich nach innen zu wenden und eine Untersuchung seiner selbst zu unternehmen. Es ist ein Zeichen seiner ungewöhnlichen Qualitäten, daß er seine Konfrontation mit dem Unbewußten als ein wissenschaftliches Experiment auffaßte, obwohl er bis ins Mark zerrüttet war: «Der Gedanke, daß ich die abenteuerliche Unternehmung, in die ich mich verstrickte, schließlich nicht nur für mich persönlich, sondern auch für meine Patienten wagte, hat mir in mehreren kritischen Phasen mächtig geholfen» (ETG, S. 182).

Wie sollte er beginnen? Es scheint wahrscheinlich, daß er die Inspiration für die Methode, mittels deren er seine Selbstkonfrontation durchführte, in der Arbeit fand, die er für seine Doktordissertation in den Jahren 1899–1900 geleistet hatte, als er die Séancen seiner Cousine, des jungen Mediums Helene Preiswerk, untersuchte. Das Auftauchen einer übergeordneten Persönlichkeit mit dem Namen «Ivenes», wenn Helene in Trance war, hinterließ bei Jung einen tieferen Eindruck, als gewöhnlich angenommen wird. In seiner Dissertation schrieb er, daß es vorstellbar sei, daß das Phänomen eines doppelten Bewußtseins ganz einfach Charakter-Neubildungen sind oder Versuche der zukünftigen Persönlichkeit, zum Vorschein zu kommen. Diese Erkenntnis sollte zu einem Grundkonzept der Jungschen Analyse werden, nämlich, daß das Wachstum von neuen und weiter entwickelten Aspekten des Selbst auf der unbewußten Stufe ständig vor sich geht und daß diese Aspekte, bei sorgfältiger Behandlung, im Bewußtsein zur Geburt gebracht und in die Gesamtpersönlichkeit integriert werden können. Sie gab Jung auch einen Hinweis darauf, wie er mit seinem eigenen «Zustand der Desorientiertheit», der dem Bruch mit Freud folgte, umgehen sollte.

Er erzählt uns, wie das Experiment schließlich begann: «Es war in der Adventszeit des Jahres 1913, als ich mich zum entscheidenden Schritt entschloß (12. Dez.). Ich saß an meinem Schreibtisch und überdachte noch einmal meine Befürchtungen, dann ließ ich mich fallen. Da war es mir, als ob der Boden im wörtlichen Sinne unter mir nachgäbe, und als ob ich in eine dunkle Tiefe sauste» (ETG, S. 182).

Sich selbst fallenlassen war, als ob er sich selbst in der Art von Helene Preiswerk erlaubte, in Trance zu fallen, auch wenn er später den Ausdruck *aktive Imagination* vorziehen sollte. «Um die Phantasien zu fassen, stellte ich mir oft einen Abstieg vor. Einmal bedurfte es sogar mehrerer Versuche, um in die Tiefe zu gelangen. Das erste Mal erreichte ich sozusagen eine Tiefe von dreihundert Metern, das nächste Mal war es schon eine kosmische Tiefe. Es war wie eine Fahrt zum Mond, oder wie ein Abstieg ins Leere. Zuerst kam das Bild eines Kraters, und ich hatte das Gefühl, ich sei im Totenland» (ETG, S. 184). Später im Leben würde er diese alarmierenden und außergewöhnlichen Erfahrungen als seine «Nekyia» bezeichnen, nach der Episode in Homers Odyssee, in der Odysseus seine Reise zu den Gestaden der Toten macht.

Einmal traf er im Rahmen dieser Erfahrungen einen alten Mann mit einem weißen Bart zusammen mit einem schönen jungen Mädchen. Es gelang ihm, mit ihnen ein Gespräch zu führen, und sie erzählten ihm, ihre Namen seien Elias und Salome und sie gehörten von Ewigkeit her zusammen. Er erkannte in Salome eine Anima-Figur und in Elias die Personifikation des Archetyps des weisen alten Mannes. Sie stellten Verkörperungen des Eros- und des Logosprinzips dar. Nicht lange danach entstand aus der Eliasfigur eine andere Gestalt, und Jung nannte sie Philemon.

Philemon erschien zuerst in einem Traum, und was Jung am meisten an ihm beeindruckte, waren seine Flügel, die wie die des Eisvogels waren, mit ihrer charakteristischen Färbung. Jung malte dieses Traumbild, um es seinem Gedächtnis einzuverleiben. Während er mit dem Malen des Bildes beschäftigt war, fand er in seinem Garten, am Ufer des Sees, einen toten Eisvogel. Das war ein außergewöhnliches Ereignis, denn Eisvögel sind im Gebiet um Zürich selten, und sein ganzes Leben lang hat er nie mehr einen gefunden. Das Zusammenfallen dieser beiden Ereignisse war ein Beispiel dafür, was er später *Synchronizität* nennen würde – die Art von bedeutungsvollem Zusammentreffen, das oft vorkommt, wenn starke psychische Anteile aktiviert sind.

Philemon (Abb. 9) erschien ihm zu mehreren Gelegenheiten, und Jung lernte viele Dinge von ihm, von denen das wichtigste die Erkenntnis war, daß es Ereignisse in seiner Psyche gab, die *sich selbst* bei diesen Gelegenheiten *produzierten*, so als ob sie ein Eigenleben hätten. «Ich führte Phantasiegespräche mit ihm, und er sprach Dinge aus, die ich nicht bewußt gedacht hatte. Ich nahm

Abbildung 9: Die Gestalt des Philemon aus dem «roten Buch» von C. G. Jung.

genau wahr, daß er es war, der redete und nicht ich. Er erklärte mir, daß ich mit den Gedanken so umginge, als hätte ich sie selbst erzeugt, während sie nach seiner Ansicht eigenes Leben besäßen, wie Tiere im Walde, oder Menschen in einem Zimmer, oder wie Vögel in der Luft: ‹Wenn du Menschen in einem Zimmer siehst, würdest du auch nicht sagen, du hättest sie gemacht, oder du seist für sie verantwortlich›» (ETG, S. 186).

Jung sagt unter anderem, daß es Philemon war, der ihn die Bedeutung der *psychischen Objektivität* und der *Wirklichkeit der Seele* lehrte. Denn als Ergebnis dieser außergewöhnlichen Begegnungen sah er klar, daß die Psyche ein objektiver Ausdruck der Natur ist und auf keinen anderen Faktor denn auf sich selbst reduziert werden kann. Die Psyche ist ein apriorisches Faktum. Wie «Ivenes» für Helene, so stellte Philemon für Jung eine «überlegene Einsicht» dar. «Zu Zeiten kam er mir fast wie physisch real vor. Ich ging mit ihm im Garten auf und ab, und er war mir das, was die Inder als Guru bezeichnen» (ETG, S. 187). Jung hätte nichts lieber gehabt als einen wirklichen, lebendigen Guru, der ihm in diesem Stadium hätte helfen können. Aber in Abwesenheit eines äußeren Führers wurde diese Aufgabe von Philemon übernommen, den er als «Psychagogen» anerkannte. Wie «Ivenes» war er ein Versuch der zukünftigen Persönlichkeit, zum Vorschein zu kommen.

Im Laufe dieser Phantasien entdeckte Jung zum ersten Mal die Realität der Anima als eines autonomen Komplexes in ihm selbst. Eines Tages fragte er sich: «Was tue ich eigentlich? Bestimmt hat es mit Wissenschaft nichts zu tun. Also was ist es dann?» Worauf er klar eine weibliche Stimme in seinem Inneren vernahm, die sagte: «Es ist Kunst.» Er war erstaunt über diesen Einwurf und antwortete mit Nachdruck: «Nein, das ist es nicht. Im Gegenteil, es ist Natur» (ETG, S. 188 f.).

Er nahm die Unterstellung, daß das, was er tat, Kunst sei, übel, denn wenn seine unbewußten Hervorbringungen erfunden wären, dann wären sie nicht die spontanen Produktionen des *natural mind,* für die er sie hielt. Für ihn war der Unterschied entscheidend, und er konnte diesen subversiven Vorschlag nicht unwidersprochen durchgehen lassen. Er war jedoch sehr fasziniert, daß eine Frau sich von innen her in seine Angelegenheiten einmischen sollte. Nach vielem Nachdenken kam er zu dem Schluß, daß sie die Personifikation seiner Seele sein müsse. In vielen Traditionen stellt man sich die Seele als weiblich vor, und aus diesem Grund gab er ihr den lateinischen Namen *anima*. «Später sah ich, daß es sich bei der weiblichen Figur in mir um eine typische oder archetypische Gestalt im Unbewußten des Mannes handelt, und ich bezeichnete sie als ‹Anima›» (ETG, S. 189).

Die Salomefigur war auch eine Personifikation des Animaaspektes, den Jung in Emma nicht finden konnte, den er aber in Toni Wolff gefunden hatte. Elias und Salome waren innere Darstellungen der äußeren Beziehung zwischen Jung und Toni. Jung hatte immer älter gewirkt als er war – sein Spitzname in der Schule war «Vater Abraham» gewesen –, und Barbara Hannah, die eine enge Mitarbeiterin von ihm wurde, erzählt, daß, wenn man Jung und Toni zusammen sah, dies einer Übertreibung des Altersunterschiedes zwischen ihnen gleichkam: «Er wirkte wie der Prototyp des weisen alten Mannes und sie hatte etwas von der ewigen Jugend an sich» (Hannah, 1977, S. 117). Obwohl Jung in seinen Memoiren nichts davon erwähnt, unterstützte ihn Toni während der gesamten schweren Prüfung, die sein Experiment mit dem Unbewußten war. Sie war seine Weggefährtin oder, in alchemistischer Terminologie, seine *soror mystica*. Er kommt der Anerkennung ihrer Leistung in einem Abschnitt am nächsten, in dem er erklärt, daß jeder, der sich mit der Arbeit am Unbewußten beschäftigt, die Vergünstigung des Gesichtspunktes eines anderen Menschen haben sollte, denn selbst der Papst habe einen Beichtvater. «Die Frauen sind dafür nämlich sehr begabt», sagt er. «Sie haben oft eine ausgezeichnete Intuition und eine treffende Kritik ... Sie sehen Seiten, die der Mann nicht sieht» (ETG, S. 140).

Toni war besonders wichtig für ihn zu den Zeiten, in denen er das Gefühl hatte, verrückt zu werden, und vielleicht hat Emma aufgrund dieser Tatsache ihre Feindseligkeit zum Schweigen gebracht und einem *modus vivendi* zugestimmt, durch den Toni in den Familienkreis aufgenommen und die Art ihrer Beziehung zu Carl schweigend akzeptiert wurde. Barbara Hannah meint, daß das deshalb möglich war, weil Jung genug Liebe für beide besaß. Sie zitiert Emma Jung, die viele Jahre später gesagt haben soll: «Weißt du, er nahm mir nie etwas weg, um es Toni zu geben, aber je mehr er ihr gab, desto mehr schien er imstande zu sein, mir zu geben» (Hannah, 1977, S. 119f.). Wichtiger ist noch, was Emma einem Freund von Laurens van der Post erzählt hat. «Ich werde Toni immer dankbar dafür sein, daß sie etwas für meinen Mann getan hat, was weder ich noch jemand anderer für ihn in einer sehr kritischen Zeit hätte tun können» (van der Post, 1975, S. 177).

Es muß Toni hoch angerechnet werden, daß sie ihre Macht über Jung nicht dazu benützte, seine Ehe zu zerstören und ihn für sich selbst zu nehmen – obwohl sie einmal Barbara Hannah gegenüber zugab, daß das sehr viel Beherrschung von ihr erforderte. Sie war die ganze Zeit hindurch sehr tapfer. Sie trug solange die volle Bürde seiner Anima-Projektion, zusammen mit seinen Befürchtungen und seiner Verzweiflung, bis die Personifikation der Anima in seinem Phantasieleben für ihn ausreichend differenziert war und er einer äußeren Frau als Vermittlerin für seine Arbeit mit dem Unbewußten nicht mehr bedurfte. Denn die Anima ist nicht nur eine vorhandene Vorwegnahme der Frau, der man in der äußeren Welt begegnen wird, sondern auch eine Personifikation all dessen, was im Mann weiblich ist. Was immer man über die Moral ihrer Beziehung denken mag, Toni förderte ganz klar Jungs Individuation, indem sie es ihm ermöglichte, das ungelebte Weibliche in sich zu integrieren und zur Reife zu bringen. Es gibt wenig Zweifel darüber, daß die Beziehung für sie von ebensolcher Bedeutung war.

Trotzdem brachte ihn das ganze Erlebnis an den Rand des Wahnsinns. Nicht nur hat er Stimmen gehört, hat wie ein Kind gespielt und ist in seinem Garten auf und ab gegangen, während er lange Gespräche mit einem gedachten Gefährten führte, er glaubte auch, daß in sein Haus Geister eingedrungen seien. Er berichtet davon, daß einmal die Hausglocke heftig zu läuten begann und niemand draußen war.

> «Ich befand mich in der Nähe der Glocke, hörte sie und sah, wie der Klöppel sich bewegte. Alle liefen sofort an die Tür, um nachzuschauen, wer da sei, aber es war niemand da! Wir haben uns nur so angeschaut! Die Luft war dick, sage ich Ihnen! Da wußte ich: Jetzt muß etwas geschehen. Das ganze Haus war angefüllt wie von einer Volksmenge, dicht voll von Geistern. Sie standen bis unter die Tür, und man hatte das Gefühl, kaum atmen zu können. Natürlich brannte in mir die Frage: ‹Um Gottes willen, was ist denn das?› Da riefen sie laut im Chor: ‹Wir kommen zurück von Jerusalem, wo wir nicht fanden, was wir suchten.›» (ETG, S. 194).

Er wurde mit dieser Störung fertig, indem er die *Septem Sermones ad Mortuos* schrieb. Es floß aus ihm heraus, und in drei Abenden war die Sache geschrieben. «Kaum hatte ich die Feder angesetzt, fiel die ganze Geisterschar zusammen. Der Spuk war beendet. Das Zimmer wurde ruhig und die Atmosphäre rein» (ETG, S. 194).

Aber Erlebnisse wie dieses warnten ihn, in welch gefährlichem Zustand er sich befand und wie verzweifelt wichtig es für ihn war, einen Halt in der Realität zu bewahren. Er sagte sich selbst immer wieder vor: «Ich habe ein Ärztediplom, ich muß meinen Patienten helfen, ich habe eine Frau und fünf Kinder, und ich wohne an der Seestraße 228 in Küsnacht», um sich selbst daran zu erinnern, daß er wirklich existierte «und nicht nur ein vom Geistwind umgetriebenes Blatt war wie ein Nietzsche», der verrückt geworden war, als er ähnliche Erlebnisse hatte (ETG, S. 193). Jung erkannte natürlich die Ironie, daß er als Psychiater in das gleiche psychische Material geraten sollte, das man bei Geisteskranken findet. Er untersuchte den gleichen Fundus an unbewußten Bildern, die den psychotischen Patienten tödlich verwirren. Aber das bestätigte ihm nur die Richtigkeit von Bleulers Lehre, daß es keinen grundlegenden Unterschied zwischen dem gesunden und dem abnormalen Geist gibt. Durch aktive Imagination betrat er einfach Reiche der Psyche, die normalerweise geistig gesunden Menschen unzugänglich sind.

Es war die kreative Einstellung, die er zu diesen Ereignissen einnahm, die verhinderte, daß sie destruktiv wurden: «Ich verwandte große Sorgfalt darauf, jedes einzelne Bild, jeden Inhalt zu verstehen, ihn – soweit dies möglich ist – rational einzuordnen und vor allem im Leben zu realisieren. Das ist es, was man meistens versäumt. Man läßt die Bilder aufsteigen und wundert sich vielleicht über sie, aber dabei läßt man es bewenden. Man gibt sich nicht die Mühe, sie zu verstehen, geschweige denn die ethischen Konsequenzen zu ziehen.» Verstehen, Wissen und Einsicht sind nicht genug. «Denn wer seine Erkenntnis nicht als ethische Verpflichtung anschaut, verfällt dem Machtprinzip. ... Mit den Bildern des Unbewußten ist dem Menschen eine schwere Verantwortung auferlegt» (ETG, S. 196).

Wir sehen allmählich, daß diese Periode, beginnend mit dem 38. Lebensjahr, der Wendepunkt in Jungs Leben war. Es begann mit einer Regression in die Kindheit, die von einer Zeit tiefgreifender Introversion gefolgt war und einer Verschiebung der Libido ins Unbewußte. Nun kam eine Periode der Progression, der zuversichtlichen Extraversion, und eine neue Synthese zwischen bewußten und unbewußten Persönlichkeiten folgte. Diese unendlich bereichernde Phase erreichte ihren Höhepunkt in den Monaten unmittelbar nach dem Waffenstillstand im Jahr 1918, in denen er als Hauptmann der Sanität in Lagern für britische Internierte tätig war. Jeden Morgen pflegte er an einem Mandala in seinem Notizbuch zu arbeiten, eine Tätigkeit, die ihn immer stärker in Anspruch nahm. Er fand zu seiner großen Befriedigung, daß seine Zeichnungen ihn in die Lage versetzten, die Veränderungen, die mit seiner Seele von Tag zu Tag vor sich gingen, zu objektivieren und zu beobachten. «Ich hatte das deutliche Gefühl von etwas Zentralem, und mit der Zeit gewann ich eine lebendige Vorstellung des Selbst» (ETG, S. 199).

Er begann zu verstehen, daß das Ziel jeglicher psychischen Entwicklung das Selbst ist. «Es gibt keine lineare Entwicklung, es gibt nur eine Circumambulation des Selbst. ... Ich wußte, daß ich mit dem Mandala als Ausdruck für das Selbst das für mich Letzte erreicht hatte» (ETG, S. 200).

Viele Einsichten überfluteten sein Bewußtsein zu dieser Zeit. Das Selbst ist das Zentrum, über das man nicht hinausgehen kann. Es ist das Ziel, auf das hin sich alles anordnet. Es ist der Archetypus der Orientierung und des Sinns. Wenn man sich ihm nähert, gerät man in den Einflußbereich seiner Kraft: Dann werden alle Gegensätze transzendiert, und eine innerseelische Heilung kann stattfinden. Diese Ideen trafen ihn mit der Gewalt einer gnostischen Offenbarung: er *wußte,* daß sie wahr waren. In der Folge kam auch die Festigkeit, die ihm jahrelang abhanden gekommen war, wieder in greifbare Nähe: «... und allmählich stellte sich auch die innere Ruhe wieder ein» (ETG, S. 200).

Schließlich endete das ganze außergewöhnliche «Experiment» mit einem Traum. Er befand sich in Liverpool, was wörtlich «pool of life» (Teich des Lebens) bedeutet. Die einzelnen Quartiere der Stadt waren radiär um einen Platz angeordnet. «In der Mitte befand sich ein runder Teich und darin eine kleine zentrale Insel. Während alles von Regen, Nebel, Rauch und spärlich erhellter Nacht bedeckt war, erstrahlte die kleine Insel im Sonnenlicht. Dort wuchs ein einzelner Baum, eine Magnolie, übergossen von rötlichen Blüten. Es war, als ob der Baum im Sonnenlicht stünde und zugleich selbst Licht wäre.» Einige Gefährten, die mit ihm zusammen waren, kommentierten das abscheuliche Wetter: «Sie sprachen von einem anderen Schweizer, der in Liverpool wohne, und wunderten sich, daß er sich gerade hier angesiedelt habe. Ich war von der Schönheit des blühenden Baumes und der sonnenbestrahlten Insel hingerissen und dachte: Ich weiß schon warum, und erwachte» (ETG, S. 201 f.).

Dieser Traum brachte ihm ein Gefühl des Endgültigen. Die unangenehme schwarze Undurchsichtigkeit des Nebels repräsentierte das, was er bis zu diesem Punkt durchgemacht hatte. Aber nun war ihm ein Bild überirdischer Schönheit zuteil geworden, mit dem er im «Teich des Lebens» weiterleben konnte.

Danach gab er es auf, Mandalas (Abb. 10) zu zeichnen oder zu malen, denn der Traum hatte den Gipfel der Bewußtseinsentwicklung ausgedrückt. Er befriedigte ihn restlos. «Als ich mich von Freud getrennt hatte, wußte ich, daß ich in das Nicht-Gewußte, Unbekannte hinausfiel. Ich wußte ja nichts Eigentliches über Freud hinaus; aber ich hatte den Schritt ins Dunkle gewagt. Wenn dann ein solcher Traum kommt, empfindet man ihn als einen actus gratiae» (ETG, S. 202 f.).

Konsequenzen für Jungs Psychologie

Es hat den Anschein, als ob Jungs Arbeit als Student mit seiner seltsamen mediumistischen Cousine den Samen für die spätere Entwicklung seiner Ideen gelegt hätte. Sie lieferte ihm nicht nur die Inspiration zur Entdeckung seiner eigenen psychischen Realität, sondern zeigte ihm auch, wie unbewußte Teile der Gesamtpsyche sich durch den freien Gebrauch der Imagination «personifizieren» konnten. Sie führte auch zum Entstehen des grundlegenden Konzepts der *Individuation* und war die Basis der gesamten therapeutischen Richtung, die später in seinem Namen praktiziert werden sollte.

Von allen Figuren, denen er während seiner Nekyia begegnete, berührte ihn keine tiefer als Philemon und seine Anima. Wenn man Philemon unter dem Blickwinkel von Jungs ganzem Leben betrachtet, wird deutlich, daß diese extrem numinose Figur zwei gleichermaßen unentbehrliche Aufgaben erfüllte. Nachdem Jung erstens die Autorität des Ersatzvaters in der Person des Siegfried und der Person Freuds zerstört und ihren schmerzlichen Verlust durchlitten hatte, entdeckte er jetzt seine eigene innere Autorität in Philemon. Zweitens stellte Philemon die Vorwegnahme der charismatischen Persönlichkeit dar, die Jung im späteren Leben

Abbildung 10: Jungs Mandala «Das Fenster in die Ewigkeit».

werden sollte – der Guru, der spirituelle Vater, der weise alte Mann.

Die Entdeckung der Anima war ein nicht geringerer Segen. Je differenzierter sie als innere Figur wurde, desto mehr fand Jung, daß er sich auf sie in seiner Beschäftigung mit dem Unbewußten verlassen konnte. Er lernte von seinen Begegnungen mit ihr, daß es Gelegenheiten gab, bei denen sie listig und destruktiv sein konnte, daß sie aber auch einen sehr positiven Aspekt hatte, den er zunehmend zu schätzen lernte. In den Jahrzehnten, die folgten, pflegte er sich an seine Anima zu wenden, wenn er emotional aus dem Gleichgewicht geraten war, oder wenn sich ein unbekanntes Ereignis im Unbewußten vorbereitete. «In solchen Augenblicken fragte ich die Anima: ‹Was hast du jetzt wieder? Was siehst du? Ich möchte das wissen!›» (ETG, S. 191).

Es kommt vielen Leuten absonderlich vor, daß innere Figuren eine so ausschlaggebende Bedeutung für einen Mann annehmen konnten – besonders, wenn diese Leute extravertiert und fest in ihrer Wahrnehmungsfunktion verwurzelt sind. Auch manchen Introvertierten kommt es seltsam vor. Und dennoch sind diese psychischen Personen in uns allen vorhanden, wenn wir uns nur um sie kümmern, und der Trick, wie man mit ihnen innere Dialoge führt, ist nicht schwer zu erlernen. Trotzdem war Jung außergewöhnlich in bezug auf den Grad der Realität, den solche Figuren für ihn besaßen und in bezug auf den Machtumfang, den er ihnen in der Beeinflussung seines Lebens zugestand. Dr. Anthony Storr (1973) ist der Auffassung, daß das symptomatisch für Jungs extreme Isolation war. Leute, die glücklich verheiratet sind, meint er, sind sich normalerweise keiner Diskrepanz zwischen ihrem Partner und einer inneren Verkörperung des anderen Geschlechts bewußt. Sich lebhaft unbewußter Phantasien bewußt zu werden, setzt ein Sich-Zurückziehen in die Wildnis voraus, das an die Versuchungen Christi oder des hl. Antonius erinnert. «Der völlig isolierte Mensch hat nur Phantasiefiguren», sagt Storr, und er argumentiert, daß «das gesamte Konzept von Anima und Animus aus der Tatsache entstand, daß Jung ein emotional isolierter Mensch war» (S. 57).

Wie wir gesehen haben, war Jungs Isolierung auch bei der Formulierung der Hypothese vom kollektiven Unbewußten und seiner Theorie der psychologischen Typen ein wesentlicher Faktor. Aber das entkräftet die Hypothesen nicht. Wichtige Entdeckungen werden üblicherweise von ungewöhnlichen Leuten gemacht, die imstande sind, sich selbst bis an die Grenzen zu fordern und die Zustände ertragen, die gewöhnliche Männer und Frauen nicht aushalten. Wenn Jung auch von Gefühlen der Isolation gequält war, so war er auch mit einem außerordentlichen Talent zur Introspektion begabt, und das war eine mehr als ausreichende Kompensation für seine Einsamkeit. Seine Isolation war der Stachel in seinem Fleisch, der ihn vorantrieb bei der Entdekkung einer Welt, die der Aufmerksamkeit der gesellschaftlich angepaßten (und weniger bewußten) Mehrheit entgeht.

Es gibt eigentlich eine Menge Parallelen zu dem, was Jung erlebt hat. Odysseus' Besuch an den Gestaden der Toten muß Jung zum Teil geleitet haben, denn die Geschichte wurde ihm von seinem Freund Albert Oeri während einer Rundfahrt auf dem Zürichsee vorgelesen, kurz bevor Jung seinen eigenen Abstieg in die Unterwelt begann. Das Thema wiederholt sich im *Gilgamesch-Epos,* in Vergils *Aeneis,* in Dantes *Göttliche Komödie* und sogar in der frühen Science-Fiction-Literatur (z. B. Jules Vernes *Reise zum Mittelpunkt der Erde).* In all diesen Erzählungen ist das Konzept der Regression und Involution (des Abstiegs und des Sich-nach-innen-Wendens) vorhanden, des Wendepunkts (der «Enantiodromie», des Umschlagens in das Gegenteil) und schließlich der Progression und der Evolution (des Aufstiegs und des Sich-nach-außen-Wendens). Wenn daher Vergil Dante bei seinem Abstieg in die Unterwelt begleitet, gehen sie ihren Weg nicht zurück, bevor sie nicht den tiefsten Punkt der Hölle erreicht haben; erst dann beginnen sie die Rückreise – den Aufstieg zum Fegefeuer und zum Himmel. Diese spontane Umkehr – Heraklits «Enantiodromie» – ist ein natürlicher Ausdruck des homöostatischen Prinzips und wird von allen erfahren, die durch eine depressive Erkrankung gegangen sind. Es ist ebenso charakteristisch für etwas, das Henri Ellenberger (1970) die «kreative Krankheit» nennt.

In seinem bemerkenswerten Buch *Die Entdeckung des Unbewußten* beschreibt Ellenberger die kreative Krankheit als einen seltenen Zustand, dessen Beginn gewöhnlich nach einer langen Periode intensiver intellektueller Arbeit einsetzt. Die Hauptsymptome sind Erschöpfung, Depression und Reizbarkeit, und das Krankheitsbild kann sich als schwere Neurose oder manchmal als Psychose darstellen.

Während der Erkrankung beschäftigt sich der Leidende weiter mit den Problemen, die schon vor dem Beginn der Krankheit seine Aufmerksamkeit voll in Anspruch genommen haben. Er fühlt sich isoliert und kommt zur Überzeugung, daß ihm niemand helfen kann. Daher wird er gezwungen, Wege zu finden, um sich selbst zu heilen. Es kommt häufig vor, daß diese Versuche sein Leiden verstärken, und die Krankheit kann drei oder vier Jahre andauern. Es kommt zu einer spontanen Gesundung, die von Gefühlen der Euphorie begleitet ist und von einer Veränderung der Persönlichkeit gefolgt wird. Der Betroffene geht aus der Krankheit mit der Überzeugung hervor, daß er Zutritt zu einer neuen spirituellen Wahrheit erhalten hat, und daß er die Verpflichtung hat, diese mit der Welt zu teilen.

Beispiele für diese Krankheit kann man bei den Schamanen in Sibirien und Alaska finden, unter den Mystikern aller Religionen und unter bestimmten kreativen Schriftstellern, Philosophen und Künstlern. Ellenberger bietet überzeugendes Material für seine Behauptung an, das Gustav Theodor Fechner, der Begründer der Psychophysik, eine solche Erkrankung um das vierzigste Lebensjahr durchmachte, ebenso wie Friedrich Nietzsche und Rudolf Steiner. Wie wir in Kapitel zwei festgestellt haben, erlitt Freud das gleiche Schicksal wie Jung. Freud, der seine Krise zwanzig Jahre früher erlebte, als er einen neurotischen Zusammenbruch hatte, war außerordentlich abhängig von seinem

Freund Wilhelm Fließ und führte seine Selbstanalyse mit Hilfe der freien Assoziation durch.

Der interessante Punkt, der dabei ins Auge springt, ist, daß Freuds Selbstanalyse ebenso entscheidend für die Entwicklung der Psychoanalyse war wie Jungs Experiment mit dem Unbewußten für die Entwicklung der Analytischen Psychologie. Für beide war es die gefahrvolle Reise des Helden, die das archetypische Merkmal der Isolation, der Initiation und der Wiederkehr trug. Wenn er sich diesen übermenschlichen Qualen ausgesetzt hat, kommt der Held als ein verwandelter Mann zurück, im Besitz großer Weisheit und der Macht, gute Taten an seinen Mitmenschen zu vollbringen. Solche Erlebnisse führen zu dem, was Joseph Campbell die «hierophantische Erkenntnis» nannte – das ist eine profunde Intuition, die den Seher in das Reich des Heiligen trägt, zu welchem diejenigen, die sich mit profanen Tätigkeiten, wie jagen und sammeln, einnehmen und ausgeben, beschäftigen, keinen Zutritt haben. Richtig verstanden, kann das damit in Zusammenhang stehende geistige Leid über das normale, das Leben verstümmelnde Erlebnis eines psychiatrischen Zusammenbruchs hinausführen, denn es bringt Einsichten, visonäre Kraft und Verstehen. Tragischerweise verstehen die meisten Ärzte und zeitgenössischen Psychiater das nicht. Wie ich schon festgestellt habe, betrachten sie seelische Störungen um die Lebensmitte nicht als eine Gelegenheit zur spirituellen Wandlung, sondern als Krankheit, die man unterdrücken muß. Ihre Behandlung stellt darauf ab, nicht die Individuation zu fördern, sondern das zustande zu bringen, was Jung als «die negative Wiederherstellung der Persona» karikiert hat – was soviel bedeutet wie die Rückkehr zum status quo ante.

Es kann kaum Zweifel darüber bestehen, daß Jung seine Krankheit als hierophantische Erkenntnis erlebte oder daß er an irgendeiner Unsicherheit in bezug auf die Bedeutung dessen litt, das er mit der Welt zu teilen hatte. «Es lagen Dinge in den Bildern, die nicht nur mich angingen, sondern auch viele andere. Damit hat es angefangen, daß ich nicht mehr nur mir selbst gehören durfte.

Von da an gehörte mein Leben der Allgemeinheit. ... Damals stellte ich mich in den Dienst der Seele. Ich habe sie geliebt und habe sie gehaßt, aber sie war mein größter Reichtum» (ETG, S. 195 f.). Im hohen Alter erklärte er, daß er nie den Kontakt mit diesen anfänglichen Phantasien und Träumen verloren habe, und daß seine gesamte schöpferische Arbeit aus ihnen hervorgegangen sei.

Es nahm den Rest seines Lebens in Anspruch, alles, was er in dieser Zeit erfahren und aufgezeichnet hatte, zu verstehen und zu klären. «Die Jahre, in denen ich den inneren Bildern nachging, waren die wichtigste Zeit meines Lebens, in der sich alles Wesentliche entschied. Damals begann es, und die späteren Einzelheiten sind nur Ergänzungen und Verdeutlichungen. Meine gesamte spätere Tätigkeit bestand darin, das auszuarbeiten, was in jenen Jahren aus dem Unbewußten aufgebrochen war und mich zunächst überflutete. Es war der Urstoff für ein Lebenswerk» (ETG, S. 203).

Was er litt, litt er nicht nur für sich allein, sondern für die Menschheit. Ein Zusammenbruch, der viele an der Lebensmitte ereilt, wurde von ihm als Gelegenheit ergriffen, etwas darüber zu lernen, wie sich die Psyche in solchen Zeiten verhält und wie sie die Kraft findet, sich selbst zu heilen. Durch dieses mutige Unternehmen fand er seinen eigenen Mythos und den Sinn seines Lebens. Es brachte ihm die Erkenntnis, daß die Psyche eine Realität sui generis ist, die nicht auf einen anderen Grund zurückgeführt werden kann; daß die Begegnung mit archetypischen Symbolen in einer kritischen Lebensphase eine radikale Veränderung der Persönlichkeit mit sich bringt, durch welche das Ich Bescheidenheit lernt und dem Selbst, als dem Zentrum jeglicher Erfahrung, Platz einräumt und daß der ganze Prozeß letztendlich religiös ist, eine wirkliche *Berufung,* denn der «inneren Stimme» Beachtung schenken bringt Offenbarung mit sich. Jetzt hatte er das Wissen, auf dem er eine neue Psychologie aufbauen konnte, eine neue therapeutische Auffassung, wie man «Seelen heilen» kann.

Literaturvorschläge:

Mircea Eliade: *Schamanismus und archaische Ekstasetechnik*
Barbara Hannah: C. G. *Jung – Sein Leben und Werk*
Henri F. Ellenberger: *Die Entdeckung des Unbewußten*

3. Teil

Von der Mitte des Lebens bis zum Tod

9. Die mittleren Jahre

Das archetypische Programm

In der chinesischen Philosophie stellen Konfuzianismus und Taoismus entgegengesetzte, aber einander ergänzende Pole der menschlichen Natur dar. Der Konfuzianismus beschäftigt sich mit dem extravertierten Leben in der Gesellschaft und der Taoismus mit dem introvertierten Leben, das für den *Weg* steht. Der Konfuzianismus ist daher den Zielen der ersten Lebenshälfte angemessen und der Taoismus jenen der zweiten. An der Lebensmitte kommt es zu einer *Enantiodromie.*

«Um zwölf Uhr mittags beginnt der Untergang. Und der Untergang ist die Umkehrung aller Werte und Ideale des Morgens» (GW 8, § 778). Obwohl die beiden Lebenshälften nicht einfach Spiegelbilder von einander sind, enthält Jungs Feststellung mehr als nur ein Körnchen Wahrheit. Was aufsteigt, muß wieder absteigen. Oder wie es Henri Estiennes Aphorismus ausdrückt: *Si jeunesse savait; si vieillesse pouvait* (Wenn die Jugend wüßte, und wenn das Alter könnte).

Der Schlag der Mittagsstunde ist für uns alle ein schmerzlicher Augenblick, denn er bringt die unausweichliche Mitteilung mit sich, daß wir sterblich sind. «Und daher sende nie zu fragen, wem die Stunde schlägt«, warnt John Donne, «denn sie schlägt dir» *(Devotions).*

> «Und so von Stund zu Stunde reifen wir
> Und so von Stund zu Stunde faulen wir
> Und daran hängt ein Märlein.»
> (William Shakespeare, *Wie es euch gefällt,* II. Akt, 7. Szene)

Das Wissen, daß wir eines Tages sicher sterben müssen, ist eine der unangenehmsten Entdeckungen der Kindheit, aber wir haben eine ganze Reihe von Abwehrmechanismen zur Verfügung, um dieser schrecklichen Wahrheit den Stachel zu nehmen, und die ersten vierzig Jahre leben wir getröstet in dem Gedanken dahin, daß das Alter weit weg und der Tod viel zu weit entfernt ist, als daß man sich darum Sorgen machen müßte. Dann kommt einem plötzlich die Erkenntnis, daß es eigentlich gar nicht mehr so lang dauert bis dorthin – gewissermaßen fliegt es auf einen zu, wie der Boden auf einen selbstzufriedenen Fallschirmspringer. Wie passend ist doch das mittelalterliche Symbol für das Menschenleben, nämlich die Menge Sandes, die durch die Öffnung eines Stundenglases rinnt! Zu Beginn sinkt die Höhe des Sandes so langsam, daß man es kaum wahrnehmen kann, aber dann, wenn mehr als die Hälfte des Inhalts aus dem oberen Teil des Gefäßes herabgeronnen ist, sinkt der Sand immer schneller, bis in den letzten Minuten der Stunde die Geschwindigkeit, mit der er durch die Öffnung fließt, richtiggehend ungehörig ist. Genauso ist es mit dem Leben.

> Und stets hör ich in meinem Rücken
> Den geflügelten Wagen der Zeit nahen.
> Und jenseits da drüben liegen vor uns
> Die weiten Wüsten der Ewigkeit.
>
> (Andrew Marvell,
> «To His Coy Mistress»)

Geburt, Fortpflanzung und Tod – Desintegration und Reintegration in endlosen Zyklen –, das ist die Grundlage der Existenz auf diesem Planeten, und niemand außer die niedrigsten Organismen können sich ihr entziehen. Eine Amöbe oder ein Bakterium stirbt nicht; diese Organismen reproduzieren sich selbst, indem sie sich einfach in zwei Teile teilen, und sie leben daher in ihren Nachkommen in vollkommenerer Weise weiter, als wir es tun. Unsere Evolution wurde ermöglicht und unser Überleben abgesichert, als die Natur die sexuelle Fortpflanzung entdeckte, aber mit der Sexualität ging als natürliche Folge der Tod einher. Die Natur verlangte die Sterblichkeit des Individuums als Gegenleistung für die Unsterblichkeit der Art. Bevor jede Generation verschwindet, ermöglicht die neue Verbindung von Chromosomen durch die sexuelle Fortpflanzung, daß die nächste Generation sich an die neuen Veränderungen in der Umwelt anpassen kann. So wird es der Art ermöglicht zu überleben und durch Mutation neue Arten hervorzubringen. Der individuelle Tod ist der Preis für das kollektive Überleben und die Involution ist die Voraussetzung für die Evolution.

Die natürliche Selektion hat daher sichergestellt, daß das archetypische Programm für das menschliche Leben in grausamer Weise endlich ist, denn einem Individuum eine unbegrenzte Lebensspanne zu gewähren, nachdem es seinen Nutzen in der Fortpflanzung erfüllt hat, wäre eine unmögliche Verschwendung der natürlichen Ressourcen, die von den folgenden Generationen benötigt werden. Und so müssen wir sterben, und als denkende Wesen wissen wir das auch.

Aber hier erhebt sich eine interessante Frage. Wenn uns die Natur als entbehrlich betrachtet, sobald wir uns fortgepflanzt und unsere Kinder großgezogen haben, warum erlaubt sie uns dann, weitere dreißig bis vierzig Jahre hierzubleiben, bevor sie uns schließlich an ihre Brust nimmt? Ist die Natur träge, oder hat ihre Milde Methode?

Jung war sicher, daß darin ein Sinn liegt: «Der Mensch würde gewiß keine siebzig und achtzig Jahre alt, wenn diese Langlebigkeit dem Sinn seiner Spezies nicht entspräche. Deshalb muß auch sein Lebensnachmittag eigenen Sinn und Zweck besitzen und kann nicht bloß ein klägliches Anhängsel des Vormittags sein» (GW 8, § 787). Er vertritt die Auffassung, daß die Funktion des Menschen in der zweiten Lebenshälfte darin besteht, die Kultur zu erhalten, die seine Jugend gestärkt hat. Er betrachtete ältere Leute im wesentlichen als Bewahrer der Weisheit.

Wenn diese Idee ungebührlich hochgegriffen erscheint, ist es bei der Beschäftigung mit archetypischen Realitäten gut, sich daran zu erinnern, daß bei weitem die längste Periode unserer Existenz als Art im Zustand des Analphabetentums zugebracht wurde. Nicht nur haben unsere Vorfahren keine Schulen und Universitäten gehabt, sie waren auch nicht imstande, die Dinge aufzuschreiben, denn es hatte noch niemand entdeckt, wie man das macht. Wenn die Gesetze, Mythen und Traditionen eines Volkes weitergegeben werden sollten, gab es keine andere Möglichkeit, als das mündlich zu tun. Daher war es wesentlich, daß genug Mitglieder einer Gesellschaft ein hohes Alter erreichten, damit sie Erfahrung besaßen und wußten, wie man die Gebräuche der Vergangenheit interpretiert. Die Integrität, ja das gesamte Überleben einer Kultur hing davon ab.

Unsere Art kann ja erst seit etwa fünftausend Jahren lesen und schreiben. Vorher, wenn man einen Rat in einer wichtigen Lebensangelegenheit brauchte oder wenn es um den richtigen Weg ging, wie man das eine oder das andere machen sollte, wandte man sich an ältere und weisere Mitglieder der Gemeinschaft. Aus der globalen Perspektive betrachtet, erscheint Jungs Feststellung nicht weit hergeholt. Die zweite Phase des Lebens ist eine Periode der fortgesetzten Entwicklung. Indem wir der archetypischen Aufforderung nach Individuation Folge leisten, werden wir zu möglichst ganzheitlichen Menschen, soweit es *im Kontext unserer Kultur möglich ist.* Wenn wir das tun, nehmen wir unsere höchste spirituelle Funktion im Wohlergehen der Gesellschaft wahr, zugleich mit der persönlichen Erfüllung in unserem eigenen Leben.

Jetzt, wo wir Bücher und Universitäten, Massenzeitschriften und Fernsehen haben, könnte man denken, daß man die alten Leute nicht mehr braucht, aber das wäre ein oberflächlicher Schluß. Reine Information ist kein Ersatz für angesammelte Erfahrung und Einsicht; wenn man sich «Buch-Wissen» aneignet, kann das in keiner Weise mit der Inspiration in Konkurrenz treten, die man von jemandem erhält, der echtes *Wissen* besitzt. Die Jungen können nicht sehen, welche Fülle die menschliche Persönlichkeit erreichen kann, wenn sie nicht jemandem begegnen, der sie besitzt.

Die erhöhte Lebenserwartung der modernen Zeit hat der zweiten Lebenshälfte eine neue Betonung gebracht. Als die Zeiten härter waren und das Leben für den Großteil der Bevölkerung viel kürzer war, betrafen die Prioritäten des Lebens das Überleben und die Fortpflanzung. Aber jetzt, wo mehr und mehr Leute achtzig Jahre alt werden, könnte die spirituelle Qualität unserer Kultur sehr bereichert werden. Das Problem liegt darin, daß wir in den Jahren, seit die großen Symbole des judäo-christlichen Kulturkreises ihre Lebenskraft eingebüßt haben, kollektiv so sehr mit materieller Entwicklung und persönlicher Befriedigung beschäftigt sind, daß nur wenige von uns sich einer tieferen Bedeutung des Lebens bewußt sind, als derjenigen, die vom Bruttosozialprodukt repräsentiert wird. Anders ausgedrückt, sind die Werte *unserer Kultur* vorwiegend die Werte von Jugendlichen. Wir brauchen eine kulturelle Verlagerung in Richtung der Weisheit, die nach der Lebensmitte kommt, und es ist möglich, daß in dem Maß, in dem das Gewicht der Bevölkerung sich zugunsten der höheren Altersgruppen verschiebt, es zum Auftreten einer *Enantiodromie* kommt. Das wird aber nur geschehen, wenn mehr Leute als jetzt die Herausforderungen der Lebensmitte kreativ beantworten und dem Ruf nach Individuation Aufmerksamkeit schenken.

Das soll nicht heißen, daß wir uns alle im Alter von vierzig Jahren einer Jungschen Analyse unterziehen sollen, oder daß wir uns notwendigerweise solch tiefen inneren Veränderungen unterziehen müssen, wie Jung während seiner Konfrontation mit dem Unbewußten. Individuation hat im Grunde mit Aufwachen zu tun, mit Bewußtwerdung, damit, daß man ständig offen ist für die Möglichkeit zu Wachstum und Entwicklung im eigenen Leben. Jung hat behauptet, daß es Leute gibt, die nie aufwachen, daß manche früh aufwachen, andere in der Lebensmitte, wieder andere ganz spät – vielleicht während einer tödlichen Erkrankung oder auf ihrem Totenbett. Wahrscheinlich sind in unserer Gesellschaft diejenigen, die überhaupt nicht aufwachen, in der Überzahl.

Jung sah zwei Möglichkeiten für Leute, die in die mittlere Lebensphase eintreten: entweder sie verändern sich oder sie werden unbeweglich. «...ein anderes Mal kommen Eigenschaften wieder zum Vorschein, die seit dem Kindesalter verschwunden waren, oder die bisherigen Neigungen und Interessen fangen an zu verblassen, und an ihre Stelle treten andere, oder – was sehr häufig ist – die bisherigen Überzeugungen und Prinzipien, besonders die moralischen, beginnen sich zu verhärten und zu versteifen, was sich allmählich gegen fünfzig bis zu Unduldsamkeit und Fanatismus steigern kann – wie wenn diese Prinzipien in ihrer Existenz bedroht wären und deshalb erst recht betont werden müßten» (GW 8, § 773). Papst Johannes XXIII. drückte es kerniger aus: «Die Menschen sind wie Wein», sagte er, «manche werden zu Essig, aber die besten werden mit dem Alter immer noch besser.»

Es ist klar, daß die Art und Weise, wie wir der Midlife-crisis begegnen, die größte Bedeutung dafür hat, wie wir den Rest unseres Lebens verbringen, denn dabei entscheidet sich, ob wir den Pfad der Individuation wählen oder nicht.

Das Prinzip der Individuation

Die Idee der Individuation ist keineswegs neu. Das Interesse am *principium individuationis* ist in der Geschichte der westlichen Philosophie ein wiederkehrendes Phänomen seit den Zeiten des Aristoteles. Es findet sich in den Werken von Thomas von Aquin, von Leibniz, Spinoza, Locke und Schopenhauer, aber diese großen Denker konzentrierten sich auf den bewußten Aspekt des Prozesses, und daher sind ihre Werke für die Entwicklung der dynamischen Psychologie nur begrenzt von Nutzen. Eine kleine Anzahl von Entwicklungstheoretikern in diesem Jahrhundert, wie Charlotte Bühler, Erik Erikson, Kurt Goldstein und Abraham Maslow, haben die Wirksamkeit des Individuationsprozesses an ihren Patienten beobachtet und haben Ausdrükke wie «Selbstverwirklichung» verwendet, um ihn zu beschreiben. Aber diese Konzepte kommen nicht an Jungs «Individuation» heran, denn sie betrachten den Selbstverwirklichungsprozeß als etwas, das typisch für Menschen ist, Jung hingegen betrachtet die Selbstverwirklichung als etwas, das allen lebenden Dingen eigen ist. «In Wirklichkeit aber ist der Individuationsprozeß jener je nachdem einfache oder komplizierte biologische Vorgang, mit dem jedes lebende Wesen zu dem wird, wozu es von Anfang an zu werden bestimmt ist» (GW 11, § 460). Er kam allmählich zu dem Schluß, daß ein ähnliches Prinzip auch bei der anorganischen Materie am Werk ist, wenn sich zum Beispiel ein Kristall aus einer verborgenen Konfiguration bildet, die in der Flüssigkeit bereits vorhanden war. Aber im Menschen findet die Individuation ihre höchste Ausdrucksform.

Als Teil der natürlichen Ordnung und auch weil sie ein homöostatisches System darstellt, besitzt die Psyche die Kraft, sich selbst zu heilen. Das ist der Grund, warum Träume so wichtig sind, besonders Traumserien. In ihnen kann man den natürlichen Heilungsprozeß wahrnehmen und die voranschreitende Individuation. Daher ist es sicher hilfreich für die Individuation, wenn man sich um seine Träume kümmert, aber es ist nicht essentiell, daß jemand sie analysieren muß. Wenn man sie nur aufschreibt und illustriert, verstärkt man damit schon ihre Wirkung auf das Ich-Bewußtsein. Schließlich ist der Großteil aller Träume, die je geträumt wurden, nie analysiert worden. Aber sie haben offensichtlich eine lebenswichtige Funktion, denn wir alle haben Träume – wie auch alle anderen Säugetiere sie haben – und wenn man Menschen für eine gewisse Zeit ihres Traumschlafes beraubt, werden sie desorientiert, fangen an zu halluzinieren und haben illusionäre Vorstellungen. Es ist wahrscheinlich, daß die Funktion der Träume bei allen Arten, die träumen, darin besteht, das Lebensprogramm, das im Genom (das ist die gesamte genetische Konstitution einer Spezies) festgelegt ist, in die alltägliche Erfahrung des Individuums zu integrieren.

Daher hat die Individuation mit der fortschreitenden Integration des unbewußten zeitlosen Selbst in die Persönlichkeit des zeitgebundenen Individuums zu tun. Und nachdem die menschliche Psyche selbst ein Produkt der Natur ist, folgt daraus, daß die Individuation ein biologisches Phänomen darstellt, das in einem kosmischen Kontext vor sich geht.

Das Ausmaß, in dem das Selbst integriert werden kann, ist jedoch während des Heranwachsens zwangsläufig durch die Umstände eingeengt, vor allem durch die Persönlichkeit, die Kultur und die Beziehung der Eltern. Ebenso wie kein Elternteil je hoffen kann, die Totalität des elterlichen Archetyps zu verkörpern, so kann auch das Individuum nie die Ganzheit des Selbst in sich enthalten. In jedem Fall wird es Aspekte des Selbst geben, die sich für das Familienmilieu als unannehmbar erweisen, und diese werden dann folgerichtig ins Unbewußte verbannt, um dort die Schattenpersönlichkeit zu bilden. Andere verbleiben in einem nicht aktualisierten Zustand und leben als latentes archetypisches Potential weiter, das zu einem späteren Zeitpunkt aktiviert werden kann. In der Geschichte eines jeden von uns wird es eine *gewisse* Verzerrung der ursprünglichen archetypischen Absicht gegeben haben, und niemand von uns kann hoffen, daß er zur Lebensmitte mehr darstellt als eine Version des Selbst, die «gut genug» ist. Im Ausmaß der früheren Verzerrung wird jedoch der Unterschied zwischen Neurose und geistiger Gesundheit liegen, und das wird einen Einfluß darauf haben, ob von einem gesagt werden kann, daß man begonnen hat, den Weg der Individuation zu gehen.

Auf der organischen Ebene vollzieht sich die Individuation mit oder ohne Teilnahme des Bewußtseins und muß als relatives, nicht als absolutes Phänomen verstanden werden. Es gibt verschiedene Grade und verschiedene Formen der Individuation. Eine natürliche, verhältnismäßig unbewußte Individuation zum Beispiel geschieht dem Individuum nur und läßt sich praktisch von normaler Reifung nicht unterscheiden; das Individuum spielt dabei nur den Träger des Prozesses. Diese «natürliche»

Individuation geht unausweichlich von der Wiege bis zum Grab vor sich. Es ist die Notwendigkeit zur Entwicklung, die allen Aspekten des Lebens von Anfang an innewohnt.

Die Art der Individuation, die den Brennpunkt von Jungs Interesse darstellte, war der Prozeß, der *bewußt* von einem dazu entschlossenen Ich *gelebt wird,* und an dem das Ich *aktiv teilnimmt.* Das ist die Individuation, die Jung als die Aufgabe der zweiten Lebenshälfte betrachtete. Und das Ich-Bewußtsein ist wesentlich für ihre Erfüllung – nicht als Direktor oder als Regisseur, sondern als Mitarbeiter, Co-Autor und dankbarer Empfänger all dessen, was das Unbewußte anzubieten hat. Das ist die Initiation, die von der Midlife-crisis eingeleitet wird, der Zeit, in der viele Leute «aufwachen».

Die Hingabe an das Leben in den ersten fünfunddreißig bis vierzig Jahren ist gewöhnlich so vollständig, daß man den Lebenszyklus gänzlich unreflektiert durchleben kann und trotzdem die Freude an der Leistung erlebt, aber wenn man fortfährt, biologisch und wirtschaftlich in die zweite Hälfte hineinzuleben, ohne daß man sich seiner selbst *existentiell* bewußt wird, dann verfehlt man, worum es geht. Dann ist das Leben in all seinen wesentlichen Bestandteilen zu Ende. Die Individuation zu leben bedeutet, die Tatsache, daß man altert, wahrzunehmen, sich an den Ton des geflügelten Wagens der Zeit zu gewöhnen, der immer näher kommt, das heißt, seine Erfolge und Mißerfolge, seine Stärken und Schwächen anzunehmen, und sich bereit zu machen, den jugendlichen Zustand der Ich-Bezogenheit gegen den reifen Zustand der Ich-Transzendenz einzutauschen. Dann kann das ursprüngliche Versprechen, das bei der Zeugung gegeben wurde, eingelöst werden – man kann ein so vollständiger Mensch werden, wie man es vermag.

Wie die Individuation selbst, ist die Idee, daß jeder von uns nur ein blasses Abbild unseres potentiellen Selbst darstellt, äußerst alt. Als Pindar den Rat gab, «Werde, der du bist», meinte er damit: Leg deine oberflächliche Persona ab, deine sozialen Klischees, deine weltlichen Gewohnheiten, entdecke den idealen

Menschen, der in deiner Seele vorhanden ist und freunde dich mit deinem *daimon* an, der dort lebt. In Delphi trug der Tempel des Apoll die Inschrift «Erkenne dich selbst» – was auch Sokrates meinte, als er sagte, daß ein Leben, das man keiner Prüfung unterzieht, nicht wert ist, gelebt zu werden. Sowohl Plato als auch Aristoteles lehrten, daß man, um sein wahres Selbst zu werden, nach außen bringen müsse, was man innerlich schon ist. Jung stand in der Schuld dieser Quellen, wie auch in der Schuld der großen europäischen Entdecker des Unbewußten, Carl Gustav Carus, Eduard von Hartmann, Arthur Schopenhauer, G. H. von Schubert und Ignaz Paul Vital Troxler. Einen besonderen Einfluß hatte Schuberts Überzeugung, daß in jedem Individuum eine persönliche Seele (das Ich) zusammen mit einem Aspekt der Weltseele (dem Selbst) vorhanden war. Troxler betrachtete nicht das Ich als das Zentrum der Persönlichkeit, sondern das *Ich selbst.* Das *Ich selbst,* sagte er, sei das Ziel dieses Lebens und der Ausgangspunkt für das Leben nach dem Tod; es war unabdingbar für die Vereinigung mit Gott. Troxler maß auch den Träumen eine große Bedeutung bei und bestand darauf, daß wir in ihnen die Offenbarung unseres eigenen menschlichen Wesens erfahren und daß Träume die Mittel sind, durch die wir zu einer höheren Form der Existenz aufsteigen.

So ist das Selbst sowohl der Ursprung als auch das Ziel des Ich-Bewußtseins. Alles, was vom Ich nicht erfahren wird, ist unbewußt und unbekannt. Individuation hat mit dem Erfahren des Unerfahrenen und dem Kennen des Unbekannten zu tun. Wenn man in der zweiten Hälfte des Lebens zur «Selbstheit» kommt, so ist das mehr als eine kulturelle Verpflichtung, ein guter Bürger zu sein. Es ist eine ethische Wahl, um sein individuelles Menschsein zu erfüllen, seine Angst vor dem Tod zu überwinden und sich selbst als einzigartigen Ausdruck der Schöpfung zu erkennen. Wenn man das begriffen hat, betritt man die religiöse Dimension. Man wird «weise». Denn je bewußter man selbst wird, desto mehr wird das Universum sich seiner selbst bewußt.

Jungs mittlere Jahre

Als Jung fünfzig wurde, ging mit ihm eine Veränderung vor sich. Sie war nicht nur für diejenigen, die ihn kannten, sichtbar, man kann sie auch auf Fotografien erkennen, die damals gemacht wurden. Frühere Bilder zeigen eine ziemliche strenge Figur mit kurz geschnittenem Haar und kleinen Augen hinter einer randlosen Brille, aber ab fünfzig ist sein Bild offener und sympathischer: die Augen blitzen voll Humor und Intelligenz und die gesamte Erscheinung strahlt Integrität, Güte und menschliche Wärme aus. Viele Zeitgenossen haben die neue Autorität erwähnt, die von ihm Besitz ergriff, nachdem er seine Konfrontation mit dem Unbewußten hinter sich gelassen hatte und die absolute Überzeugung, mit der er von solchen Dingen wie der Anima, dem Selbst und der Vereinigung der Gegensätze sprach. Als er älter wurde, wich die Neigung zur Reserviertheit, die er in seiner Jugend an den Tag gelegt hatte, einer Persona von durchwegs größerer Freundlichkeit, wie es die späteren Fotografien zeigen. Obwohl er immer noch die Abgeschiedenheit schätzte, zeigte er nun ein Talent, mit anderen Leuten aus allen Lebensbereichen auszukommen, und er wurde mit den Jahren immer umgänglicher. Er trug leicht an seiner großen Gelehrsamkeit, und die Leute, die ihn kennenlernten, waren gleichermaßen von seiner Einfachheit, seinem Humor und seiner Höflichkeit wie von seiner Weisheit und der Kraft seines Intellekts beeindruckt.

Wenn die Bereicherung der Persönlichkeit wirklich ein Ergebnis der Arbeit mit dem Unbewußten ist, in der Art, wie es Jung empfiehlt, dann war er eine gute Reklame für seine eigenen Theorien. Der Grad der Individuation, der in ihm ersichtlich wurde, zog Leute aus der ganzen Welt an, die ihn konsultieren wollten, und er ist für das Interesse an ihm verantwortlich, das nach seinem Tod ständig zunahm.

Es ist eine faszinierende Tatsache, daß es unwahrscheinlich ist, daß sein Beitrag zu unserer Kultur eine größere Anerkennung erfahren hätte als eine Fußnote in den Lehrbüchern der

Geschichte der Psychiatrie, wenn er im Alter von vierzig Jahren während des Ersten Weltkrieges umgekommen wäre. Seine wahre Größe wurde erst offensichtlich, als er alt wurde.

Er ging aus seiner Midlife-crisis nicht nur als ein weiserer und beachtenswerterer Mann hervor, sondern auch als ein Mann, der ein Leben voll außerordentlicher Leistungen vor sich hatte. Genauso wie er an der Schwelle zum Erwachsensein keine Zweifel an seiner Berufung hatte, so wußte er jetzt genau, was er mit der zweiten Hälfte seines Lebens anfangen würde. Er *mußte* verstehen, was ihm während seiner Konfrontation mit dem Unbewußten geschehen war. «Zuerst mußte ich mir den Nachweis der historischen Präfiguration der inneren Erfahrungen erbringen, d. h. ich mußte die Frage beantworten: ‹Wo finden sich meine Voraussetzungen in der Geschichte?› Wenn mir ein solcher Nachweis nicht gelungen wäre, hätte ich meine Gedanken nie zu bestätigen vermocht» (ETG, S. 204).

Zuerst wandte er sich den gnostischen Autoren zu, überzeugt, daß auch sie sich der ursprünglichen Welt des Unbewußten hatten stellen müssen. Leider stammt der Großteil der Berichte, die von gnostischen Überzeugungen und Erfahrungen handeln, von ihren Gegnern und Verfolgern, und Jung war nicht imstande, mit ihnen eine echte Verbindung in bezug auf die Fragen, die ihn brennend beschäftigten, herzustellen.

Aber mit der immensen Energie eines Menschen, der eine kreative Krankheit überstanden hatte, plünderte er die Geschichte der Philosophie und Religion und schrieb auf der Grundlage dieser Forschungen *Die psychologischen Typen,* die 1921 publiziert wurden. Das war ein Versuch, seine Differenzen mit Freud auf eine objektive Basis zu stellen. Es war zugleich ein Versuch, eine Theorie zu entwickeln, wie verschiedene Individuen verschiedene Einstellungen in bezug auf das gleiche Phänomen entwickeln können. Außerdem war es sein erster Versuch, seine Ideen über die Struktur und Funktion der Psyche, die in seinem Experiment mit dem Unbewußten zum Vorschein gekommen waren, zu systematisieren.

Im Jahr 1922 kaufte er dann ein Grundstück in Bollingen, am schönen Ufer des oberen Zürichsees. Dort begann er die einfache Behausung zu bauen, die sein «Turm» werden sollte und über dessen Eingang er *«Philemonis Sacrum – Fausti Poenitentia»* (Philemons Heiligtum – Faustens Reue) schrieb. In diesem Stadium schienen ihm Worte und Papier nicht real genug; er hatte das Gefühl, daß mehr notwendig war. «Ich mußte meine innersten Gedanken und mein eigenes Wissen gewissermaßen in Stein zur Darstellung bringen, oder ein Bekenntnis in Stein ablegen» (ETG, S. 227). Im Laufe der Jahre fügte er dem ursprünglichen Bau weitere Anbauten hinzu, bis das Bauwerk zu einem bewohnbaren Mandala in Stein wurde. Im Alter wurde dieser stille Platz am See für ihn immer kostbarer, und als ganz alter Mann schrieb er: «In Bollingen bin ich in meinem eigentlichsten Wesen, in dem, was mir entspricht» (ETG, S. 229). Hier konnte er die Persönlichkeit Nr. 2 sein, die er bereits als Kind erfahren hatte. «In meinen Phantasien nahm der ‹Uralte› die Gestalt des Philemon an, und in Bollingen ist er lebendig» (ETG, S. 229).

Die historische Bestätigung von all dem, was er bis zum Ende des Ersten Weltkrieges erlebt hatte, kam jedoch erst, als er die Alchemie «entdeckte». Das geschah im Jahr 1927, als er schon zweiundfünfzig Jahre alt war. Der bekannte Sinologe Richard Wilhelm sandte ihm das Manuskript einer taoistischen alchemistischen Abhandlung, genannt *Das Geheimnis der goldenen Blüte,* mit der Bitte, Jung möge einen Kommentar dazu verfassen. Jung war sehr aufgeregt, als er den Text las, denn er fand darin die außerordentlichste Bestätigung seiner Ideen über das Mandala und die Umkreisung der Mitte. Er erkannte sofort die grundlegende Bedeutung dieser Entdeckung. «Das war das erste Ereignis, das meine Einsamkeit durchbrach. Dort fühlte ich Verwandtes, und dort konnte ich anknüpfen» (ETG, S. 201).

Wie es bei Jung zu sein pflegte, wenn etwas so Wichtiges sich ankündigte, hatte er einige Träume, die ihn darauf vorbereiteten.

In einem dieser Träume betrat er einen zuvor unbekannten Flügel oder Anbau seines Hauses. Dort entdeckte er eine wunderbare Bibliothek, die aus dem 16. oder 17. Jahrhundert stammte. Unter den zahlreichen dicken Folianten befanden sich einige, die mit seltsamen Kupferstichen von wunderlichen Symbolen verziert waren, wie er sie noch nie gesehen hatte. Erst viel später erkannte er, daß es alchemistische Symbole waren. Zu diesem Zeitpunkt verstand er nur, daß der unbekannte Flügel des Hauses ein Aspekt seiner eigenen Persönlichkeit war, dessen er sich noch nicht bewußt war. Fünfzehn Jahre später hatte er eine Bibliothek zusammengetragen, die jener im Traum sehr ähnlich war.

In einem anderen wichtigen Traum befand er sich in Südtirol. Es war Krieg, und er fuhr mit einem Bauern auf dessen Pferdewagen von der italienischen Front zurück. Schließlich fuhren sie in den Hof eines schönen alten Herrenhauses hinein. «Wie wir mitten im Hof angelangt sind, gerade vor dem Haupteingang, geschieht etwas Unerwartetes: Mit einem dumpfen Krach gehen beide Tore zu. Der Bauer springt vom Bock seines Wagens und ruft: ‹Jetzt sind wir im 17. Jahrhundert gefangen!› – Resigniert denke ich: Ja, das ist so! – Aber was ist da zu machen? Jetzt sind wir auf Jahre hinaus gefangen! – Aber dann kommt mir der tröstliche Gedanke: Einmal, nach Jahren, werde ich wieder herauskommen» (ETG, S. 207).

Es vergingen einige Jahre, bevor Jung erkannte, daß diese Träume sich auf die Alchemie bezogen, die ihren Höhepunkt im 17. Jahrhundert erreicht hatte. Unterdessen erregte seine Freude am *Geheimnis der Goldenen Blüte* in ihm das Verlangen, sich mehr mit alchemistischen Texten vertraut zu machen. Daher beauftragte er einen Münchner Buchhändler, ihn darauf aufmerksam zu machen, falls alchemistische Bücher in seine Hände gelangen sollten. Mit der Zeit trug Jung eine der feinsten alchemistischen Sammlungen der Welt zusammen.

Am Anfang konnte er nicht ein Wort von dem, was er las, verstehen, aber nach einer Weile dämmerte ihm eine wichtige Erkenntnis: die Alchemisten schrieben in Symbolen. Er faßte den Entschluß, er müsse lernen, wie man sie entziffert: «Ich war nun ganz davon gefesselt und vertiefte mich in die Bände, sooft es mir die Zeit erlaubte. Eines Nachts, als ich wieder die Texte studierte, fiel mir plötzlich der Traum ein, in welchem es hieß, daß ich ‹im 17. Jahrhundert gefangen war›. Endlich verstand ich seinen Sinn und wußte: ‹Ja, das ist es! Jetzt bin ich verdammt, die ganze Alchemie von Anfang an zu studieren!›» (ETG, S. 208).

Er begann ein Stichwörterbuch mit Querverweisen anzulegen und füllte ganze Bände damit, indem er eine philologische Methode benützte, so als ob es um die Entzifferung einer unbekannten Sprache gegangen wäre. «Auf diese Weise ergab sich mir allmählich der Sinn der alchemistischen Ausdrucksweise. Es war eine Arbeit, die mich für mehr als ein Jahrzehnt in Atem hielt» (ETG, S. 209).

Allmählich begann er zu sehen, daß die Alchemie ein Vorläufer der Analytischen Psychologie war. «Die Erfahrungen der Alchemisten waren meine Erfahrungen, und ihre Welt war in gewissem Sinn meine Welt. Das war für mich natürlich eine ideale Entdeckung, denn damit hatte ich das historische Gegenstück zu meiner Psychologie des Unbewußten gefunden» (ETG, S. 209). Sein Schicksal war besiegelt, nicht nur für die nächsten zehn Jahre, sondern für den Rest seines Lebens. Seine Ideen von der psychologischen Bedeutung der Alchemie erreichten nämlich erst ihre volle Reife, als er selbst ins hohe Alter gekommen war. Daher ist es angebracht, daß auch wir die Untersuchung dieser Ideen verschieben, bis wir uns mit Jungs später Reife beschäftigen.

In dem gleichen Maß, in dem Jungs intellektuelle Vitalität seine Forschungen und seine literarische Produktion förderte, unterstützte sie seine Verpflichtung zur Analyse und gegenüber seinen Patienten. Er betrachtete nun die Analyse mehr als eine Methode, um die Individuation zu fördern, denn als eine Methode, um geistige Krankheiten zu behandeln, und verbrachte den Rest seines Lebens damit, andere zu lehren, als Patienten oder als Schüler, die Methoden anzuwenden, die er während seiner Konfrontation mit dem Unbewußten perfektioniert hatte.

Konsequenzen für Jungs Psychologie

Die hauptsächlichen Beiträge, die Jung in dieser Periode seines Lebens zur Psychologie machte, bestanden in seiner Beschreibung der psychologischen Typen und der Entwicklung der Analyse als einer Technik zur Förderung des Individuationsprozesses. In diesem Abschnitt wollen wir kurz die Theorie der Typen untersuchen und betrachten, wie die Jungsche Analyse im Dienste der Individuation Verwendung findet.

Die psychologischen Typen

Jung kam zum Schluß, daß die Menschen im Laufe ihrer Entwicklung verschiedene gewohnheitsmäßige Einstellungen annehmen, die darüber entscheiden, wie sie das Leben erfahren. Mit seinem eigenen Konflikt mit Freud vor Augen sah er sich berühmte Streitfälle der Vergangenheit an: zwischen solchen Persönlichkeiten wie dem hl. Augustinus und Pelagius, Tertullian und Origenes und Luther und Zwingli. Er untersuchte auch die wesentlichen Unterschiede, die Nietzsche zwischen dem Apollinischen und dem Dionysischen machte, Ostwald zwischen dem klassischen und romantischen Typus, Spitteler zwischen dem Charakter des Prometheus und des Epimetheus und Goethes Begriff der Systole (Kontraktion) und Diastole (Ausdehnung). Er kam zu dem Schluß, daß sie alle Beispiele derselben grundlegenden Dichotomie seien: Auf der einen Seite läßt sich eine nach außen gerichtete Interessenbewegung zum Objekt hin feststellen, auf der anderen eine Interessenbewegung vom Objekt weg in Richtung zum Subjekt und seiner eigenen Psychologie. Ersteres ist typisch für die extravertierte Einstellung und zweiteres für die introvertierte. Ein wesentlicher Grund für seinen Bruch mit Freud, so meinte er, lag in Freuds Extraversion und seiner eigenen Introversion.

Der Wunsch, in der menschlichen Natur gemeinsame Nenner und typische Eigenschaften zu entdecken, ist nicht ausschließlich für Jung charakteristisch. In der klassischen Zeit führte er zur

Beschreibung der vier Temperamente, die, wie wir gesehen haben, auf den vier Elementen des Empedokles basierten, zur Theorie des Hippokrates von den vier Säften und zur Ansicht des Aristoteles vom Einfluß der verschiedenen Bluttypen. Etwa zur gleichen Zeit als Jung sein Buch *Psychologische Typen* publizierte (1921), erschien Hermann Rorschachs Publikation zur Typenlehre und Ernst Kretschmers *Körperbau und Charakter. Untersuchungen zum Konstitutionsproblem und zur Lehre von den Temperamenten.*

Wenn sie auch hilfreich sind, indem sie eine Art von Ordnung in das Datenmaterial bringen, so unterliegen doch alle Versuche in Richtung Charakterologie derselben Kritik, nämlich daß sie eine Prokrustes-Methode sind, denn sie bemühen sich, die unendliche Vielzahl der menschlichen psychologischen Unterschiede auf eine enge, willkürliche Struktur einzuschränken. Jung war sich dieses Mangels bewußt, und als er seine eigene Typologie vorstellte, tat er das mit entsprechender Bescheidenheit: «Darum kann es keine auch noch so vollkommene Beschreibung eines Typus geben, die auf mehr als gerade *ein* Individuum paßte, obschon Tausende in einem gewissen Sinne dadurch treffend charakterisiert wären. Die Konformität des Menschen ist nur seine eine Seite, die Einzigartigkeit aber seine andere. Durch Klassifikation ist die individuelle Seele nicht erklärt. Immerhin ist durch das Verständnis der psychologischen Typen ein Weg eröffnet zu einem besseren Verständnis der menschlichen Psychologie überhaupt» (GW 6, § 895).

Er führte die Begriffe *Introversion* und *Extraversion* ein und sagte, es wäre ein Leichtes für ihn, unkomplizierte Beschreibungen von beiden dieser grundlegenden Einstellungen zu geben. «Jeder Mensch aber besitzt beide Mechanismen, den der Extraversion sowohl wie den der Introversion, und nur das relative Überwiegen des einen oder des anderen macht den Typus aus» (GW 6, § 4).

Er beschreibt den Extravertierten als «entgegenkommendes, anscheinend offenes und bereitwilliges Wesen, das sich leicht in jede gegebene Situation findet, rasch Beziehungen anknüpft und sich oft unbekümmert und vertrauensvoll in unbekannte Situationen hinauswagt, unter Hintansetzung etwaiger möglicher Bedenken» (GW 7, § 62). Der Introvertierte auf der anderen Seite ist «gekennzeichnet durch ein zögerndes, reflexives, zurückgezogenes Wesen, das sich nicht leicht gibt, vor Objekten scheut, sich immer etwas in der Defensive befindet und sich gerne versteckt hinter mißtrauischer Beobachtung» (GW 7, § 62).

Diese Unterscheidung zwischen Introvertierten und Extravertierten fand verbreitete Zustimmung. Sogar die Geißel der Analytiker, Professor Hans Eysenck von der Universität London, hat die Existenz einer Extraversion-Introversion-Achse in der menschlichen Persönlichkeit bestätigt, indem er sorgfältig kontrollierte quantitative Techniken anwandte. Außerdem setzte er Extraversion mit Galens cholerischen und sanguinischen Temperamenten gleich und Introversion mit den melancholischen und phlegmatischen.

Zur Entwicklung des psychologischen Typs gehört jedoch mehr als nur das Einnehmen einer introvertierten oder extravertierten Einstellung. Jung fand, nachdem er die universelle Anwendbarkeit dieser zwei Kategorien zu seiner Zufriedenheit festgestellt hatte, daß er noch erklären mußte, wie es kam, daß die Individuen in jeder Kategorie weiterhin deutliche Unterschiede voneinander aufwiesen. Offensichtlich spielten zusätzliche Faktoren eine Rolle. Er kam zu dem Schluß, daß die Menschen, gleichgültig, ob sie nun überwiegend introvertiert oder extravertiert waren, sich zusätzlich dadurch voneinander unterschieden, wie sehr sie den bewußten Gebrauch von einer oder mehreren der vier Grundfunktionen entwickelten. Wie wir in Kapitel zwei festgestellt haben, bezeichnete er diese Grundfunktionen als *Denken, Fühlen, Empfinden* und *Intuieren*. Er gibt eine äußerst knappe Definition dieser vier Funktionen in seinem Artikel «Psychologische Typologie» (GW 6, § 958): «Die Empfindung stellt fest, was tatsächlich vorhanden ist. Das Denken ermöglicht uns zu erkennen, was das Vorhandene bedeutet, das

Gefühl, was es wert ist, und die Intuition schließlich weist auf die Möglichkeiten des Woher und Wohin, die im gegenwärtig Vorhandenen liegen.»

Jung betrachtete das Fühlen, wie das Denken, als eine *rationale* Funktion, denn es hat weniger mit Emotion oder Affekt zu tun als mit der *Bewertung* der Bedeutung von Objekten und Ereignissen. Empfinden und Intuition muß man sich als *irrationale* Funktionen vorstellen, und zwar derart, daß sie über die Grenzen der Rationalität hinausreichen. Diese nichtrationalen Funktionen sind trotzdem von grundlegender Bedeutung für die Psyche, denn sie ermöglichen ein apriorisches Wissen, das auf keine andere Art des Verstehens zurückgeführt werden kann.

Die zwei *Einstellungstypen* und die vier *Funktionstypen* ergeben theoretisch *acht* mögliche psychologische Typen: den introvertierten Denktypus, den extravertierten Denktypus, den introvertierten Fühltypus, den extravertierten Fühltypus und so fort. Jung beobachtete, daß die Menschen die Tendenz haben, *eine* rationale und *eine* irrationale Funktion zusätzlich zur introvertierten und extravertierten Einstellung zu entwickeln, während die beiden anderen Funktionen relativ unbewußt bleiben. Daher würde ein extravertierter denkend-intuitiver Typus (Abb. 11) einen introvertierten Gefühls-Empfindungs-*Schatten* haben und umgekehrt.

Jungs Typologie stellt einen nützlichen Kompaß dar. Jemandes Typus zu kennen, ist gleichbedeutend mit wertvollen Einsichten in die charakteristischen Vorstellungen, auf Grund deren er sein Leben lebt. Man sollte das aber nicht als eine kategorische Beschreibung dieser Person auffassen. Jung meinte, daß eine Typologie nur dann nützlich sei, wenn sie eine prinzipiell dynamische Zusammenstellung von Konzepten darstellt, und er bestand darauf, daß wir uns stets daran erinnern, daß im Selbst von Natur aus *alle* typologischen Möglichkeiten vorhanden sind. Es ist richtig, daß das Individuum die Tendenz hat, sich während des Heranwachsens auf eine Funktion zu verlassen, aber die anderen

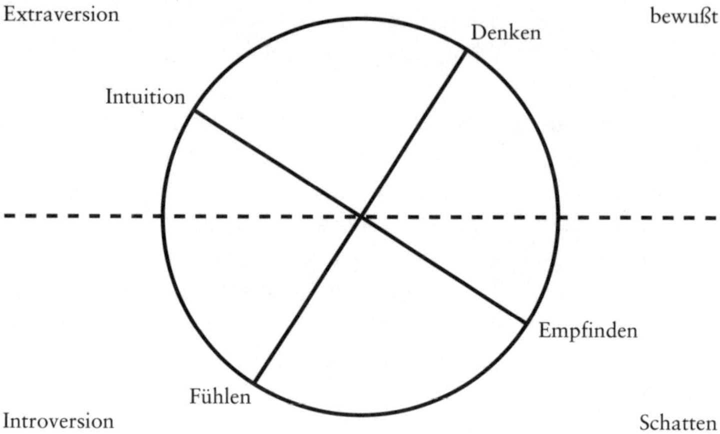

Abbildung 11: Die Einstellungen und Funktionen eines extravertierten intuitiven Denktyps.

können immer entwickelt und mit dem Fortschreiten der Individuation bewußt werden. Wenn man es unter diesem Aspekt betrachtet, so hat das Kennenlernen des eigenen psychologischen Typs nichts mit einer Zwangsjacke zu tun, sondern im Gegenteil mit der Erkenntnis, wo noch Raum vorhanden ist für die persönliche Entwicklung. In diesem Sinn wird die Typologie im Rahmen der Jungschen Analyse verwendet.

Individuation und Analyse

Wenn man die Individuation zu seinem Ziel erwählt, heißt das nicht, daß man sich einer Analyse unterziehen muß. Die Geschichte ist reich an Menschen, die lange vor den Tagen der Psychotherapie den Zugang zur Ganzheit und zur Weisheit durch eine bewußte Verantwortung gegenüber dem Leben gefunden haben, indem sie sich selbst und ihre Umstände akzeptierten, indem sie sich tapfer den Herausforderungen der menschlichen Existenz stellten und indem sie aus ihren Talenten das beste gemacht haben. Aber wie die Biographien solcher Leute klar zeigen, ist das nicht leicht, es verlangt Disziplin und harte Arbeit. Das gleiche kann man vom Jungschen Weg der Individuation behaupten. Die analytische Situation bietet die notwendige Disziplin und eine Umgebung, die die Arbeit, die getan werden muß, erleichtert.

Manchmal wird in falscher Weise angenommen, daß Jung einer passiven Unterwerfung unter das Unbewußte das Wort geredet hat, und man kann dann solche Leute sagen hören: «Meine Träume raten mir, meinen Job aufzugeben», «... mich scheiden zu lassen», «... in einen Ashram zu gehen», und so weiter, und sie haben die irregeleitete Vorstellung, daß sie dabei «jungianisch» sind. Im Gegenteil: Jung betrachtete die Individuation als eine große Anstrengung, bei der das Ich die volle Verantwortung für alles übernehmen muß, was geschieht. Er nannte es das *opus contra naturam*. Die Analyse fördert das *opus*, indem sie Techniken bietet, die die wechselseitige Interaktion zwischen dem bewußten und dem unbewußten Anteil der Psyche fördert. Das Ich reagiert auf die Hervorbringungen des Unbewußten, und aus dem Dialog zwischen beiden wird eine neue Einstellung gewonnen. Die Analyse hatte für Jung die Folgen eines religiösen Rituals, denn die Arbeit trägt zum Sinn des Universums bei – nämlich sich seiner selbst bewußt zu werden. Das Bewußte und das Unbewußte, das mit Bewußtsein ausgestattete Individuum und die Natur, sie alle werden zu den zwei Polen eines homöostatischen Systems, und es ist der Sinn der Arbeit, eine ausgeglichenere, bewußtere Beziehung zwischen ihnen zustande zu bringen.

Jungs Kollege, Gerhard Adler, erklärte, als er von der Individuation schrieb: «Das ganze Problem besteht in der Auflösung der These der reinen Natur und der Antithese des entgegengesetzten Ichs in die Synthese der *bewußten* Natur» (1948, S. 109). Adler bespricht die Beziehung zwischen dem Menschen und der Natur unter den Begriffen von Subjekt und Objekt.

«*Objectum* bedeutet wörtlich, das, was in Opposition ist, was dir gegenüber ist; *subjectum* das, was darunter liegt, was untergeordnet ist oder von der Gnade des Objekts abhängt. Aber das Objekt kann nur durch das Subjekt Leben erhalten. Die Aufgabe der ersten Lebenshälfte besteht daher darin, dieses Subjekt so fest zu etablieren, daß es imstande ist, als Gleiches, als gegenüberliegender Pol und als empfangendes Agens für das Objekt zu wirken» (a. a. O., S. 109).

Der psychische Zustand, der als Resultat der Interaktion zwischen diesen gleichen und einander entgegengesetzten Polen erreicht wird, ist sowohl reicher als auch mit mehr Wissen verbunden als ein Zustand, der entweder auf der einen oder der anderen Ansammlung von Absichten basiert. Die letztendliche Position ist weder die eine noch die andere, sondern eine dritte, vorher unvorstellbare Möglichkeit, die weder die bewußte noch die unbewußte Position verneint, sondern ihnen beiden gerecht wird. Diese Leistung schrieb Jung der *transzendenten Funktion* der Psyche zu. Und das ist der Punkt, an dem die Ethik von übergeordneter Bedeutung wird. Ethik beschäftigt sich mit dem Fällen von bewußten Entscheidungen unter Bezugnahme auf die Werte, die man für gut hält. Ethisch leben heißt, die «Wahl zu treffen», die bestmögliche Persönlichkeit zu entwickeln, die durch die Individuation ermöglicht wird.

Wenn aber die Individuation wirklich das letzte Ziel der Psyche ist, dann ist die transzendente Funktion der zur Erreichung dieses Zieles unabdingbar notwendige Mechanismus. Die transzendente Funktion ist die Ausrüstung, welche die Psyche für die Evolution besitzt, durch welche sie sich in Richtung einer vollständigeren Verwirklichung ihres Zieles der Ganzheit bewegt. Eine enge Zusammenarbeit zwischen den Persönlichkeiten Nr. 1 und Nr. 2 ist nicht nur wesentlich für die Individuation, sondern auch unabdingbar für die Leistungen eines Genies. Männer wie Shakespeare, Mozart, Leonardo da Vinci und Goethe besaßen alle ein besonderes Talent, unbewußte Intuition in bewußte Züge großer Kunst umzuwandeln. Individuation hängt, ebenso wie Kunst, von der fruchtbaren Nähe zwischen dem Ich und dem Selbst ab, welche eine Serie psychischer Metamorphosen hervorbringt, und eine Bereicherung der Persönlichkeit zum Ergebnis hat. In Jungs Fall hat seine Anima recht gehabt. Er war, was das Ausmaß betraf, in dem seine Persönlichkeit Nr. 2 für ihn zugänglich war, wie ein Künstler. Aber er hatte nicht die Gabe eines Shakespeares oder eines Goethes, die Früchte ihrer Großzügigkeit in Worte zu fassen. Aus diesem Grund finden viele seine Bücher schwierig zu lesen.

Individuation hat auch damit zu tun, daß man seine Einzigartigkeit wählt. Sie beinhaltet nicht nur Selbstverwirklichung, sondern auch *Selbst-Unterscheidung;* die ethische Entscheidung, seine Individuation zu verfolgen, ist gleichbedeutend mit der Wahl, sich selbst als ganzer Mensch von allen anderen Menschen zu unterscheiden. Das große Paradox des gesamten Prozesses liegt darin, daß man in der Verwirklichung seiner vollen Menschlichkeit gleichzeitig seine einzigartige Individualität realisiert. Sich zu individuieren, in der vollsten Bedeutung des Jungschen Wortes, heißt der Tyrannei der allgemeinen Meinung entgegenzutreten, sich von den banalen Symbolen der Massenkultur loszusagen und sich den ursprünglichen Symbolen des kollektiven Unbewußten zu stellen – in der ganz spezifischen Art, die einem selbst entspricht. Nur so wird man ein Individuum, eine eigenständige, unteilbare Einheit, oder ein «Ganzes».

Indem er diese Auffassung vertritt, redet Jung nicht dem *Individualismus* das Wort – der nur eine arrogante Behauptung des Ichs darstellt. Davon ist er weit entfernt: «Individuation aber bedeutet geradezu eine bessere und völligere Erfüllung der kollektiven Bestimmungen des Menschen», die im Selbst vorhanden ist (GW 7, § 267). Er empfiehlt auch keinen narzißtischen Rückzug aus der Welt, den Abbruch von Beziehungen oder die Aufhebung der sozialen Verpflichtungen. Im Gegenteil: «Individuation schließt die Welt nicht aus, sondern ein» (GW 8, § 432). Daher ist das Streben nach Individuation dem neurotischen Streben nach «Normal-Sein», im Sinne von «sein wie alle anderen», völlig entgegengesetzt. Der Mensch, der dabei ist, sich zu individuieren, will wie alle anderen sein (ein volles Mitglied der menschlichen Familie), aber in seiner einzigartigen und individuellen Art.

Wie wir aus Jungs Berichten von seinen eigenen Erlebnissen bei seiner Individuation gesehen haben, ist es ein Weg, der Gefahren in sich birgt. Es gibt Fälle anderer Leute, die den gleichen Weg gehen wollten, aber im Laufe des Prozesses ernsthaft Schaden nahmen. Levinson (1978) zitiert Nietzsche, Dylan Thomas, F. Scott-Fitzgerald und Vincent van Gogh als Beispiele von Männern, die ihrem kreativen Daimon folgten, aber von ihm zu Selbstzerstörung und Wahnsinn geführt wurden. Niederlage in der mittleren und späten Reife ist ein Thema, dem sich die Künstler immer wieder zuwenden. Die Werke von Tschechow, Ibsen und Strindberg fallen einem in diesem Zusammenhang ein, wie auch die späten Shakespeare-Dramen *König Lear* und *Der Sturm*. König Lear dankt ab, Prospero zerbricht seinen Stab und wirft seine Bücher ins Wasser, als er die verzauberte Insel verläßt – in beidem sehen wir eine Vorwarnung für Shakespeares Rückzug vom Drama und von der Bühne. Vielleicht hatte er eine Vorahnung, daß er im Alter von 52 Jahren sterben würde.

Als Beispiele für Schriftsteller und Denker, die den Sturm erfolgreich überstanden, zitiert Levinson Dante, Hesse, Mann, Frank Lloyd Wright, Bertrand Russell und Freud und Jung. Er vertritt den Standpunkt, daß ihr Alterswerk eine Tiefe und eine Reife besaß, die von den kreativen Energien stammten, die in ihnen freigeworden waren, als sie durch ihre gefahrvollen Erlebnisse in der Mitte des Lebens gingen.

Aber es ist offensichtlich ein riskantes Unternehmen, und auch wenn eine eigentliche Analyse nicht notwendig ist, so besteht doch kein Zweifel darüber, daß die Unterstützung durch die analytische Beziehung – «das Bündnis der zwei durch dick und dünn» – zu dieser Zeit von großem Nutzen sein kann. Nicht selten allerdings kommt es vor, daß die Menschen das Gefühl haben, in der Angelegenheit ohnehin keine Wahl zu haben; die

Midlife-crisis trifft sie so hart, daß sie sich voll Verzweiflung an einen Therapeuten um Hilfe wenden. Wenn das passiert, dann ist es die Pflicht des Therapeuten, ihnen dabei behilflich zu sein, den *Sinn* ihres Leidens zu finden und sie in die Lage zu versetzen, die «Möglichkeit» zu entdecken, die die «Krise» in sich birgt. Innerhalb der geschützten, vertraulichen Intimität des Beratungszimmers können die Vergangenheit untersucht und die gegenwärtigen Umstände beurteilt werden.

Wo die besten Bedingungen für eine Individuation vorherrschten, wird eine möglichst vollständige Entwicklung stattgefunden haben. Aber solche glücklichen Umstände sind selten unter denen, die in Analyse gekommen sind, wie sie auch unter denen selten sind, die keine Analyse machen. Es kommt öfter vor, daß der Reifeprozeß behindert wurde oder an einem bestimmten Punkt schief gelaufen ist, sei es durch Zufall oder durch eine Unfähigkeit in der Umgebung, wesentlichen archetypischen Forderungen des Selbst zu entsprechen.

Der Stand der Individuation eines Menschen in jeder Lebensphase repräsentiert das bestmögliche Persönlichkeitswachstum, das bis zu diesem Punkt erreicht wurde, und das kann entweder gesund oder pathologisch sein und ist je nach Fall verschieden. Psychiatrische Zustände wie Neurose, Psychose, Psychopathie, Alkoholismus, Drogenabhängigkeit, sexuelle Abweichungen und so fort können alle als *fehlgegangene Individuation* aufgefaßt werden.

Die Gesundheit hingegen ist jener wünschenswerte Zustand, in dem das archetypische Verlangen außen Erfüllung fand, was das Individuum in die Lage versetzt, frei von einer Lebensphase in die nächste überzuwechseln, begleitet von einer fortschreitenden Erweiterung und Vertiefung der Persönlichkeit. Der Zweck der Analyse ist es herauszufinden, ob die Entwicklung verzerrt wurde, welche Aspekte des Selbst nicht gelebt wurden und dann dem Unbewußten große Aufmerksamkeit zu schenken, damit man dem Analysanden helfen kann, mit den Symbolen zu arbeiten, die aus seinen Träumen und seinen Phantasien ans Licht kommen. Diese Träume und Phantasien müssen durch eine bewußte Wertschätzung genährt werden, und ihre Energie und ihre Bedeutung müssen in die Gesamtpersönlichkeit integriert werden. Auf diese Art ist es möglich, die Einstellung, die Funktionen, Werte, Gefühle und psychischen Komponenten, die bisher nicht gelebt wurden, weil sie als Folge der Erziehung unterdrückt im Schatten geblieben waren, zur Geburt zu bringen.

Damit das geschehen kann, muß das Unbewußte zugänglich gemacht werden, und das ist der Bereich, in dem die analytischen Techniken der Trauminterpretation, der Amplifikation, der freien Assoziation, der aktiven Imagination und des spontanen Zeichnens und Malens wichtig werden.

Techniken, um das Unbewußte zugänglich zu machen

Der Leser wird inzwischen schon eine gewisse Vorstellung davon bekommen haben, wie die jungianische Trauminterpretation an Träume herangeht, aber er wird wahrscheinlich noch keine klare Idee von der Vorgehensweise haben, die Jung entwickelt und die er *aktive Imagination* genannt hat. Jung beschrieb die aktive Imagination als *die Kunst, die Dinge geschehen zu lassen:* «Das Geschehenlassen, das Tun im Nicht-Tun, das ‹Sich-Lassen› des Meister Eckhart wurde mir zum Schlüssel, mit dem es gelingt, die Türe zum Weg zu öffnen: *Man muß psychisch geschehen lassen können»* (GW 13, § 20). Jung war interessiert daran zu wissen, was passiert, wenn der Verstand sozusagen sich selbst überlassen ist, ohne der üblichen Führung oder Tyrannei durch das Ich. Das bezeichnete er als *natural mind,* und er wollte immer wissen, was dieser vorhatte. «Im Schlaf erscheint die Phantasie als Traum. Aber auch im Wachen träumen wir unter der Bewußtseinsschwelle weiter...» (GW 16, § 125).

Aktive Imagination hat damit zu tun, dem «natural mind» die Zeit und die Freiheit zu gewähren, sich selbst spontan auszudrücken. Es ist wichtig, von dem, was erzeugt worden ist, Aufzeichnungen zu machen, um es zur Kenntnis zu nehmen und es

auf Dauer dem Bewußtsein verfügbar zu machen, sonst ist es bald wieder verloren. Das dabei benützte Medium hängt vom persönlichen Geschmack ab. Die Bilder können aufgeschrieben, gemalt, modelliert, getanzt oder gezeichnet werden. Das Wichtige dabei ist, sie geschehen zu lassen.

Das ist ein Kniff, den jeder mit ein wenig Geduld erlernen kann. Die aktive Imagination verlangt einen Traumzustand, der auf halbem Weg zwischen Schlafen und Wachen liegt. Es ist, wie wenn man einschläft, aber innehält, kurz bevor das Bewußtsein verloren geht, und dann in diesem Zustand bleibt. Es hilft oft, wenn man sich ein kleines Ritual als *rite d'entrée* angewöhnt: Jung stellte sich vor, er steige in eine Höhle hinunter; ich ziehe es vor, die Vorstellung des Aischylos aus den *Eumeniden* zu benützen: Wenn wir in Halbschlaf sinken oder wenn wir träumen, dann drehen sich unsere Augen nach innen und erhellen unsere Seelen, damit wir die Wahrheit über alles, was vor uns während des Tages verborgen war, erfahren können. Wenn man diesen Zustand zum ersten Mal erreicht, kann man ihn gewöhnlich nur für einige Minuten aufrechterhalten, aber mit Übung kann diese Zeitspanne ausgedehnt werden, so daß eine Sitzung von aktiver Imagination von 20 Minuten bis zu einer Stunde dauern kann, je nach unserer Ausdauer und dem Interesse an der Phantasie, die sich vor unseren nach innen gewandten Augen entfaltet.

Am Anfang ist man nur Zuschauer, aber mit wachsendem Vertrauen kann man richtiggehend an der Handlung teilnehmen und sich so der absoluten Realität der Psyche überantworten. Nur wenn man das macht, kann man hoffen, den Kern von Jungs Absicht zu erfassen. Man kann die Realität und die transformative Kraft der Psyche nur kennen, wenn man sie selbst erfahren hat:

«Wenn man aber seine Beteiligung erkennt, so muß man selber mit seiner persönlichen Reaktion in den Prozeß eintreten, wie wenn man selber eine Phantasiefigur wäre oder besser, wie wenn das Drama, das sich vor seinen Augen abspielt, wirklich wäre. Es ist nämlich eine psychische Tatsache, daß sich diese

Phantasie ereignet. Sie ist so wirklich, wie man als psychisches Wesen wirklich ist. Vollzieht man diese entscheidende Operation nicht, dann überläßt man alle Wandlungen seinen Bildern, und man selber bleibt ungewandelt» (GW 14/II, § 407).

Es ist notwendig, dieses durchaus Jungsche Credo zu betonen, denn unser skeptisches Zeitalter ist sogar agnostisch in bezug auf die Existenz der Psyche und betrachtet sie als eine reine Begleiterscheinung neurologischer Funktionen und daher als von geringerer Bedeutung als das Gehirn. Jungs Standpunkt war dieser Seelen tötenden Ansicht diametral entgegengesetzt. «Es ist in der Tat ein Widerspruch», erklärte er, «daß *die* Kategorie des Seins, die unerläßliche Bedingung alles Seins, nämlich die Psyche, als nur halb wirklich behandelt wird. Psychisches Sein ist in Wahrheit die einzige Kategorie des Seins, von der wir unmittelbare Kenntnis haben, weil nichts bekannt sein kann, wenn es nicht als psychisches Bild erscheint» (GW 11, § 769). Für ihn bestand das Wesen des Lebens darin, in der Seele zu *sein – esse in anima* –, und das wird durch den «beständigen Schöpferakt» der Phantasie erreicht. «Die Psyche erschafft täglich die Wirklichkeit. Ich kann diese Tätigkeit mit keinem anderen Ausdruck als mit ‹Phantasie› bezeichnen» (GW 6, § 78). «Beseeltes Wesen ist lebendiges Wesen. Seele ist das Lebendige im Menschen, das aus sich selbst Lebende und Lebenverursachende; ... Die Seele verführt die nicht lebenwollende Trägheit des Stoffes mit List und spielerischer Täuschung zum Leben» (GW 9/I, § 56). Mit anderen Worten ausgedrückt: Die Dinge werden lebendig und sind von der Seele berührt, wenn sie in den Einflußbereich der Phantasie kommen. «Mit dem Archetypus der Anima betreten wir das Reich der Götter... Alles, was die Anima berührt, wird numinos, das heißt unbedingt, gefährlich, tabuiert, magisch» (GW 9/I, § 59).

Jung besteht darauf, daß die aktive Imagination mit vollem Ernst gemacht werden muß; man muß die Figuren, die auftreten, als *wirkliche Erfahrung* betrachten. Sie sind definitiv nicht «...erdacht, wie der Rationalismus es haben möchte» (GW 5, § 388). Wenn wir mit ihnen lang und hart genug arbeiten, be-

ginnen wir zu erkennen, daß wir nicht die Figuren von unserem psychischen Zustand ableiten, sondern umgekehrt, unseren psychischen Zustand *von ihnen*. «Nicht wir personifizieren sie, sondern sie sind von Urbeginn persönlicher Natur» (GW 13, § 62). Aus diesem Grund ist es notwendig, daß wir sie wie echte Leute behandeln. Jung schrieb an einen gewissen Mr. O. und beriet ihn, wie er sich seiner Anima gegenüber verhalten solle: «Nehmen Sie sie als Menschen, meinethalben als Patientin oder als Göttin, aber vor allem behandeln Sie sie als ein Wesen, das lebt ... Sie müssen zu dieser Person sprechen; Sie müssen sehen, wer sie ist, und erfahren, welches ihre Gedanken sind und wie ihr Charakter ist» (Briefe II, 1946–55, S. 77 f.).

Die Seele existiert als ständiger Gefährte des Bewußtseins. Ihre Äußerungen in Worten und symbolischen Bildern gehen ohne Unterbrechung unter der Schwelle unseres täglichen Bewußtseins weiter. Gewöhnlich sind wir uns dieser wertvollen Kommunikationen nicht bewußt, so wie wir die Sterne während des Tages nicht wahrnehmen können, denn wir sind von der Sonne geblendet. Aber wenn wir aufhören können, vom Ich-Bewußtsein geblendet zu sein, dann wird die Seele sichtbar wie die Sterne in der Nacht.

Analyse und Schatten

In der Praxis ist die erste unbewußte Person, die im Laufe einer Analyse auftritt, nicht die Anima, sondern der Schatten. In den Anfangswochen ist es nicht ungewöhnlich für einen Analysanden, einen Traum zu bringen, in dem er in einem Haus ist und draußen ist irgendeine potentiell gefährliche oder unheimliche Figur, die hereinkommen möchte. Beunruhigt geht der Träumer um das Haus herum und verbarrikadiert alle Türen und Fenster, aber noch während er das tut, wird das unsichere Gefühl immer stärker, daß diese Handlungen vergeblich sind und daß der Eindringling hereinkommen wird, was immer er auch dagegen unternimmt.

Wenn dem Analytiker ein solcher Traum erzählt wird, wird er den Träumer ermutigen, mehr über diesen Eindringling herauszufinden in der Hoffnung, daß der Träumer mit Hilfe der aktiven Imagination mit ihm zurechtkommt und sich mit der Zeit sogar mit ihm anfreundet. Das kann ein schwieriges Unterfangen sein, denn wie wir in Kapitel drei gesehen haben, besitzt der Schatten alle jene Eigenschaften, die das Über-Ich haßt und verachtet. Normalerweise verneint man diese Eigenschaften in sich selbst und zieht unbewußt vor, sie nach außen auf andere zu projizieren, z. B. auf die Mitglieder rassischer oder sexueller Minderheitengruppen oder auf sozial unerwünschte Personen wie Vandalen oder Fußball-Rowdies. Das ist der Grund, warum die feindselige Figur im Traum *außerhalb* des Hauses lauert. Aber es ist charakteristisch für den Individuationsprozeß, daß diese Figur offensichtlich ihren Status als Außenseiter aufzugeben wünscht und daß sie *eindringt* – was heißt, daß sie Zutritt zur bewußten Persönlichkeit erhält, um die Ganzheit zu fördern.

Obwohl es eine schmerzhafte und unangenehme Aufgabe ist, so kann doch die Assimilation des Schattens die Gesamtsituation eines Patienten radikal verbessern. Jung betrachtete die Neurose als das Ergebnis einer Teilung des Selbst. Die kranke Persönlichkeit ist ein Haus, das in sich selbst geteilt ist. Je mehr Schatten assimiliert werden kann, desto mehr innere Spaltung wird geheilt, und eine Menge vorher unterdrückter psychischer Energie wird dem Bewußtsein zur Verfügung gestellt.

So mancher Zusammenbruch um die Lebensmitte kommt zustande, weil zuviel Potential des Selbst weggesperrt im Schatten lag, wo es nicht gelebt wurde. Wenn diese Situation andauert, wird die Persönlichkeit abgestumpft. Immer wenn die Individuation zu einem Stillstand kommt, hat man den Eindruck der Nutzlosigkeit, den Eindruck, die Verbindung mit dem Sinn zu verlieren, nicht mehr entsprechend dem eigenen Mythos zu leben. In solchen Zeiten fühlt man sich wie Hamlet: «Wie ekel, schal und flach und unersprießlich scheint mir das ganze Treiben dieser Welt» (1. Akt, 2. Szene).

Die Faust-Sage bietet dafür ein gutes Beispiel. Faust hat die erste Hälfte seines Lebens einer anständigen, akademischen Leistung gewidmet, und er langweilt sich zu Tode. Sein zielgerichtetes Streben nach Wissen hat zu einer einseitigen, über-intellektualisierten Entwicklung geführt und zur Unterdrückung von soviel Potential des Selbst, daß er sich schlecht fühlt, die Orientierung verloren hat und vom Leben desillusioniert ist. Wie es aber in solchen Fällen zu sein pflegt, verlangt die unterdrückte Energie nach Aufmerksamkeit, und in Fausts Fall nimmt sie in der Figur des Schatten-Eindringlings Mephistopheles Gestalt an. Da Faust sich unglückseligerweise nicht in einer Jungschen Analyse befindet, erkennt er Mephisto nicht als ungelebten Aspekt seiner selbst, fällt daher dessen Verführungskünsten zum Opfer und projiziert auf ihn alle Kraft und Energie, die er besser für sich verwendet und entwickelt hätte.

Wie Faust ist Dr. Jekyll ein anderer intellektueller Junggeselle mit einem ähnlichen Problem, der ebenfalls vom Charisma des Schattens fasziniert seinen ethischen Standpunkt aufgibt und so völlig der Macht des Schattens verfällt. Statt den Schatten zu assimilieren, sind sowohl Faust als auch Jekyll von ihm besessen. Als Folge davon kann keine Individuation stattfinden: Faust wird ein Trunkenbold, Schwindler und Wüstling, und Dr. Jekyll wird zum gräßlichen Mr. Hyde. Daher ist es wesentlich, wenn man in einer kritischen Lebensphase mit mächtigen Figuren zu tun hat, die aus dem Unbewußten hervorkommen, an den ethischen Werten des Ich-Bewußtseins festzuhalten – aber nicht so starr, daß man sich selbst daran hindert, sich mit dem, was diese Figuren repräsentieren, auseinanderzusetzen und es zu assimilieren.

Der Grund, warum uns Faust und Jekyll faszinieren, liegt darin, daß sie in einem gewissen Sinn Helden sind: Sie lassen sich mit dem Schatten ein und benehmen sich nicht so wie die meisten von uns, nämlich wie Dorian Gray – der nur darum bemüht ist, eine unschuldige *Persona* für die Welt zur Schau zu tragen und die unannehmbaren Eigenschaften zu verstecken, in der Hoffnung, daß niemand entdecken wird, daß es sie gibt.

Die Geschichten von Jekyll und Faust sind, wie die biblische Geschichte von Adams Fall, Warnungen, die unser Thema illustrieren: in jeder Erzählung beschließt ein tugendhafter Mann, dem seine Umstände zu langweilig geworden sind, gegen die Verbote des Über-Ichs zu rebellieren, um den Schatten zu befreien, der Anima zu begegnen, sie zu besitzen und zu *leben* wie nie zuvor. Von allen dreien ergeht es Adam am besten, denn obwohl er aus dem Garten Eden verbannt wird, behält er seine Integrität und seine Braut, und zusammen gehen sie hinaus in die Welt, um die Verantwortung für ihr Leben und letztendlich für ihre Sterblichkeit zu übernehmen. Die anderen sind nicht so begünstigt, denn sie verlieren ihren bewußten Halt in der Realität und werden vom Rachen des Unbewußten verschlungen. In Goethes Version der Faust-Sage wird Faust allerdings durch die tiefgehende Transformation, die seine Anima in ihm bewirkt, erlöst.

Analyse und Anima/Animus

In einer Analyse dauert es gewöhnlich nicht lang nach der ersten Begegnung mit dem Schatten, und Anima oder Animus machen ihre Aufwartung. Wie wir bereits in Jungs Bericht von seinen eigenen Anima-Erfahrungen festgestellt haben, hat der gegengeschlechtliche Komplex sowohl negative als auch positive Aspekte. Und wie bei anderen Komplexen werden auch hier diejenigen Aspekte des Animus bzw. der Anima als negativ erfahren, die aktiv verneint oder infolge des Drucks der Umgebung unterdrückt wurden. Wenn man sich ihnen nicht stellt, können diese negativen Komponenten die Beziehungen zum anderen Geschlecht beeinträchtigen, das innere Gleichgewicht der Psyche stören und alle echte Kreativität blockieren. Aus diesem Grund betrachtete Jung die Arbeit, die mit der Konfrontation des gegengeschlechtlichen Komplexes zusammenhängt, als das Meisterstück der Individuation. – «Ist die Auseinandersetzung mit dem Schatten das Gesellenstück, so ist diejenige mit der Anima das Meisterstück» (GW 9/1, § 61).

Anima und Animus existieren genau deshalb, weil die ursprüngliche Natur des Selbst hermaphroditisch ist, aber in der Gebärmutter eine Hinwendung zu jenem Geschlecht zu entwikkeln beginnt, welches das Geschlecht des Kindes ist. Mit dem Heranwachsen nehmen die bewußten Persönlichkeiten der Knaben und Mädchen generell die Eigenschaften an, die als für ihr Geschlecht passend angesehen werden. Die Eigenschaften des anderen Geschlechts bleiben dementsprechend unbewußt.

Emma Jung, die in ihrem späteren Leben ein exzellentes Buch mit dem Titel *Animus und Anima* geschrieben hat, beschreibt das wie folgt: «So wird zum Beispiel bei der Entwicklung des männlichen Ich-Bewußtseins die weibliche Seite zurückgelassen und bleibt daher in einem ‹naturhaften Zustand›. Das gleiche trifft zu bei der Differenzierung der psychologischen Funktionen; die sogenannte minderwertige Funktion blieb zurück und infolgedessen undifferenziert und unbewußt. Sie ist daher auch gewöhnlich mit der ebenfalls unbewußten Anima verbunden. Die Erlösung besteht in der Anerkennung und Integration dieser unbewußten Seelenelemente» (Emma Jung, 1967, S. 70).

Aber wie wir gesehen haben, wird der Prozeß der bewußt/unbewußten Geschlechtsdifferenzierung nicht zur Gänze von sozialen Zwängen herbeigeführt. Es gibt angeborene zerebrale und hormonelle Einflüsse bei Knaben, so daß sie männliche Eigenschaften und eine männliche Identität entwickeln, und desgleichen bei Mädchen für das weibliche Äquivalent. Im selben Maß besitzen sowohl Männer als auch Frauen eine angeborene Erwartung von der grundlegenden «Andersartigkeit» des anderen Geschlechts, die die heterosexuelle Anziehung und Vereinigung zu dem zwingenden und zentralen Lebensphänomen macht, das sie auch sind. Das alles sind apriorische archetypische Faktoren, auf deren Grundlage dann die kulturellen wirksam werden.

Die Anima/Animus-Komplexe sind daher nicht nur intrapsychische Heiratsvermittler, die die Fortpflanzung der Art garantieren, sondern lebendige Verkörperungen all dessen, was in einem Mann weiblich und in einer Frau männlich ist. Aus diesem

Grund werden Anima oder Animus nie zur Gänze auf ein Mitglied des anderen Geschlechts projiziert, unabhängig davon, wie sehr er oder sie geliebt wird. Wenn wir damit beginnen, uns mit unseren Träumen oder mit aktiver Imagination zu beschäftigen, dann tauchen nicht projizierte Aspekte von Anima und Animus als autonome Figuren, als *daimones* auf.

Jung setzte die Anima mit Seele gleich – «meine Herrin Seele» nannte Spitteler sie, denn er ging vom männlichen Standpunkt aus. Darum hatte er auch viel mehr über die Anima zu sagen, als über den Animus – ein Mangel, den gutzumachen er seiner Frau überließ. Es gibt aber keine stillschweigenden Hinweise darauf, daß Frauen keine Seele hätten. Ganz im Gegenteil, Jung war der Auffassung, daß in den Frauen die Seele weniger unbewußt oder unterdrückt sei; Frauen ist die Seele in einer Art zugänglich, die den meisten Männern verschlossen ist. Das Seelenelement, das in der Frau unbewußt bleibt, ist ihr *yang*- oder *hun*-Element, das vom Animus getragen wird, so daß auch für Frauen der Archetyp des anderen Geschlechts mit Seele durchtränkt ist. Jung macht diese Unterscheidung klar, wenn er Anima mit *po* und *gui* in der klassischen chinesischen Philosophie identifiziert – «wo anima... als ein weiblicher und chthonischer Seelenteil aufgefaßt ist» (GW 9/I, § 119), als Verkörperung des *yin*.

Die Auseinandersetzung mit dem inneren Seelenbild ist daher ein unabdingbares Stadium im Individuationsprozeß. Wenn man mit absoluter Hingabe daran arbeitet, werden im Dienste der Psyche als Ganzheit lebenswichtige Mittel mobilisiert, die ein größeres Ausmaß an persönlicher Freiheit mit sich bringen, als man je zuvor erfahren hat, eine Erweiterung des psychischen Horizonts und eine Bereicherung der Persönlichkeit, die für diejenigen, die es erfahren haben, unverkennbar sind. Diese Auseinandersetzung führt nicht nur zur Ganzheit, sondern auch dazu, daß man die eigene Unabhängigkeit annehmen kann, und, wie man eingestehen muß, auch das grundlegende *Alleinsein* sogar in der Intimität. Das führt zwangsläufig zu einer Veränderung in den Beziehungen, die man hat, vor allem in den sexuellen Beziehungen. Bis zu einem gewissen Grad ist das andere Geschlecht nicht mehr so geheimnisvoll, und man wird nicht mehr so leicht bezaubert oder gefesselt wie in der Jugend. Nachdem sich der Schwerpunkt von den äußeren Objekten in das Innere der Seele verschiebt, ist man weniger geneigt, sich in jemanden mit der gleichen Vehemenz zu «verknallen» wie in früheren Jahren.

Das soll aber nicht heißen, daß die Individuation einen Sinn für mönchische Abgeschiedenheit voraussetzt, oder daß die voranschreitenden Jahre eine Verminderung der Fähigkeit zu lieben hervorbringen müsse. Das ist weit gefehlt, denn das Verstehen der andersgeschlechtlichen Persönlichkeit in einem selbst ist begleitet von einer größeren Wertschätzung dieser Eigenschaften im Gefährten und versetzt beide Partner in die Lage, eine tiefere und empathischere Liebe zu teilen. In dem Maß, in dem die andersgeschlechtlichen Attribute für die bewußte Persönlichkeit verfügbar werden, wird der Logos eines Mannes ergänzt von einem verfeinerten Talent zur Intimität, und der Eros einer Frau wird vermischt mit rationaler Zielstrebigkeit und intellektuellem Verstehen. Das scheint auch tatsächlich in Jungs eigener Ehe der Fall gewesen zu sein, als Folge seiner Auseinandersetzung mit der Anima und Emmas Arbeit mit dem Animus. Emma Jung schreibt von ihrer Erfahrung mit der Assimilation des Animus: «... sondern vor allem ermöglicht sie [die Animuskraft, Anm. der Übersetzerin] auch die Ausbildung einer *geistigen Haltung,* welche aus der Beschränkung im Eng-Persönlichen erlöst. Welchen Trost, welche Hilfe bereitet es doch, wenn man sich aus persönlichen Nöten zu überpersönlichen Gedanken und Gefühlen aufzuschwingen vermag, gegen die eigenes Leiden geringfügig und nichtig erscheint!» (Emma Jung, a. a. O., S. 49).

Wiederum besteht Jung darauf, daß die bewußte Auseinandersetzung mit dem Seelenbild eher eine Aufgabe für die zweite Lebenshälfte darstellt als für die erste. «Was ich hier sage, gilt nicht dem jungen Menschen – es ist gerade das, was er nicht wissen sollte –, sondern dem reifen Menschen, dem durch die Lebenserfahrung weiteres Bewußtsein ermöglicht ist» (GW 10,

§ 272). In der Jugend ist es ausreichend, wenn die gegenseitige Anziehung stark genug ist, um junge Paare zu verbinden zum Zweck der Fortpflanzung, der Kinderaufzucht und der Unterstützung der Kinder, bis diese alt genug sind, um für sich selbst sorgen zu können. Sich der psychischen *coniunctio* bewußt zu werden, sowohl der äußeren (in der Beziehung zum Partner) als auch der inneren (in der Beziehung zum Seelenbild), ist, sofern es überhaupt angestrebt wird, eine Arbeit der Reife, wenn die Verantwortung der Kinderaufzucht zu Ende ist.

Der lebenswichtige Beitrag der andersgeschlechtlichen Eigenschaften zur Entwicklung der Persönlichkeit ist augenscheinlich bei Leuten, bei denen ein solcher Beitrag nicht stattgefunden hat. Menschen, die zum Beispiel gewohnheitsmäßig vor dem anderen Geschlecht fliehen, tun das gewöhnlich deshalb, weil eine traumatische oder unangepaßte Fürsorge durch den andersgeschlechtlichen Elternteil zu einer Unterdrückung oder sogar Atrophie der Anima oder des Animus geführt hat. Solche Menschen wachsen oft heran, indem sie sich in einer zwanghaften Art mit den Mitgliedern und den Eigenschaften des eigenen Geschlechts identifizieren. «Überzeugte» Junggesellen oder alte Jungfrauen gehören oft diesem Typus an. Wenn sie doch heiraten, haben sie die Tendenz, in einer gewissen Abgeschiedenheit von ihrem Partner zu agieren. Psychisch zeigen sie das, was Jung – indem er den anthropologischen Ausdruck verwendete – «Seelenverlust» nannte. «Jüngere Leute vor der Lebensmitte (die etwa um fünfunddreißig liegt) können ohne Schaden auch den anscheinend völligen Verlust der Anima ertragen... Nach der Lebensmitte hingegen bedeutet dauernder Animaverlust eine zunehmende Einbuße an Lebendigkeit, Flexibilität und Menschlichkeit. Es entsteht in der Regel frühzeitige Erstarrung, wenn nicht Verkalkung, Stereotypie, fanatische Einseitigkeit, Eigensinnigkeit, Prinzipienreiterei oder das Gegenteil: Resignation, Müdigkeit, Schlamperei, Unverantwortlichkeit und schließlich ein kindisches ‹ramollissement› mit Neigung zu Alkohol» (GW 9/I, § 146/147).

Ein völlig anderes Bild zeigt sich bei denen, die in der Kindheit eine intensive *Identifikation* mit dem andersgeschlechtlichen Elternteil erlebt haben. Dann kann das Ich durch den gegengeschlechtlichen Elternteil inflationär überhöht sein, und dem entspricht dann das Versagen in der Aktualisierung des sexuellen Prinzips, das dem biologischen Geschlecht des Individuums angepaßt wäre. Das Ergebnis ist entweder ein Animus-dominiertes Mannweib oder ein schwacher Anima-dominierter Mann. Obwohl solche Leute eine Menge guter Eigenschaften des anderen Geschlechts besitzen, haben diese die Tendenz, von den Eigenschaften des eigenen biologischen Geschlechts nicht kompensiert zu sein. Menschen dieser Art, besonders wenn sie in keiner Beziehung zu einem Mitglied des anderen Geschlechts stehen, neigen dazu, launisch, kleinlich und emotionell zu sein, wenn es sich um Männer handelt, und diktatorisch, rechthaberisch und dogmatisch, wenn es sich um Frauen handelt. In solchen Fällen beschäftigt sich die Individuations-Arbeit nicht so sehr mit der Beziehung zur andersgeschlechtlichen Komponente, sondern damit, das archetypische Prinzip, das dem eigenen Geschlecht entspricht, in Wirklichkeit zur Geburt zu bringen.

Jungs Erklärung für die Launenhaftigkeit des Anima-Mannes und die dogmatische Art der Animus-Frau ist interessant: Er sagt, daß in beiden Fällen der Zustand mit dem unangepaßten Auftauchen der *inferioren typologischen Funktion* zusammenhängt, von der er zu seiner Zeit bei Männern der Ansicht war, daß es üblicherweise die *Fühlfunktion* sei, und bei Frauen die *Denkfunktion*. Daher ist der Anima-Mann ein Träger seines ziemlich groben und undifferenzierten Gefühls; auf der einen Seite kann er schwierig, fordernd und depressiv sein, auf der anderen zärtlich, großzügig und lustig. Die Animus-Frau kann entschlossen, effizient und mutig sein, während sie gleichzeitig eine Neigung besitzt zu bestimmen, was richtig ist, ex cathedra Feststellungen von sich zu geben und sich selbst dickköpfig an ein Prinzip zu binden, wobei sie sich jegliche Fragen, Diskussionen und Debatten darüber verbietet.

Außerdem vertrat Jung die Ansicht, daß der andersgeschlechtliche Aspekt der Persönlichkeit zwangsläufig etwas Undifferenziertes an sich hat; und wenn wir versuchen, durch dieses Prinzip und nicht durch das Prinzip, das unserem eigenen Geschlecht entspricht, zu leben, enden wir unweigerlich als die inferiore Version unserer selbst. «Die Männlichkeit der Frau und die Weiblichkeit des Mannes *sind* minderwertig...» (GW 10, § 261).

Bei Menschen, deren Geschlechtsidentität fester etabliert ist, würde die Verbindung zwischen dem Seelenbild und der inferioren Funktion die starke zwischenmenschliche Dynamik erklären, die man in Ehen zwischen Partnern des entgegengesetzten psychologischen Typs antrifft. Für die introvertierte Frau vom Gefühls-Intuitions-Typus ist die Extraversion ihres Mannes zusammen mit seinen gut entwickelten Denk- und Empfindungsfunktionen ein Teil seines Sex-Appeals und umgekehrt. Das andersgeschlechtliche Bild ist in einer gewissen Art immer mit den Eigenschaften des Schattens und der inferioren Funktion vermengt, und diese kräftige unbewußte Mischung kann die Menschen in eine überraschende Wahl des Ehepartners drängen, die entweder als Katastrophe endet oder eine unschätzbare Gelegenheit zur Individuation bietet.

Analyse, Sexualität und Geschlechtsidentität

Ein Jungscher Analytiker, der die Bedeutung der Sexualität im Individuationsprozeß betont hat, ist Dr. Adolf Guggenbühl-Craig aus Zürich. In seinem Buch *Die Ehe ist tot – lang lebe die Ehe* (München 1990) vertritt er die Auffassung, daß die ekstatische Vereinigung von Mann und Frau im Liebesakt als lebendes Symbol des *mysterium coniunctionis* verstanden werden muß, dem Symbol der Individuation, wie es in der Alchemie dargestellt ist. «Die sexuelle Verbindung von König und Königin wird auch von den Alchemisten als die Krönung ihres Werkes betrachtet. Die sexuelle Vereinigung drückt die Überbrückung aller in uns herrschenden Gegensätze und Unvereinbarkeiten aus» (S. 92).

Die Ehe als heilige Institution «bis daß der Tod euch scheidet» ist ein spezieller Weg zur Individuation, denn, wie Guggenbühl-Craig sagt, das wesentliche Merkmal dieses Weges ist das Nichtausweichenkönnen. «So wie der Wüstenheilige nicht vor sich selber ausweichen kann, können die Eheleute ihrem Partner nicht ausweichen. In diesem zum Teil erhebenden und zum Teil quälenden Nichtausweichenkönnen liegt das Spezifische dieses Weges» (S. 49). Die verantwortliche Ehe, bewußt gelebt, fördert die Projektion und Reintegration des Selbstpotentials beider Partner und bewirkt, daß sie sich des anderen bewußter werden und in sich selbst der Ganzheit näher kommen. Genau die gleiche Entwicklung kann in einer homosexuellen Beziehung erfolgen, wenn zum Beispiel ein «Anima-Mann» sein Leben mit einem männlicheren, aber Anima-entfremdeten Partner teilt und jeder im Laufe der Zeit das Wachstum des undifferenzierten Aspekts im anderen fördert. In Beziehungen dieser Art wird die Sexualität vom Individuationsprinzip benützt, um die Ganzheit in den durch die Sexualität verbundenen Partnern zu fördern.

In den zwanziger und dreißiger Jahren hat man viele Feststellungen, die Jung über die männliche und weibliche Psychologie machte, nicht in Frage gestellt; andere Feststellungen dagegen sehr wohl. Zum Beispiel konnte er zuversichtlich behaupten: «Ihre Psychologie [d. h. die Psychologie der Frau, Anm. d. Übersetzerin] gründet sich auf das Prinzip des Eros, des großen Binders und Lösers, während dem Manne seit alters der Logos als oberstes Prinzip zugedacht ist. Man könnte den Begriff des Eros in moderner Sprache als seelische Beziehung und den des Logos als sachliches Interesse ausdrücken» (GW 10, § 255). Während die Frauen immer schon in erster Linie auf die persönliche Welt der Liebe und der intimen Beziehungen hin orientiert waren, war das Hauptanliegen der Männer die materielle Welt der Dinge, die sinnliche Welt der Sexualität, die gesellschaftliche Welt der Macht und die kulturelle Welt des Geistes. «Es ist ein Kennzeichen der Frau, daß sie alles aus Liebe zu einem *Menschen* tun kann. Diejenigen Frauen aber, die aus Liebe zu einer *Sache* Bedeutendes leisten, sind die größten Ausnahmen, weil das ihrer Natur nicht entspricht. Die Liebe zur Sache ist eine männliche Prärogative» (GW 10, § 243). Außerdem stellte er als Tatsache hin, daß Frauen «psychologischer» seien als Männer, und daß sich Männer mehr mit «Logik» befaßten: «So ist es natürlicherweise die Frau, die am unmittelbarsten und reichhaltigsten Psychologie überhaupt darstellt, und sehr vieles kann bei ihr in deutlichster Weise wahrgenommen werden, was beim Manne schattenhafter Hintergrundsvorgang ist, den er zudem oft nicht einmal wahrhaben will» (GW 10, § 258).

Er betrachtete die typisch männliche und die typisch weibliche Ausrichtung als ein ausnahmsloses Charakteristikum für die Einstellung von Mann und Frau zu Sex und Ehe. Für die Frau, so meinte er, sei die Ehe stets eine ausschließliche Beziehung.

> «Sie stellt sich unter der Ehe eine ausschließliche Beziehung vor, deren Ausschließlichkeit sie um so leichter ertragen kann, ohne sich tödlich zu langweilen, als sie, sofern sie Kinder oder nahe Verwandte hat, mit diesen in ebenso enger Beziehung stehen kann wie mit dem Gatten. Daß sie mit jenen keine Sexualbeziehung hat, will insofern gar nichts bedeuten, als es ihr auf Sexualbeziehung sowieso viel weniger ankommt als auf seelische Beziehung... Sie ist in Wirklichkeit über ihre Kinder und womöglich noch über ihre Familie verteilt und steht so in vielerlei intimen Beziehungen. Wenn ihr Gatte ebensolche Beziehungen zu anderen hätte, so wäre sie rasend vor Eifersucht» (GW 10, § 255).

Die Männer betrachtete er andererseits als «erotisch blind, indem sie das unverzeihliche Mißverständnis begehen, den Eros mit der Sexualität zu verwechseln. Der Mann meint, eine Frau zu besitzen, wenn er sie sexuell hat. Er hat sie nie weniger. Denn für die Frau ist nur die erotische Beziehung wirklich maßgebend. Für sie ist die Ehe eine Beziehung mit der Beigabe der Sexualität» (GW 10, § 255).

Diese Feststellungen, die im Jahr 1927, als sie zum ersten Mal publiziert wurden, durchaus akzeptabel waren, werden dem modernen Leser eher wie ein Pauschalurteil vorkommen, und Jung wurde auch wegen dieser Feststellungen des «Sexismus» beschuldigt. Man sollte sich jedoch vor Augen halten, daß er sich bemühte, archetypische Realitäten zu einem bestimmten Zeitpunkt in der Geschichte zu beschreiben. Was er beobachtete, war das Ergebnis der Interaktion zwischen dem männlichen und dem weiblichen archetypischen Prinzip und der europäischen Kultur des frühen zwanzigsten Jahrhunderts.

Es steht außer Frage, daß sich die kulturelle Einstellung zu solchen Fragen wie Eigenschaften, Rollen und Verhaltensmuster, die für Männer und Frauen als angemessen gelten, seit 1927 geändert hat. Aber weit davon entfernt, sich diesen Veränderungen zu widersetzen, ist der Analytischen Psychologie mit diesen Veränderungen nicht nur gedient gewesen, sie hat auch davon profitiert. Erstens war Jungs immer wiederkehrende Betonung, daß es sich beim männlichen und weiblichen Prinzip um zwei große archetypische Prinzipien handle, die als gleiche und einander ergänzende Teile eines kosmischen homöostatischen Systems existieren – ausgedrückt in der Wechselwirkung zwischen Yin und Yang –, für das patriarchale System zutiefst subversiv, denn zu der Zeit als Jung schrieb, nahm die patriarchale Kultur die männliche Überlegenheit noch als Recht für sich in Anspruch. Zweitens betrachtete man Jungs Hinweis, daß eine intakte weibliche Persönlichkeit im Unbewußten eines jeden Mannes existiert und ein männliches Äquivalent in jeder Frau, im Unterschied zu seinen Ansichten von der *bewußten* Psychologie von Männern und Frauen, als schockierend revolutionär, als er diese Idee zum ersten Mal vorbrachte.

Diese beiden Beiträge halfen mit, die einzelnen Mitglieder unserer Gesellschaft von den engen Geschlechtsstereotypen zu befreien und ein gesellschaftliches Klima zu schaffen, in dem es für Männer und Frauen zu einer weniger schweren Prüfung wurde, ihre andersgeschlechtlichen Eigenschaften in der Suche nach Individuation zu assimilieren. Außerdem war sich Jung dessen bewußt, daß seine Psychologie eine männliche Voreingenommenheit aufwies, denn er wußte, daß sie aus seiner eigenen Erfahrung entstanden war. Aus diesem Grund ermutigte er alle Frauen, mit denen er in engem Kontakt war, ein weibliches Gegengewicht zu seinem Werk zu entwickeln. Daher unterstützte er auch Emma Jung, sich zur Analytikerin auszubilden und auch als Analytikerin zu arbeiten und über Animus und Anima vom weiblichen Standpunkt aus zu schreiben. Ihre Leistungen als Analytikerin, Lehrerin und Autorin waren beträchtlich und erforderten viel unchauvinistische Unterstützung von ihrem Mann in einem Land, in dem das Hausfrauenstereotyp vorherrschend war, in dem die Bildung von Frauen als Verschwendung betrachtet wurde und in dem keine Frau das Stimmrecht besaß. Zusätzlich ermutigte Jung Toni Wolff, die Untersuchungen zu ihrer ausgezeichneten Arbeit *Strukturformen der weiblichen Psyche* durchzuführen und zu veröffentlichen, und Esther Harding zu ihrem sehr einflußreichen Buch *Der Weg der Frau*.

Seit diese wegbereitenden Werke mit Jungs Segen abgeschlossen wurden, haben noch viele andere zum zunehmend weiter verbreiteten jungianischen Verständnis der weiblichen Psychologie beigetragen – zum Beispiel Jean Bolen mit ihrem Buch *Göttinnen in jeder Frau* (1984), Linda Leonard mit *Töchter und Väter* (1988), Sylvia Perera mit *Der Weg zur Göttin der Tiefe* (1981), Bani Shorter mit *An Image Darkly Forming* (1987), Ann Ulanov mit *Receiving woman* (1981) und Edward Whitmont mit *Die Rückkehr der Göttin* (1983). Das sind sehr willkommene Ergänzungen des Jungschen Werks, und sie haben dazu beigetragen, Jungs ursprüngliche Konzepte von der männlichen und weiblichen Psychologie zu erweitern. Außerdem haben sie die weibliche Emanzipation gefördert, indem sie es Frauen ermöglicht haben, sich selbst in einer wahrhaft Jungschen Perspektive zu entdecken, nämlich als innere Offenbarung, die ihre archetypische Natur widerspiegelt und über alle unterdrückerischen Vorstellungen vom «Platz» der Frau hinausgeht. Die Werke dieser Autoren haben auch die Rolle des Animus vorteilhafter zur Geltung gebracht, indem sie die gute und positive

Rolle preisen, die er im Leben einer Frau spielen kann. (Man muß zugeben, daß Jung die Neigung besaß, auf den negativen Eigenschaften des Animus herumzureiten.) Wie Whitmont (1983) zu Recht sagt: «Weiblichkeit kann nicht mehr länger auf Verständnis, Passivität und mütterliches Verhalten reduziert werden. Sie wird ihre aktiven, unternehmerischen, kreativen und transformativen Fähigkeiten entdecken und ausdrücken» (S. 189).

Der Einfluß dieser neuen Entwicklungen in der weiblichen Psychologie hat vor allem als korrigierender Faktor in bezug auf die (negative) Animus-Herrschaft gewirkt, die jene Art des militanten Feminismus auszeichnet, der pseudo-männliche Einstellungen glorifiziert. Diese militante Einstellung hat eine notwendige *Enantiodromie* nach den Jahrhunderten patriarchaler Unterdrückung, die die Frauen erlitten haben, dargestellt, aber wir können jetzt anfangen zu hoffen, daß das Zeitalter des rebellierenden Mannweibs einem integrierten und selbstsichereren weiblichen Bewußtsein weichen wird, einem Bewußtsein, das das *archetypisch* Weibliche hochhält und eine neue und ausgeglichenere Übereinstimmung mit dem Männlichen zustande bringt. Nochmals Whitmont: «Selbstbestätigung bedeutet für Frauen zuallererst zu akzeptieren, daß sie sich vom Mann unterscheiden, und nicht Identifikation, Imitation und Wettbewerb mit Männern aufgrund pseudomännlicher Prinzipien. Nur wenn sie zuerst zu dieser grundlegenden weiblichen Haltung finden, können sie auch ihr Yang-Element für sich beanspruchen und ihre männlichen Triebe und Fähigkeiten auf ihre eigene Art, als Frauen, zum Ausdruck bringen» (S. 189).

Geleitet von dem Wunsch, die Jungsche Psychologie in die vorderste Front feministischen Denkens zu tragen, sind manche moderne Jungianer so weit gegangen, daß sie vorgeschlagen haben, wir sollten eine totale Trennung zwischen Geschlecht und Sexualität machen und alle unsere Vorstellungen von einer männlichen und weiblichen Psychologie von jeglichem biologischen Kontext befreien. So behauptet zum Beispiel Katherine

Bradway (1982) in einem Kapitel mit dem Titel *Geschlechtsidentität und Geschlechtsrollen: Ihr Platz in der analytischen Praxis:* «Bestimmte Eigenschaften mit dem Geschlecht zu verbinden, kann die Klischeevorstellungen, die von den Frauen als für die Entwicklung beider Geschlechter als potentiell einschränkend erkannt wurden, und die auch von den Männern in zunehmendem Maß so gesehen werden, verewigen» (S. 279). Wenn wir jegliche Frage einer Verbindung mit dem Geschlecht beiseite lassen, dann sind wir frei, die männlichen und weiblichen Anteile in der Psyche von Männern und Frauen in einer völlig gleichartigen und nicht-diskriminierenden Art zu diskutieren. Dann können wir als Jungianer «vermeiden, den Eindruck zu erwekken, daß wir die traditionellen Stereotype unterstützen» (ibid.).

Verschiedene Autoren stimmen diesem Standpunkt zu (z. B. Hillman 1985; Samuels 1985) und sind der Meinung, daß es an der Zeit wäre, Jungs Verallgemeinerung der Logos-Qualität des männlichen Bewußtseins und der Eros-Qualität des weiblichen Bewußtseins zu verwerfen und jeden Menschen unabhängig von seinem Geschlecht mit einem Animus und einer Anima auszustatten: männliche und weibliche Fähigkeiten, Logos- und Eros-Prinzip, Animus und Anima sollten in gleicher Weise für alle zugänglich sein, gleichgültig, ob sie nun Frauen oder Männer sind. Verständlicherweise haben diese Entwicklungen das Interesse am Konzept der Androgynie gefördert, welches seit urdenklichen Zeiten vom Symbol des Hermaphroditen repräsentiert wurde.

Die Absichten hinter diesen Vorschlägen sind lobenswert, denn ihr Zweck besteht sicherlich darin, uns von allen veralteten Zwängen zu befreien, die unsere Individuation behindern und uns davon abhalten könnten, als *Menschen* die Ganzheit zu erlangen, unabhängig von unserem Geschlecht. Aber es ist unwahrscheinlich, daß Jung diese Vorschläge begrüßt hätte, nicht weil er ein waschechter Patriarch war, sondern weil er die Annahmen, auf die sich diese Vorschläge stützen, als von zweifelhafter Gültigkeit ansah.

Da diese Fragen im Augenblick von großem Interesse sind, ist es für uns notwendig, die Voraussetzungen, auf denen diese neuen «androgynen» Positionen basieren, etwas genauer zu untersuchen, damit wir verstehen können, warum sie im großen und ganzen in Widerspruch zur jungianischen Hauptrichtung und auch zur modernen wissenschaftlichen Denkweise stehen.

Um geschlechtliche Ausrichtung und sexuelles Geschlecht zu trennen, wäre es erstens nötig anzunehmen, Psychologie und Biologie seien gänzlich verschiedene Disziplinen, die sich mit voneinander unabhängigen Phänomenen beschäftigen, und daß unser sexuelles Geschlecht an sich keinen Einfluß auf unsere Persönlichkeit oder Geistesart hat. Das anzunehmen wäre gleichbedeutend mit einer Negierung der Fortschritte, die die Neurophysiologie und die Medizin während der letzten zweihundert Jahre gemacht haben, und würde die cartesianische Spaltung zwischen Geist und Körper erneuern, die Jungs Theorie der Archetypen zu heilen suchte. Es wäre gleichbedeutend mit einem neuerlichen Annehmen der *tabula rasa*-Theorie der menschlichen Entwicklung, die Jung ablehnte, weil sie die fundamentale Wichtigkeit der Archetypen und des kollektiven Unbewußten nicht miteinbezog. Es wäre auch unvereinbar mit Jungs kosmologischer Ansicht, daß Körper und Geist, Verstand und Biologie Aspekte der gleichen archetypischen Realität seien.

Zweitens würde die neue Androgynie einer Ansicht zuwiderlaufen, die von allen menschlichen Kulturen geteilt wird, nämlich daß Geschlechtsidentität und körperliches Geschlecht innig verbunden sind – daß unsere Geschlechtszugehörigkeit die psychische Anerkennung und den gesellschaftlichen Ausdruck des natürlichen Geschlechts darstellt, dem uns die Natur zugeteilt hat. Diese allgemein verbreitete Annahme ist in Übereinstimmung mit den paläontologischen Ergebnissen, wie die Evolution unserer Art verlief und wie die natürliche Auslese jedes Geschlecht mit anderen, wenn auch einander ergänzenden, psychophysiologischen Eigenschaften ausgestattet hat, im Interesse des Überlebens. Daher gibt es, wie wir gesehen haben, gute Gründe anzunehmen, daß die Natur wirklich die Frauen mit mehr Eros als die Männer ausgestattet hat, um es ihnen zu ermöglichen, den außerordentlichen Anforderungen, die Geburt und Kinderaufzucht an sie stellen, gerecht zu werden.

Man muß zu Jungs Verteidigung anführen, daß er nicht von Rollen oder Stereotypen sprach, sondern von uralten archetypischen Prinzipien: Der Eros schätzt Intimität und Subjektivität – er ist aufnahmefähig und schöpferisch wie die Gebärmutter und die Erde. Der Logos verkörpert Wort, Gesetz, Macht, Bedeutung und Objektivität. Beide sind gleich notwendig, der eine wird gebraucht, um den anderen zu ergänzen. Der Logos differenziert, während der Eros verbindet, «wo der Logos scheidet und klärt» (GW 10, § 275). Es wäre natürlich unrichtig zu behaupten, daß der Eros ausschließlich die Provinz der Frauen sei, und der Logos gänzlich das Vorrecht der Männer. Aber schließlich hat Jung nie darauf bestanden, daß das der Fall sei. Wenn er sich speziell mit dem Problem beschäftigte, stellte er klar, daß er die Begriffe relativ gebrauchte und nicht in einem absoluten Sinn eines Geschlechtsdeterminismus: «Wie die Anima dem mütterlichen Eros entspricht, so der Animus dem väterlichen Logos. Es liegt mir ferne, diesen beiden intuitiven Begriffen eine allzu spezifische Definition geben zu wollen. Ich gebrauche ‹Eros› und ‹Logos› bloß als begriffliche Hilfsmittel, um die Tatsache zu beschreiben, daß das Bewußtsein der Frau mehr durch das Verbindende des Eros als durch das Unterscheidende und Erkenntnismäßige des Logos charakterisiert ist. Bei Männern ist der Eros, die Beziehungsfunktion, in der Regel weniger entwickelt als der Logos» (GW 9/II, § 29). Wie dieser Abschnitt zeigt, macht Jung hier eine Generalisierung, die eine *statistische* Gültigkeit besaß und besitzt. Es gibt davon natürlich *individuelle* Ausnahmen, und sie sind heute wahrscheinlich zahlreicher als zu Jungs Zeit.

Drittens, Geschlechtsidentität vom natürlichen Geschlecht zu trennen und für eine androgyne Sicht der Psyche einzutreten, würde bedeuten, einen fundamentalen Grundsatz der Jungschen Entwicklungspsychologie über Bord zu werfen, nämlich den

Grundsatz, daß sowohl das Geschlechtsbewußtsein wie auch der andersgeschlechtliche Komplex sich auf einem archetypischen Substrat entwickeln. «In den Gestalten von Anima und Animus drückt sich die Autonomie des kollektiven Unbewußten aus» (GW 9/II, § 40). Jung bestand darauf, daß es sich dabei um grundlegende Bestandteile der menschlichen Natur handle, die sich zu dem Zweck evolutionär entwickelt hatten, um die dauerhafte Beziehung zwischen den Geschlechtern zu dem tiefen und zwingenden Geheimnis zu machen, das sie sind, und das sie immer waren. Der andersgeschlechtliche Archetyp kann daher nicht reduziert werden. Es können «zwar wohl die Inhalte von Animus und Anima integriert werden, nicht aber sie selber, denn sie sind Archetypen und somit die Grundsteine der psychischen Ganzheit...» (GW 9/II, § 40).

Des weiteren bedeutet die Befürwortung einer gleichmäßigen Verteilung männlicher und weiblicher Eigenschaften, unabhängig vom Geschlecht, ein Übersehen der nicht unbedeutenden *Polarität* zwischen den Geschlechtern. Das, was bewirkt, daß Männer und Frauen sich zueinander hingezogen fühlen, ist mehr als die Gesamtsumme ihrer physischen Attribute. Eine Frau fühlt sich von einem Mann angezogen, der die männlichen *Eigenschaften* ihres Animus besitzt. Und der Mann wird zu einer Frau hingezogen, die die weiblichen Eigenschaften seiner Anima zu tragen scheint. Die uralte Anziehung, die die Geschlechter immer schon aufeinander ausübten, ist nicht nur eine Angelegenheit von Penis und Vagina. Sie hat mit der grundlegenden «Andersartigkeit» des anderen Geschlechts zu tun. Wenn das sexuelle Anderssein im Interesse der sexuellen Gleichheit abgeschafft wird, was passiert dann mit dem Sex?

Der neue Hermaphrodismus übersieht auch die fruchtbare Polarität zwischen den bewußten und den unbewußten Aspekten der Psyche. Die Existenz einer dynamischen Persönlichkeit des anderen Geschlechts innerhalb des Unbewußten bildet ein starkes energetisches Feld zwischen dieser Persönlichkeit und dem bewußten Ich (das üblicherweise mit demselben Geschlecht identifiziert ist, das das Individuum besitzt). Indem man Anima und Animus bewußt macht, fand Jung, daß «... wir sie ... zu Brücken machen, die ins Unbewußte hinüberführen sollen», aus dem alle kreativen Möglichkeiten hervorgehen (GW 7, § 339), «... das Animaerlebnis führt konsequent zu einer großen Erweiterung unserer Erlebnissphäre. Die Anima ist ja eine Repräsentantin des Unbewußten und daher eine Mittlerin ...» (Briefe III, S. 164). Die Tatsache, daß diese innere Figur als andersgeschlechtlich erfahren wird, erhöht ihre Bedeutung und Numinosität und damit ihr kreatives Potential. Um das zu erleben, muß das Ich eine klar und gut verankerte Identität mit dem eigenen Geschlecht besitzen.

Außerdem stehen Anima und Animus in einer Ehe in direkter Beziehung. Das ist der Grund, warum eine heterosexuelle Beziehung nicht nur produktiv in bezug auf *physische* Kinder ist, sondern durch die *coniunctio* der Seelen auch *spirituelle* Kinder hervorbringt. Die gute Ehe ist auf beiden Ebenen schöpferisch durch die Dynamik der polaren Gegensätze und ihre Komplementarität.

Die Neuerer, die einem Mann einen Animus und einer Frau eine Anima geben wollen, rechtfertigen diesen Akt der Großzügigkeit mit der richtigen Beobachtung, daß kein Mann das männliche Prinzip so *vollständig* ins Ich-Bewußtsein integriert hat, als daß nicht noch männliche Komponenten im Unbewußten verblieben. Es ist ebenso richtig zu sagen, daß keine Frau so *gänzlich* weiblich ist, daß weibliche Eigenschaften nie in ihren Träumen als Personen auftreten. Aber darauf zu bestehen, diesen unbewußten Elementen des gleichen Geschlechts einen Namen zu geben, indem man den Terminus verwendet, den Jung den Elementen des anderen Geschlechts gegeben hat, bedeutet, ein ohnehin schon schwieriges Studiengebiet noch weiter zu komplizieren. Es ist gut und schön, damit zu argumentieren, daß wir alle eine größere psychische Freiheit besäßen, wenn wir aufhörten, männliche Eigenschaften den Männern und weibliche Eigenschaften den Frauen zuzuschreiben, aber die Leute werden trotzdem damit fortfahren, denn sie drücken das aus, was sie sehen und wissen und fühlen. Diese verdienstvollen Theoretiker würden die empirischen Grundlagen der Jungschen Psychologie verraten, die auf einem direkten individuellen Wissen und einer ebensolchen Erfahrung basiert.

Schließlich billigt diese neue Befürwortung des Hermaphroditen als produktivstes Symbol für männliche und weibliche Beziehungen, sowohl zwischen den Personen als auch intrapsychisch, eine Struktur, die undifferenziert, unbewußt und statisch ist. Wenn sie mit Bewußtsein erfüllt ist, erweist sie sich als unbeständig und hat den Hang auseinanderzufallen und sich zu teilen. Wie Katherine Bradway, die selbst den neuen Vorschlägen keineswegs ablehnend gegenübersteht, vorschlägt, ist die *coniunctio* – die Vereinigung der dynamischen männlichen und weiblichen Elemente, welche mehr kreative Vitalität als die uroborische Neutralität des Hermaphroditen mit sich bringt – ein viel fruchtbareres Symbol als eben der Hermaphrodit. Es leistet keinen nützlichen Dienst gesellschaftlicher oder psychischer Art, wenn man diese entgegengesetzten, jedoch einander ergänzenden Kräfte für null und nichtig erklärt; jede dieser Kräfte muß als der mächtige Daimon anerkannt werden, der sie ist. Die Alchemisten erklärten, daß nur das, was ordnungsgemäß getrennt wurde, auch entsprechend vereint werden kann, ein Gefühl, das Jung teilte, als er sagte: «Wie ohne Gegensatzspannung keine Energie, so ist ohne Wahrnehmung von Unterschieden kein Bewußtsein möglich» (GW 14/II, § 271). Sich zu individuieren bedeutet nicht, hermaphroditisch, sondern eine ganze Frau oder ein ganzer Mann zu werden. Das bedeutet die bewußte Integration des andersgeschlechtlichen Komplexes in einer *ergänzenden Beziehung* zu einem vollständig entwickelten Geschlechtsprinzip (Weiblichkeit oder Männlichkeit), das dem eigenen natürlichen Geschlecht entspricht.

Während ich auf der einen Seite das Gefühl habe, daß es wichtig ist, die klassische Jungsche Position in diesen Fragen erneut zu bestätigen, will ich nicht von den ungemein wertvollen Entwicklungen der letzten Jahre ablenken, die die Frau emanzipierten und unser Verständnis der weiblichen Psyche vertieft haben. Wesentlich ist die Tatsache, daß wir alle mit Jungs ursprünglicher Aussage übereinstimmen, daß das männliche und das weibliche Prinzip gleich hoch geachtet werden müssen, und daß es überhaupt nicht in Frage kommt, daß eines dem anderen überlegen sein könnte: beide ergänzen einander als voneinander anhängige Gegensätze, deren ständige Interaktion homöostatisch ausgeglichen und kontrolliert ist. Wir können dem zustimmen, daß die Männer die Freiheit besitzen müssen, ihre weibliche Seite zu entwickeln und die Frauen ihre männliche, aber es ist immer noch ein universell gültiges Prinzip, daß Männer eine männliche Identität ausbilden und vorwiegend männliche Eigenschaften zeigen und daß Frauen eine weibliche Identität mit weiblichen Eigenschaften ausbilden, besonders in der ersten Lebenshälfte, und man sollte es ihnen nicht antun, daß in bezug auf diese Tatsache Verwirrung entsteht. Niemand sollte gezwungen werden, die Eigenschaften zu entwickeln, die typisch für das eigene natürliche Geschlecht sind, aber in gleicher Weise sollte man den Leuten keine Schuldgefühle verursachen, wenn sie es tun. Wenn es uns gelungen ist, uns von den alten, einengenden Stereotypen zu befreien, ist es wichtig, daß wir sie nicht durch neue Stereotype ersetzen, die nicht weniger einengend sind. Es wäre sicherlich ein Irrtum, den «Sexismus» abzuschaffen, nur um sich der Verherrlichung des «Neutrumismus» in die Arme zu werfen. Wie Jung gesagt hat, sind alle «ismen» des Teufels.

Es ist entscheidend, daß wir alle, unabhängig von unserem Geschlecht, die Freiheit besitzen, zu unserer eigenen individuellen Verwirklichung des Selbst zu kommen. Argumente darüber, was das beinhaltet, sind weitgehend irrelevant, denn was immer wir darüber denken oder sagen, die Archetypen werden die Oberhand behalten, und kein Archetyp besitzt mehr Macht oder Betonung als der des Männlichen und des Weiblichen. Unsere Egos können machen, was sie wollen, diese großen archetypischen Konstellationen werden sich weiterhin durchsetzen, solange unsere Art besteht.

Literaturvorschläge:

Gerhard Adler: *Das lebendige Symbol*
Barbara Hannah: *Begegnungen mit der Seele*
Jolande Jacobi: *Der Weg der Individuation*
C. G. Jung: *Kommentar zu «Geheimnis der Goldenen Blüte»* (in GW 13)
–: *Psychologische Typen* (GW 6, besonders Kapitel 10 und 11)
–: *Die Frau in Europa* (in GW 10)
Edward C. Whitmont: *Die Rückkehr der Göttin. Von der Kraft des Weiblichen in Individuum und Gesellschaft*

10. Die Übergangsphase zum Alter

Das archetypische Programm

Die Übergangsphase zum Alter kündigt den Beginn des hohen Alters an, und es ist ein weniger umschriebenes und weniger vorhersagbares Ereignis als die Adoleszenz oder die Krise in der Mitte des Lebens. Heute, wo viel mehr Leute bis hoch in die Achtziger leben, gibt es bei den Sozial-Statistikern eine Tendenz, den Zeitpunkt im Leben, von dem man sagt, damit beginne das Alter, hinaufzusetzen. Es ist noch nicht lange her, daß man diesen Zeitpunkt bei fünfundsechzig Jahren angesetzt hat. Heute ist fünfundsiebzig zutreffender. Ich ziehe den Begriff *späte Reife* für den Zeitraum über fündundsiebzig vor, denn er vermeidet die abwertende Bedeutung des Wortes «alt» und umgeht eine präzise Definition, wann das «hohe Alter» beginnt.

Der Übergang, der in diesem Stadium stattfindet, ist im selben Maß psychisch wie physisch; wir werden uns mit dem psychischen Aspekt auseinandersetzen – während wir gleichzeitig zugeben, daß beide Aspekte voneinander abhängig sind. So wird oft der psychische Übergang von einem Unfall oder einer physischen Krankheit eingeleitet, die beide zeigen, wie unsicher die eigene Existenz geworden ist. Was zuvor nur Andeutungen der Sterblichkeit waren, werden nun offene Warnungen. Außerdem kommen in diesem Stadium Krankheit und Tod zu einer immer größer werdenden Zahl von Gleichaltrigen, und wenn sie damit anfangen, die Menschen hinauszutragen, die einem die nächsten und liebsten waren, dann muß man sich nicht nur der Trauer stellen, sondern auch der Erkenntnis, daß von nun an das Leben in unmittelbarer Nachbarschaft mit dem Tod gelebt werden muß.

Pensionierung, Verluste und körperliche Gebrechlichkeit können diese Periode in ein Martyrium von Krankheit, Hoffnungslosigkeit und Verzweiflung verwandeln – wenn man sich nicht der Wahrheit seiner Situation stellt und sich damit ehrlich, kreativ und vor allem *psychologisch* auseinandersetzt. Jung fand, daß die inneren Figuren jetzt wichtiger als je zuvor werden: wenn man die Menschen in der äußeren Welt verliert, braucht man in zunehmendem Maß das Selbst. Viele Leute erleiden im späten Alter eine Isolation, zu einer Zeit, in der sie am wenigsten in der Lage sind, sich daran anzupassen. Dann wird eine gute Beziehung zum Selbst von unschätzbarem Wert. Außerdem können die inneren Reichtümer, die diese Beziehung mit sich bringt, den gesellschaftlichen Rückzug verhindern und einen in die Lage versetzen, seinen kulturellen Beitrag noch zu vergrößern. Kreativ gelebt, kann das Pensionsalter eine äußerst produktive Zeit sein; man kann jetzt so viele Dinge tun, die man in der Vergangenheit nicht tun konnte, weil es an der Gelegenheit gemangelt hat. In der Folge kann das hohe Alter die Periode im Leben sein, in der die Individuation rasch voranschreitet. Die Tatsache, daß nur mehr wenige Ziele im äußeren Leben übrig sind, bedeutet, daß das Leben jetzt im wesentlichen ein Prozeß ist, den man *erfährt*. Für viele Leute wird *«esse in anima»* jetzt zu einer Möglichkeit.

In dieser Lebensphase werden daher drei Strategien offensichtlich: erstens können die Menschen sich so besiegt von den Begleiterscheinungen des Alters fühlen, daß sie deprimiert und hilflos werden; zweitens können sie sich vor den Begleiterscheinungen des Alters zurückziehen, die Sterblichkeit *leugnen*, den Zusammenhang mit dem Sinn des Lebens verlieren und in der täglichen Routine Zuflucht suchen; oder drittens kann es ihnen gelingen, sich ihrer Lage bewußt zu werden, durch den Übergang zum hohen Alter menschlich *zu wachsen* und einen Punkt zu erreichen, an dem sie bereit sind, «mit dem Leben zu sterben», wie Jung es formuliert hat. Die letztere Strategie zu wählen, bedeutet, Leben und Tod als ein Paar von zutiefst aufeinander bezogenen Gegensätzen zu erfassen und seine Teilnahme an einem Vorgang zu erklären, der sie beide transzendiert. Dann entwickelt man ein Bewußtsein für die «letzten Dinge» und gelangt zu einer Anerkennung des Rhizoms, das jenseits des Blühens und Sterbens der greifbaren Welt besteht.

Als ein Stadium in der persönlichen Evolution von Ich-heit zu Selbst-heit ist daher die Übergangsphase zum hohen Alter sowohl eine Vorbereitung für den *letzten* Übergang zum Tod als auch die Gelegenheit, seine persönliche Existenz als einen Teil des unveränderlichen Willens des Kosmos zu akzeptieren.

Jungs Übergangsphase zum Alter

Jungs Übergangsphase zum Alter begann wahrscheinlich mit seiner ernsten Erkrankung am Anfang des Jahres 1944, als er achtundsechzig Jahre alt war. Er stürzte, als er im Schnee ging, brach den Unterschenkel und erlitt zehn Tage später einen Herzinfarkt, der ihn fast umgebracht hätte. Als er sich zwischen Leben und Tod befand, hatte er eine Anzahl von Visionen, die ihn zutiefst berührten. In einer dieser Visionen sah er die Erde von hoch oben im Weltraum, aus einer Entfernung von etwa 1500 Kilometern. Er fühlte, daß er dabei war, sich von der Erde zu lösen und nahm es bitter übel, als ihn seine Ärzte zurück ins Leben brachten. Er hatte noch andere Visionen von ähnlicher Stärke, die zumeist von *coniunctio*-Symbolik erfüllt waren und eine innere Konzentration auf das archetypische Thema der Vereinigung der Gegensätze betonten.

Diese Periode scheint von der Art einer zweiten «kreativen Krankheit» gewesen zu sein, denn als er sich schließlich erholte, begann er die vielleicht produktivste Periode seines Lebens. «Ich versuchte nicht mehr, meine eigene Meinung durchzusetzen, sondern vertraute mich dem Strom der Gedanken an. So kam ein Problem nach dem anderen an mich heran und reifte zur Gestaltung» (ETG, S. 300). In den letzten siebzehn Jahren seines Lebens hatte das Schreiben den Vorrang vor allem anderen.

Seine Krankheit verstärkte seinen Sinn für den Übergang von seiner Persönlichkeit Nr. 1 zur Nr. 2, und er hatte Träume, die die Bedeutung dieses Übergangs bestätigten. In einem Traum kam er an eine kleine Wegkapelle und ging hinein: «Zu meinem Erstaunen befand sich auf dem Altar kein Muttergottesbild und auch kein Cruzifix, sondern nur ein Arrangement aus herrlichen Blumen. Dann aber sah ich, daß vor dem Altar, auf dem Boden, mir zugewandt, ein Yogin saß – im Lotus-Sitz und in tiefer Versenkung. Als ich ihn näher anschaute, erkannte ich, daß er mein Gesicht hatte. Ich erschrak zutiefst und erwachte an dem Gedanken: Ach so, das ist der, der mich meditiert. Er hat einen Traum, und das bin ich. Ich wußte, daß wenn er erwacht, ich nicht mehr sein werde» (ETG, S. 326). Er hatte das Gefühl, daß der Yogin seine irdische Gestalt meditiere.

In einem anderen Traum, der 14 Jahre später kam, erlebte er sich selbst als die *Projektion* eines UFOs, von der Gestalt einer Laterna magica.

Er verstand beide Träume als Gleichnisse: Sie enthüllten, daß das Selbst menschliche Form annimmt, um in eine dreidimensionale Existenz einzutreten. Sie bestätigten, daß das Unbewußte die empirische Persönlichkeit hervorbringt, daß «... unsere unbewußte Existenz die wirkliche ist und unsere Bewußtseinswelt eine Art Illusion ... Es ist klar, daß dieser Sachverhalt sehr viel Ähnlichkeit mit der östlichen Weltanschauung hat, insofern diese an Maja glaubt. Die unbewußte Ganzheit erscheint mir daher als der eigentliche spiritus rector alles biologischen und psychischen Geschehens» (ETG, S. 327).

Konsequenzen für Jungs Psychologie

Diese Erlebnisse bestätigten Jung in seinem Glauben an den Primat des Selbst und seine Überzeugung, daß das beste Leben, das man leben kann, ein *sub specie aeternitatis* gelebtes Leben ist. «Die entscheidende Frage für den Menschen ist: Bist du auf Unendliches bezogen oder nicht? Das ist das Kriterium seines Lebens. Nur wenn ich weiß, daß das Grenzenlose das Wesentliche ist, verlege ich mein Interesse nicht auf Futilitäten und auf Dinge, die nicht von entscheidender Bedeutung sind» (ETG, S. 327 f.). Wir zählen nur insofern, als wir etwas Wesentliches verkörpern, sonst ist unser Leben vertan. Nur dann können wir mit Vitalität und Sinn voranschreiten und bereit sein, «mit Leben zu sterben».

Literaturvorschläge:

Edgar Herzog: *Psyche und Tod*
C. G. Jung: *Seele und Tod* (in GW 8)
Marie-Louise von Franz: *Traum und Tod*

11. Die späte Reife

Das archetypische Programm

Die Idee, daß wir auch im hohen Alter der Verwirklichung unseres vollen Potentials entgegenwachsen, unterscheidet die Jungsche Auffassung von der Entwicklungspsychologie fast aller anderen Schulen. Die meisten Autoritäten betrachten dieses Stadium vor allem als eine Phase des Verfalls und der Beschäftigungslosigkeit und betonen die degenerativen Veränderungen, die im Körper und im Gehirn vor sich gehen. Viele Schriften über die Psychologie des Alterns haben den pessimistischen Ton von Jacques Beschreibung in *Wie es euch gefällt* (II. Akt. Szene 7):

> «Der letzte Akt, mit dem
> Die seltsam wechselnde Geschichte schließt,
> Ist zweite Kindheit, gänzliches Vergessen,
> Ohn' Augen, ohne Zahn, Geschmack und alles.»

Auch wenn Jung natürlich nicht das Element des Zur-Neige-Gehens im vorgerückten Alter verneinte, so bestand er nichtsdestoweniger darauf, daß das Ziel dieser Zeit im Leben nicht Senilität, sondern Weisheit sei. Und ganz allein mit seiner Ansicht ist er nicht. Ein anderer bedeutender Entwicklungspsychologe dieses Jahrhunderts, nämlich Erik Erikson, teilt seine Meinung. Nach Erikson ist das hohe Alter eine Zeit, in der das Individuum zwischen den Gegensätzen der Ich-Integrität und der Verzweiflung hin- und hergerissen wird; die Weisheit hängt von der erfolgreichen Lösung dieses Konflikts ab. Wenn jemand weise wird, ist er in der Lage zu akzeptieren, daß das Leben, das man gelebt hat, «etwas ist, das sein mußte und das zwangsläufig keinen Ersatz zuließ» (Erik Erikson 1950, S. 268). Weisheit besteht darin, die Legitimität anderer Lebensstile anzuerkennen, aber gleichzeitig die Würde des eigenen zu verteidigen. «Nur eine solche Integrität kann die Verzweiflung über das Wissen, daß ein begrenztes Leben zu einem bewußten Ende kommt, ausgleichen, nur eine solche Ganzheit kann über den kleinlichen Ekel darüber, daß man sich am Ende und übergangen fühlt, hinauswachsen» (a. a. O.).

Weil sie so völlig anders ist als die meisten anderen Ansichten zum Alter, wurde Jungs Beschreibung der späten Reife angegriffen, zu sehr von seiner eigenen persönlichen Erfahrung beeinflußt zu sein und zu sehr an seine Theorie der Individuation gebunden. In Beantwortung dieser Kritik muß man zugeben, daß der Weg der bewußten Individuation, wie er ihn definiert hat, nicht für jedermann ist.

Aber die Individuation ist kein absolutes Konzept, und die Menschen, die diesen Weg gehen, müssen das entsprechend ihrer eigenen inneren Stimme tun. Das wird von allen großen Weltreligionen so verstanden und eben auch von Jung. Wenn man im hohen Alter keinen kulturellen Beitrag als Denker oder als Weiser leisten kann, in der Art, wie Jung es tat, dann gibt es doch viele extravertierte Möglichkeiten, wie man der Gemeinschaft nützen kann. Das wichtige dabei ist, daß man schöpferisch und lebendig bleibt. Wie Eleanor Roosevelt gesagt hat: «Wenn man aufhört, einen Beitrag zu leisten, beginnt man zu sterben.»

Es ist allgemein bekannt, daß die glücklichsten und gesündesten alten Leute die aktivsten sind und daß es jenen am besten geht, die der Pensionierung in den Sechzigern entgehen, wie zum Beispiel die Schriftsteller, die Künstler, die Politiker, die Richter, die Gärtner und die Psychotherapeuten. Das war immer schon so und ist nicht nur ein Grundsatz für die heutige Zeit. Cicero bestand in seinen Schriften im Jahre 44 v. Chr. darauf, daß das Alter kein Hindernis darstellt, praktisch allen Angelegenheiten nachzugehen. Er war besonders begeistert von den Vorteilen der bäuerlichen Arbeit! *(De senectute)*

Im großen und ganzen ist es schwierig, einen Fehler in Jungs Ansichten über das Alter zu finden. Es ist wirklich eine Zeit der Reflexion, des Annehmens der Vergangenheit, eine Zeit, in der man nach dem Sinn sucht und sich auf die Ganzheit zu bewegt. Wenn wir unsere späteren Jahre erfolgreich leben wollen, müssen wir alle lernen, den Prozeß des Alterns mit Gleichmut zu ertragen, uns mit dem Konzept des Todes vertraut zu machen und unser Zusammenleben mit der gesamten Schöpfung zu erfahren. Jung ging in seiner eigenen introvertierten und intuitiven Art an diese Aufgaben heran. Dieser Weg kann nicht für alle sein. Wir alle müssen die Art des Weges finden, der in einzigartiger Weise für uns passend ist. Das wichtige dabei ist, daß wir fortfahren, uns zu entwickeln. Jung war sich dessen zutiefst bewußt, und solange er praktizierte, pflegte er Leute, die über sechzig oder sogar über siebzig waren, in Analyse zu nehmen, wie es auch viele Jungsche Analytiker bis zum heutigen Tag tun.

Indem er zusammenfaßte, was viele Leute ihm über ihr Erleben der Ganzheit erzählt hatten, schrieb Jung: «*Sie kamen zu sich selber, sie konnten sich selber annehmen, sie waren imstande, sich mit sich selbst zu versöhnen,* und dadurch wurden sie auch mit widrigen Umständen und Ereignissen ausgesöhnt. Das ist fast das gleiche, was man früher mit den Worten ausdrückte: ‹Er hat seinen Frieden mit Gott gemacht, er hat seinen eigenen Willen zum Opfer gebracht, indem er sich dem Willen Gottes unterwarf.›» (GW 11, § 138).

Jungs späte Reife

Es entbehrt nicht der Ironie, daß Jung, als er im Alter von sechsundfünfzig Jahren seinen Artikel über die Lebensphasen schrieb, das Symbol der untergehenden Sonne verwendet hat, um die zweite Hälfte des Lebens zusammenzufassen. Es sollte sich in seinem Fall als ausnehmend unangebracht erweisen, wie für alle Menschen, die sich die Individuation zum Ziel erwählen – außer in einem streng körperlichen Sinn. In Wahrheit war Jung selbst ein exzellentes Beispiel dafür, wie man im Alter nicht stagniert. Weit davon entfernt, von sich selbst völlig in Anspruch genommen zu sein, wie das viele alte Leute tun, erweiterte sich sein intellektueller Horizont immer noch, wie man aus seinen Büchern sehen kann, die sich mit Themen befaßten, die so weit voneinander entfernt waren wie Religion, Psychotherapie, fliegende Untertassen, Synchronizität und Alchemie. Trotz der schweren Krankheit, die er mit fast siebzig Jahren durchmachte, dauerten seine psychische Entwicklung und seine literarische Tätigkeit bis in seine letzten Lebenswochen im Juni 1961 an. Seine tiefsten und einflußreichsten Werke wurden nach seinem 65. Lebensjahr veröffentlicht, und seine Autobiographie – eine der großen Autobiographien dieses Jahrhunderts, die nur zum Teil von seiner Hand stammt – war nicht vor seinem 84. Lebensjahr vollendet.

Zusätzlich hatte er bis weit in die Siebzig Patienten, und er schloß seine Praxis nur, wenn er fand, daß sie ihn am Schreiben hinderte. Er leitete Seminare und war als Redner sehr gefragt, vor allem bei den jährlichen Eranos-Tagungen, die unter der Schirmherrschaft von Frau Olga Fröbe-Kapteyn in Ascona stattfanden. Jung pflegte mit der Gründerin freundschaftliche Beziehungen. 1948 gab er nach anfänglichem beträchtlichem Widerstand seine Zustimmung zur Gründung des C.-G.-Jung-Institutes in Zürich. Obwohl er der Idee ablehnend gegenüberstand – er sagte, er wolle nicht, daß irgend jemand ein «Jungianer» sei, er wolle vor allem, daß die Menschen sie selbst sind –, gab er doch widerwillig nach, denn er begriff, daß zu viele seiner Anhänger ein solches Institut wollten, als daß er imstande sein würde, sich dem zu widersetzen. «Sie würden in jedem Fall zwischen meinem Tod und meinem Begräbnis eines aufmachen», sagte er zu Barbara Hannah (Hannah, 1977, S. 296).

Obwohl sein «Genie für Nähe» mit den Jahren immer deutlicher wurde, verlor er nie seine Liebe zum Alleinsein, und die friedliche Atmosphäre von Bollingen, wo er in großer Einfachheit lebte, war die Hauptstütze für sein spirituelles Leben. Der «Turm» in Bollingen hatte keine Elektrizität, kein Telephon und keine Zentralheizung. Das Wasser wurde vom Brunnen geholt und das Essen auf einem Herd gekocht, für den Jung selbst alles Holz hackte. Im Zentrum des Hauses befand sich ein Raum, den niemand betreten durfte, wo er ungestört schreiben und meditieren konnte. In Bollingen ging er gern in seinem Boot auf dem See segeln, er meißelte Inschriften in Stein, brachte an den Wänden Wandmalereien an und lud von Zeit zu Zeit einige Freunde oder Familienmitglieder zu Mahlzeiten ein, die er oft selbst zubereitete. Er genoß dort ein Leben, das zu dem mehr extravertierten und weltlichen Leben, das er in Küsnacht führte, in völligem Gegensatz stand. Als er älter wurde, verbrachte er immer längere Zeit in Bollingen. Es war, als ob der Übergang von Küsnacht dorthin für ihn den Übergang vom Ich zum Selbst symbolisierte – den Weg zur Individuation.

Die beiden Hauptarten von Unglück, die die Lebenskraft vieler alter Leute brechen – Krankheit und der Tod geliebter Menschen –, scheinen Jung zu noch größerer Aktivität angespornt zu haben. Der kreative Daimon, der durch seine Krankheit im Jahr 1944 freigesetzt wurde, trug ihn durch einen zweiten Herzinfarkt 1946, durch die wiederkehrenden Anfälle von paroxysmaler Tachykardie, die er für den Rest seines Lebens hatte, er half ihm über den Tod von Toni Wolff 1952 hinweg und über den von Emma Jung im Jahr 1955. Er gewöhnte sich ziemlich schnell an den Verlust von Toni, aber als Emma starb, war er verzweifelt. Eine Zeitlang beschäftigte er sich nur mit Steinbildhauerei, die ihm eine gewisse Erleichterung von seinem Gram verschaffte, und bezeichnenderweise dachte er über die Bedeutung dessen nach, warum *er* derjenige sein sollte, der überlebt hatte. Er begann eine noch größere Verpflichtung zu fühlen, «er selbst zu werden», und beschloß, dieses Ziel zu externalisieren, indem er seinem Haus in Bollingen einen Anbau beifügte. Er baute ein oberes

Geschoß auf den niedrigen mittleren Teil. Er hatte das Gefühl, daß dieser seine Ich-Persönlichkeit repräsentierte: «Vorher wäre ich dazu nicht imstande gewesen; ich hätte es lediglich als eine vermessene Selbstbetonung angesehen. In Wahrheit drückt es aber die im Alter erlangte Überlegenheit des Ego, oder des Bewußtseins, aus. Damit war, ein Jahr nach dem Tod meiner Frau, das Ganze vollendet» (ETG, S. 229). Er übersiedelte seinen Schreibtisch und seine Schreibmaterialien in diesen neuen Anbau, und bald war er wieder hart an der Arbeit.

Konsequenzen für Jungs Psychologie

Obwohl sich Jung während der zweiten Hälfte seines Lebens mit vielem befaßte, gab es drei Hauptanliegen, zu denen er immer wieder zurückkehrte: Alchemie, Psychotherapie und Religion. Er benützte sein Wissen in der ersten dieser Disziplinen, um brillante und originelle Beiträge zu den anderen beiden zu leisten. Da es die glanzvollsten Leistungen seines Lebens waren, müssen wir uns ihnen genauer widmen.

Alchemie

Jung begann sich ernsthaft mit Alchemie zu beschäftigen, als er dreiundfünfzig war, und erst mit sechzig war er bereit, seine Entdeckungen zu veröffentlichen; er tat das auf der Eranos-Tagung in Ascona im Jahr 1935. Aber sein Schlüsselwerk zu diesem Thema, *Psychologie und Alchemie,* wurde erst publiziert, als er neunundsechzig war.

Bevor Jungs Arbeit bekannt wurde, hat man die Alchemie weniger als das historische Gegenstück zur Tiefenpsychologie betrachtet denn als Vorläufer der modernen Chemie. Jung jedoch erkannte, daß der Alchemist in seinen Bemühungen, die unedle Materie so zu behandeln, daß sie sich in Gold verwandeln würde, in Wahrheit symbolisch an der Transformation seiner eigenen

Psyche arbeitete. Mit anderen Worten ausgedrückt, entdeckte Jung in der Alchemie eine Metapher für die Individuation.

Ich bin der Ansicht – welche Bedeutung meine Ansicht auch haben mag –, daß die Alchemie auch eine Metapher für die Embryogenese ist. Mit anderen Worten, der Alchemist frönte einer Form der Kompensation für seine Unfähigkeit, es der weiblichen Fähigkeit, Leben zu erschaffen, gleichtun zu können. Das Ziel des alchemistischen *opus* besteht darin, zwei oder mehr Reagentien aus der Urmasse, der *prima materia* oder *massa confusa*, zu isolieren, und zwar in einer Retorte, die die Form eines Uterus hat. Diese Reagentien werden erneut kombiniert, um eine wunderbare neue Substanz zu erzeugen, die verschiedentlich der Stein der Weisen *(lapis philosophorum)*, das Elixier des Lebens usw. genannt wird. Diese Rekombination wird durch die sexuelle Vereinigung zwischen einem König und einer Königin in einem Wasserbad symbolisiert und führt zur Erzeugung eines Kindes, eines Hermaphroditen oder eines androgynen Wesens.

In der Alchemie eine männliche embryogenetische Phantasie am Werk zu erkennen, unterminiert in keiner Weise Jungs Ansicht; es stellt nur eine Amplifikation dar. Die alchemistische Metapher funktioniert auf drei Ebenen: auf der materiellen (das Goldmachen), auf der embryologischen (das Erzeugen von Leben) und auf der psychischen (das Erschaffen der Seele). Ich füge das embryologische Element nicht als eine *reductio* hinzu, sondern der Vollständigkeit halber – um das Kind sozusagen *in* das alchemistische Bad hineinzugießen.

Außerdem überschneidet sich die embryogenetische Phantasie mit einer weiteren Metapher, der der Analyse. Die Alchemie stellt das *opus* als etwas dar, das zwischen zwei Menschen geschieht: zwischen dem Alchemisten und seiner weiblichen Gefährtin, seiner *soror mystica*, seiner mystischen Schwester oder Anima. Sie ist sowohl seine *femme inspiratrice* als auch seine Gefährtin des Weges, sie hilft ihm, die Einsicht und den Mut aufzubringen, die für das *opus*, für das Werk der Transformation, notwendig sind. Auf die Parallele, die hier zwischen Jung selbst und

Toni Wolff während seiner Konfrontation mit dem Unbewußten besteht, wurde bereits hingewiesen. Jung fand auch eine Analogie mit dem analytischen Prozeß. Für ihn beinhaltete die analytische Behandlung eine gegenseitige Transformation durch die persönliche Interaktion zwischen dem Analytiker und dem Patienten: «Das Zusammentreffen von zwei Persönlichkeiten ist wie die Mischung zweier verschiedener chemischer Körper: tritt eine Verbindung überhaupt ein, so sind beide gewandelt» (GW 16, § 163). Es ist so, als ob der Analytiker und der Patient die Rollen des Alchemisten und der *soror mystica* während des Verlaufs des *opus* spielen würden, nämlich während des analytischen Werkes zur Individuation, während des Werks des Erschaffens der Seele.

Von ebenso großer Bedeutung war für Jung die Verbindung, die die Alchemisten zwischen der makrokosmischen und der mikrokosmischen Dimension herstellten, und die religiöse Einstellung, die sie zu ihrem Werk hatten: «Dieses Arkanum sollte nicht nur als wahrhaft groß, sondern auch als eine höchst heilige Kunst betrachtet werden», heißt es in einem Text. Alles, was im Himmel geschieht, wiederholt sich hier auf der Erde:

«Himmel oben
Himmel unten
Sterne oben
Sterne unten
Alles was oben
Dies ist auch unten
Erfasse es
Und freue dich.»
(GW 16, § 384)

Die heilige Kunst besteht darin, den Mikrokosmos mit dem Makrokosmos zu verbinden, das Persönliche mit dem Transpersonalen, das Ich mit dem Selbst.

Die europäische Alchemie scheint ihre Ursprünge im alten

Ägypten zu haben, wo sie mit der Verehrung von Thoth in Zusammenhang stand, der im alten Griechenland zu Hermes und in Rom zum Merkur wurde. Das Konzept einer *prima materia* tauchte vor dem Entstehen der sokratischen Philosophie auf, aus dem Glauben heraus, daß die Welt aus einer einzigen Substanz entstand, die sich in vier Elemente geteilt hat, in Erde, Luft, Feuer und Wasser, und daß sich darauf diese vier Elemente in verschiedenen Anteilen erneut kombiniert haben, um all die physischen Objekte zu erschaffen, die es in der Welt gibt. Aristoteles hat diese Idee verfeinert und gelehrt, daß die *prima materia* zuerst als reine Möglichkeit existierte, die Form angenommen hat, wenn sie in der Realität verwirklicht wurde – genauso wie übrigens die Archetypen.

Die Alchemisten entwickelten diese Ideen weiter und kamen zu der Überlegung, daß sie zuerst die Materie in ihren ursprünglichen undifferenzierten Zustand zurückführen müßten, wenn sie eine unedle Substanz in den Stein der Weisen verwandeln wollten. Diesem Gedanken gesellten sie eine animistische Ansicht der Natur bei, indem sie glaubten, daß alle Objekte einen Geist besäßen, den man, wie den menschlichen Geist, vervollkommnen könne, indem man ihn von einer niedrigeren in eine höhere Form umwandle.

Wenn man diese Voraussetzungen akzeptiert, dann erscheinen die alchemistischen Unternehmungen in einer gewissen Art sinnvoll. Wenn alle Substanzen aus den gleichen vier Elementen bestehen, sollte es möglich sein, eine Substanz in eine andere zu verwandeln (zum Beispiel Blei in Gold), indem man eine *solutio*, eine *separatio* oder eine *sublimatio* durchführt, um die Substanz auf die ursprünglichen Elemente zu reduzieren, ihre relativen Anteile neu arrangiert und dann eine *coagulatio* oder eine *coniunctio* vornimmt, um die neue Substanz hervorzubringen. Da außerdem der Geist aller Wesenheiten vervollkommnet werden kann, sollte es keine unüberwindlichen Hindernisse geben, unedle Materie in Gold zu verwandeln. Das Geheimnis muß darin liegen, die notwendigen Phasen herauszufinden, welche die chemischen Vorgänge durchlaufen müssen, und auch darin, das wundertätige Mittel zu entdecken – das, was wir heute einen Katalysator nennen würden –, das Mittel, das imstande ist, die notwendigen Transformationen stattfinden zu lassen. Viele Alchemisten stimmten in bezug auf die notwendigen Phasen überein, aber das Wundermittel sollte sich als schwer faßbar erweisen.

Als er über den alten Texten in seiner Bibliothek saß, kam Jung zu dem Schluß, daß die Alchemie eine uralte Tradition war, die sich bemühte, von den ewig gültigen psychologischen Wahrheiten Gebrauch zu machen, nämlich, daß man sich neuer Bedeutungen, die aus dem Unbewußten aufsteigen, dadurch bewußt wird, daß man sie in der äußeren Realität gespiegelt sieht. Mit anderen Worten war die Alchemie ein ausgezeichnetes Beispiel für eine bis ins einzelne ausgearbeitete Disziplin, die vollständig auf dem psychologischen Phänomen der *Projektion* aufbaut.

Warum sollte Jung zu diesem Schluß kommen? Welches Recht hatte er anzunehmen, daß die Alchemisten ihre unbewußten Seelen auf ihre Retorten und in ihre Texte projizierten? Und meinte er wirklich, daß die Alchemie in keiner Weise das Ergebnis eines bewußten logischen Denkens war?

Die Antwort ist, daß seine Annahme zur Gänze intuitiv war. Sie wurde allerdings durch seine klinische Erfahrung von der Macht der Projektion gestützt und von den vielen eindrucksvollen Parallelen, die er zwischen den alchemistischen Symbolen und den Symbolen fand, die er selbst und seine Patienten in ihren Träumen und in der Ausübung der aktiven Imagination hervorbrachten. In *Psychologie und Alchemie* (erschienen 1944) publizierte er eine Traumserie eines Naturwissenschaftlers (der von Alchemie keine Ahnung hatte) und zeigte, wie auffallend ihr Inhalt den Motiven aus alchemistischen Texten ähnelte. Jung gab später zu (GW 18, § 671 [Fußnote in der engl. Übersetzung – Anm. der Übersetzerin]), daß der Wissenschaftler, um den es ging, niemand anderer als Wolfgang Pauli (1900–1958) war, der berühmte Schweizer Physiker und Nobelpreisträger. In *Die*

Psychologie der Übertragung, zwei Jahre später publiziert, gab er zu, daß er sicher sei, daß sich die Alchemisten in bewußten Spekulationen über die praktischen Folgen ihres Werkes ergingen, aber er bestand darauf, daß das den Prozeß der unbewußten Projektion nicht im mindesten hindere, «... denn wo immer der forschende Geist sich von der genauesten Beobachtung des tatsächlich Vorhandenen entfernt und eigene Wege einschlägt, da nimmt der unbewußte spiritus rector die Zügel in die Hand und führt ihn zu den ihm unveränderlich zugrundeliegenden Archetypen zurück, die durch diese Regression zur Projektion veranlaßt werden» (GW 16, § 405).

Außerdem blieben die Alchemisten der aristotelischen Lehre von der Einheit der Materie treu, und sie machten keinen Unterschied zwischen der Psyche und der Substanz, die Gegenstand ihres *opus* war. Eigentlich anerkannten sie, daß das Werk die Hingabe des ganzen Menschen erforderte: *ars requirit totum hominem*. Daher war es unvermeidlich, daß Prozesse, von denen sie glaubten, daß sie in der Materie vor sich gingen, von den Prozessen, die parallel in ihrem eigenen Geist abliefen, nicht zu unterscheiden waren. Die Suche nach der Vervollkommnung im einen war nicht zu trennen von der Suche nach Vervollkommnung im anderen. Beides waren Aspekte desselben Ereignisses.

Eben weil die Alchemisten wenig Wissen von der wirklichen Natur der Materie hatten, projizierten sie ihre eigenen unbewußten Prozesse auf physikalische Ereignisse, um diese Vorgänge zu erhellen. Während der Alchemist an seinen Experimenten arbeitete, hatte er psychische Erlebnisse, die er mit den chemischen Prozessen selbst identifizierte. Weil aber Projektion per definitionem gänzlich unbewußt ist, war sich der Alchemist nicht bewußt, daß seine Experimente wenig mit der Materie selbst zu tun hatten. «Er erlebte seine Projektion als Eigenschaft des Stoffes. Was er in Wirklichkeit erlebte, war sein Unbewußtes» (GW 12 § 346).

Was den Psychologen in Jung fasziniert hat, war die Art, in der die Alchemisten versuchten, eine systematische Beschreibung der Phasen zu geben, die der Wandlungsprozeß durchlief, ihre eigenartigen, urtümlichen wissenschaftlichen Worte, die als Symbole für die davon betroffenen psychischen Veränderungen standen. Daher war die Isolierung des Goldes aus der *massa confusa* gleichbedeutend damit, das Selbst aus dem dunklen Chaos des Unbewußten ins Bewußtsein zu bringen. Gold zu machen heißt, das Selbst erschaffen. Wie die Analytische Psychologie stellt die Alchemie eine Disziplin dar, deren Zweck es ist, die Selbsterkenntnis zu fördern, wenn es auch im ersteren Fall bewußt und beabsichtigt ist und im zweiten weitgehend unbewußt und zufällig. Ebenso wie Jung sich die Rolle des Selbst im Individuationsprozeß vorstellte, so meinten die Alchemisten vom Stein der Weisen, daß er der Anfangspunkt, das Ziel *und* das Mittel der Transformation sei.

Mehr noch, Jung war der Auffassung, daß die Alchemie in einer kompensatorischen Beziehung zum mittelalterlichen Christentum stand. Für den Christen mußte der Mensch durch Gott erlöst werden, aber für den Alchemisten war es Gott, «die im Stoffe schlafende und der Erlösung harrende göttliche Welt-Seele» (GW 12, § 557), die durch den Menschen erlöst werden mußte. Diese Einsicht ermöglichte es Jung, den Erlösungsprozeß (wie er traditionell aufgefaßt wird) in psychologischer Terminologie neu zu formulieren, indem er das alchemistische *opus* als Autorität heranzog. Dadurch war er in der Lage, einen kulturellen Beitrag von großer Tragweite zu leisten, aber auf der subjektiven Ebene war er offensichtlich immer noch bemüht, das religiöse Problem zu lösen, das er von seinem Vater geerbt hatte. So meint er zustimmend: «In unkirchlicher Weise zogen die Alchemisten das Suchen mit der Erkenntnis dem Gefundenhaben durch den Glauben vor...» (GW 12, § 41).

Es erregte in besonderem Maß Jungs Interesse, daß die Alchemisten die Begriffe *meditatio* und *imaginatio* in Zusammenhang mit ihrem Werk verwendeten. «Das von 1612 stammende RULANDsche ‹*Lexicon Alchemiae*› definiert ‹meditatio› folgendermaßen: ‹Das Wort ‹meditatio› wird gebraucht, wenn man mit irgendeinem, der aber unsichtbar ist, ein inneres Zwiegespräch hat, wie auch, unter Anrufung, mit Gott, oder mit sich selber, oder mit seinem guten Engel.›» Das, so stellt Jung fest, beweist, daß die Alchemisten kein bloßes Nachdenken empfahlen, sondern «vielmehr ein inneres Zwiegespräch und damit eine lebendige Beziehung zur antwortenden Stimme des ‹andern› in uns, eben des Unbewußten» (GW 12, § 390). Die alchemistische Meditation ist ein «schöpferisches Zwiegespräch, durch welches die Dinge aus einem unbewußt potentiellen Zustand in einen manifesten übergehen» (a. a. O.). Für Jung war die Imagination, wie sie die Alchemisten verstanden, der Schlüssel, der das Tor zum Geheimnis des *opus* öffnete.

Sich dem Studium der Alchemie zuzuwenden, war daher für einen Psychologen gar keine so exzentrische Sache. Schließlich unterscheidet sich die Psychologie von allen anderen Wissenschaften in einer grundlegenden Weise: andere Wissenschaftler gebrauchen ihren Verstand, um Daten zu untersuchen, die aus der Beobachtung von Ereignissen gewonnen wurden, die sich in der Welt, die außerhalb ihrer selbst liegt, zugetragen haben; der Psychologe aber gebraucht seine Psyche, um Daten zu untersuchen, die von der Beobachtung eben dieser Psyche abgeleitet wurden. In vielen Fällen ist das ein unmögliches Unterfangen, ähnlich wie der Versuch, den eigenen Atem zu riechen oder die eigene Zunge zu lecken. Ein Weg aus diesem Dilemma, den die akademischen Psychologen beschritten haben, besteht in der Verwendung von *Projektionstests,* in denen die Probanden aufgefordert werden zu sagen, was sie in einem Tintenfleck oder in einer vieldeutigen Figur sehen. Jungs Studium der Alchemie basierte auf genau derselben Annahme, nämlich, daß alles Unbestimmte und Unbekannte vom Beobachter mit psychologischer Projektion erfüllt wird.

Durch eine vergleichende Durchsicht vieler Texte war Jung imstande, die Phasen des alchemistischen *opus* zu erhellen und sie mit seinen eigenen Einsichten über den Individuationsprozeß in Zusammenhang zu bringen. Ursprünglich hat man vier Phasen unterschieden, entsprechend den Farbveränderungen, die für jedes Stadium charakteristisch waren. Diese wurden von Heraklit als *melanosis* (Schwärzung), *leukosis* (Weißung), *xanthosis* (Gelbung), *iosis* (Rötung) beschrieben. Später, im fünfzehnten oder sechzehnten Jahrhundert, wurden die Farben auf drei reduziert (indem die gelbe Phase ausgelassen wurde), und es wurden hauptsächlich ihre lateinischen Namen gebraucht: *nigredo* (Schwärzung), *albedo* (Weißung) und *rubedo* (Rötung). Die Alchemie aber fuhr fort, sich mit vier Elementen zu befassen und mit vier Eigenschaften (heiß – kalt – feucht – trocken). Die Veränderung der Phaseneinteilung von drei zu vier kann nicht mit experimentellen Gründen zu tun gehabt haben, denn der Prozeß hat niemals zu den gewünschten praktischen Zielen geführt, «sondern hat mehr mit der symbolischen Bedeutung der Quaternität und der Trinität zu tun, also mit inneren, psychischen Gründen» (GW 12, § 333).

Die *nigredo* ist also die Anfangsphase. In manchen Überlieferungen ist die Schwärze von vornherein vorhanden als Eigenschaft der *prima materia;* in anderen ist sie das Ergebnis einer Trennung *(solutio, separatio, divisio)* der Elemente. Es gibt noch eine andere Überlieferung, in der angenommen wird, daß die Elemente am Anfang getrennt sind. Sie werden in männliche und weibliche Gegensätze gruppiert, die vereinigt werden *(coniunctio, coitus);* dann tritt der Tod des Vereinigungsproduktes ein *(mortificatio, putrificatio, calcinatio)* und bringt die Schwärzung *(nigredo)* hervor.

Psychologisch ist die *prima materia* identisch mit dem ursprünglichen Selbst, das das gesamte Potential und alle dynamischen Gegensätze enthält, die notwendig sind, um das Ziel des *opus* zu erreichen. Die *separatio* und *divisio* sind notwendig, um den Prozeß in Gang zu setzen, genauso wie die Teilung und Vermehrung der Zellen in einem sich entwickelnden Embryo. Die *separatio* hat auch eine Parallele in den Anfangsstadien einer Jungschen Analyse, wenn die erwachsene Situation von den Kindheitskomplexen getrennt wird, das Ich vom Schatten, von Anima/Animus und vom Selbst. «Trenne die Erde vom Feuer, das Feine vom Groben, und handle klug und mit Urteilskraft», sagt die *Tabula smaragdina,* der heiligste der alchemistischen Texte.

Der *schwarze* Aspekt dieser Phase hat mit Depression zu tun, mit der Melancholie, die oftmals den Anfang des Prozesses darstellt und dazu führt, daß man sein Leben überprüft, eine Analyse beginnt, und die oft noch stärker wird, wenn man dem Schatten begegnet. Die Begegnung mit dem Schatten wird ausnahmslos als *mortificatio* erlebt: demütigende und verachtete Teile von einem selbst müssen konfrontiert und integriert werden; Gefühle von Schuld und Wertlosigkeit müssen durchlitten, angenommen und durchgearbeitet werden. Alle Alchemisten stimmten darin überein, daß die *nigredo* gefährlich war: Giftige Dämpfe von Blei oder Quecksilber wurden erzeugt, und das *vas* (das Gefäß) konnte explodieren. Die Texte empfehlen Ausdauer, Fasten und Gebet; *orare et laborare* (beten und arbeiten).

Die *albedo,* die zweite Phase, resultiert aus dem *Waschen (ablutio, baptisma)* der Produkte der *nigredo.* Psychologisch entspricht das den späteren Stadien der Schattenintegration innerhalb der Intimität der analytischen «Retorte» – dem Prozeß des privaten Waschens der persönlichen Schmutzwäsche.

Nach manchen Überlieferungen stellt die *nigredo* den «Tod» der *prima materia* dar (in der Analyse den Tod der alten neurotischen Lebensweise, der Abhängigkeiten aus der Kindheit usw.); im Augenblick des «Todes» wird die Seele *(anima)* freigesetzt, verfeinert und dann mit der revitalisierten Materie wieder vereinigt, um die glorreiche Phase der vielen Farben hervorzubringen – das Pfauenrad *(cauda pavonis),* das sich dann in Weißung *(al-*

bedo) verwandelt, das alle Farben enthält, wie das «weiße» Licht. Jung vergleicht dieses Stadium mit der Dämmerung, dem Beginn des Tags, der Vorbereitung für die nächste und letzte Phase, die der Sonnenaufgang ist.

In dieser Phase, der *rubedo,* wird das Weiße mit dem Roten «vereinigt», durch die Steigerung der Hitze des Feuers. Das Weiße wird mit der Königin in Verbindung gebracht und das Rote mit dem König, die jetzt hervorgehen und die *coniunctio oppositorum* vollziehen, die Vereinigung aller Gegensätze, die durch die Vereinigung des archetypisch Männlichen und Weiblichen in der «chymischen Hochzeit», dem *hieros gamos* symbolisiert wird. Das führt zum großen Höhepunkt, der Erreichung des Ziels – dem *lapis philosophorum,* dem Hermaphroditen, der den mit der Königin vereinigten König verkörpert, den *filius macrocosmi,* «einer Figur, die man nur mit dem gnostischen Anthropos, dem göttlichen Urmenschen, vergleichen kann» (GW 12, § 335).

Als er *Psychologie und Alchemie* vorbereitete, arbeitete Jung mit 400 Träumen und visuellen Eindrücken, die zum Großteil von Wolfgang Pauli stammen und die eine weibliche Kollegin Jungs völlig unabhängig von ihm gesammelt hatte. 59 davon werden im Buch wiedergegeben und in bezug auf ihre alchemistische und Individuationssymbolik analysiert. Es ist natürlich nicht möglich, dieser Auslegung hier gerecht zu werden, aber einige Beispiele werden einen gewissen Einblick in Jungs Methode ermöglichen.

«*13. Traum:* Im Meere liegt ein Schatz. Man muß durch eine enge Öffnung tauchen. Es ist gefährlich; aber man wird unten einen Gefährten finden. Der Träumer wagt den Sprung ins Dunkle und entdeckt dort unten einen schönen, regelmäßig angelegten Garten mit einem Springbrunnen in der Mitte» (GW 12, § 154).

Bei der Besprechung dieses Traumes interpretiert Jung den Schatz im Meer, den Gefährten und den Garten mit den Brunnen als ein und dasselbe, nämlich als das Selbst. Der Garten mit einem Brunnen in der Mitte ist offensichtlich ein Mandala, und die Alchemie bietet viele Beispiele vom Zentrum eines Kreises als Entsprechung für den *lapis*.

«Durch den Abstieg ins Unbewußte bringt das Bewußtsein sich in eine gefährliche Lage; denn es scheint, als ob es sich selber auslöschte. Es ist die Situation des primitiven Helden, der vom Drachen gefressen wird» (GW 12, § 437). Jung stellt fest, daß das Grauen, das jeder empfindet, der zu tief in sich selbst hineingräbt, im Grunde die Angst vor der Reise in den Hades ist und vor der Gefahr, daß einen das Schicksal von Theseus und Peirithoos ereilt, die in die Unterwelt hinabstiegen und dort *an die Felsen angewachsen sind.*

Aber «der Zweck des Abstieges ist im Heldenmythus ganz allgemein dadurch gekennzeichnet, daß in jenem Gefahrenbezirk (Wassertiefe, Höhle, Wald, Insel, Burg usw.) die ‹schwer erreichbare Kostbarkeit› (Schatz, Jungfrau, Lebenstrank, Todüberwindung usw.) zu finden ist» (GW 12, § 438).

«*14. Traum:* Geht mit dem Vater in eine Apotheke. Dort sind wertvolle Sachen zu billigem Preis zu haben, vor allem ein besonderes Wasser...» (GW 12, § 158).

Jung sieht in der Apotheke einen letzten Rest der Erinnerung an ein alchemistisches Labor, und das «besondere Wasser» ist wörtlich das *aqua permanens,* das für die Herstellung des Steins unabdingbar ist. Die Gewöhnlichkeit des Wassers wird oft von den Alchemisten hervorgehoben. So heißt es in einer Quelle: «Was wir suchen, wird öffentlich zu ganz geringem Preis verkauft, und wenn man es erkennte, würden es die Händler nicht so billig verkaufen» (GW 12, S. 148, Fußnote 32). Der Vater führt den Träumer zur Quelle des Lebens, denn er ist die Quelle des Lebens des Träumers. Er ist außerdem der Archetyp des Vaters, des weisen alten Mannes.

Die Idee, daß das besondere Wasser billig und leicht erhältlich ist, ist voll reicher Symbolik für das Leben selbst. Das nicht gelebte Leben setzt alles als gegeben voraus. Es sieht in nichts etwas Besonderes, nicht einmal in der persönlichen Existenz. Man ist genauso «wie alle anderen». Nichts ist bemerkenswert. Das Wunder des Lebens wird erst offensichtlich, wenn man es zum Brennpunkt seiner Aufmerksamkeit macht. Dann verändert sich die gesamte Wahrnehmung der Wirklichkeit. «Nicht daß Leben an und für sich geschieht, sondern daß es auch gewußt werde, das ist wirkliches Leben» (GW 12, § 105). Jung kommentiert, daß, obwohl das Lebenswasser überall vorhanden ist, es die Dummen verachten, «weil sie annehmen, daß alles Gute stets außen und anderswo sei...» (GW 12, § 160). Andere Texte drücken denselben Inhalt aus – daß die Zutaten für den Stein der Weisen überall vorhanden sind: «Dieser Stoff liegt vor den Augen aller; jeder sieht ihn, berührt ihn... liebt ihn, aber kennt ihn nicht» (Hermetisches Museum, 1:13). «Man sagt, der Stein sei Abfall von geringem Wert und er liege zufällig auf der Straße, so daß die Reichen und die Armen ihn jederzeit zur Verfügung haben» (Atlanta Fugiens).

Jung betont die tiefe Wahrheit, die in diesen Feststellungen liegt: «Man tut ja alles, auch das Absurdeste, um der eigenen Seele zu entgehen. Man betreibt indischen Yoga jeglicher Observanz, beobachtet Speisegebote, lernt Theosophie auswendig, betet mystische Texte der ganzen Weltliteratur nach – alles, weil man mit sich selbst nicht auskommt und weil einem jeglicher Glaube fehlt, daß aus der eigenen Seele irgend etwas Nützliches kommen könnte» (GW 12, § 126).

Die Traumserie in *Psychologie und Alchemie* kulminiert in einer außerordentlichen Vision: der Vision von der Weltuhr.

«Es ist ein vertikaler und horizontaler Kreis mit gemeinsamem Mittelpunkt. Das ist die Weltuhr. ... Der vertikale Kreis ist eine blaue Scheibe mit weißem Rand, in $4 \times 8 = 32$ Teile geteilt. Darauf rotiert ein Zeiger. Der horizontale Kreis besteht aus vier Farben. Darauf stehen vier kleine Männchen mit Pendeln, und darum herum liegt der ehemals dunkle und jetzt goldene Ring ... Die ‹Uhr› hat drei Rhythmen oder Pulse. Der kleine Puls: Der Zeiger des blauen Vertikalkreises springt 1/32 weiter. Der mittlere Puls: eine ganze Umdrehung des Zeigers. Zugleich rückt der horizontale Kreis um 1/32 weiter. Der große Puls: 32 mittlere Pulse machen einen Umlauf des goldenen Ringes aus» (GW 12, § 307).

Diese Vision machte auf den Träumer den tiefsten und nachhaltigsten Eindruck und rief in ihm das Gefühl «höchster Harmonie» hervor. Es handelt sich um ein dreidimensionales Mandala, um eine profunde symbolische Darstellung des Selbst, die eine Parallele zum Erreichen des Zieles in der Alchemie ist.

Mysterium coniunctionis

Als er *Die Psychologie der Übertragung* publizierte, war Jung einundsiebzig. Die Schrift war die Frucht von fast zwei Jahrzehnten des Studiums der Alchemie und vier Jahrzehnten Praxis in der Analyse. Sie enthält den Kern seiner analytischen Theorie.

Die zentrale Einsicht, die er sowohl in die analytische Beziehung einbrachte wie auch in den Individuationsprozeß, erwuchs aus dem großen Thema, das ihn die ganze zweite Hälfte seines Lebens beschäftigte: das *mysterium coniunctionis*. Die zwei Gegensätzen innewohnende Affinität, die sie zu einer Vereinigung bringt, damit sich eine neue Form ergibt, die mehr ist als die Summe ihrer Teile, wurde zur zentralen Inspiration seines Lebens und seines Werkes: die *These* des unbewußten Tatbestandes, die *Antithese* der Antwort des Ich, die *Synthese* durch die transzendente symbolische Funktion mit der Geburt eines neuen Bewußtseins – immer wieder wiederholt, rundherum, hinauf und hinunter, umkreist sie das Ziel des *opus*.

Eine Anzahl von Jungs Nachfolgern hat die Anwendung seiner alchemistischen Einsichten in der Analyse bestätigt und erweitert – zum Beispiel Edward Edinger in seinem Buch *Der Weg der Seele. Der psychotherapeutische Prozeß im Spiegel der Alchemie* und Molly Tuby in einem Artikel mit dem Titel *The Search and Alchemy* (Alchemie und die Suche):

«Jedes Mal, wenn wir eine neue Entdeckung machen, die innen und außen verbindet, haben wir das Gefühl, daß wir dem nicht greifbaren und schwer definierbaren Etwas, das wir in einer spiraligen Bewegung umkreisen, näher kommen. Die Bewegung ist spiralig wegen der unvermeidlichen Rückschläge. Im alchemistischen Sprachgebrauch heißt das, das Unternehmen geht oftmals schief. Ja, die Retorte kann sogar explodieren, und das Werk muß von neuem begonnen werden. Wie in der Analyse: ‹Die ganze alte Geschichte wieder von vorne!› ‹Siebenhundert und siebzig mal›, meint ein Alchemist! Aber mit jeder neuen Integration erleben wir mehr Einssein, und in dem Maß, in dem unser Bewußtseinszentrum näher an das Selbst heranrückt (mit dem fortschreitenden Entstehen des Steins), wird die zugrundeliegende Einheit aller Dinge immer sichtbarer» (S. 12).

Der König und die Königin führen ihre *coniunctio* durch und verschmelzen in ein einziges Wesen mit zwei Köpfen. Aber ihr Sohn, der *filius philosophorum,* «wird ... hier nicht etwa von der Königin geboren, sondern sie selber mit dem König wird in die neue Geburt verwandelt» (GW 16, § 473). Jung übersetzt dieses Geheimnis in die Sprache der Psychologie: «Die Vereinigung des Bewußtseins oder der Ichpersönlichkeit mit dem als Anima personifizierten Unbewußten erzeugt eine neue Persönlichkeit, welche beide Komponenten umfaßt. ... Die neue Persönlichkeit ist keineswegs ein Drittes zwischen bewußt und unbewußt, sondern beides. Sie ist bewußtseinstranszendent und daher nicht mehr als *Ich,* sondern als *Selbst* zu bezeichnen. ... Das Selbst ist Ich und Nicht-Ich, subjektiv und objektiv, individuell und kollektiv. Es ist als Inbegriff der totalen Gegensatzvereinigung das *vereinigende Symbol*» (GW 16, § 474). Anders ausgedrückt: «Das Eine der Zwei ist deren gewandelte Gestalt ...» (GW 16, § 475).

Das kann nur mittels Symbolen ausgedrückt werden, die in Träumen und Phantasien vorkommen und ihre objektive Form in Mandalas finden. Jung betont, daß das Selbst keine Doktrin oder Theorie ist, sondern lebendige Realität, die in Form eines psychischen Bildes ausgedrückt wird, wie die goldene Blüte – «... ein Bild, das durch die *operatio naturae* entsteht, und zwar als natürliches Symbol, jenseits aller bewußten Absichtlichkeit» (GW 16, § 474).

Psychotherapie

Wie die Alchemie ist die Jungsche Analyse eine *ars spagyrica* – eine spagyrische Kunst. Das Wort «spagyrisch» ist von zwei griechischen Wörtern abgeleitet, von *spar,* was soviel bedeutet wie «zerreißen, teilen, auseinanderziehen (also analysieren)» und von *ageirein,* was «zusammensammeln oder versammeln (also verbinden)» bedeutet. Die alchemistische Devise *solve* et *coagula* (löse und verfestige) drückt genau diese beiden Schritte aus: «... der Alchemist [sieht] das Wesentliche seiner Kunst in der Trennung und Lösung einerseits und in der Zusammensetzung und Verfestigung andererseits» (GW 14/I, Vorwort S. XII). Die erste Phase entspricht der reduktiven Methode von Freud und den anfänglichen Stadien einer Jungschen Analyse, aber es ist die zweite Phase, die das Hauptanliegen der Analytischen Psychologie darstellt.

Das Gebiet, auf dem Jung einen Beitrag zur Psychotherapie zu leisten vermochte, der viel tiefer geht als jener Freuds, ist seine Anwendung der Erkenntnisse, die er aus der Alchemie gewonnen hatte, auf das Phänomen der Übertragung.

Die Psychologie der Übertragung

Freud führte den Ausdruck «Übertragung» ein, um den unbewußten Prozeß zu beschreiben, durch den ein Patient Gefühle, Ideen und Einstellungen, die in Wirklichkeit wichtige Menschen in seiner eigenen Vergangenheit gehabt hatten, dem Analytiker zuschreibt. Der Patient verhält sich dann gegenüber dem Analytiker so, *als ob dieser eine wichtige Figur aus seiner Vergangenheit wäre* (die sogenannte *Übertragungsbeziehung*). Die Übertragungsbeziehung muß von der *analytischen Beziehung* oder von der *therapeutischen Allianz* unterschieden werden, denn letztere beziehen sich auf die totale Beziehung zwischen dem Analytiker und dem Patienten als wirkliche Menschen.

Bei ihrem ersten Zusammentreffen im Jahr 1907, als sie ohne Unterbrechung dreizehn Stunden lang miteinander sprachen, fragte Freud Jung: «Und was denken Sie von der Übertragung?» Worauf Jung aus tiefster Überzeugung antwortete, «daß sie das A und O der analytischen Methode sei. Worauf er sagte: ‹Dann haben Sie die Hauptsache verstanden.›» (GW 16, § 358).

Aber später, nach dem Bruch mit Freud, kamen Jung Zweifel. Er gewann den Eindruck, daß die Übertragung, wie Freud sie sich vorstellte, nur von relativer Wichtigkeit war. Bei einigen kam es dazu, bei anderen nicht. Das Ergebnis der Analyse war nicht notwendigerweise davon betroffen, weder in der einen noch in der anderen Richtung. Freuds Technik, hinter dem Patienten zu sitzen und sich ziemlich still zu verhalten, war mehr dazu angetan, Projektionen hervorzurufen, denn der Analytiker blieb ein Rätsel. Jung hingegen saß seinen Patienten von Angesicht zu Angesicht gegenüber und nahm als wirkliche Person voll an der analytischen Beziehung teil, was bedeutete, daß in der analytischen Situation, wie er sie herbeiführte, Übertragungsphänomene weniger im Vordergrund standen. Im großen und ganzen, gab Jung zu, war es ihm lieber, wenn die Übertragung milde verlief oder sich praktisch nicht bemerkbar machte. Dann konnte die Analyse auf der Grundlage einer gemeinschaftlichen Untersuchung des unbewußten Materials des Patienten vor sich gehen. Wenn es allerdings zu einer starken Übertragung kam, wurde sie zu einem wichtigen Teil der Analyse, und gewöhnlich handelte es sich um eine komplizierte Angelegenheit. Aber er war der Meinung, daß sowohl Freud als auch Adler das, worum es bei der Übertragung ging, zu einfach gesehen hatten, wobei Freud die Übertragung als erotisch und neurotisch betrachtete und Adler darin einen Ausdruck des Machtwillens sah, der eine Kompensation für Minderwertigkeitsgefühle darstellte. Jung verneinte nicht, daß diese Faktoren eine Rolle spielten, aber er war überzeugt, daß es um mehr ging. «Die Übertragung ist fern davon, ein eindeutiges Phänomen zu sein...» (GW 16, § 362).

Erstens bemerkte er immer wieder in seiner Praxis, daß durch die analytische Beziehung Archetypen aufgerührt wurden, die, wenn sie auf die Person des Analytikers projiziert wurden, ihm eine große therapeutische (oder destruktive) Macht verleihen konnten. Seiner Erfahrung nach wurden solche archetypische Figuren wie der Magier, der Schamane, der Hexenmeister und der weise alte Mann meistens projiziert.

Zweitens konnte der Analytiker die Projektionen von vorher nicht erfüllten archetypischen Erwartungen auf sich ziehen (z. B. der starke Vater, den der Patient in seiner Kindheit nicht gehabt hatte; wie wir gesehen haben, war das fraglos eine wichtige Komponente von Jungs eigener Übertragung auf die Person Freuds).

Drittens wurde die Übertragung durch die Tatsache weiter kompliziert, daß die unbewußte Aktivität im Patienten eine entsprechende Aktivität im Unbewußten des Analytikers auslöste, mit dem Ergebnis, daß die Bindung zwischen beiden in etwas verwandelt wurde, das über die Arzt-Patient-Beziehung hinausging. Obwohl das von großer Bedeutung für einen erfolgreichen Abschluß der Analyse ist, birgt es doch Gefahren in sich, und Jung glaubte, daß diese nur dann auf das Mindestmaß herabgesetzt werden konnten, wenn der Arzt selbst gründlich analysiert und sich seiner «persönlichen Gleichung» bewußt geworden war.

Infolge dieser Erkenntnis war es Jung und nicht Freud, der zuerst die Idee vorbrachte, daß der Analytiker selbst analysiert sein müßte und daß das Wesentliche des analytischen Trainings die Lehranalyse sei. Sonst geschieht es, «daß der Patient einen aktivierten Inhalt des Unbewußten an den Arzt heranbringt, [und damit] wird durch Induktionswirkung, die stets von Projektionen in mehr oder minderem Maße ausgeht, auch bei diesem das entsprechende unbewußte Material konstelliert. Damit befinden sich Arzt und Patient in einer auf gemeinsamer Unbewußtheit beruhenden Beziehung» (GW 16, § 364). Der Arzt ist stets in Gefahr, von der psychischen Krankheit des Patienten infiziert zu werden, und das schafft die gefährliche Möglichkeit, daß die Krankheit wörtlich auf ihn übertragen werden kann. Auch wenn die Lehranalyse keine Garantie darstellt, daß das nicht geschieht, so versetzt sie den Arzt doch zumindest in die Lage, daß er seine Einsicht als «flackerndes Licht» gebrauchen kann, um die Dunkelheit zu erhellen, die sonst vorherrschen würde.

Jung fand, daß das Licht, das von seinem eigenen flackernden Licht ausging, durch die Erleuchtung, welche es von den Alchemisten erfuhr, sehr gestärkt wurde. Auf der unbewußten Ebene nahmen Arzt und Patient an einer *coniunctio* teil. Wie zwei chemische Substanzen wurden sie durch *Affinität* voneinander angezogen, und ihre Interaktion führte zur Veränderung: «Wenn zwei chemische Körper sich verbinden, so werden beide alteriert. Das ist auch bei der *Übertragung* der Fall» (GW 16, § 358). Daher ist es nicht nur wichtig, daß der Analytiker analysiert ist, sondern daß er sich selbst völlig *in* die analytische Situation hineinstellt – und daß er nicht hinter dem liegenden Patienten sitzt, der ihn nicht sehen kann, sondern daß er *beim* Patienten sitzt, beide auf ähnlichen Stühlen, wie bei einer normalen Begegnung im Rahmen einer Einladung. «... denn dort muß der Arzt aus seiner Anonymität heraustreten und Rechenschaft von sich selber geben, genau das, was er von seinem Patienten verlangt» (GW 16, § 23).

Vom alchemistischen Standpunkt aus ähnelt die Beziehung zwischen dem Analytiker und dem Patienten derjenigen zwischen dem Alchemisten und seiner *soror mystica,* wenn es sich um einen männlichen Analytiker und um eine Patientin handelt (wie es meist in Jungs Praxis der Fall war). Die Pfeile in Abbildung 12 stellen den Zug vom Männlichen zum Weiblichen und vom Weiblichen zum Männlichen dar:

a = die unkomplizierte, direkte, bewußte persönliche Beziehung
b = die Beziehung zwischen dem Mann und seiner Anima und der Frau und ihrem Animus

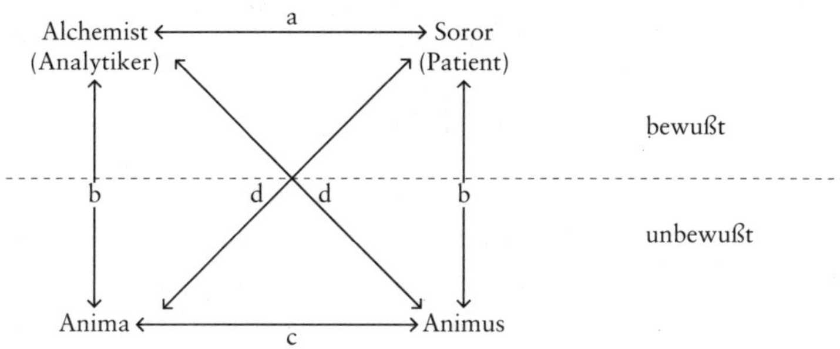

Abbildung 12: Die «Heiratsquaternio».

c = die unbewußte Beziehung zwischen seiner Anima und ihrem Animus

d = die Beziehung zwischen dem Animus der Frau und dem Mann und zwischen der Anima des Mannes und der Frau.

Im wirklichen Leben sind alle diese Beziehungen miteinander vermischt.

Jung betrachtet dieses Diagramm als den Schlüssel zum Werk. Um zu gelingen, braucht das *opus* Beziehung und Gefühl. In diesem Punkt ähnelt die analytische Beziehung der ehelichen Beziehung ebenso wie der alchemistischen. Jung bezeichnet das Diagramm als *Heiratsquaternio* (GW 16, § 425).

In den alchemistischen Texten wird die *coniunctio* nicht nur durch die Vereinigung von König und Königin symbolisiert, sondern auch durch die Vereinigung von Sonne und Mond *(coniunctio Solis et Lunae),* die Sonne – das Tagesprinzip – stellt das helle Bewußtsein dar, und der Mond – ein Nachtlicht – repräsentiert das Unbewußte. Weil der unbewußte Partner in der *conjunctio* nicht direkt erkannt werden kann, wird er auf den «anderen» projiziert, mit dem eine emotionelle Bindung besteht. Das verbindet sich mit dem subjektiven Gefühl der Ganzheit und

Vollendung. «Der unbezogene Mensch hat keine Ganzheit, denn er erreicht diese nur durch die Seele, die ihrerseits nicht sein kann ohne ihre andere Seite, welche sich stets im ‹Du› findet. Die Ganzheit besteht aus der Zusammensetzung von Ich und Du, welche als Teile einer transzendenten Einheit erscheinen, deren Wesen nur noch symbolisch erfaßt werden kann, z. B. durch das Symbol des Runden, der Rose, des Rades oder der ‹coniunctio Solis et Lunae›» (GW 16, § 454).

Die Beziehung zwischen den beiden Partnern besteht natürlich als ein objektives Faktum, aber das ist nicht so wichtig wie die *subjektive Erfahrung*, die jeder in der Beziehung macht, und dabei sind die unbewußten Aktivitäten von Animus und Anima der springende Punkt. Sie tragen zunächst einmal zur Bildung der Bindung bei und stellen dann sicher, daß sie kräftig mit Gefühl und Libido aufgeladen ist. Die Gefahr für beide Partner liegt darin, daß sie – durch die Wirkung der Anima oder des Animus des anderen – versucht sind, sich damit zu identifizieren, aufgrund der «Induktionswirkung, die stets von Projektionen in mehr oder minderem Maße ausgeht». Daher beginnt der wahre Fortschritt in einer Analyse erst, wenn diese Identifikation abgelehnt wird. «Der wesentliche Zweck des opus psychologicum ist die Bewußtwerdung, d. h. zunächst die Bewußtmachung der bis dahin projizierten Inhalte. Diese Bemühung führt allmählich zur Erkenntnis des anderen Menschen sowohl wie zur Selbsterkenntnis und damit zur Unterscheidung zwischen dem, was einer wirklich ist, und dem, was in ihn projiziert wird oder was er von sich selber phantasiert» (GW 16, § 471).

Daher macht die Analyse einen therapeutischen Gebrauch vom natürlichen Mechanismus der Projektion und kanalisiert und stärkt dabei den Drang nach Individuation. In derselben Weise betrachtete der Alchemist sich selbst als Diener des Werkes und glaubte, daß nicht er, sondern die Natur seine Bemühungen zur Reife bringen würde. Die Individuation drängt uns, das königliche Paar in unseren intimen Beziehungen zu konstellieren und im anderen das zu suchen, was wir selbst nicht haben. Die

Analyse ist insoweit erfolgreich, als sie diesen Prozeß bewußt macht.

Die Übertragung an sich ist ein völlig natürliches Phänomen, nicht das Ergebnis einer speziellen «Technik», die im Beratungszimmer angewendet wird. Worin sich die analytische Beziehung von den meisten anderen Beziehungen unterscheidet, ist der Gebrauch, den sie von der Übertragung macht. «Die ärztliche Behandlung der Übertragung ist eine seltene und unschätzbare Gelegenheit zur Rücknahme von Projektionen, zur Ausgleichung von Substanzverlusten und zur Integration der Persönlichkeit» (GW 16, § 420).

Analyse und Gefühl

Im Gegensatz zu Analytikern anderer Schulen maß Jung dem Gefühl eine geradezu lebenswichtige Bedeutung bei – nicht nur dem Gefühl des Patienten für den Analytiker, sondern auch dem des Analytikers für seinen Patienten. Ohne Gefühl fehlt ein unabdingbarer Katalysator; es ist das *aqua permanens*, das notwendig ist für das *opus*, damit es gelingen kann. Gefühl muß nicht nur in der analytischen Beziehung vorhanden sein, sondern auch in der Beziehung des Ichs mit dem Unbewußten, und das trifft in besonderem Maß zu, wenn Patient und Analytiker Männer sind, denn dann hängt der Erfolg davon ab, ob beide in einer gefühlsmäßigen Beziehung mit der Anima des anderen stehen. In der Psychotherapie gibt es über-rationale Patienten, «die nach dem denkerischen Begreifen drängen. ... Und wenn sie verstanden haben, so erscheint es ihnen, als ob damit der Realisierung Genüge getan sei. Daß sie aber auch ein *Gefühlsverhältnis* zu ihren Inhalten haben sollten, kommt ihnen merkwürdig oder gar absurd vor» (GW 16, § 489). Aber wenn das Gefühl nicht vorhanden ist, kann es kein wirkliches Wachstum geben, und eine Verwandlung wird nicht stattfinden.

Die Alchemisten haben das bestens verstanden. Wenn man den Büchern und dem Intellekt eine ihnen nicht zukommende

Betonung gab, dann blieb das Werk stecken, und die Seele kehrte nicht zu dem inerten, verbundenen Paar der *mortificatio* zurück. «Die Alchemisten meinten, daß zum Werke nicht nur Laborieren, Bücher lesen, Meditieren und schließlich Geduld, sondern auch die Liebe gehören» (GW 16, § 490).

Ähnlich wurde Faust aus seiner intellektuellen Routine durch die Erkenntnis «das Gefühl ist alles» herausgeschleudert. Es bedurfte der Intervention des Teufels, «um den alten Alchemisten in einen jungen Galan zu verwandeln und ihn über seinem eben entdeckten allzu jugendlichen Gefühl sich selber vergessen zu lassen. Das ist es aber eben, was der Moderne riskiert: er erwacht eines Tages und merkt, daß er die Hälfte seines Lebens verpaßt hat» (GW 16, § 491).

Daher ist die analytische Beziehung eine Form der «Individuationsehe». Ihr Erfolg hängt von einer *coniunctio* zwischen Männlichem und Weiblichem, Logos und Eros ab, in der sich jeder durch die bewußte Integration des Gegensätzlichen im anderen verändert: «Die im opus zum Ichbewußtsein hinzutretende Seele hat also beim Mann das weibliche Vorzeichen, bei der Frau das männliche. Seine Anima sucht zu einigen und zu vereinen, ihr Animus will unterscheiden und erkennen. Dies ist ein strikter Gegensatz, der im rebis der Alchemisten als dem Symbol einer transzendenten Einheit eine coincidentia oppositorum darstellt...» (GW 16, § 522).

Jung war daher aufgrund seines Studiums der Alchemie imstande, nicht nur unser Verständnis der Übertragung zu vergrößern, sondern auch das der Gegenübertragung. Als der Begriff Gegenübertragung eingeführt wurde, verwendete man ihn, um *Verzerrungen in der Wahrnehmung des Analytikers* von seinem Patienten zu beschreiben, und zwar Verzerrungen, die aus der Vergangenheit des Analytikers kamen. Später wurde der Begriff allgemeiner und freier gebraucht, um die emotionale Reaktionen des Analytikers auf seinen Patienten wiederzugeben, die zur Behandlung beitragen können (oder auch nicht), indem sie dem Analytiker helfen, die wahren, aber unbewußten Absichten des

Patienten mit zu bekommen. Jungs Anwendung der alchemistischen Erfahrung versetzte ihn in die Lage zu zeigen, daß die Gegenübertragung nicht zur Gänze vom Analytiker und seiner Vergangenheit kommt, sondern selbst eine Reaktion auf den unbewußten Einfluß, den der Patient auf ihn hat, darstellt. Daher bestand Jung darauf, daß der Psychotherapeut sich selbst genauso gut wie seinen Patienten verstehen muß, und daß die Analyse des Analytikers die absolute Voraussetzung für eine Ausbildung zum Analytiker ist. «In der Lehranalyse muß der Arzt lernen, seine Seele zu erkennen und ernst zu nehmen. Wenn er das nicht kann, lernt es der Patient auch nicht» (ETG, S. 138). Es genügt nicht, sich ein Begriffssystem anzueignen oder eine Anzahl von Methoden und Techniken. Der Analytiker muß sich selbst ganz in den analytischen Prozeß einbringen in seiner einzigartigen Weise. «Jeder Psychotherapeut hat nicht nur seine Methode: *er selber ist sie*» (GW 16, § 198). In jeder gründlichen Analyse sind die Persönlichkeiten sowohl des Arztes als auch des Patienten voll gefordert. Der Arzt muß sich über seine Reaktionen ständig Rechenschaft ablegen: er muß sich selbst immer wieder fragen, wie sein Unbewußtes auf die Situation reagiert, er muß seine Träume beobachten und sich selbst ebenso sorgfältig studieren wie den Patienten. «Nur wo der Arzt selber getroffen ist, wirkt er. ‹Nur der Verwundete heilt.› Wo aber der Arzt einen Persona-Panzer hat, wirkt er nicht» (ETG, S. 139).

Jungs Auffassung von der Analyse als einem alchemistischen Vorgang führt unweigerlich zum Vergleich zwischen der analytischen Situation und dem *vas* – der Retorte, in der die Elemente der *prima materia* getrennt und wieder neu kombiniert werden, um die Verwandlung der unedlen Materie in Gold und die Offenbarung des *lapis* herbeizuführen. Für den Alchemisten war die Retorte kein gewöhnlicher Laborapparat: sie war das *vas hermetis*, etwas wahrhaft Wunderbares, ein *vas mirabile.* «Es ist eine Art von ‹matrix› respektive ‹uterus›, aus welchem der ‹filius philosophorum›, der wundersame Stein, geboren wird. ... indem das Gefäß vielmehr eine mystische Idee darstellt, ein eigentliches Symbol, wie alle zentralen alchemistischen Begriffe» (GW 12, § 338). In demselben Geist ist die Analyse die Matrix, die dem Selbst zur Geburt verhilft. Sie enthält beide, den Analytiker und den Patienten, und bringt durch ihre gegenseitige Interaktion eine andauernde Verwandlung der Persönlichkeit hervor, wodurch sie das Fortschreiten der Individuation fördert.

Die beiden Jahrzehnte, die Jung «im siebzehnten Jahrhundert» gefangen war, haben eindrucksvolle Resultate hervorgebracht. Die Jahre des Studiums der Alchemie statteten Jung mit einer historischen Gültigkeit seiner Erfahrungen aus, mit einem Paradigma für den Individuationsprozeß und mit einer Serie von Metaphern für die Analyse und für die Phänomene der Übertragung und Gegenübertragung. Man kann sagen, daß alle psychotherapeutischen Schulen von diesen Einsichten profitiert haben, und sie wenden sie oft mit Begeisterung an, während sie es vorziehen, die Quelle, aus der sie stammen, zu verleugnen.

In *Psychologie und Alchemie* fragt Jung sich selbst, was das Motiv des Alchemisten war, mit dem *opus* fortzufahren. Es hat nie funktioniert. Mit ihren erklärten Zielen hatten die Alchemisten nie Erfolg. Warum gaben sie nicht voll Verzweiflung auf? Man könnte an Jung dieselbe Frage stellen. Was hielt ihn so lange im siebzehnten Jahrhundert? Als ob er für sich selbst antworten wollte, sagt er von den Alchemisten: «Die Genugtuung der Unternehmung, des Abenteuers, des ‹quaerere› (Suchens) und des ‹invenire› (Findens) ist nicht zu unterschätzen» (GW 12, § 341). Was Jung ein ganzes Leben lang fasziniert hat, war das *Unbekannte*. Fast alles Unbekannte war für ihn *numinos*. Es war wie die Materie für die Alchemisten: er hat seine Seele hineinprojiziert. Das Unbekannte zog ihn stets weiter mit sich fort, als ein unerschöpfliches Feld für Projektionen. Wenn er seine Projektionen aufgezeichnet hatte, konnte er einen Schritt zurücktreten, sie assimilieren und sie anhand der Projektionen anderer Leute prüfen. Geistige Verwandtschaft genauso wie der Drang zur Individuation führten dazu, daß er sich für so viele Jahre in der Gesellschaft der Alchemisten aufhielt. Die Zeit war gut angewendet.

«Unter allen meinen Patienten jenseits der Lebensmitte, das heißt jenseits fünfunddreißig, ist nicht ein einziger, dessen endgültiges Problem nicht das der religiösen Einstellung wäre» (GW 11, § 509). Jung betrachtete dies jedoch nicht als ein Problem, das auf seine Patienten beschränkt war. Es war ein kollektives Problem der Kultur, die nicht mehr imstande war, die religiösen Bedürfnisse ihrer Mitglieder zu erfüllen. Er betrachtete das Verlangen nach einer Religion als ein grundlegendes und archetypisches Bedürfnis der menschlichen Natur. «Die Ideen des moralischen Gesetzes und der Gottheit gehören zum unausrottbaren Bestand der menschlichen Seele» (GW 8, § 528).

Das ist kein so extremer Anspruch, wie es auf den ersten Blick scheinen mag. Es gibt ein im Zunehmen begriffenes wissenschaftliches Material, das mit Jungs Auffassung, daß wir «eine natürliche religiöse Funktion» besitzen, übereinstimmt. Die vergleichende Anthropologie hat zum Beispiel entdeckt, daß religiöser Glaube und Ausübung der Religion ein universelles Kennzeichen menschlicher Gemeinschaft sind – anscheinend so grundlegend wie jagen, sammeln, fischen, heiraten und Kinder großziehen. Die Soziobiologen betrachten die Religionen als ein biologisches Phänomen, das, wie andere biologische Phänomene auch, zum Beispiel ein großes Gehirn im Verhältnis zum Körperbau, das Wohlbefinden vergrößert. Manche Religionen fördern das Überleben ihrer Anhänger besser als andere. Es ist daher nicht unvernünftig anzunehmen, daß auch bei religiösen Phänomenen Archetypen am Werk sind.

Schließlich erfüllt die Religion eine wesentliche Funktion im Leben jeder menschlichen Gemeinschaft: Sie stellt eine mythische Erklärung zur Verfügung, wie die Dinge ihren Anfang nahmen und wie es dazu kam, daß sich zwischen der Gemeinschaft und ihren Göttern eine spezielle Beziehung bildete. Sie stellt sicher, daß die Gruppe zusammenhält, indem sie dem Moralkodex, auf dem die Gesellschaft basiert, eine absolute Gültigkeit verleiht. Sie schreibt Rituale vor, die die Überzeugungen und Werte des Kollektivs verjüngen, und sie bietet Übergangsriten, die die wichtigen Phasen im Leben jedes Individuums kennzeichnen. Das wichtigste von allem aber ist, daß die Religion der menschlichen Existenz einen transzendenten Kontext verleiht, der das spirituelle Bewußtsein eines Teilhabens an einem höheren Zweck ermöglicht, der weit über die irdischen Beschäftigungen des rein persönlichen Egos hinausreicht. Mit anderen Worten, eine lebendige Religion gewährt Zutritt zum Numinosen. Das war für Jung die wichtigste Funktion der Religion überhaupt: «Man könnte also sagen, der Ausdruck ‹Religion› bezeichne die besondere Einstellung des Bewußseins, welches durch die Erfahrung des Numinosum verändert worden ist» (GW 11, § 9).

Das *Numinosum* ist *eine religiöse Urerfahrung*. Die Glaubenssätze, Dogmen und Rituale einer organisierten Religion sind sekundäre Entwicklungen dieser Urerfahrung, die im Laufe der Jahrhunderte entstehen. Als Beispiel für eine solche Erfahrung zitiert Jung die «Vision der Dreiheit» des Schweizer Mystikers Bruder Klaus. Als sie ihm erschien, war die Vision so furchtbar, daß sein ganzes Gesicht von ihr verwandelt war, und die Leute waren entsetzt, als sie ihn sahen. Nach Jahren der Kontemplation kam Bruder Klaus zu dem Schluß, daß das, was er gesehen hatte, die heilige Dreifaltigkeit selbst gewesen war, und er zeichnete die Vision in einer Wandmalerei in seiner Zelle auf. Die Malerei, die in der Pfarrkirche in Sachseln aufbewahrt wird, ist ein in sechs Teile geteiltes Mandala, in dessen Mitte das gekrönte Antlitz Gottes dargestellt ist. So kam Bruder Klaus mit seiner furchterregenden Erfahrung mit Hilfe des Dogmas zurecht, und das mag ihn davor bewahrt haben, verrückt oder als ein Häretiker verbrannt zu werden.

Eine solche direkte Erfahrung des Gottesbildes, welches für Jung gleichbedeutend war mit dem Archetyp des Selbst, ist so stark numinos, daß sie das Ich überwältigen und zerstören kann, wenn nicht irgendein religiöser Rahmen vorhanden ist, der die Vision fassen kann. Die Religion stellte nicht nur diesen Kontext zur Verfügung, sie machte auch das Numinosum für die Mehrzahl der Menschen über viele Generationen hinweg zugänglich. Die Systematisierung der religiösen Urerfahrung in Dogma und Ritual trägt so zum Wohlbefinden des Individuums und der Gesellschaft bei. Leider kann sie letztendlich zur spirituellen Wirkungslosigkeit führen, so daß sich das Numinose vom Dogma trennt und das Leben aus den Glaubenssätzen verschwindet. Das ist ein Zustand, mit dem Jung sehr vertraut war, denn er hat ihn aus nächster Nähe an seinem Vater erlebt.

Jungs Hypothese von einem religiösen Archetyp wirft eine äußerst wichtige Frage auf. Wenn unser archetypisches Erbe von der evolutionären Anpassung unserer Spezies an die reale Welt herrührt, dann folgt daraus, wie Konrad Lorenz (1977) gemeint hat, daß die archetypische Realität die kosmische Realität widerspiegelt. Wenn nun ein Teil unserer archetypischen Realität sich mit der religiösen Erfahrung beschäftigt, heißt das, daß eine solche Erfahrung objektiv real sein muß, so real wie zum Beispiel unsere Erfahrung einer süß duftenden Rose an einem Sommerabend? Bedeutet diese Tatsache, daß man Gott erfährt, daß es einen Gott geben muß, den man erfahren kann? Jung gibt zu verstehen, daß es so ist: «Wenn ich daher als Psychologe sage, Gott sei ein Archetypus, so meine ich damit den Typus in der Seele, was bekanntlich von τυπος = Schlag, Einprägung herkommt. Schon das Wort Archetypus setzt ein Prägendes voraus» (GW 12, § 15). Er verneint aber, daß man die Existenz Gottes beweisen könne; man kann sie nur erfahren: «Religiöse Erfahrung ist absolut. Man kann darüber nicht disputieren. Man kann nur sagen, daß man niemals eine solche Erfahrung gehabt habe, und der Gegner wird sagen: ‹Ich bedaure, aber ich hatte sie.› Und damit wird die Diskussion zu Ende sein» (GW 11, § 167).

Wo stand Jung in dieser Frage? In seinem berühmten Fernsehinterview mit John Freeman wurde er gefragt, ob er an Gott glaube, und er antwortete: «Ich *weiß.*» In einem anderen Interview mit Frederic Sands war er weniger geheimnisvoll. Er sagte von Gott: «Ich glaube nicht an seine Existenz – ich *weiß*, daß er existiert.»

Diese Überzeugung muß aus Jungs eigener religiöser Urerfahrung als Junge entstanden sein, und die Natur Gottes – vor allem seine moralische Natur – blieb für ihn eine Hauptbeschäftigung bis ans Ende seines Lebens. Der Gott, der ihm die Vision vom Exkrement, das das Basler Münster zerstört, geschickt hatte, war derselbe Gott, der Adam im Garten Eden versucht hatte (wer hat die Schlange dorthin geschickt?), der Abraham angewiesen hatte, Isaak zu opfern, der Hiob seinen schrecklichen Qualen unterzog und der zuließ, das sechs Millionen Juden in den Konzentrationslagern der Nazis umkamen. Der Schock von zwei Herzinfarkten scheint das Problem von Gottes Zweideutigkeit noch drängender für Jung gemacht zu haben, denn seine Siebziger Jahre waren eine Zeit intensiver intellektueller Aktivität und literarischer Produktivität. Unter anderem publizierte er im Jahr 1951 *Aion*, 1952 *Antwort auf Hiob* und 1955/56 *Mysterium coniunctionis*. Alle diese Publikationen beschäftigen sich mit den Gegensätzen und dem Versuch ihrer Versöhnung in Gott und Mensch.

In *Psychologie und Alchemie* (GW 12), das vor seiner beinahe tödlichen Krankheit fertiggestellt war, hatte er bereits Parallelen zwischen Christus und dem *lapis* als Symbol des Selbst gezogen und der Art, in der die Alchemie das Christentum kompensatorisch ergänzte. Er entwickelte diese Ideen in *Aion* weiter und spürte dem Zusammenprall, der Interaktion und der Vereinigung der Gegensätze durch die ganze Geschichte der Christenheit nach. Das Symbol des Fisches faszinierte ihn, denn es kommt sowohl als Symbol Christi als auch des Teufels wiederholt vor. Außerdem ist die christliche Ära genau mit dem großen astrologischen Jahr unter dem Zeichen der Fische zusammengefallen, und er war fasziniert von der Möglichkeit, daß das Selbst sich kollektiv sowohl im religiösen Symbol wie auch in der Zeit manifestiert. Der letzte Teil von *Aion* mit dem Titel «Die Struktur und Dynamik des Selbst» zeigt auf, wie Vierheiten, die das Selbst repräsentieren, eine innewohnende spiralige Tendenz besitzen, die mit dem Erreichen höherer Bewußtseinsebenen beim Fortschreiten der Individuation in Beziehung steht.

Antwort auf Hiob (GW 11) ist im ganzen ein mehr subjektives und leidenschaftliches Buch, in dem er seiner persönlichen Empörung über Gott wegen seiner «göttlichen Grausamkeit und Unbarmherzigkeit» freien Lauf läßt. Jung drückt Erbitterung darüber aus, daß man von der Menschheit erwarte, daß sie die totale Verantwortung für das Böse in der Welt trage: Gott müsse seinen Teil der Last auf sich nehmen. Jung beschreibt die paradoxe Natur Jahwes – eines Gottes von ungemäßigten Emotionen, der von eifersüchtiger Wut genauso wie von liebender Güte verzehrt werden kann. Daß Er sich auf diese Art betragen kann, deutet auf einen Mangel an bewußter Reflexion auf Seiten des Allmächtigen. Jung fährt fort mit dem Argument, daß die dem christlichen Glauben an die Menschwerdung Gottes zugrundeliegende Bedeutung darin besteht, daß Gott eigentlich den Menschen braucht, um sich seiner selbst und seiner Schöpfung bewußt zu werden.

Der Keim für diese außerordentliche Erkenntnis, die unter den Theologen große Beunruhigung hervorrufen sollte, wurde im Jahre 1925 gelegt, als er die Athi Plains in Ostafrika besuchte. Er und seine Reisegefährten standen auf einem Hügel und blickten auf die weite Savanne, die sich vor ihnen ausdehnte:

> «Bis an den fernsten Horizont sahen wir riesige Tierherden: Gazellen, Antilopen, Gnus, Zebras, Warzenschweine usw. Langsam strömend, grasend, die Köpfe nickend bewegten sich die Herden – kaum daß man den melancholischen Laut eines Raubvogels vernahm. Es war die Stille des ewigen Anfangs, die Welt, wie sie immer schon gewesen, im Zustand des Nicht-Seins; denn bis vor kurzem war niemand vorhanden, der wußte, daß es ‹diese Welt› war. Ich entfernte mich von meinen Begleitern, bis ich sie nicht mehr sah und das Gefühl hatte, allein zu sein. Da war ich nun der erste Mensch, der erkannte, daß dies die Welt war und sie durch sein Wissen in diesem Augenblick erst wirklich erschaffen hatte.
> Hier wurde mir die kosmische Bedeutung des Bewußtseins überwälti-

gend klar. ‹Quod natura relinquit imperfectum, ars perficit› (was die Natur unvollständig läßt, vervollständigt die Kunst), heißt es in der Alchemie. Der Mensch, ich, gab der Welt in unsichtbarem Schöpferakt erst die Vollendung, das objektive Sein. ... Jetzt wußte ich ihn [d. h. unseren eigenen Mythos; Anm. der Übersetzerin] und dazu noch mehr: der Mensch ist unerläßlich zur Vollendung der Schöpfung, ja er ist der zweite Weltschöpfer selber, welcher der Welt erst das objektive Sein gibt, ohne das sie ungehört, ungesehen, lautlos fressend, gebärend, sterbend, köpfenickend durch Hunderte von Jahrmillionen in der tiefsten Nacht des Nicht-Seins zu einem unbestimmten Ende hin ablaufen würde. Menschliches Bewußtsein erst hat objektives Sein und den Sinn geschaffen, und dadurch hat der Mensch seine im großen Seinsprozeß unerläßliche Stellung gefunden» (ETG, S. 259 f.).

Gegen Ende von *Antwort auf Hiob* interpretiert Jung die psychologische Bedeutung der Tatsache, warum das Neue Testament in der Geheimen Offenbarung des hl. Johannes seinen Höhepunkt gefunden hat. Durch das ganze Neue Testament hindurch findet sich eine so große Betonung von Gott als einem liebenden, mitfühlenden Vater, der vollkommenes Vertrauen verdient, daß das aufgrund des Gesetzes der Enantiodromie notwendigerweise das Gegenteil konstellieren muß: Haß, Grausamkeit und Zerstörung. Es ist wahrscheinlich, argumentiert Jung, daß der Johannes der Briefe auch der Johannes der Apokalypse ist, der das Ende der Welt in Worten prophezeit hat, die auf unangenehme Weise an einen nuklearen Holocaust denken lassen. Wenn wir dieser Katastrophe entkommen wollen, müssen wir Gott beistehen, daß er Mensch wird und damit mehr Bewußtsein erlangt. Seit dem Buch der Geheimen Offenbarung wissen wir erneut, daß Gott nicht nur zu lieben, sondern auch zu fürchten ist. Der Mensch hat jetzt eine neue und furchtbare Verantwortung. «Er kann sich jetzt nicht mehr mit seiner Kleinheit und Nichtigkeit ausreden, denn der dunkle Gott hat ihm die Atombombe und die chemischen Kampfstoffe in die Hand gedrückt und ihm damit die Macht gegeben, die apokalyptischen

Zornschalen über seine Mitmenschen auszugießen. Da ihm sozusagen göttliche Macht geworden, kann er nicht mehr blind und unbewußt bleiben» (GW 11, § 747).

Nachdem Gott die Gegensätze in sich selbst nicht in Einklang bringen kann, ist das Leben im nuklearen Zeitalter zu einem Wettlauf zwischen dem Bewußtsein und der Katastophe geworden – ein Wettlauf, der überhaupt nur von der transzendenten Funktion der menschlichen Psyche gewonnen werden kann. Nur das lebende Symbol hat die Kraft, die Gegensätze zu vereinen, so daß sie nicht mehr länger aufeinanderprallen, sondern einander ergänzen. In dieser transzendenten Kraft liegt die Bedeutung des christlichen Mythos von der *notwendigen* Menschwerdung Gottes. Denn Gott selbst kann nur durch die kreative Konfrontation des Menschen mit den Gegensätzen ganz werden, durch ihre Synthese im Selbst, der Ganzheit der individuellen menschlichen Persönlichkeit. «Das ist der Sinn des ‹Gottesdienstes›, d. h. des Dienstes, den der Mensch Gott leisten kann, daß Licht aus der Finsternis entstehe, daß der Schöpfer Seiner Schöpfung und der Mensch seiner selbst bewußt werde» (ETG, S. 341).

Das ist das eine Ziel, das die Menschheit sinnvoll in den kosmischen Plan der Dinge einordnet, denn es verleiht dem menschlichen Leben Sinn, und durch die Menschheit verleiht es diesen Sinn auch der Schöpfung. Der Niedergang des religiösen Glaubens, der in den letzten hundert Jahren vor sich ging, macht in bezug auf diese Wahrheit keinen Unterschied. Gott hat es nicht notwendig, Seine Existenz zu beweisen. Er hat es nicht einmal nötig, daß wir an Ihn glauben. Gerufen oder nicht gerufen, wird Er da sein. Die Natur hat eine hohe Prämie auf die Entwicklung des Bewußtseins gesetzt, denn nur durch bewußte Reflexion kann die Schöpfung *gewußt werden*. Nur das Bewußtsein kann die inerte Welt in die Welt der Phänomene verwandeln. Nur das Bewußtsein kann die Schöpfung bestätigen, und nur das Bewußtsein kann den Schöpfer bestätigen. «Wäre der Schöpfer Seiner selbst bewußt, so brauchte Er keine bewußten Geschöpfe» (ETG, S. 341).

Die Teilung in Licht und Dunkelheit, die von Gott in der Genesis begonnen und von der Kirche fortgesetzt wurde, mit ihrer Trennung Gottes vom Teufel und des Guten vom Bösen, ist ein Ausdruck desselben biologischen Prinzips, das uns zwischen dem, was uns vertraut und bekannt ist, und dem, was unbekannt und fremd ist, unterscheiden läßt. Die Zurückweisung des Dunklen durch die Kirche erstreckte sich sogar auf die Materie, deren Natur schließlich weitgehend unbekannt war. Es war der Alchemie überlassen, dieses materielle Prinzip, das so grundlegend dem Licht und dem Geist entgegengesetzt ist, aus der Vergessenheit zu erlösen und es mit seinem Gegenteil zu versöhnen. Die Trennung des Geistes von der Materie, gefolgt von ihrer Wiedervereinigung in der *coniunctio oppositorum*, war natürlich das Anliegen aller Alchemisten, aber es gab einen Alchemisten, der Jung besonders beeindruckt hat, und das war ein Adept im sechzehnten Jahrhundert, der Gerardus Dorneus (Gerhard Dorn) hieß.

Der ewige Urgrund

Das Werk *Mysterium Coniunctionis*, dessen Vorbereitung Jung während seines ganzen siebenten Lebensjahrzehnts beschäftigte, wurde schließlich in zwei Teilen 1955 und 1956 publiziert. In diesem Werk, das er als sein *magnum opus* betrachtete, befaßte er sich im Detail mit den Stadien des alchemistischen *opus*, wie sie von Dorneus beschrieben wurden, und verglich sie, wie schon zuvor, mit den Stadien der Individuation und der Praxis der Analyse. Die Bedeutung von Dorneus lag in seiner Überzeugung, daß die *coniunctio* und die Verwirklichung des *lapis* nicht das Ende des Werkes bedeuten. Die Vollendung des *opus* erfolgt erst mit dem Erreichen der Vereinigung des ganzen Menschen mit dem *unus mundus* – der einheitlichen Welt, der potentiellen Welt des ersten Schöpfungstages, als noch nichts differenziert und alles noch eins war. Der *unus mundus* war der «ewige Urgrund alles empirischen Seins, so wie das Selbst Grund und Ursprung der individuellen Persönlichkeit ist und diese in Vergangenheit, Gegenwart und Zukunft umfaßt. Auf Grund des meditativ erkannten und alchemistisch gestalteten Selbst ‹erwartete und erhoffte› er die Vereinigung mit dem unus mundus» (GW 14/II, § 414). Hier artikuliert Dorneus die grundlegende Idee im Zentrum jeglicher religiösen Intuition – die Wahrnehmung der «Beziehung respektive [der] Identität des persönlichen mit dem überpersönlichen Atman und des individuellen Tao mit dem allgemeinen» (GW 14/II, § 417).

Das Symbol der Vereinigung mit dem *unus mundus* hat Jung ebenso tief bewegt wie Dorneus, denn es repräsentierte die Erfüllung von allem, was seine Persönlichkeit Nr. 2 ihm je vermittelt hatte – die Andeutung der Nähe zu «Gottes Welt», die er an den Seen seiner Kindheit gefunden hatte, die ihm sein Vater auf dem Gipfel der Rigi geschenkt hatte und die ihm bewußt wurde, als er seinen Blick über die Athi Plains schweifen ließ. Die Vereinigung mit dem ewigen Urgrund, der Quelle allen Sinns, allen Zwecks und aller Schöpfung war ein Bild, das Stille in seine nur selten beruhigten Ängste vor einer inneren Zersplitterung brachte und das es ihm ermöglichte, den Tod als Ziel zu sehen. Die Vision des Dorneus enthüllte ihm, daß sich im Augenblick der vollen Verwirklichung des Selbst ein Fenster zur Ewigkeit öffnet. Erfüllt von der Vorfreude auf diese Aussicht, fuhr er fort, bis an sein Lebensende an seiner Individuation zu arbeiten.

Literaturvorschläge:

Jean Shinoda Bolen: *Tao der Psychologie. Sinnvolle Zufälle*

Edward F. Edinger: *Der Weg der Seele. Der psychotherapeutische Prozeß im Spiegel der Alchemie*

James Hillman: *Die Suche nach Innen. Die Begegnung mit sich selbst: Psychologie und Religion*

Wolfgang Hochheimer: *Die Psychotherapie von C. G. Jung*

Aniela Jaffé: *Der Mythus vom Sinn im Werk von C. G. Jung*

C. G. Jung: *Antwort auf Hiob* (in GW 11)
–: *Psychologie und Alchemie* (GW 12)
–: *Die Psychologie der Übertragung* (in GW 16)
–: *Synchronizität als ein Prinzip akausaler Zusammenhänge* (in GW 8)
Konrad Lorenz: *Die Rückseite des Spiegels. Versuch einer Naturgeschichte menschlichen Erkennens*

12. Abschluß

Der Tod

Jungs letzte Jahre waren beneidenswert ruhig und produktiv. Er überantwortete sich weiterhin dem Prozeß des *Werdens* und fuhr fort, dem teleologischen Imperativ, der in ihm wirkte, Rechnung zu tragen. Das Unbekannte war so faszinierend, wie es schon immer gewesen war. Wenn er im Alter von 82 Jahren seine Autobiographie mit den Worten begann: «Mein Leben ist die Geschichte der Selbstverwirklichung des Unbewußten», so ist es bedeutsam, daß er schrieb «des Unbewußten» und nicht «meines Unbewußten». Denn was ihn beschäftigte, war das universelle menschliche Unbekannte, das von Generation zu Generation sich in der Welt zu inkarnieren sucht. Die Arbeit an seinem inneren Leben ging weiter: «Die inneren Bilder verhindern, daß ich mich in der persönlichen Rückschau verliere. Es gibt viele alte Menschen, die sich in der Erinnerung an äußere Ereignisse verstricken. Sie bleiben darin verhaftet, während die Rückschau, wenn sie reflektiert und in Bilder übersetzt ist, ein ‹reculer pour mieux sauter› bedeutet. Ich versuche, die Linie zu sehen, die durch mein Leben in die Welt geführt hat und aus der Welt wiederum herausführt» (ETG, S. 323).

Im Gegensatz zu den meisten Menschen seines Alters nahm sein Interesse an der Welt nicht ab – im Gegenteil, es erweiterte sich noch; so war er enorm davon fasziniert, daß überall auf der Welt UFOs (Unidentified Flying Objects) «gesichtet» wurden, und er sammelte ganze Bände an Information darüber und publizierte im Jahr 1959 ein Buch über das Thema. Eine große Unruhe bezüglich der Zukunft unserer Spezies verfolgte ihn bis in sein achtes Lebensjahrzehnt, und diese Sorge ist deutlich in seiner Schrift *Gegenwart und Zukunft,* publiziert 1957 (GW 10, § 488–588), und in dem Abschnitt, den er für das Buch *Der Mensch und seine Symbole* (es wurde erst nach seinem Tod publiziert) schrieb, zu erkennen. Auf sein Leben zurückblickend, schrieb er: «In meinem Fall muß es in erster Linie ein leidenschaftlicher Drang zu verstehen gewesen sein, welcher meine Geburt bewirkt hat. Denn er ist das stärkste Element meines Wesens» (ETG, S. 324).

Sein Ruhm brachte ihm viele Besucher, und er wurde in seinen späten Jahren viel gefeiert, aber die Berühmtheit stieg ihm nie zu Kopf. Er bevorzugte die Einsamkeit in Bollingen, wo er in Frieden seine Pfeife rauchen, an seinen «inneren Bildern» arbeiten, Steine meißeln und Holz hacken konnte. Obwohl er von Zeit zu Zeit den Zweifeln eines alten Mannes am wahren Wert dessen, was er in seinem Leben erreicht hatte, zum Opfer fiel, erhielt er sich seine Fähigkeit, an der Natur, am guten Essen und an guter Gesellschaft Freude zu haben, bis ans Lebensende.

Für ihn war Altern nicht nur gleichbedeutend mit dem immer kürzer werdenden Leben; es war ein Prozeß der verfeinerten Weiterentwicklung, durch den er seine Wahrnehmung des *Wesentlichen* schärfte. Im Schatten des Todes werden das Wunder, das Staunen, die Großartigkeit des Lebens deutlich wahrnehmbar, und indem wir erkennen, wie kurz unsere eigene persönliche Zeit hier ist, werden wir uns des Unendlichen bewußt. Als er Mitte der Fünfzig war, entdeckte er, daß es im Sinne einer «seelischen Hygiene» sei, im Tod ein Ziel zu erblicken, nach dem gestrebt werden könne; sich gegen den Tod zu sträuben, beraubt die zweite Lebenshälfte ihres Ziels (GW 8, § 792). Er dachte, «daß es besser ist, mit der Zeit vorwärts als gegen die Zeit rückwärts zu gehen». «Dem Seelenarzte», schrieb er, «erscheint der Alte, der sich vom Leben nicht trennen kann, ebenso schwächlich und krankhaft wie der Junge, der es nicht aufzubauen vermag» (GW 8, § 792). Er war einer Meinung mit Shakespeares Julius Cäsar (II. Akt, Szene 2):

«Der Feige stirbt schon vielmal eh er stirbt,
Die Tapfern kosten einmal nur den Tod.
Von allen Wundern, die ich je gehört,
Scheint mir das größte, daß sich Menschen fürchten
Da sie doch sehn, der Tod, das Schicksal aller,
Kommt, wann er kommen soll.»

Jung hatte viele Vorahnungen von seinem herannahenden Tod, hauptsächlich in Träumen, und er nahm sie sowohl als Vorbereitung als auch als Versicherung. So sah er zum Beispiel in einem Traum das «andere Bollingen», übergossen von Lichterglanz, und eine Stimme sagte ihm, daß es fertig und zum Bewohnen bereit sei. Er wußte, daß das Sterben lange vor dem Tod beginnt, und er war beeindruckt, wie wenig Aufhebens das Unbewußte von der Angelegenheit macht: Es scheint sich ausschließlich damit zu befassen, *wie* man stirbt, was mit anderen Worten heißt, ob die Einstellung des Ich-Bewußtseins auf das Sterben eingestellt ist oder nicht.

Obwohl er an die Möglichkeit eines Lebens nach dem Tod glaubte, war er in dieser Frage nicht stur. Alles, was er mit einiger Sicherheit wußte, war, daß es im Unbewußten eine archetypische Annahme gibt, daß wir überleben; sie zeigt sich nicht nur in Träumen, sondern drückt sich auch im universellen Glauben an irgendeine Art von Leben nach dem Tod aus, der eigentlich in allen menschlichen Gemeinschaften vorzufinden ist. Im großen und ganzen hatte er das Gefühl, es sei am besten, wenn man diesen archetypischen Andeutungen Glauben schenkt: Das zu tun, meinte er, sei genauso richtig oder falsch, wie sie abzulehnen. Jeder, der allen Glauben an ein Leben nach dem Tod aufgibt, geht dem Nichts entgegen, aber derjenige, der dem Archetypus verpflichtet ist, folgt den Spuren des Lebens bis zum Tode. «Beide sind zwar im Ungewissen, der eine aber gegen seinen Instinkt, der andere mit ihm, was einen beträchtlichen Unterschied und Vorteil zugunsten des letzteren bedeutet» (ETG, S. 309).

Wie immer setzte Jung seinen eigenen Glauben in den Archetyp, und das, zusammen mit seinem «leidenschaftlichen Drang zu verstehen», hielt ihn bis zum Juni 1961 am Leben, als er, im Alter von 85 Jahren, zwei Schlaganfälle innerhalb einer Woche erlitt und friedlich im Kreise seiner Familie in Küsnacht starb. Seine letzten Worte an seine Haushälterin Ruth Bailey waren: «Let's have a really good red wine tonight» (Am Abend wollen wir einen wirklich guten Rotwein trinken) (Brome, 1978, S. 273).

Jungs Beitrag

Es gibt eine Geschichte, die Jung aus seiner Kindheit erzählt und die uns den Schlüssel zu seiner Psychologie gibt. Aus einem Abhang im Garten der Pfarrei in Klein-Hüningen ragte ein Stein hervor, das war *sein* Stein.

> «Öfters, wenn ich allein war, setzte ich mich auf ihn, und dann begann ein Gedankenspiel, das etwa so lautete: ‹Ich sitze auf diesem Stein. Ich bin oben und er ist unten.› – Der Stein könnte aber auch sagen: ‹Ich› und denken: ‹Ich liege hier, auf diesem Hang, und er sitzt auf mir.› – Dann erhebt sich die Frage: ‹Bin ich der, der auf dem Stein sitzt, oder bin ich der Stein, auf dem *er* sitzt?› – Diese Frage verwirrte mich jeweils, und ich erhob mich, zweifelnd an mir selber und darüber grübelnd, wer jetzt was sei. Das blieb unklar, und meine Unsicherheit war begleitet vom Gefühl einer merkwürdigen und faszinierenden Dunkelheit. Unzweifelhaft war aber die Tatsache, daß dieser Stein in geheimer Beziehung zur mir stand. Ich konnte stundenlang auf ihm sitzen und war gebannt von dem Rätsel, das er mir aufgab» (ETG, S. 26).

Dreißig Jahre später kehrte er zu diesem Abhang zurück. Er war nun ein verheirateter Mann, hatte Kinder, ein Haus, einen Platz in der Welt und einen Kopf voll von Ideen und Plänen. Und plötzlich war er wieder ein Kind, das auf dem Stein sitzt, von dem man nicht weiß, ob er ich ist oder ich er. Dann sagt er:

«Mein Leben in Zürich fiel mir plötzlich ein und erschien mir fremd, wie eine Kunde aus einer anderen Welt und Zeit. Es war verlockend und zugleich erschreckend. Die Welt meiner Kindheit, in die ich eben versunken war, war *ewig*, und ich war ihr entrissen und in eine weiter rollende, immer weiter sich entfernende Zeit hineingefallen. Ich mußte mich gewaltsam von diesem Ort abwenden, um meine Zukunft nicht zu verlieren» (ETG, S. 27).

In dieser Geschichte des Kindes von sieben oder acht Jahren sehen wir bereits den grundlegenden Dualismus im Denken des reifen Mannes am Werk. «Bin ich der, der auf dem Stein sitzt, oder bin ich der Stein, auf dem *er* sitzt?» Wir begegnen dem Echo dieser Frage immer wieder, sein ganzes Leben hindurch: Bin ich die Persönlichkeit Nr. 1, die auf Nr. 2 sitzt, oder bin ich Nr. 2, auf der Nr. 1 sitzt? Wer ist der Bewegende und wer der Bewegte? Habe ich Komplexe, oder haben sie mich? Brauche ich Gott, oder braucht er mich? Ist Religion etwas, das ich für Gott tue, oder ist Religion etwas, das Gott mir tut? Meint die Mutter «*Das* ist der Menschenfresser» oder «Das ist der *Menschenfresser*»? Bin ich die Pflanze, die von ihrem Rhizom lebt, oder bin ich das Rhizom, von dem die Pflanze lebt? Träume ich, oder werde ich geträumt? Habe ich diese Sicherheit, oder hat sie mich? Immer wieder taucht dieselbe Notwendigkeit auf – die Notwendigkeit zu sehen, wie die Dinge von der anderen Seite aussehen. «Der Unterschied zwischen den meisten anderen Menschen und mir liegt darin», schrieb er, «daß bei mir die ‹Zwischenwände› durchsichtig sind. Das ist meine Eigentümlichkeit. Bei anderen sind sie oft so dicht, daß sie nichts dahinter sehen und darum meinen, es sei auch gar nichts da. Ich nehme die Vorgänge des Hintergrundes einigermaßen wahr, und darum habe ich die innere Sicherheit» (ETG, S. 357).

Das Spiel mit dem Stein war zugleich ein Ergebnis seiner Einsamkeit und seine Art, diese durch den Gebrauch seiner Phantasie zu kompensieren. Die Phantasiebeziehung zwischen Subjekt und Objekt trat an die Stelle einer wirklichen Beziehung zwischen zwei Personen, und das geschah durch einen Mechanismus, den er besser verstehen sollte als jeder andere Psychologe – durch den Mechanismus der *Projektion.* «Der Stein könnte aber auch sagen: ‹Ich› und denken: ‹Ich liege hier auf diesem Hang, und er sitzt auf mir.›» Es war diese Erfahrung von der Projektion seiner Psyche auf den Stein, die ihm den Schlüssel zur Lösung des Geheimnisses der Alchemie gab, und die ihn das, was hinter den menschlichen Beziehungen liegt, richtig einschätzen ließ.

In diesem Spiel entdeckte er die lebensrettende Kraft der Phantasie und des Symbols, denn der Stein war sein Übergangsobjekt. Bei seinem fehlenden Urvertrauen in die Welt des Menschen wurde der Stein zur Quelle seiner Sicherheit, zu seinem Bindeglied mit Hermes («der von den Steinen»), zum unterirdischen phallischen Gott. Indem er sich von der äußeren Welt zurückzog, mußte er Leben und Sinn in diesem «anderen» finden: die Kenntnis der Welt mußte von dort kommen. Die *persönliche* Erfahrung, das *innere* Wissen und die *Gnosis* sind primär, aber, wenn man die Isolierung ertragen soll, müssen sie auf eine objektive, *universale* Grundlage gestellt werden – auf den Archetyp, das kollektive Unbewußte, die objektive Psyche, Gott – und das zu erreichen wird zur Arbeit eines ganzen Lebens.

Die aus der Verzweiflung geborene Notwendigkeit, den objektiven Wert seiner subjektiven Vision zu bestätigen, führte ihn zur Psychiatrie, zur Psychoanalyse, zum Gnostizismus und zur Alchemie und erklärt seine begeisterte Reaktion auf Krafft-Ebings «subjektive» Betrachtung der medizinischen Psychologie, auf Freuds Überzeugung, daß er das Unbewußte ergründet habe, und auf das Geheimnis der goldenen Blüte der Alchemie.

Von seiner Vertrautheit mit dem Stein kam seine Liebe, Steine zu bearbeiten, seine Faszination durch den *lapis philosophorum* und seine hohe Wertschätzung von allem, das in grundlegenden und «unwichtigen» Dingen liegt. «Derselbe Stein, den die Baumeister zurückgewiesen haben: er wurde zum Kopfstein in der Ecke», sagt das Allgemeine Gebetbuch. Als der Maurer in Bollingen wütend mit den Leuten aus dem Steinbruch war, weil sie einen Eckstein mit falschen Maßen geliefert hatten, und ihnen sagte, sie könnten ihn sofort wieder mitnehmen, rief Jung: «Nein, das ist mein Stein – den muß ich haben!» Und er begann in ihn Inschriften einzumeißeln, die alles verkörperten, was ihm der Turm je bedeutet hatte (ETG, S. 230). Seine Aufmerksamkeit für alles, was üblicherweise verachtet wird, führte zu seiner Liebe für die Alchemisten, zu seiner Liebe für das Unbewußte, seiner Liebe für die inferiore Funktion und dazu, daß er durch jedes Fernrohr, das das Leben ihm bot, immer auch von der anderen Seite hindurchblicken wollte. Sie ließ ihn alles Orthodoxe in Frage stellen. «Ich wäre nicht auf Ihre Seite getreten, wenn mir die Ketzerei nicht etwas im Blute läge», schrieb er in einem Brief an Freud im März 1912 (Brief vom 3. 3. 12).

Überdies bildete sein Kindheitsspiel den Ursprung seiner Theorie über das Funktionieren der Psyche, nämlich die Spannung zwischen den Gegensätzen und das homöostatische Prinzip der Enantiodromie (das Übergehen von ihm selbst in den Stein und vom Stein in ihn selbst). Seine Beziehung zu dem Stein nahm seine Beziehung zum Unbewußten und zu Gott vorweg – die These, Antithese und Synthese der transzendenten Funktion, die zu einem höheren Bewußtsein führt. Die Faszination des Steines war die Faszination des Unbekannten. Weil er keine anderen Freunde hatte, mußte er den Stein *beseelen* und dies auch *wissen*. Er war das Mittel, das den Stein zu Bewußtsein brachte, das den Stein sich seiner selbst bewußt werden ließ. Diese Erfahrung wiederholte sich auf den Athi Plains. Der Stein war seine erste Begegnung mit dem «ewigen Urgrund», seine erste Offenbarung des *unus mundus*. Mit dem Stein befand er sich in Gegenwart der Ewigkeit.

Es ist außergewöhnlich, daß aus dem Spiel eines Kindes im Garten seiner Eltern soviel entstehen sollte, und es zeigt erneut, wie grundlegend Jungs Beitrag zur Psychologie mit seiner persönlichen Lebenserfahrung zusammenhängt. Von manchen wird das als ausreichender Grund betrachtet, das gesamte Gebilde der Analytischen Psychologie abzulehnen.

Kritik an Jung ist nicht gerade Mangelware. Man hat zum Beispiel die Auffassung vertreten, daß Jungs Ansicht vom Leben des Menschen zu sehr von seiner sozialen Schicht, seiner Nationalität, seinem intellektuellen Hintergrund, der Zeit, in der er lebte, und seiner formalen Bildung eingeengt sei, als daß man seine Ideen als allgemeingültige Wahrheiten betrachten könne. Es ist darauf hingewiesen worden, daß seine Theorie der Individuation keine allgemeine Gültigkeit besitzen könne, denn sie sei zu sehr mit seiner eigenen Erfahrung und seinem eigenen psychologischen Typ verbunden. Sein therapeutischer Ansatz sei zu sehr nach Innen orientiert für das Leben in der modernen Welt, denn er lege zu viel Gewicht auf die Archetypen und die Mythologie und zu wenig auf Beziehungsprobleme und soziale Anpassung. Er sei zu elitär in seinen Auffassungen, und als Behandlungsmethode sei die Analytische Psychologie nur für reiche, kultivierte Leute mit viel Zeit geeignet (Staude, 1981). Darüber hinaus wurde Jungs gesamte geistige Ausrichtung als mystisch und unwissenschaftlich angegriffen, beladen mit einer veralteten Religiosität und charakterisiert von einer Naivität, die die Anhänger seiner Richtung mit einer schlechten Ausrüstung für die Probleme eines modernen Mannes oder einer modernen Frau versieht.

Das Körnchen Wahrheit in diesen kritischen Äußerungen wird offensichtlich, wenn man Jungs Leistung vom Standpunkt des westlichen wissenschaftlichen Materialismus betrachtet. Sie sind jedoch unbedeutend, wenn man sie von einem transkulturellen Blickwinkel aus betrachtet. Gerade weil er so sehr von der Welt, in der er aufwuchs, zurückgezogen lebte, war er imstande, außen zu stehen und darüber hinauszusehen. («Der Unterschied zwischen mir und den meisten anderen Menschen liegt darin, daß bei mir die ‹Zwischenwände› durchsichtig sind.») Wie William Blake, ein anderer introvertierter Visionär, lebte er in einer komplementären Beziehung zu seiner Zeit. Darin lag das Wesen seines Beitrags: als Psychologe war er der große Kompensator des zwanzigsten Jahrhunderts.

Jung, der Kompensator

Die Fähigkeit, beide Seiten einer Frage zu sehen, die in seinem Spiel mit dem Stein so klar zutage trat, machte ihn zu einem natürlichen Feind aller Einseitigkeit und allen Dogmatismus, aller Engstirnigkeit und Bigotterie. Wenn er die ursprüngliche Realität der Psyche hochhielt, so geschah das zum Teil, das ist richtig, aus einer Notwendigkeit, sein eigenes Leiden an der Isolation zu heilen, aber es hatte auch mit der Notwendigkeit zu tun, die grobe materialistische Einstellung der westlichen Gesellschaft zurechtzurücken. Für jemanden, der beide Seiten so klar erkannte, war das Prinzip der Homöostase unentbehrlich: Die Ideen der Kompensation und der psychischen Balance waren genauso zentral für die Aufrechterhaltung seiner geistigen Gesundheit wie für das Verständnis seiner Psychologie. Es war kein Zufall, daß *Psychologische Typen* das erste große Werk war, das er nach der Konfrontation mit dem Unbewußten publizierte, denn im Laufe seiner Krankheit kam er damit zu Rande, wie grundsätzlich seine Auffassung sich von der Freuds und der der meisten anderen Psychologen unterschied, die alle die Bedeutung der *extravertierten* Anpassung betonten – die Erreichung sozialer Ziele und das Zurechtkommen mit der Umgebung. Er *mußte* seiner Intuition treu bleiben und seinem eigenen «kleinen Lichtlein» folgen. Wenn das Feindseligkeit oder Unverständnis hervorrief, dann konnte man eben nichts machen, «... weil ich es für die Pflicht eines jeden halte, der, sich absondernd, eigene Wege geht, der Sozietät mitzuteilen, was er auf seiner Entdeckungsfahrt gefunden. ... Aber nicht die Kritik des einzelnen Zeitgenossen, sondern die kommenden Zeiten werden über Wahrheit und Irrtum des Neuentdeckten entscheiden. Es gibt Dinge, die heute noch nicht wahr sind, vielleicht noch nicht wahr sein dürfen, aber vielleicht morgen. So muß jeder, dem es Schicksal ist, seinen eigenen Weg gehen, auf bloße Hoffnung gestellt und mit den geöffneten Augen desjenigen, der sich seiner Einsamkeit und der Gefahr ihrer Abgründe bewußt ist» (GW 7, § 201).

Es ist zu diesem späten Zeitpunkt nicht möglich, im Detail die Art zu untersuchen, in der Jungs einsamer, introvertierter Beitrag der Kompensation für die einseitige Ausrichtung unserer Kultur gedient hat, aber ich will versuchen, einige der wesentlicheren Beiträge in bezug auf die experimentelle Psychologie, die Psychoanalyse, die Naturwissenschaften, die Gesellschaft und die Religion zusammenzufassen.

Jung und die experimentelle Psychologie

Nachdem er einen wesentlichen Beitrag zur experimentellen Psychologie durch die Entwicklung seines Wortassoziationsexperiments geleistet hatte, gab er dieses bald nach der Publikation seiner Ergebnisse wieder auf. «Wer also die menschliche Seele kennenlernen will», schrieb er, «der wird von der experimentellen Psychologie leider soviel wie nichts darüber erfahren» (GW 7, § 409). Zwischen 1920 und 1950 war die Psychologie von den Behavioristen beherrscht, und Jung wurde mehr und mehr in eine kompensatorische Position getrieben. Wo zum Beispiel die Behavioristen sich auf das strenge Studium quantifizierbarer Reaktionen auf äußere Ereignisse konzentrierten, betonte Jung die Bedeutung der symbolischen Darstellung und innerer Ereignisse. Wo sie sich bemühten, die Psyche aus ihren Laboratorien zu verbannen und den Gebrauch der Introspektion zu verbieten, bestand Jung darauf, daß die Psyche das ursprünglich Gegebene der Existenz sei und daß die Introspektion das einzige Mittel sei, mit dem man sie direkt kennenlernen kann. Während sie erklärten, daß alle Beobachtungen quantifiziert und statistisch analysiert werden müssen, behauptete Jung, daß Statistiken uns von unserer persönlichen Erfahrung des Lebens entfremden und uns davon abhalten, seinen Sinn zu erfahren. Für ihn war das menschliche Individuum und seine einzigartige Erfahrung dessen, was es universell und ewig bedeutet, lebendig zu sein, das Maß aller Dinge.

Jung und die Psychoanalyse

In diesem Buch haben wir bereits untersucht, inwieweit Jung das kompensierte, was er als die Begrenzung der Freudschen Psychologie betrachtete, aber um der Klarheit willen wollen wir diese Punkte hier noch einmal zusammenfassen.

Wie wir gesehen haben, besteht der grundlegende Unterschied zwischen den beiden Schulen in der Ansicht, die jede vom Unbewußten hat. Während Freud annimmt, daß der Großteil unserer geistigen Ausstattung individuell erworben wird, während wir heranwachsen, behauptet Jung, daß wir alle wesentlichen Eigenschaften, die uns als Menschen auszeichnen, von Geburt an haben und daß sie im kollektiven Unbewußten verschlüsselt sind.

Während Freud auf einer ausschließlich sexuellen Interpretation der Motivationen des Menschen bestand, betrachtete Jung das als einen dogmatischen Reduktionismus – er sprach davon als von einer «nichts als» Psychologie. Für Jung war Freuds sexuelle Theorie wie die Gleichsetzung der gesamten Leistung der griechischen Zivilisation mit dem Dionysischen oder Roms mit dem Kolosseum. Im Unterschied dazu behauptete Jung, daß Libido oder psychische Energie reine Lebenskraft sei (ähnlich dem *élan vital* von Bergson), von der die Sexualität nur eine, wenn auch wichtige Ausdrucksform darstelle.

Während Freud das Prinzip der Kausalität und eine fast mechanistische Form des Determinismus vertrat, bestand Jung auf der Willensfreiheit, die er als freie psychische Energie definierte, die dem Ich zur Verfügung steht. Wo Freuds Orientierung kausal war, war die Jungs teleologisch.

Während Freud seine Aufmerksamkeit auf die Probleme der libidinösen Entwicklung in der Kindheit und auf ihre bösartigen Folgen für das spätere Erwachsenenleben beschränkte, betrachtete Jung den Lebenszyklus als ein Ganzes, von dem die Kindheit nur ein sehr wichtiger Teil sei. Die Entwicklung im Erwachsenenleben, besonders in der zweiten Lebenshälfte, sei nicht weniger wichtig als die Entwicklung in der Kindheit.

Während Freuds Auffassung klinisch war und sich auf die Pathologie konzentrierte, betonte Jung, daß die gesunde Tätigkeit der Psyche von vorrangiger Bedeutung sei. Nur die gesunde Psyche könne als zufriedenstellende Grundlage benützt werden, um die Pathologie zu verstehen. Der Pathologie den Vorrang zu geben, war für Jung so, als ob man den Karren vor das Pferd spanne.

Während Freud vor allem an Zeichen und Symptomen interessiert war, interessierte sich Jung für Bedeutungen und Symbole. Während Freud die Anpassung an die «wirkliche Realität» betonte, beschäftigte sich Jung mehr mit der «psychologischen Realität» und behauptete, daß klinisches Material nicht notwendigerweise *historisch* wahr sein müsse, solange es *subjektiv* wahr sei und für den Patienten eine Bedeutung habe.

Während Freud die Religion als einen Ausdruck infantiler Sehnsüchte nach elterlichem Schutz und als zwanghaftes Mittel, um Schuld zu sühnen, betrachtete, sah Jung in der Ausübung der Religion den Ausdruck eines grundlegenden archetypischen Bedürfnisses. Wenn man sie der religiösen Symbole beraube, seien Individuen vom Lebenssinn abgeschnitten, und Gesellschaften seien dem Untergang geweiht. Für Jung war das Problem der zweiten Lebenshälfte ein wesentlich religiöses.

Jung und die Wissenschaft

Die Tatsache, daß Jung, ohne sich zu schämen, die Dinge aus einer religiösen oder kosmischen Perspektive betrachtete, hat bei vielen dazu geführt, daß sie sein Werk als «unwissenschaftlich» abwiesen. Dabei haben sie oft Äußerungen von sich gegeben, die zeigen, daß sie Jung nicht verstanden und nur ihren eigenen Mangel an Vision zur Schau gestellt haben. Jungs Gedanken waren nicht unwissenschaftlich. Vielmehr gingen sie *über* die Wissenschaft *hinaus*, und das aus gutem Grund: «An den Grenzen der Logik», meinte er, «hört zwar die Wissenschaft auf, nicht aber die Natur, die auch dort blüht, wohin noch keine Theorie gedrungen ist» (GW 16, § 524). Er gestattete es seiner Phantasie, ihn über die disziplinären Einengungen der reinen Wissenschaft hinauszutragen.

Gleichzeitig hatte er aber eine große Hochachtung vor empirischen Methoden – dem Sammeln und Vergleichen von Fakten, dem Testen einer Hypothese gegenüber einem handfesten Beweis und so fort –, und er bemühte sich, diese Methode bei der Entwicklung der Analytischen Psychologie anzuwenden, während er gleichzeitig die Schwierigkeiten zugab, die damit verbunden waren. «Die analytische Psychologie gehört grundsätzlich zur Naturwissenschaft», schrieb er, «unterliegt aber der persönlichen Voraussetzung des Beobachters viel mehr als irgendeine andere Wissenschaft. Daher ist sie in hohem Maße auf historisch-dokumentarische Vergleiche angewiesen, um wenigstens die gröbsten Fehler in der Beurteilung auszuschalten» (ETG, S. 204).

Sein Gebrauch des Wortassoziationsexperiments (das später als «Lügendetektor» Berühmtheit erlangte), seine Anwendung des physiologischen Prinzips der Homöostase auf die Phänomene der Entwicklungspsychologie und seine Zusammenarbeit mit dem Physiker Wolfgang Pauli beim Studium der wissenschaftlichen Erkenntnistheorie zeigen alle, daß Jung eine wissenschaftliche Methodik nicht fremd war. Aber er weigerte sich, den Trugschluß der *Wissenschaftlichkeit* zu begehen, welche die Gültigkeit eines jeden Phänomens leugnet, das sich einer wissenschaftlichen Erforschung entzieht. Es entsprach mehr Jungs Art, eine offene Einstellung zu haben, die es ihm möglich machte, den irrationalen, akausalen Elementen im Leben, die die Wissenschaft als irrelevant ignoriert, die er aber als sehr bedeutungsvoll betrachtete, ein entsprechendes Gewicht beizumessen.

Er wußte, daß ein Bestehen auf dem rein Vernünftigen, welches das Irrationale vom Leben ausschließt, den Geist erstickt und die Seele in Fesseln legt. «Je mehr die kritische Vernunft vorwaltet, desto ärmer wird das Leben; aber je mehr Unbewußtes, je mehr Mythus wir bewußt zu machen vermögen, desto mehr Leben integrieren wir. Die überschätzte Vernunft hat das mit dem absoluten Staat gemein: unter ihrer Herrschaft verelendet der Einzelne» (ETG, S. 305).

Die Vernunft mag uns mit der realen Welt verbinden, aber sie hat wenig mit dem Gebrauch der Phantasie zu tun, die das Wesen der psychischen Vitalität ausmacht. An sich hat die Realität wenig Wert. Das, was wir durch die Psyche aus der Realität machen, verleiht ihr einen Sinn. Durch die Phantasie *beleben* wir die Welt in derselben Art, in der Jung seinen Stein belebte. Die Schöpfung ist nicht etwas, das Gott in sechs Tagen vollendet hat. Jeder Augenblick des Lebens ist ein fortlaufender Akt der Schöpfung. Er geht in uns vor sich durch die lebensvergrößernde Macht der Symbole. Vernunft, Wissenschaft und Technologie halten uns an den wörtlichen Tatsachen fest, aber die Symbole nähren die Seele, indem sie auf etwas weisen, das jenseits dessen liegt, was bekannt ist. Die Symbole beseelen die Realität, indem sie ihr Sinn verleihen. «Fehlt die Zwischenwelt der mythischen Phantasie, so ist der Geist von Erstarrung im Doktrinarismus bedroht» (ETG, S. 319).

Um nicht «von der Erstarrung im Doktrinarismus bedroht zu sein», blieb er offen für alle Dinge, vor allem für solche, die die wissenschaftlichen Psychologen schockierten. Er wußte, daß es mehr Dinge zwischen Himmel und Erde gab, als diese sich in ihrer Philosophie träumen ließen. Als er das Wortassoziationsexperiment fallenließ und sich der Mythologie, der Alchemie und der Religion zuwandte, so geschah das, weil sie psychologische Wahrheiten enthielten, die von den Wissenschaften ignoriert wurden. Für Jung war die Psychologie der unendlich faszinierende Grenzbereich zwischen Biologie und Geist, Körper und Verstand, Bewußtem und Unbewußtem, dem Individuellen und dem Kollektiven. Psychologie hatte das *gesamte* Leben zum

Gegenstand: das Rationale und das Irrationale, das Erklärbare und das Unerklärliche. Von da kam seine Bereitschaft, den Phänomenen der Parapsychologie, dem Spiritismus, der Präkognition, der Astrologie, dem Leben nach dem Tod, der Synchronizität, den UFOs, dem plötzlichen Zerspringen von Tischen und Messern und so fort ernste Aufmerksamkeit zu schenken. Daß er wegen dieser Interessen lächerlich gemacht wurde, regte ihn nicht ungebührlich auf. Einsamkeit und das Unverständnis seiner Kritiker waren für ihn ein Teil des Lebens. Auf alle Fälle kritisierten ihn viele, ohne sich die Mühe zu nehmen, zu lesen, was er schrieb. Was ihn zum Beispiel an fliegenden Untertassen interessierte, war weniger die Frage, ob es sie wirklich gab, als die Frage, was der Grund dafür sei, daß so viele Menschen auf der ganzen Welt *berichteten*, runde Objekte am Himmel «gesehen» zu haben. Er kam zu dem Schluß, daß UFOs ein moderner Mythos seien, eine Kompensation des kollektiven Unbewußten für unseren rationalen Skeptizismus und unser Bedürfnis nach Symbolen der Ganzheit in einer zutiefst gespaltenen Welt.

In ähnlicher Weise leitete sich sein Interesse an Astrologie nicht von dem Wunsch her, die Zukunft vorherzusagen, sondern kam aus seiner Einsicht, daß die Astrologie wie die Alchemie einen Versuch darstellt, eine Psychologie durch die Projektion der unbewußten Psyche auf die Materie, nämlich die Planeten, zu entwickeln. Worin sich die Astrologie von der Alchemie unterschied, war in der Bedeutung, die sie der Zeit beimaßen. Wie die alten Chinesen waren die Astrologen der Ansicht, daß sich die Bedeutung von etwas im Kontext des Zeitmoments konstelliert. Der Himmel war der Spiegel, in dem sie ihre inneren psychischen Muster gespiegelt sahen, innerhalb bestimmter Momente der Zeit.

Diese Gedanken brachten ihn zur Formulierung seiner Theorie der *Synchronizität*, dem «akausalen verbindenden Prinzip», das eine sinnvolle Beziehung zwischen Ereignissen herstellt, die zur gleichen Zeit geschehen. Dieses Prinzip liegt dem alten chinesischen akausalen Verständnis zugrunde, das im *I Ging oder*

Buch der Wandlungen verkörpert ist. Nachdem das ganze Leben ein Muster ist, folgt daraus, daß die Zeit als Aspekt dieses Musters wirkt. Alles, was geschieht, ist bezogen auf alles andere, das geschieht, und zwar durch die Zeit, in der das Geschehen stattfindet. Die Chinesen bemühten sich, empirisch zu bestimmen, wie sich Bedeutungsmuster im Universum durch die Zeit entfalten. Das I Ging machte von diesem Empirismus Gebrauch, um Ereignissen, die in einem bestimmten Moment stattfinden, einen sinnvollen Kontext zu geben.

Jung stand dieser Auffassung wohlwollend gegenüber, denn sie entspricht dem, wie wir sinnvolles Zusammentreffen *erleben,* und auch dem, wie wir die Zeit erleben. Man mag uns lehren, die Zeit sei ein abstraktes Maß, aber man hat nie das Gefühl, daß es so sei. Im Gegenteil, man hat das Gefühl, daß die Zeit einen eigenen Charakter hat, die allen Ereignissen, wenn sie geschehen, ihre eigene Färbung verleiht. Die gesamte «Nostalgie-Industrie» basiert auf dieser einfachen Wahrheit. Das trifft ebenso auf physische Ereignisse zu wie auf geistige, die in der Folge als kausal erscheinen mögen – wie wenn eine Tür im selben Augenblick zufällt, in dem man von einer zufallenden Tür in einem Roman liest. Die westliche Mentalität geht über ein solches Zusammentreffen als bedeutungslos hinweg, aber das Leben reicht über die Bedeutung der reinen Kausalität hinaus. Wir sind keine Gefangenen in einer mechanistischen Tretmühle, die von der abstrakten Zeit betrieben wird. Indem wir uns akausaler Beziehung zwischen den Phänomenen des Lebens bewußt werden, betreten wir eine größere Realität, die fähig ist, uns aus dem intellektuellen Trupp angeketteter Sträflinge, dessen Aufseher Ursache und Wirkung heißen, zu befreien. Jung hat mit anderen Worten gesagt, daß nicht nur das Leben seine Jahreszeiten hat, sondern auch die Bedeutung der Dinge hat ihre Zeiten, und alle Bedeutungen tragen den Stempel der Zeit, in der sie zu existieren begonnen haben.

Diejenigen, die Jung der Unwissenschaftlichkeit zeihen, haben natürlich recht, wenn sie unter «Wissenschaft» den Gebrauch der experimentellen Versuchsanordnungen von Physik und Chemie verstehen, und nicht die Zunahme von *scientia* (Wissen). Es ist eine Tatsache, daß Jung bei der Entwicklung seiner Psychologie keine Hypothesen aufstellte, die er dann einem experimentellen Test unterwarf. Statt dessen begann er mit seinen eigenen Erfahrungen und den Erfahrungen seiner Patienten. Die Hypothesen, die er vorschlug, waren Versuche, diese Erfahrungen zu begreifen. Und es muß anerkannt werden, daß für ihn lebendige Erfahrung der individuellen Psyche viel bedeutender war als jede Theorie darüber. «... denn ich kann mich nicht als wissenschaftliches Problem erfahren», schrieb er. «Er [der Mythos, Anm. der Übersetzerin] ist individueller und drückt das Leben genauer aus als Wissenschaft. Sie arbeitet mit Durchschnittsbegriffen, die zu allgemein sind, als daß sie der subjektiven Vielfalt eines einzelnen Lebens gerecht werden könnten» (ETG, S. 10). Letztendlich ist es eine Sache der Ethik. Stalin, der besser als alle anderen gewußt hat, wovon er sprach, faßte es zusammen, als er die Bemerkung machte, daß ein einzelner Tod eine Tragödie sei, eine Million Tote dagegen eine Statistik.

Wenn die Analytische Psychologie im strengen Sinn keine Wissenschaft ist, was ist sie dann? Viel wurde darüber diskutiert. Henri Ellenberger (1970) bietet wahrscheinlich die genaueste Klassifikation an, wenn er die Analytische Psychologie wie die Psychoanalyse als eine Form der «Hermeneutik» beschreibt – als Kunst oder Wissenschaft der *Interpretation*. Ellenberger vergleicht beide Disziplinen mit den philosophischen Schulen der griechisch-römischen Antike. So wie die Platoniker ihre Akademie hatten, die Aristoteliker das Lyzeum und die Epikureer Haus und Garten des Epikur, so haben die Freudianer und die Jungianer ihre Institute und ihr Wissen und ihre Weisheit, in die neue Mitglieder durch das Ritual der Lehranalyse eingeweiht werden. Das setzt die Analyse nicht herab, denn die antiken philosophischen Schulen leisteten einen Beitrag von größter Wichtigkeit für unsere Zivilisation, aber es entkleidet die Analyse von dem ungerechtfertigten Anspruch, eine experimentelle Wissenschaft zu sein.

Weil Jung seinen eigenen introvertierten, einsamen Weg gegangen und jeglicher feindseligen Kritik mit Eigensinn begegnet ist, wurde seine Psychologie als egoistisch und unsozial angegriffen. Nachdem jeder innerhalb eines sozialen Kontextes aufwächst und lebt, folgt daraus, daß die Entwicklung der Persönlichkeit den sozialen Einflüssen gegenüber empfänglich sein und daß jede wirksame psychotherapeutische Schule diese Einflüsse in Betracht ziehen muß. Jung war sich dessen bewußt, aber es ist ein Hinweis auf das Ausmaß seiner Introversion, daß er dazu tendierte, die innere Beziehung zum Selbst über die äußere Beziehung zu den Menschen in der Umwelt zu stellen. Das heißt nicht, daß er äußere Beziehungen abgewertet hätte, im Gegenteil, er betrachtete sie als von großer Bedeutung, aber er war ganz klar der Ansicht, daß gute Beziehungen zu Menschen aus guten Beziehungen um Selbst entstehen. Die Integration des Selbst war das ursprüngliche Gut, von dem alle anderen Güter kamen: «... denn die Beziehung zum Selbst ist zugleich die Beziehung zum Mitmenschen, und keiner hat einen Zusammenhang mit diesem, er habe ihn denn zuvor mit sich selbst» (GW 16, § 445). Er anerkannte jedoch, daß wir alle eine Sehnsucht nach Verwandtschaft haben – deren Ausdruck er als Verwandtschaftslibido bezeichnete –, die uns dazu treibt, einen besonderen menschlichen Zusammenhang zu finden, und daß uns ohne sie die innere Integration nicht viel weiter bringt: «... denn ohne bewußt anerkannte und akzeptierte Bezogenheit auf den Nebenmenschen gibt es überhaupt keine Synthese der Persönlichkeit.» Vom Verlangen nach einem menschlichen Zusammenhang sagt er: «Das ist der nicht wegzudenkende Kern des Übertragungsphänomens» und «... dahinter steht der nie rastende Drang zur Individuation» (GW 16, § 444–447).

«Der Individuationsprozeß hat zwei prinzipielle Aspekte: einerseits ist er ein interner, subjektiver Integrationsvorgang, andererseits aber ein ebenso unerläßlicher, objektiver Beziehungsvorgang. Das eine kann ohne das andere nicht sein, wenn schon bald das eine, bald das andere mehr im Vordergrund steht» (GW 16, § 448). Anders ausgedrückt, hat die Individuation sowohl ihre introvertierte als auch ihre extravertierte Art der Entwicklung, und wenn Jung der ersteren eine größere Bedeutung beimaß, so war das wirklich aufgrund seines psychologischen Typs.

Es war aber auch ein Aspekt seines kompensatorischen Beitrags zu unserer Kultur. Er widersetzte sich standhaft dem Kollektivismus und Materialismus der modernen Welt, die die Ausbeutung der physischen Ressourcen des Planeten ermutigen, aber die kreativen Ressourcen des Selbst mißachten. Seiner Ansicht nach unterliegen wir kollektiv demselben Trugschluß wie die Alchemisten, wenn wir unsere spirituellen Bestrebungen auf die Materie projizieren, in dem Glauben, daß wir nach den höchsten Werten streben. Indem wir die Seele verleugnen, behandeln wir einander wie eine Handelsware. Er war der Meinung, daß wir statt dessen dem inneren Leben des einzelnen die gebührende Aufmerksamkeit schenken müßten, wenn wir die Seelenlosigkeit der europäischen Kultur verändern wollen.

Im großen und ganzen tun diejenigen, die Jung beschuldigen, er leugne die Bedeutung der sozialen Anpassung, ihm unrecht, denn er behauptete sehr wohl, daß jeder von uns eine ursprüngliche Verpflichtung seiner Kultur, seiner Zeit und seinem Ort gegenüber hat, und daß wir unsere Individuation durch eine äquivalente Tätigkeit erkaufen müssen, die wir zum Nutzen der Gesellschaft leisten (GW 18, § 1099). «Man kann sich nicht am Mt. Everest individuieren», sagte er (Hannah, 1977). Die Betonung seines therapeutischen Ansatzes lag darin, in seinen Patienten die Bewußtheit ihrer Gesamtsituation zu erzeugen, was notwendigerweise ihre sozialen wie auch ihre innerpsychischen Umstände umfaßte. Er ermutigte sie stets, analytischen Einsichten in ihr *Leben* einzubeziehen, persönliche Verantwortung für ihren Schatten zu übernehmen und aufzuhören, ihn auf andere zu projizieren.

Alles in allem stand er aber dem Brauch, die Patienten in Gruppen zu behandeln, wie es bereits zu seinen Lebzeiten in vielen psychiatrischen Zentren üblich wurde, nicht mit Wohlwollen gegenüber. Der Grund lag in seiner Überzeugung, daß therapeutische Gruppen den Sinn des einzelnen für persönliche Integrität untergraben und dazu führen, daß er «sich überflüssig macht». Während Jung keine Schwierigkeiten mit der Idee hatte, daß Patienten oft Hilfe brauchen, um eine fruchtbringende Anpassung an die Gesellschaft zu erreichen, betrachtete er es nichtsdestoweniger als essentiell, daß jeder diese Anpassung auf seine einzigartige Art und Weise leisten solle. Der einzige Versuch, die Analytische Psychologie auf Gruppenbasis zu praktizieren, dem er positiv gegenüberstand, war der von Irene und Gilbert Champernowne, die im Jahr 1942 eine jungianische therapeutische Gemeinschaft im Withymead Centre in England einrichteten. In Withymead befanden sich aber alle dort wohnenden Patienten in individueller Analyse, und die einzigen Gruppenmeetings, die es gab, waren auf das Personal beschränkt. Man war der Meinung, daß der therapeutische Wert eines Lebens in der Gemeinschaft, während man sich einer persönlichen Analyse unterzieht, weitgehend unbewußt sei und darauf beruhe, daß sich der Archetyp der Großfamilie wirksam konstelliere (Stevens, 1986).

In seinem eigenen Leben war Jung in der Erfüllung seiner sozialen Pflichten gewissenhaft, er nahm seine Verpflichtungen gegenüber der Schweizer Armee und in seiner Gemeinde sehr ernst, er verfolgte die politischen Entwicklungen in seinem Land und anderswo, ging bei Volksabstimmungen immer zur Urne und nahm es wichtig, mit Leuten jeglicher Art gut auszukommen. Nichtsdestoweniger war es seine grundlegende Überzeugung, daß unser Verhalten in der Welt von unserem inneren (und weitgehend unbewußten) Leben geformt und bestimmt ist und daß unsere Beziehung zu anderen Menschen in unserer Erfahrung des Selbst enthalten ist. Je mehr daher ein Individuum das wird, «was es ist», desto sozialer und umgänglicher wird es sein. Wenn Jung erklärte, «Individuation schließt die Welt nicht aus, sondern ein» (GW 8, § 432), war das wie üblich eine allgemeingültige Wahrheit, die auf seiner eigenen Erfahrung basierte.

Schließlich muß man zugeben, daß der Vorwurf, eine Jungsche Analyse sei elitär, ein Körnchen Wahrheit enthält. Jede Form der Analyse ist notwendigerweise nur für wenige, denn die Anzahl der Analytiker ist begrenzt, und nur Menschen mit überdurchschnittlicher Intelligenz, mit einem gewissen Talent, sich in Worten auszudrücken und der Fähigkeit, mit Symbolen zu arbeiten, können damit rechnen, von dem Verfahren zu profitieren, selbst wenn sie sich eine Analyse leisten können. Man kann jedoch den Standpunkt vertreten, daß eine klassische Jungsche Analyse weniger elitär ist als andere Formen der analytischen Behandlung. Am Anfang kommt der Patient zu etwa zwei bis drei Konsultationen pro Woche, und dann werden die Sitzungen so bald wie möglich auf eine Stunde in der Woche reduziert. Außerdem empfahl Jung, daß die Behandlung etwa alle zehn Wochen unterbrochen wird, damit der Patient wieder auf sein normales Milieu angewiesen ist und in eine persönliche Beziehung mit dem Selbst tritt. Der Patient wird ermuntert, mit seinen eigenen Träumen zu arbeiten, ihre Symbole zu malen oder zu zeichnen, damit in Zusammenhang stehendes Material zu lesen und während der gesamten Analyse aktiv mitzuarbeiten. Das hat außerdem den Vorteil, eine klassische Jungsche Analyse beträchtlich weniger teuer zu machen als ihre Freudschen oder Kleinschen Äquivalente, die vier bis fünf Sitzungen pro Woche für die Dauer von drei oder vier Jahren erfordern. Weil Leute, die eine Jungsche Analyse machen, soviel Arbeit selbst leisten, hängt der Erfolg mehr von der Energie ab, die sie in die Analyse stecken, als vom Geld, das sie die Analyse kostet.

Es wäre allerdings nicht ehrlich, würde man die Tatsache verheimlichen, daß es Patienten gibt, für die es nicht nützlich ist, wenn man mit ihnen in der von Jung befürworteten Manier arbeitet. Das sind vor allem Menschen, die als Folge eines mangelhaften elterlichen Verhaltens an dem leiden, das Bowlby «ängstliche Bindung» nennt (siehe S. 139 f.). Solche Patienten brauchen

Zeit, um mit ihrem Analytiker eine funktionierende Beziehung zu begründen, von der sie *wissen*, daß sie sich darauf verlassen können, damit sie das Gefühl des «Urvertrauens» erfahren können und sich selbst als jemanden, der imstande ist, eine dauerhafte, vertrauliche Bindung aufrechtzuerhalten. Erst wenn das erreicht ist, können sie beginnen, von der Art von Phantasiearbeit mit dem Selbst zu profitieren, die Jungianer als den springenden Punkt einer Analyse ansehen. Wenn sie der Möglichkeit, eine dauerhafte und nicht unterbrochene Bindung mit ihrem Analytiker einzugehen, beraubt werden, dann besteht die Gefahr, daß solche Patienten in ihrer schizoiden Persönlichkeitsstruktur bestärkt werden und weiterhin das zeigen, was einer von Bowlbys Kollegen als «zwanghaftes Selbstvertrauen» (Parkes, 1973) bezeichnet hat. Sie nehmen dann eine forsch unabhängige Haltung ein und zeigen Distanz, sie verneinen, daß sie Liebe oder Unterstützung brauchen und bestehen starr darauf, alles selbst zu machen. Abgesehen von dieser wichtigen Ausnahme, kann jedoch der klassische Jungsche Ansatz bei vielen Patienten, die an äußerst verschiedenen Arten von mangelnder Anpassungsfähigkeit oder existentiellen Nöten leiden, mit Erfolg angewendet werden.

Patienten, deren «ängstliche Bindung» sich durch eine enge und dauerhafte Beziehung mit ihrem Therapeuten beruhigt hat, können mit Erfolg daran gehen, die nach innen gerichteten Techniken, die von Jung erdacht wurden, anzuwenden. Das scheint auch tatsächlich mit Jung geschehen zu sein, als er durch seine Vertrautheit mit Emma Jung, Freud und Toni Wolff imstande war, sich der Begegnung mit seinem Unbewußten zu stellen und dann später seine Psychologie zu entwickeln. Das Argument, daß die modernen psychotherapeutischen Schulen (mit Ausnahme der Jungschen Schule) ein übergroßes Gewicht auf die Bedeutung der «Objektbeziehungen» und auf «die Analyse der Übertragung» legen, während sie den Wert der Zurückgezogenheit und die Fähigkeit, allein produktiv zu sein, mißachten, hat etwas für sich. Indem er sich Edward Gibbons Ausspruch «Einsamkeit ist die Schule des Genies» anschloß, hat Anthony Storr

(1988) eine These entwickelt, die er in seinem frühen Werk *Dynamics of Creation* darlegt. Er meint, daß viele der originellsten Denker und Künstler der Welt keine engen persönlichen Bindungen hatten und daß sowohl eine schöpferische Leistung als auch das persönliche Glück ihre Hauptquelle in der Einsamkeit finden können: «Die Entwicklung der Fähigkeit, allein zu sein, ist notwendig, wenn das Gehirn eine Spitzenleistung erbringen und das Individuum sein maximales Potential erfüllen soll. Menschen werden leicht von ihren eigenen tiefsten Bedürfnissen und Gefühlen entfremdet. Lernen, Denken, neue Ideen und das Aufrechterhalten des Kontakts mit seiner eigenen inneren Welt sind alles Dinge, die durch Einsamkeit gefördert werden» (Storr, 1988, S. 28). Die Fähigkeit, am Alleinsein mit sich selbst ein fruchtbares Gefallen zu finden, ist genausosehr ein Zeichen emotionaler Reife wie die Fähigkeit, intime Beziehungen zu bilden, und sollte ein nicht geringeres Ziel für eine analytische Behandlung darstellen.

Jung und die Religion

Im Laufe seines Lebens sah Jung den Verfall des organisierten christlichen Glaubens. Er glich das aus, indem er eine religiöse Einstellung entwickelte, die auf der persönlichen Erfahrung der numinosen Kraft des Archetyps beruhte, und indem er das Bedürfnis nach einer *mythischen* Verbindung zwischen dem Individuum und dem Kosmos erneut bestätigte. Um geistig lebendig zu sein, müssen wir uns als Teil einer kosmischen Zielsetzung auffassen, meinte er, und diese Wahrheit wurde für ihn verstärkt, wenn er mit Leuten sprach, deren Leben von anderen Kulturen als von der westeuropäischen geprägt worden waren.

So war er zum Beispiel tief beeindruckt von einem Pueblo-Häuptling, den er auf einer Reise nach Neu-Mexiko im Winter 1924/25 kennenlernte. Der Häuptling beschrieb die Angst, die weiße Amerikaner in ihm wachriefen: «Sieh, wie grausam die Weißen aussehen», sagte er. «Ihre Lippen sind dünn, ihre Nasen spitz, ihre Gesichter sind von Falten gefurcht und verzerrt, ihre Augen haben einen starren Blick, sie suchen immer etwas. Was suchen sie? Die Weißen wollen immer etwas, sie sind immer unruhig und rastlos. Wir wissen nicht, was sie wollen. Wir verstehen sie nicht. Wir glauben, daß sie verrückt sind.» Jung fragte ihn, warum er denn meine, die Weißen seien alle verrückt. «Sie sagen, daß sie mit dem Kopf denken», gab der Häuptling zur Antwort. «Aber natürlich. Wo denkst du denn?» fragte Jung erstaunt. «Wir denken hier», sagte der Häuptling und deutete auf sein Herz (ETG, S. 251).

Jung begriff, daß das Vorherrschen des «Denkens mit dem Kopf» die Weißen in die Lage versetzt hatte, die Welt mit Wissenschaft, Technologie und bewaffneter Gewalt zu beherrschen, daß die Weißen aber im Verlauf des Geschehens ihre Fähigkeit, mit dem Herzen zu denken und durch ihre Seele zu leben, verloren hatten.

Als sie zusammen hoch über der Taos-Hochebene saßen, vertraute der Indianer Jung folgendes an: «Wir sind doch ein Volk, das auf dem Dach der Welt wohnt, wir sind die Söhne des Vaters Sonne, und mit unserer Religion helfen wir unserem Vater täglich, über den Himmel zu gehen. Wir tun dies nicht nur für uns, sondern für die ganze Welt. Wenn wir unsere Religion nicht mehr ausüben können, dann wird bis in zehn Jahren die Sonne nicht mehr aufgehen. Dann wird es für immer Nacht werden» (ETG, S. 255).

«Da wurde [Jung] deutlich, worauf die ‹Würde›, die gelassene Selbstverständlichkeit des einzelnen Mannes, beruhte: Er ist der Sonnensohn, sein Leben ist kosmologisch sinnvoll, hilft er doch dem Vater und Erhalter allen Lebens in seinem täglichen Auf- und Abstieg. Vergleichen wir damit unsere Selbstbegründung, unseren Lebenssinn, den unsere Vernunft formuliert, so können wir nicht anders, als von seiner Armseligkeit beeindruckt sein ... Das Wissen bereichert uns nicht, sondern entfernt uns mehr und mehr von der mythischen Welt, in der wir einst heimatberechtigt waren» (ETG, S. 255).

Begegnungen wie diese lehrten Jung, daß alles, was von Wichtigkeit ist, verlorengeht, wenn wir nicht die Verantwortung für unseren Teil des Universums übernehmen. Das ist die ursprüngliche religiöse Intuition unserer Spezies. Alle frühen Religionen zeichnen den Menschen auf verschiedene Art als Botschafter zwischen Himmel und Erde. Fortgeschrittenere Religionen drücken dieselbe Idee aus. Für den Mohammedaner ist der Mensch der Statthalter, den Gott über die Schöpfung gestellt hat. Für den Hindu ist der menschliche Geist eins mit dem ewigen und unendlichen Brahma. Für den Christen ist der Mensch nach dem Abbild Gottes geschaffen.

Diejenigen, die Jungs religiöse Orientierung als anachronistisch abtun, unterschätzen den unvergleichlichen Wert einer heiligen Ansicht, die das menschliche Leben über die irdischen Verrichtungen der Lebenserhaltung emporhebt und alle menschlichen Taten vergrößert, indem sie die Pflicht offenlegt, die wir einander, unseren Mitmenschen und unserem Planeten schulden. Sie gewährt uns die Vision unserer Doppelnatur: wir sind beides, Mikrokosmos und Makrokosmos, zeitlich und ewig, und wenn wir auch den Grenzen unserer täglichen Existenz unterworfen sein mögen, so gehen wir doch aufgrund unserer Menschlichkeit über sie hinaus.

Während alle Religionen dieses lehren, so war Jung doch der einzige Psychiater von Format, der die grundlegende Bedeutung dieser Vorstellung für den menschlichen Geist erkannte und sie in sein Werk eingliederte. Diese Erkenntnis als Anachronismus herabzusetzen ist gleichbedeutend mit dem Abrücken von einem von Jungs außerordentlichen Talenten: der Fähigkeit, *in* seiner Zeit zu leben und gleichzeitig aus ihr herauszutreten, um eine Wesensverwandtschaft mit den Menschen aller vergangener Zeiten zu teilen. Alles, was er schrieb, trägt den Stempel dieser Wesensverwandtschaft. Man hat sehr richtig von ihm gesagt, daß seine Ideen in einem gewissen Sinn zu grundlegend waren, um modern zu sein (von Franz, 1975, S. 11).

Obwohl er sein Credo als Analytiker nie festgelegt hat, so

glaube ich doch, daß der Text, der einem Ausdruck seines Credos am nächsten kommt, in der alchemistischen Abhandlung *Rosarium philosophorum* (Frankfurt 1550) enthalten ist, auf dem Jungs *Psychologie der Übertragung* basiert. Er lautet: «Wer in diese Kunst und verborgene Weisheit eingeführt werden will, muß das Laster der Anmaßlichkeit von sich tun, muß fromm und rechtschaffen, profunden Geistes, den Menschen gegenüber menschlich, heiteren Angesichts und fröhlicher Disposition sein und ihnen Verehrung erweisen, (ebenso) muß er ein Beobachter der ewigen Geheimnisse sein, die sich ihm eröffnen» (GW 16, § 450). In diesem Geist übte Jung seine Kunst aus, die, wie er sagte, stets mit der Art von Einstellung unternommen werden muß, wie sie für die Ausführung eines religiösen Werkes erforderlich ist.

Aber er war viel mehr als nur ein brillanter Vertreter der Kunst der Psychotherapie. Nach seinem Tod wurde Jung mit Leuten wie Kolumbus, Kopernikus und Livingstone verglichen. Ob solche Vergleiche nun gerechtfertigt sind oder nicht, man kann nicht leugnen, daß er ein gigantisches Werk der Erforschung «der Wunder Afrikas», die in uns liegen, geleistet hat. Auch wenn er in der Folge entdeckte, daß die Alchemisten schon vor ihm dort waren, so erlebte er doch seine eigene gefährliche Expedition, als ob er der erste Mensch gewesen sei, der sie je unternommen habe. Wie jeder geographische Forscher führte er ein ausführliches Tagebuch seiner Reise, fertigte Zeichnungen von den bedeutenden Dingen an, die ihm begegneten, und publizierte sie nach seiner Rückkehr zur Erbauung der Menschheit.

Wenn er schon nicht den Anspruch erheben konnte, ein Naturwissenschaftler zu sein, so war er doch zumindest ein Kartograph der Seele. Am Ende seines Lebens und auf dem Höhepunkt seines Ruhms war er bescheiden, was seine Leistung betraf: «Es hat einmal Einer einen Hut voll Wasser aus einem Strom geschöpft...» (ETG, S. 357). Worauf liefen dann seine Entdeckungen hinaus? Vielleicht auf nichts anderes als auf das *wahre* Gold der Alchemisten. Das ist genug.

Nachwort

Es ist nicht möglich, einen vollständigen Überblick über die Jungsche Psychologie in einem Band dieser Größe zu geben, und Kritiker werden vieles finden, das ich ausgelassen oder zu oberflächlich behandelt habe. Jung war ein sehr produktiver Autor, und seine Artikel und Bücher umfassen als *Gesammelte Werke* achtzehn dicke Bände. Zusätzlich gibt es noch drei Bände Briefe und einen Band seiner Korrespondenz mit Freud, seine Memoiren *Erinnerungen, Träume, Gedanken,* sein Kapitel in *Der Mensch und seine Symbole* und eine Anzahl von Seminaren, von denen nur einige publiziert sind. Ich habe nicht versucht, eine Zusammenfassung von all diesem Material zu geben, sondern habe es vorgezogen, mich zu bemühen, dem Leser ein Gefühl für die Natur des Mannes und sein Werk zu vermitteln, indem ich dem in seinem Leben nachgespürt habe – und im Lebenszyklus unserer Spezies –, was ich als gewisse entscheidende Fäden betrachte. Dabei habe ich, so weit der Platz es mir erlaubt hat, aus Jungs eigenen Schriften zitiert und habe jeweils den Band und den Paragraphen in den *Gesammelten Werken* angegeben, aus dem das Zitat genommen wurde. Alle Zitate aus *Erinnerungen, Träume, Gedanken* sind mit der Angabe der Seitenzahl versehen. [In der deutschen Ausgabe des Buches wurde nach der Auflage von 1987 zitiert. Anm. der Übersetzerin.] Dem Leser wird wärmstens empfohlen, dieses außerordentliche Werk vollständig zu lesen.

In den letzten Jahren ist es modern geworden, zwischen verschiedenen «Schulen» der Jungschen Psychologie zu unterscheiden, die als «klassisch», «entwicklungsorientiert» und «archetypisch» bezeichnet werden, entsprechend der Betonung, die jede von ihnen auf die verschiedenen Aspekte des Jungschen Gedankenguts legt. Wenn auch solche Unterscheidungen einen gewissen deskriptiven Wert besitzen, bergen sie doch die Gefahr in sich, daß sie zu einer Übertreibung der Unterschiede zwischen diesen verschiedenen Auffassungen führen können und zu einer Unterschätzung des Ausmaßes, in dem sie sich überschneiden. Das Bewußtsein dieser Gefahr hat mich dazu bewogen, die Konzepte der «klassischen» Jungschen Psychologie in einer «entwicklungsorientierten» Perspektive wiederzugeben, während ich gleichzeitig die kreative Bedeutung der Phantasie, die den besonderen Schwerpunkt der «archetypischen» Schule darstellt, in entsprechender Weise berücksichtigt habe. Ich habe mich allerdings nicht bemüht – außer kurz im Zusammenhang mit Anima und Animus –, die verschiedenen Bearbeitungen und Entwicklungen der Jungschen Theorie zu beschreiben, die in den letzten drei Jahrzehnten vorgeschlagen wurden. Wer sich dafür interessiert, dem sei Andrew Samuels enzyklopädisches Buch *Jung und seine Nachfolger* empfohlen.

Meine eigene «persönliche Gleichung» hat mich veranlaßt, sowohl die biologischen Grundlagen der Jungschen Theorie als auch ihre Anwendung auf die Entwicklungsprobleme von Kindheit und Adoleszenz hervorzuheben. Diese Überlegungen werden ausführlicher in meinem Buch *Archetype: A Natural History of the Self* (1982) behandelt.

Andere Leseempfehlungen in bezug auf die Ideen, die in diesem Buch entwickelt werden, sind am Ende des entsprechenden Kapitels angeführt. Details über weitere Publikationen findet der Leser in der Bibliographie.

Wer ein Wörterbuch der Jungschen Terminologie braucht, wird im Glossar am Ende des Buches *Erinnerungen, Träume, Gedanken* Hilfe finden. Eine ausführliche Darstellung findet der Leser im *Wörterbuch Jungscher Psychologie* von Andrew Samuels, Bani Shorter und Fred Plaut und im *Lexikon Jungscher Grundbegriffe,* herausgegeben von Helmut Hark.

Danksagung des Autors

Ich möchte meinen Dank an Routledge und an Princeton University Press zum Ausdruck bringen; sie gaben mir die Erlaubnis, aus *The Collected Works of C. G. Jung* zu zitieren; ebenso geht mein Dank an Routledge und an Harcourt Brace Jovanovich (New York) für die Erlaubnis, aus Cary Baynes' Übersetzung von C. G. Jungs Vorwort zum *Geheimnis der Goldenen Blüte* zu zitieren; an Leslie Kenton für die Erlaubnis, aus *All I Ever Wanted Was a Baby* zu zitieren, und an Routledge, William Collins und Random House, Inc. für die Erlaubnis, aus *Erinnerungen, Träume, Gedanken* von C. G. Jung, aufgezeichnet und herausgegeben von Aniela Jaffé, zu zitieren.

Ebenso bin ich Dr. John-Raphael Staude und Routledge für die Genehmigung, das Diagramm Seite 89 zu benützen, zu Dank verpflichtet. Das gleiche gilt für Dr. Edward S. Edinger, die C. G. Jung Foundation for Analytical Psychology, New York, und G. P. Putnam's Sons, New York, für die Genehmigung, das Diagramm auf Seite 95 zu verwenden.

Denen, die den ersten Entwurf dieses Buches gelesen haben, bin ich in besonderem Maß dankbar für ihre hilfreichen Kommentare und Vorschläge: Christopher Booker, Salley Brown, Julian David, Nicholas de Jongh, Jane Mayers, Chuck Schwartz, Bani Shorter und dem härtesten Kritiker von allen: Andrew Franklin.

Auch meiner Sekretärin Norma Luscombe gilt mein Dank: Mit Geduld, Genauigkeit und großer Gutmütigkeit hat sie das endgültige Manuskript fertiggestellt. Elizabeth Bland hat das Buch lektoriert, und John Carville hat die Korrekturen gelesen. Beiden bin ich unendlich dankbar für ihr Können und ihre Sorgfalt. Schließlich gilt mein besonderer Dank Dr. Anne De Vore aus Colorado. Im März 1985 hatte ich das Glück, durch einen Schneefall Gast in ihrem Haus in den Rocky Mountains zu sein, und während dieses Aufenthalts nahm das Buch in meinem Kopf Gestalt an.

Literaturverzeichnis

(Soweit englischsprachige Werke in deutscher Übersetzung vorliegen, werden die deutschsprachigen Ausgaben angeführt. Finden sich Zitatangaben englischer Autoren im Text, wird zudem die entsprechende englische Ausgabe vermerkt.)

Adler, A.: *Praxis und Theorie der Individualpsychologie.* Fischer: Frankfurt 1992.

Adler, G. (1948): *Studies in Analytical Psychology.* Routledge & Kegan Paul: London. Deutsch: *Zur analytischen Psychologie.* Rascher: Zürich 1952.

–: *Das lebendige Symbol.* Urban: München 1968.

Alain-Fournier, H.: *Der große Meaulnes.* dtv: München 1993.

Berry, P. (ed.): *Fathers and Mothers: Five Papers on the Archetypal Background of Family Psychology.* Spring: Zürich.

Bleuler, E.: *Dementia Praecox oder Gruppe der Schizophrenien.* Kimmerle: Tübingen 1988.

Bolen, J. S.: *Tao der Psychologie. Sinnvolle Zufälle.* Sphinx: Basel 1989.

–: *Göttinnen in jeder Frau. Psychologie einer neuen Weiblichkeit.* Sphinx: Basel 1992.

Bowlby, J.: *Mutterliebe und kindliche Entwicklung.* Reinhardt, Ernst: München 1985.

– (1951): *Maternal Care and Mental Health.* WHO: Genf.

– (1958): The Nature of the Child's Tie to His Mother. In *International Journal of Psycho-Analysis* 39, S. 350–373.

–: *Das Glück und die Trauer. Herstellung und Lösung affektiver Bindungen.* Klett-Cotta: Stuttgart 1982.

Bradway, K. (1982): Gender Identity and Gender Roles: Their Place in Analytic Practice. In: Stein, M. (ed.): *Jungian Analysis.* Open Court: La Salle und London.

Brome, V. (1978): *Jung. Man and Myth.* Macmillan: London.

Bühler, C.: *Kindheit und Jugend. Genese des Bewußtseins.* Verlag für Psychologie: Gütersloh 1932.

Campbell, J.: *Der Heros in tausend Gestalten.* Suhrkamp: Frankfurt 1978.

Edinger, E. F. (1972): *Ego and Archetype. Individuation and the Religios Function of the Psyche.* Putnam: New York.

–: *Der Weg der Seele. Der psychotherapeutische Prozeß im Spiegel der Alchemie.* Kösel: München 1990.
Eibl-Eibesfeldt, I.: *Liebe und Hass. Zur Naturgeschichte elementarer Verhaltensweisen.* Piper: München 1991.
Eliade, M.: *Schamanismus und archaische Ekstasetechnik.* Suhrkamp: Frankfurt 1975.
–: *Das Mysterium der Wiedergeburt. Versuch über einige Initiationsriten.* Insel: Frankfurt 1988.
Ellenberger, H. F.: *Die Entdeckung des Unbewußten.* Diogenes: Zürich 1985.
Erikson, E. H. (1950): *Childhood and Society.* Norton: New York. Deutsch: *Kindheit und Gesellschaft.* Klett-Cotta: Stuttgart 1991.
Evans, R. I.: *Gespräche mit C. G. Jung.* Rhein: Zürich 1967.
Eysenck, H. J. (1952): *The Scientific Study of Personality.* Routledge & Kegan Paul: London.
Fordham, M.: *Das Kind als Individuum. Kinderpsychotherapie aus der Sicht der analytischen Psychologie C. G. Jungs.* Reinhardt, Ernst: München 1974.
von Franz, M.-L.: *Der ewige Jüngling. Der Puer Aeternus und der kreative Genius im Erwachsenen.* Kösel: München 1987.
– (1975): *C. G. Jung. His Myth in Our Time.* Hodder & Stoughton: London. Deutsch: *C. G. Jung. Sein Mythos in unserer Zeit.* Huber: Frauenfeld 1972.
–: *Traum und Tod.* Kösel: München 1984.
Frazer, J. G. (1926): *The Worship of Nature* (The Gifford Lectures, University of Edinburgh, 1924–57). New York.
Frey-Rohn, L.: *Von Freud zu Jung.* Daimon: Einsiedeln 1980.
–: Die Anfänge der Tiefenpsychologie von Mesmer bis Freud (1780–1900). In: *Studien zur Analytischen Psychologie C. G. Jungs.* Rascher: Zürich 1955.
Freud, S.: *Die Traumdeutung.* Fischer: Frankfurt 1991.
–: *Zur Geschichte der psychoanalytischen Bewegung.* In: Gesammelte Werke Bd. 10. Fischer: Frankfurt 1981.
–: *Neue Folge der Vorlesungen zur Einführung in die Psychoanalyse.* Gesammelte Werke Bd. 15. Fischer: Frankfurt 1990.
van Gennep, A. (1960): *The Rites of Passage.* Routledge & Kegan Paul: London. Deutsch: *Übergangsriten.* Campus: Frankfurt 1986.
Goldstein, K. (1939): *The Organism.* American Book Co.: New York.
Guggenbühl-Craig, A.: *Die Ehe ist tot – lang lebe die Ehe!* Schweizer Spiegel: Zürich 1981.
Hannah, B. (1977): *Jung. His Life and Work.* Michael Joseph: London. Deutsch: *C. G. Jung – Sein Leben und Werk. Erkenntnisse und Erfahrungen einer langjährigen Zusammenarbeit.* Bonz: Waiblingen-Hohenacker 1985.
–: *Begegnungen mit der Seele. Aktive Imagination – der Weg zur Heilung und Ganzheit.* Kösel: München 1985.

Harding, M. E.: *Der Weg der Frau*. Rhein: Zürich 1962.

– (1964): *The Parental Image*. Putnam: New York.

Hark, H. (ed.): *Lexikon Jungscher Grundbegriffe*. Walter: Olten 1988.

Harlow, H. F. and Harlow, M. K. (1965): The Affectional Systems. In: Schrier, A. M., Harlow, H. F. and Stollnitz, F. (eds.): *Behaviour of Nonhuman Primates*. Academie Press: London.

Henderson, J. L. (1967): *Thresholds of Initiation*. Wesleyan University Press: Middleton, Conneticut.

Herzog, E.: Psyche und Tod. Rascher: Zürich 1960.

Hillman, J.: *Die Suche nach Innen. Die Begegnung mit sich selbst: Psychologie und Religion*. Daimon: Einsiedeln 1981.

– (1985): *Anima. An Anatomy of a Personified Notion*. Spring: Dallas.

Hochheimer, W.: *Psychotherapie von C. G. Jung*. Huber: Bern 1956.

Homans, P. (1979): *Jung in Context. Modernity and the Making of a Psychology*. University of Chicago Press: Chicago and London.

Huizinga, J.: *Homo Ludens. Vom Ursprung der Kultur im Spiel*. Rowohlt: Reinbek 1987.

Hutt, C. (1972): *Males and Females*. Penguin: Harmondsworth.

Jacobi, J.: *Die Psychologie von C. G. Jung. Eine Einführung in das Gesamtwerk*. Fischer: Frankfurt 1992.

–: *Der Weg der Individuation*. Walter: Olten 1971.

Jaffé, A.: *Der Mythus vom Sinn im Werk von C. G. Jung*. Daimon: Einsiedeln 1983.

–: *C. G. Jung. Bild und Wort*. Walter: Olten 1983.

Jones, E.: *Das Leben und Werk von Sigmund Freud*. Huber Hans: Bern (o. J.)

Jung, C. G.: *Gesammelte Werke* in 20 Bänden, Hrsg. von Lilly Jung-Merker, Elisabeth Rüf und Leonie Zander. Walter: Olten 1971 ff. [zit. als GW mit Bandnummer und § (bei GW 6 bezieht sich der § auf die Auflage von 1993].

–: *Erinnerungen, Träume, Gedanken*. Aufgezeichnet und herausgegeben von Aniela Jaffé. Walter: Olten 1987 [zit. als ETG].

Jung, E.: *Animus und Anima*. Rascher: Zürich 1967. – Bearb. von L. Jung-Merker und E. Rüf. Bonz: Waiblingen-Hohenacker 1990.

Kast, V.: *Die Dynamik der Symbole. Grundlagen der Jungschen Psychotherapie*. Walter: Olten 1992.

Kenton, L. (1986): All I Ever Wanted Was a Baby. In: *A Celebration of Babies*, ed. S. Emerson. Blackie: London.

Leonard, L. S.: *Töchter und Väter. Heilung einer verletzten Beziehung*. Kösel: München 1988.

Levinson, D. et al. (1978): *The Seasons of a Man's Life*. Knopf: New York.

Lorenz, K. (1970): *The Enmity Between Generations and its Possible Causes*. The Nobel Foundation, Stockholm.

–: *Die Rückseite des Spiegels. Versuch einer Naturgeschichte menschlichen Erkennens.* Piper: München 1977.

McGuire, W. und Sauerländer, W. (eds.): *Sigmund Freud / C. G. Jung Briefwechsel.* Fischer: Frankfurt 1974.

Maslow, A. H.: *Psychologie des Seins. Ein Entwurf.* Fischer: Frankfurt 1990.

Monick, E.: *Die Wurzeln der Männlichkeit. Der Phallus in Psychologie und Mythologie.* Kösel: München 1990.

Neumann, E.: *Das Kind. Struktur und Dynamik der werdenden Persönlichkeit.* Bonz: Waiblingen-Hohenacker 1990.

Papadopoulos, R. K. und Saayman, G. S. (eds.) (1985): *Jung in Modern Perspective.* Wildwood: London.

Parkes, C. M. (1973): Factors Determining the Persistence of Phantom Pain in the Amputee. in: *Journal of Psychosomatic Research* 17, S. 97–108.

Parsons, J. E. (ed.) (1980): *The Psychobiology of Sex Differences and Sex Roles.* McGraw-Hill: New York.

Parsons, T. und Bales, R. F. (1955): *Family, Socialization and Interaction Process.* Free Press: Chicago, Illinois.

Perera, S. B.: *Der Weg zur Göttin der Tiefe. Die Erlösung der dunklen Schwester – Eine Initiation für Frauen.* Ansata: Interlaken 1990.

van der Post, L. (1975): *Jung and the Story of our Time.* Pantheon Books: New York.

Progroff, I. (1953): *Jung's Psychology and Its Social Meaning.* Routledge & Kegan Paul: London.

Riesman, D.: *Die einsame Masse.* Hamburg 1958.

Russell, B.: *Philosphie des Abendlandes. Ihr Zusammenhang mit der politischen und der sozialen Entwicklung.* Europa Vlg.: Wien 1992.

Samuels, A.: *Jung und seine Nachfolger. Neuere Entwicklungen der analytischen Psychologie.* Klett-Cotta: Stuttgart 1989.

– (ed.) (1985a): *The Father. Contemporary Jungian Perspectives.* Free Association Books: London.

Samuels, A., Shorter, B., Blaut, F.: *Wörterbuch Jungscher Psychologie.* Kösel: München 1989.

Sears, E. (1986): *The Ages of Man. Medieval Interpretations of the Life Cycle.* Princeton University Press: New Jersey.

Sharp, D. (1988): *The Survival Papers: Anatomy of a Midlife Crisis.* Inner City Books: Toronto.

Shorter, B. (1987): *An Image Darkly Forming. Women and Initiation.* Routledge & Kegan Paul: London.

Staude, J.-R. (1981): *The Adult Development of C. G. Jung.* Routledge & Kegan Paul: London.

Stein, M. (ed.) (1982): *Jungian Analysis*. Open Court: London.

– (1983): *In Midlife. A Jungian Perspective*. Spring: Dallas, Texas.

Stevens, A. (1982): *Archetype. A Natural History of the Self*. Routledge & Kegan Paul: London.

– (1986): *Withymead. A Jungian Community for the Healing Arts*. Coventure/Element Books: London.

– (1989): *The Roots of War. A Jungian Perspective*. Paragon House, New York.

– (1993): *The Two Million-Years-Old Self*. Texas A & M University Press: College Station, Texas.

Storr, A. (1972): *The Dynamics of Creation*. Secker and Warburg: London.

– (1973): *Jung*. Fontana/Collins: London.

– (1988): *The School of Genius*. André Deutsch: London.

Thompson, R. (1968): *The Pelican History of Psychology*. Penguin Books: Harmondsworth.

Tiger, L. (1969): *Men in Groups*. Random House: New York.

Tinbergen, N.: *Instinktlehre. Vergleichende Erforschung angeborenen Verhaltens*. Parey Bln: Berlin 1979.

Tuby, M.: *The Search and Alchemy*. Guild Lectures No. 210. The Guild of Pastoral Psychology. Colmore Press: London.

Ulanov, A. B. (1981): *Receiving Woman. Studies in the Psychology and Theology of the Feminine*. Westminster Press: Philadelphia.

Wehner, E. G. (ed.): *Geschichte der Psychologie. Eine Einführung*. Wissenschaftl. Buchges.: Darmstadt 1990.

Wehr, D. S. (1988): *Jung and Feminism. Liberating Archetypes*. Routledge: London.

Wehr, C.: *C. G. Jung*. Rowohlt: Reinbek.

Whiting, B. (ed.) (1963): *Six Cultures. Studies of Child Rearing*. Wiley: New York.

Whitmont, E. C. (1969): *The Symbolic Quest*. Barrie & Rockliffe: London.

– (1983): *Return of the Goddess: Femininity, Aggression and the Modern Grail Quest*. Routledge & Kegan Paul: London. Deutsch: *Die Rückkehr der Göttin. Von der Kraft des Weiblichen in Individuum und Gesellschaft*. Kösel: München 1989.

Whyte, L. L. (1979): *The Unconscious Before Freud*. Julian Freeman: London.

Wickes, F. G.: *Analyse der Kinderseele. Die Auswirkungen elterlicher Probleme auf das Unbewußte des Kindes*. Rascher: Zürich 1969.

Winnicott, D. W.: *Reifungsprozesse und fördernde Umwelt*. Fischer: Frankfurt 1990.

Wolff, T. (1951): Strukturformen der weiblichen Psyche. In: *Studien zu C. G. Jungs Psychologie*. Daimon: Einsiedeln 1981.

Bildernachweis

Index

Grundwerk C. G. Jung

9 Bände, insgesamt 2838 Seiten, Broschur

Herausgegeben von Helmut Barz, Ursula Baumgardt, Rudolf Blomeyer, Hans Dieckmann, Helmut Remmler, Theodor Seifert

«Es ist eine gute verlegerische Idee, in einem ‹Grundwerk› den Kern der Jungschen Psychologie zu repräsentieren. Die verlegerische Intention ist, auf 3000 von 13 000 Seiten das beisammenzutragen, was man gelesen haben muß, um Jung einigermaßen zu kennen. Als kompetente Auswahl liegt hier also eine Studie vor, die für breitere Kreise bestimmt ist.»

Anzeiger für die Seelsorge, Freiburg